普通高等教育"双一流"建设经济学类专业数字化精品教材

⊙ **主　任**

张建华

⊙ **副主任**

欧阳红兵　江洪洋

⊙ **委　员**（以姓氏拼音为序）

崔金涛　范红忠　方齐云　刘海云　钱雪松　宋德勇
孙焱林　唐齐鸣　王少平　徐长生　杨继生　张卫东

 普通高等教育"双一流"建设经济学类专业数字化精品教材

·华中科技大学2019年教材建设项目

MATLAB与量化投资

MATLAB and Quantitative Investments

张学功◎编著

中国·武汉

内 容 简 介

本书从中国量化交易实践出发,根据基金公司量化投资实例,总结在量化交易中广泛使用的量化交易策略,全面介绍金融投资和交易过程中广泛使用的量化交易方法。

本书介绍了如何使用 MATLAB 软件构建量化投资策略,按照量化交易策略构建流程组织本书内容。本书主要内容包括量化投资策略及发展、量化投资数据接口简介、资产组合配置方法、量化择时、统计套利、基于事件驱动的量化投资策略分析、期货量化套利策略、人工神经网络与量化投资策略,以及算法交易。

通过学习,读者可以掌握从交易软件接口,到基本金融资产组合构建、资本资产的定价策略、量化投资的基础理论,量化选股和择时策略、套利策略、资产配置、资金管理、风险管理、算法交易等全流程覆盖的交易程式,构建符合投资者特征的个性化投资策略。

图书在版编目(CIP)数据

MATLAB 与量化投资/张学功编著. ——武汉:华中科技大学出版社,2020.12
ISBN 978-7-5680-6827-7

Ⅰ.①M… Ⅱ.①张… Ⅲ.①Matlab 软件-应用-投资学-高等学校-教材 Ⅳ.①F830.59-39

中国版本图书馆 CIP 数据核字(2020)第 263870 号

MATLAB 与量化投资
MATLAB yu Lianghua Touzi

张学功 编著

策划编辑:周晓方　陈培斌
责任编辑:余　涛
封面设计:原色设计
责任监印:周治超

出版发行:华中科技大学出版社(中国·武汉)　　电话:(027)81321913
　　　　　武汉市东湖新技术开发区华工科技园　　邮编:430223
录　　排:华中科技大学惠友文印中心
印　　刷:武汉市籍缘印刷厂
开　　本:787mm×1092mm　1/16
印　　张:22.5　插页:2
字　　数:517千字
版　　次:2020年12月第1版第1次印刷
定　　价:58.00元

本书若有印装质量问题,请向出版社营销中心调换
全国免费服务热线:400-6679-118　竭诚为您服务
版权所有　侵权必究

总序

习近平总书记在全国高校思想政治工作会议上指出,要坚持把立德树人作为中心环节,把思想政治工作贯穿教育教学全过程,实现全程育人、全方位育人。根据这一要求,对于致力于世界一流大学和一流学科建设的中国高校来说,其根本任务就是贯彻落实立德树人宗旨,全面促进一流人才培养工作。

为了体现这一宗旨,华中科技大学经济学院制定了教学与人才培养"十三五"规划。基本思路是:贯彻坚守"一流教学,一流人才"的理念,抓好人才分类培养工作,更加重视国际化与创新型拔尖人才的培养。在教学方面,立足中国实际和发展需要,参照国际一流大学经济系本科和研究生课程设置,制定先进的课程体系和培养方案,为优秀的学生提供优质的专业教育和丰富的素质教育,培养具有创新能力的领军人才。为此,我们必须推进教学的国际化、数字化、数量化、应用化,改进教学方式,大力推进研讨式、启发式教学,加强实践性环节,着力培养创新型、领导型人才;进一步推进教学内容与方式的改革,规划建设一流的现代经济学专业系列教材,构建起我们自己的中国化的高水平的教材体系(即这些教材应当具有国际前沿的理论、中国的问题和中国的素材)。与此同时,注重规范教学,提高教学质量,建设并继续增加国家级精品课程及教学团队,组织教学与课程系统改革并探索创新人才培养的新模式。此外,还要加强实践环节,广泛建立学生实习实训基地。以此培养出一批具备扎实的马克思主义理论功底、掌握现代经济学分析工具、熟悉国际国内经济实践、能够理论联系实际的高素质人才,以适应国家和社会的需要。总之,这一规划确立的主题和中心工作就是:瞄准"双一流"目标,聚焦人才培养,积极行动,着力探索国际化与创新型人才培养新方案、新模式与新途径。我们也意识到,高质量的课程是科研与教学的交汇点,没有一流的课程,"双一流"就不可能实现。因此,抓教学改革、抓教材建设,就是实施这种探索的重要体现。

那么,如何做好现代经济学专业课程系列教材编写呢?习近平总书记提出,应按照"立足中国、借鉴国外,挖掘历史、把握当代,关怀人类、面向未来"的思路,着力建设中国特色社会主义政治经济学。根据习近平总书记系列讲话精神,一是要在经济学科体系建设上,着力在继承性、民族性、原创性、时代性、系统性、专业性上下功夫。要面向未来,从教材体系建设入手,从战略层面重视教材建设,总结提炼中国经验、讲好中国故事,教育引导青年学子在为祖国、为人民立德、立言中成就自我、实现价值。要着眼未来学科建设目标,凝练学科方向,聚焦重大问题,在指导思想、学科体系、学术体系、话语体系等方面充分体现中国特色、中国风格、中国气派。二是要研究中国问题。张培刚先生开创的发展经济学植根于中国建设与发展的伟大实践,是华中科技大学经济学科的优势所在。经济学科要继承好、发扬好这个优良传统,要以我国改革发展的伟大实践为观照,从中挖掘新材料、发现新问题、提出新观点、构建新理论,瞄准国家和地方的重大战略需求,做好经济学科"中国化、时代化、大众化"这篇大文章。

编写本系列教材的思路主要体现在如下几个方面。第一,体现"教书育人"的根本使命,坚持贯彻"一流教学,一流人才"的理念,落实英才培育工程。第二,通过教材建设,集中反映经济学科前沿进展,汇聚创新的教学材料和方法,建立先进的课程体系和培养方案,培养具有创新能力的领军人才。第三,通过教材建设,推进教学内容与方式的改革,构建具备中国特色的高水平的教材体系,体现国际前沿的理论、包含中国现实的问题和具备中国特色的研究元素。第四,通过教材建设,加强师资队伍建设,向教学一线集中一流师资,起到示范和带动作用,培育课程团队。

本系列教材编写的原则主要有如下三个。第一,出精品原则。确立以"质量为主"的理念,坚持科学性与思想性相结合,致力于培育国家级和省级精品教材,出版高质量、具有特色的系列教材。坚持贯彻科学的价值观和发展理念,以正确的观点、方法揭示事物的本质规律,建立科学的知识体系。第二,重创新原则。吸收国内外最新理论研究与实践成果,特别是我国经济学领域的理论研究与实践的经验教训,力求在内容和方法上多有突破,形成特色。第三,实用性原则。教材编写坚持理论联系实际,注重联系学生的生活经验及已有的知识、能力、志趣、品德的实际,联系理论知识在实际工作和社会生活中的实际,联系本学科最新学术成果的实际,通过理论知识的学习和专题研究,培养学生独立分析问题和解决问题的能力。编写的教材既要具有较高学术价值,又要具有推广和广泛应用的空间,能为更多高校采用。

本系列教材编写的规范要求如下。第一,政治规范。必须符合党和国家的大政方针,务必与国家现行政策保持一致,不能有政治错误,不涉及有关宗教、民族和国际性敏感问题的表述。第二,学术规范。教材并非学术专著,对于学术界有争议的学术观点慎重对待,应以目前通行说法为主。注意避免在知识产权方面存在纠纷。第三,表述规范。教材编写坚持通俗易懂、亲近读者的文风,尽量避免过于抽象的理论阐述,使用鲜活的案例和表达方式。

本系列教材的定位与特色如下。第一,促进国际化与本土化融合。将国际上先进的经济学理论和教学体系与国内有特色的经济实践充分结合,基于中国具体国情,体现本土化特色。第二,加强中国元素与案例分析。通过对大量典型的、成熟的案例的分析、研讨、模拟训练,帮助学生拓展眼界、积累经验,培养学生独立分析问题、解决问题、动手操作等能力。第三,内容上力求突破与创新。结合学科最新进展,针对已出版教材的不足之处,结合当前学生在学习和实践中存在的困难、急需解决的问题,积极寻求内容上的突破与创新。第四,注重教学上的衔接与配套。与经济学院引进版核心课程教材内容配套,成为学生学习经济学类核心课程必备的教学参考书。

根据总体部署,我们计划,在"十三五"期间,本系列教材按照四大板块进行规划和构架。第一板块:经济学基本原理与方法。包括政治经济学、经济思想史、经济学原理、微观经济学、宏观经济学、计量经济学、国际经济学、发展经济学、中国经济改革与发展、现代管理学等。第二板块:经济学重要分支领域。包括国际贸易、国际金融、产业经济学、劳动经济学、财政学、区域经济学、资源环境经济学等。第三板块:交叉应用与新兴领域。包括幸福经济学、结构金融学、金融工程、市场营销、电子商务、国际商务等。第四板块:创新实践与案例教学。包括各类经济实践和案例应用,如开发性金融、货币银行学案例、公司金融案例、MATLAB与量化投资、国际贸易实务等。当然,在实际执行中,可能会根据情况变化适当进行调整。

本系列教材建设是一项巨大的系统工程,不少工作是尝试性的,无论是编写系列教材的总体构架和框架设计,还是具体课程的挑选,以及内容取舍和体例安排,它们是否恰当,仍有待广大读者来评判和检验。期待大家提出宝贵的意见和建议。

华中科技大学经济学院院长,教授、博士生导师

张建华

2017 年 7 月

前言
Preface

量化投资是指通过数量化方式及计算机程序发出买卖指令,以获取稳定收益为目的的交易方式。最近10年来,量化投资已经成为资本市场发展的热点和焦点,成为和基本分析、技术分析并称的三大主流方法。量化投资利用计算机技术通过指标构建、模型设计、参数优化等方法将投资者的投资理念及策略应用于资本市场进行投资,摒除了投资者个人情绪对于投资行为的影响,有利于避免在出现极端市场情形下进行的误操作。目前量化投资的主要内容包括量化选股、量化择时、股指期货套利、商品期货套利、统计套利、期权套利、算法交易、ETF/LOF套利、高频交易等。

量化投资策略的关注度不断提高,很大程度在于量化策略可以借助大数据分析与人工智能深度学习技术,察觉到很多潜在的投资机会来提前布局博取超额收益。全球量化投资三巨头——文艺复兴、Two Sigma以及德邵,依靠功能强大的计算机、海量数据集和算法来系统地利用证券价格模式,做出交易操作,并在过去几十年获得突出的超额收益,成为业内的先锋。目前三者合计管理着近2000亿美元的资金(约合人民币1.4万亿元)。量化投资者中有很多优秀的物理学家、数学家,他们依靠数学模型分析金融市场,期望依靠数学模型来打败市场,博取高额的投资收益。据《福布斯》对2018年对冲基金回报率的研究数据可见,在对冲基金大量亏损的2018年,精英量化交易基金获得了不菲的收益。在盈利的大型基金公司中,有超过一半的公司使用了算法交易和量化分析策略。在2018年收入最高的20名对冲基金经理和交易员中,超过半数与计算机驱动的算法交易有关。即使在当前新冠疫情叠加石油战,诸多经济体陷入停顿,资本市场动荡加剧的情况下,吉姆-西蒙斯(Jim Simons)的老牌对冲基金文艺复兴科技公司的旗舰基金——大奖章基金2020年年初至4月14日依然上涨了24%,而同期股票市场已经下跌了逾11%。自1998年以来,大奖章基金年化回报率高达66%,扣除投资者费用后回报率为39%。

中国资本市场最早发行的可查量化对冲私募基金为华宝信托2004年的"基金优选套利"。自此以后,量化投资基金品种和发行数量迅猛增加。截至 2020 年 5 月 31 日，国内量化型基金产品共 868 只，合计规模 9506.53 亿元。指数基金中 ETF 有 273 只，合计规模为 6085.79 亿元，LOF 有 76 只，合计规模为 364.87 亿元，传统开放式基金有 306 只，规模为 2509.39 亿元。传统开放式基金在产品数量上领先，ETF 在规模上占据主导地位。指数增强型-行业主题基金和对冲策略型基金表现较好，其收益率中位数分别为 25.70％和 4.03％。与国外投资界相比，中国量化投资基金刚刚起步，发展潜力巨大。

华中科技大学经济学院量化投资团队敏锐地发现了量化投资策略在中国资本市场的发展潜力，在学院支持下，投入大量人力物力，紧贴量化投资实践，从实践需要出发拓展教学资源，是国内较早开设量化投资课程的院校之一。目前已有大量毕业生活跃在量化投资界，成为学院金融专业硕士培养的亮点之一。

综合作者教学和实际操作经验，本书从中国量化交易实践出发，根据基金公司量化投资实例，对基金公司实战的量化交易案例进行总结，较为全面地介绍了金融投资和交易过程中广泛使用的数量化方法。在写作过程中，紧密围绕 MATLAB 软件学习，使用 MATLAB 程序构建从交易软件接口，到基本金融资产组合构建、资本资产的定价策略、量化投资的基础理论，量化选股和择时策略、套利策略、资产配置、资金管理、风险管理、算法交易等全流程覆盖的交易程式。

本书具有以下特点：

(1) 渐进性。本书从最基础的软件接口出发，探讨基础资产的定价、量化交易策略、算法交易、资金管理、风险控制等量化投资行为的理论及实践。通过本书的学习，读者可以掌握量化投资从基础到高深策略的全过程。

(2) 实战性。书中案例绝大多数来源于实际市场交易数据，特别是交易策略直接作用在专业投资机构的投资实战行为，对于读者具有较强的参考作用。既可以学习量化投资的理论，也可以进行实战模拟及实际投资。

(3) 实用性。本书不仅探讨了量化交易的理论知识及实践案例，还对每个策略及案例提供详细的 MATLAB 程序及解释。通过本书的学习，读者可以自己对 MATLAB 程序进行改写，通过技术回测，直接将交易策略应用于投资实践。

本书可以作为金融学本科生高年级、硕士研究生教材，也可以为量化投资策略研究者提供参考。

本书的编写资料由量化投资教学科研团队全体同仁、研究生协助提供。其中经济学院硕士研究生袁棋、付威威参与编写了第一章，邓云、邓然同学参与编写了第三章、第四章,数学与统计学院张玥同学参与编写了第九章,还有漆炫辰、王碧涵、杨继明、胡梦园、唐甜郭蜜等同学也做了大量工作,在此一并感谢。

  本书涉及研究所做的工作不少是尝试性的,对于编著过程中存在的不足,诚盼读者不吝指教。

编 者

2020 年 12 月

第一章 量化投资策略及发展 /1

第一节 量化投资发展简介 /1
第二节 MATLAB 及相关工具箱简介 /7
第三节 量化投资在中国 /10

第二章 量化投资数据接口简介 /13

第一节 东方财富 Choice 数据终端 MATLAB 量化接口注册 /13
第二节 MATLAB 接口命令生成向导 /17
第三节 MATLAB 接口功能函数 /21
第四节 Choice-MATLAB 接口数据下载 /27
第五节 Choice 交易组合构建 /35
第六节 债券实例 /37
第七节 公开数据资源——以 Tushare 为例 /44

第三章 资产组合配置方法 /49

第一节 Markowitz 资产组合模型 /50
第二节 Markowitz 模型构建资产组合有效前沿实例 /52
第三节 Black-Litterman 模型 /66
第四节 BL 方法下 Dow Jones 30 工业指数成分股的资产组合 /77
第五节 基于 CVaR 的证券组合配置方法 /83
第六节 基于 CVaR 的证券组合分析 /87

/98　第四章　量化选股

　　第一节　量化选股模型之打分法　/100
　　第二节　基于打分法的中小板多因子选股模型　/103
　　第三节　量化选股之回归法　/116
　　第四节　多因子选股之回归法案例　/122

/148　第五章　量化择时

　　第一节　趋势择时　/148
　　第二节　趋势择时案例分析　/151
　　第三节　基于SWARCH模型的量化择时策略　/172
　　第四节　基于Hurst指数的择时策略　/183
　　第五节　支持向量机　/193
　　第六节　基于C-SVM算法的HS300股指期货交易策略　/197

/214　第六章　统计套利

　　第一节　基于价差的配对交易　/216
　　第二节　协整理论及ECM模型　/222
　　第三节　基于协整理论的期货跨市场跨品种套利　/226

/236　第七章　基于事件驱动的量化投资策略分析

　　第一节　预期正常收益率模型　/237
　　第二节　基于业绩预增的事件驱动量化投资策略　/238

/246　第八章　期货量化套利策略

　　第一节　股指期货期现套利　/246
　　第二节　股指期货跨期套利　/252
　　第三节　商品期货套利策略　/258
　　第四节　商品期货的期现套利　/261
　　第五节　商品期货的跨市场套利　/268
　　第六节　商品期货的跨期套利　/274

第九章 人工神经网络与量化投资策略 /277

第一节 神经网络 /277
第二节 基于BP神经网络的量化择时策略 /280
第三节 基于PAC-BP神经网络的量化选股策略 /289
第四节 LSTM网络模型与量化投资策略 /296
第五节 基于LSTM网络的量化择时策略 /300
第六节 基于LSTM网络的量化选股 /308

第十章 算法交易 /315

第一节 算法交易的基本概念 /315
第二节 算法交易策略成本分析及优化 /319
第三节 常用算法交易及其实现 /321

参考文献 /339

第一章
量化投资策略及发展

  量化投资是指通过数量化方式及计算机程序发出买卖指令,以获取稳定收益为目的的交易方式。最近10年来,量化投资已经成为资本市场发展的热点和焦点,成为和基本分析、技术分析并称的三大主流方法。量化投资交易策略业绩稳定,市场规模和份额不断扩大,受到投资者越来越多的追捧。

  量化投资目前成为基金公司、资产管理公司研究的重点之一。由于量化投资策略可以在多个产品上进行快速复制,有利于降低资金管理成本,快速扩大资产管理规模。也可以利用量化对冲方式,构建与市场涨跌无关联的产品,通过市场中性策略获得低风险收益,这适合追求稳健收益的大客户,如保险资金、银行理财等。利用量化投资还可以有效杜绝内幕交易等违法行为,量化投资利用公开信息,通过数学模型进行数据挖掘,发掘公开数据隐藏的信息,从而战胜市场,从方法论上杜绝了内幕交易的可能。量化投资方法特别符合机构投资者的偏好,使其在较短的时间内风靡全球。

第一节　量化投资发展简介

一、量化投资发展的基础

  量化投资的快速发展已经说明了该方法的科学性和实用性。然而量化投资方法的发展是建立在资本市场结构的变迁、金融理论发展以及资本市场技术条件不断完善的基础上的。

  1. 有效市场假说与量化投资

  量化投资的理论基础是建立在有效市场假说基础上的。量化投资是在非有效市场及弱势有效市场中的最佳分析理论。

尤金·法玛对有效市场假说定义如下：

假设 $t-1$ 时期的资产价格取决于未来时期 t 的各种资产价格的联合概率分布，则依据市场有效性要求，在决定 $t-1$ 期的证券价格时，市场对可获得的信息的利用具有全面性、完整性、正确性，而上述具有全面性、完整性、正确性的信息同时是被用来估计 t 时期资产价格联合概率分布的。

t 期 n 种资产价格的向量定义为 $P_t=(P_{1t},P_{2t},\cdots,P_{nt})$；$t-1$ 期可获得的所有信息的集合定义为 Θ_{t-1}；$t-1$ 期市场实际利用的信息的集合定义为 Θ_{mt-1}；市场在信息集 Θ_{mt-1} 下估计 t 期价格概率密度函数为 $f_m(P_t\mid\Theta_{mt-1})$；在信息集 Θ_{t-1} 中所隐含的真实的 t 期价格的概率密度函数定义为 $f(P_t\mid\Theta_{t-1})$。如果市场是有效市场，则有 $f(P_t\mid\Theta_{t-1})=f_m(P_t\mid\Theta_{mt-1})$。

资本市场要达到有效状态应具备以下条件：

(1) 理性市场参与者。理性市场参与者可以正确评估到达资本市场的新信息，对资本市场的金融产品进行准确定价。

(2) 理性偏差独立。如果市场存在非理性的参与者，且所有参与者的理性偏差是独立的，偏乐观与偏悲观的市场参与者的数量相当，则资本市场依然能够达到有效的状态。

(3) 存在进行套利交易的专业市场参与者。专业市场参与者可以迅速地卖空价值被高估的资产、买进价值被低估的资产，使得资产价格能迅速地回归真实水平，资本市场依然有效。

有效资本市场假说分为三种形式：弱式有效市场、半强势有效市场以及强势有效市场。

弱式有效市场（weak form market efficiency）中交易资产的价格已经充分、及时、准确地反映所有的历史有关信息——价格、收益、交易量等。在一个弱式有效的资本市场中，价格、收益等变化是随机的，时间序列相互独立；价格、收益等变化"无章可循"，不存在统计趋势或规律；如果弱式有效市场假说成立，则股票价格的技术分析失去作用，任何人都不可能利用分析历史信息获得超常收益，基本分析可能帮助投资者获得超额利润。

半强式有效市场（semi-strong form market efficiency）中交易资产的价格充分、及时、准确地反映所有的公开信息——微观（财务、并购、投资、分红、拆细、人事或股权变动等）和宏观（经济增长、失业、利率、税收等）信息。在半强式有效的资本市场上价格对所有披露的公开信息做出及时、快速、正确的反映；信息公开披露后，价格没有显著的变动趋势；任何人不可能利用公开信息获得超常收益。如果半强式有效假说成立，在市场中利用基本面分析则失去作用，内幕消息可能获得超额利润。

强式有效市场（strong form market efficiency）中交易资产价格充分、及时、准确地反映所有的信息——历史、公开和内幕的信息。在一个强式有效的资本市场上，价格对所有相关的信息做出及时、快速、正确的反映；任何人不可能利用任何信息，包括内幕信息，获得超常收益；强式有效市场是一种高度有效资源配置的市场，一种"三公"的市场，一种理想中追求的市场。在此市场中价格已充分地反映了所有关于公司营运的信息，这些信息包括已公开的或内部未公开的信息。技术分析和基本分析都无用武之地，在强式有效市场中无论使用何种分析工具、利用公开或内幕的信息，均无法获取超额收益。在此类市场上，理性的市场参与者应放弃任何"主动的努力"，而应投资指数，接受市场的平均收益。

因此，在进行量化策略构建时，我们要对资本市场做一个基本的判断，量化投资在无效以及弱式有效市场中才能够起到较好的投资效果。

2. 量化投资的金融理论基础

量化投资离不开系统的投资决策手段和金融理论支持。1952 年，马克维茨在其博士论文中提出了投资组合理论，该理论以期望值衡量收益、以方差值衡量风险，第一次正式将收益和风险这两个股票市场中最重要的概念数量化，成为现代量化投资的鼻祖。托宾随后提出了分离理论，但仍需要利用马克维茨的系统执行高难度的运算。1964 年，夏普又在简化模型的基础上进一步发展，提出了金融界人尽皆知的资本资产定价模型（CAPM）。CAPM 作为一个里程碑式的理论发现，既可以预测风险和期望收益，还可以用于投资组合的绩效分析。之后罗斯在 CAPM 的基础上，提出"套利定价理论"（APT），提供了一种方法来评估影响股价变化的多种经济因素。1973 年，布莱克和斯克尔斯正式提出了"期权定价理论"，为金融风险管理奠定了理论基础，人们广泛使用金融衍生工具如期权、期货、远期、互换等交易技术，可以有效地防范风险和套期保值。通过对金融衍生产品风险的有效测度，我们可以针对某一证券组合构建对某一风险因子免疫的金融产品。现有的金融风险管理技术发展迅速，目前西方管理机构主要使用 VaR 的风险管理测度技术。它是在正常的市场条件和给定的置信水平下，测度单一金融资产或证券组合损失的可能性及数量，VaR 方法较久期、缺口分析等传统风险管理技术有了更强的适应性和科学性。在此基础上，进一步出现了 CVaR 等风险管理特性更好的金融风险测度指标，为量化投资的资产组合管理、资金管理以及风险控制提供了量化的金融理论基础，促进了量化投资的进一步发展。

3. 量化投资的技术基础

量化投资策略，特别是高频量化投资策略的构建需要大量数据的支持，仅仅深圳市场的半年分笔交易数据就有 100 GB 之多。量化投资方法与定性投资方法不同，模型设计不能仅靠经验和直觉，它必须要有一个科学求证并加以改进的过程。量化投资需要进行大量的数据挖掘，发现隐藏在公开信息后的资本市场运行规律，因此对数据要求极高。此外，量化投资策略需要宏微观数据的支持，因此稳定且可靠的数据源极为重要。成熟市场有悠久的历史，在美国，进行量化投资建模通常会向前看 30 年，这样用长期历史数据检验出来的模型可能更为有效。西方资本市场成立较早，非常重视经济数据的搜集工作，数据供应市场发达，有价值线（Value line）、CRSP（证券价格研究中心，芝加哥大学）、Compustat（美国公司及其他国家公司数据，标准普尔公司）、NYSE TAQ（日内高频数据，纽约股票交易所）、PACAP（Pacific-Basin Capital Market，太平洋地区资本市场，美国罗德岛大学）、Datastream、IBES（Institutional Broker's Estimate System，机构经纪人估计系统）、SDC（美国国家数据中心）、GovPX（固定收益债券价格基准）、Reuter（路透）、Bloomberg（彭博）等历史悠久的数据供应商。国外定义的金融数据库不仅仅是数据库本身，还包括基于数据库的相关数据处理、计算、建模及技术支持等服务。中国 A 股市场发展仅 30 余年，无论是数据库的建设还是后续提供的技术支持上均与国外同行具有较大的差距。

量化投资需要根据金融理论构建大量的数学模型进行数据挖掘工作,因此离不开高性能计算机软硬件的支持。计算机的兴起使得量化交易能够利用计算机技术来进行证券投资交易,从庞大的历史数据中海选能带来超额收益的多种"大概率"事件以制定策略,用数量模型验证及固化这些规律和策略,然后严格执行已固化的策略来指导投资,以求获得可以持续的、稳定且高于平均收益的超额回报。在过去的半个世纪里,计算机基本按照英特尔(Intel)的创始人之一戈登·摩尔提出的摩尔定律飞速发展:计算机硬件的处理速度和存储能力,每一到两年提升一倍。计算机技术的飞速发展为量化投资策略的构建提供了良好的基础。大量统计软件和算法的不断优化,也使得量化投资的实践成为可能。1963年,马克维茨的学生威廉·夏普提出了"投资组合的简化模型",也称"单一指数模型",使得马克维茨模型需费时33分钟的计算,简化为只用30秒,大大提高了运算的效率,并因此而节省了计算机内存,可以处理相对前者8倍以上的标的证券。

全球范围内交易费用的下降促使量化交易策略进一步向精细化发展,也使得原来囿于成本限制无法进行的量化策略有可能投入实践。交易费用的下降已经持续了一段时间,在金融市场竞争的推动下,又开始出现继续下降的趋势。

以上便是推动量化投资方法迅速发展的主要原因。目前,量化投资方法运用数学或者统计模型来模拟金融市场的未来走向,预估金融产品的潜在收益,获取稳定收益,该方法已经成为资本市场发展最为迅猛的投资技术之一。

二、量化投资发展历程

量化投资在国外已有30多年的发展历史。相比其他投资策略,量化投资在国外的运用已取得了更佳的业绩。1971年,美国巴克莱国际投资管理公司发行世界上第一只指数基金,这标志着量化投资的开始,时至今日,量化投资已经成为美国市场中的一种重要投资方法。到2009年,这个比重已经上升到了30%以上,主动投资产品中有20%～30%使用了定量的技术(丁鹏,2012),今天量化投资方法已经成为全球基金投资的主流方法之一。

从海外的发展经历来看,量化投资的发展也并非一帆风顺。国外量化投资发展基本上可以划分为三个阶段:第一阶段从1970年至1977年,1971年世界上第一只被动量化基金由巴克莱国际投资管理公司发行,1977年世界第一只主动量化基金也是由巴克莱国际投资管理公司发行,1977年共发行了30亿美元的量化基金,算是美国量化投资的开端;第二阶段从1977年到1995年,量化投资在海外是一个缓慢的发展过程,其中受制于很多因素;第三阶段从1995年至今,随着数据供给和计算机方面的长足进步,量化投资才进入高速发展时代。到目前,定量投资的方法已被广泛使用,指数类投资几乎全部使用了定量技术,主动投资中也越来越多地用到量化方法。

在美国投资界,西蒙斯所管理的大奖章基金,从1989年到2006年之间的年化收益率高达38.5%。西蒙斯的年化净回报率远超巴菲特同期的21%,西蒙斯因此而被誉为"最赚钱基金经理"和"最聪明亿万富翁"(德圣基金研究中心,2010)。巴菲特所用的是"价值投资"方法,而西蒙斯则依靠的是数学模型和计算机管理自己旗下的基金,即通过数学模型来捕捉市场机会,由计算机做出投资决策(纳兰著,郭剑光译,2012)。计算机依据数学模型进行投资,比个人主动投资可以更有效地降低风险、克服心理因素的影响。

2016年5月,《机构投资者》旗下出版物《阿尔法》公布的"2016年全球收入最高的对冲基金经理"排行榜显示,收入最高的前十位对冲基金经理中,有八位被归为量化基金经理,前25位有一半立足于量化分析。这些当中没有一家基金公司参与因子投资,或者叫做smart beta投资,也没有一家基金应用了诺贝尔经济学家创造的理论。相反,这些上榜的基金依赖的是数学与计算机技术的结合。

从中国量化策略基金的实践来看,数量投资策略还处于初级阶段,量化投资的流程还比较简单。中国量化策略基金的量化投资途径多采用从一级股票库初选,并从二级股票库精选,最后对行业进行动态配置的三步法。以中海量化策略基金的量化投资风格为例,第一步是根据公司盈利能力,选择代表性较强的公司盈利能力指标,如过去三年平均每股收益、资产回报率以及毛利率,以所有A股上市公司为样本,筛选得到一级股票库。第二步是通过相关指标体系,如估值指标和一致预期指标体系,并借助熵值法确定指标权重后,对一级股票库中的股票进行打分和排名,进一步筛选得到二级股票库。其中,一致预期指标值选取各大券商的估值结论,得出市场对上市公司的平均预期值,以此作为市场对公司未来现金流的权威预期。第三步,采用BL行业量化模型对股票组合进行动态行业配置,对每一个行业形成最佳的权重股组合,提高投资的夏普比率。

再次,从量化产品在海外的实践来看,确实有业绩长期超越基准的产品存在,但事实上,在任何一类基金中,如果要想找出业绩出色的产品,总能找得到。更何况由于诸多定量化投资公司均是私募公司,其业绩并不公开,由于数据的不完整性,定量化投资在整体上与指数相比到底有多大优势也难以得知。但是从量化投资的特点上来看,由于量化投资需要不断寻找机会,买入一大批股票,而不会在几只股票上重仓押注,在投资结果上,其换手率和分散化程度都较高,这样一来,在短期内,量化基金的业绩一般而言都难以有突飞猛进的表现,可能需要较长的时间段才能体现出该模型选股、择时操作的优越性。在海外,量化投资业集中度比较高,因为这个行业存在一定进入壁垒,定量比定性投资管理者更趋集中化。美国的数据显示,最大的10家定量投资公司掌控了40%~60%的资产。

因此,基金公司和投资者对此都应有清醒的认识,定量化投资和以价值投资为代表的定性化投资是投资道路上的不同分支,不是有了模型,一切问题都能解决,计算机改变不了行业发展的规律和本质。至于投资者,究竟选择哪种方法,还是要在仔细研究观察后,根据自己的战略思路或者喜好来确定。

三、量化投资方法的分类及评价

1. 量化投资方法的分类

量化投资可以分为技术型量化投资和金融型量化投资两类。

技术型量化投资通过广义或狭义的市场技术分析工具,利用高频或低频历史数据,进行操作策略的检验,从而达到良好的收益交易模式和战略,并最终由计算机或交易软件终端程序执行,如交易趋势、套利、短期类型的交易计划等。广义的技术分析工具,不仅包括技术指标,如股票估值指标、盈利指标和图形,还包括各种基本面的指标。技术型量化投资有统计套利的意义。其理论基础是,利用历史数据测试交易获利的概率或盈利幅度具有统计意义上的显著性。量化投资选取更广泛的样本数据,具有更充分的统计学意义和更完善的交易策略,从而有效避免了传统技术分析工具的缺陷。

金融型量化投资可以定义为以金融理论的不断发展为基础来定价的金融产品(如股票、债券、期货、期权等),通过计算机交易软件终端捕捉金融市场价格异常波动产生的交易机会,进行跨市场、跨时期、多产品的高频率或低频率交易投资。金融型量化投资主要用于股票、债券及相关的期货和期权,这就需要一个相对健全的金融体系和金融环境。此外,金融型量化投资计算金融资产的理论价值,是与金融理论的发展相适应的,如Markowitz的投资组合理论、Fama的有效市场假说、Black-Scholes的期权定价理论等。

国外量化投资在投资领域有广泛的应用,交易规模大,投资模式相对成熟。技术型量化投资和金融型量化投资相互交织,共同构成量化投资的总体。2009年,纽约证券交易所的程序化交易量占到总交易量的30%的技术型量化投资与金融型量化投资的侧重点有所不同,技术型量化投资通常适用于商品期货及期权交易,金融型量化投资主要用在股票、债券、金融期货和期权交易。

金融型量化投资是西方市场的主要交易方式,20世纪80年代初,Black-Scholes期权定价模型理论的创始人之一Black加入高盛,从事多产品套利交易,从此拉开了现代金融量化投资的序幕。金融理论与金融投资紧密相连,金融型量化投资不仅体现在自动化交易程序上,而且各种中期和长期的交易策略的制定都具有量化投资的性质,因此无法准确衡量金融市场量化投资的份额。但可以肯定的是,当前的金融型量化投资更加完美,从原来单纯的理论价值模型开始转向交易速度模式。金融型量化投资起初通过价值-价格关系,制定出使金融理论和金融工具完美结合的交易策略。但是,1998年长期资本管理公司的破产暴露出这种模式的缺陷,数学理论完美的推导,有时并不符合实际情况。金融理论存在的限制,"肥尾"涉及大量掉期交易以及过多的流动性不足的头寸,是导致长期资本管理公司破产的原因(张陶伟,1999)。从此以后,金融量化投资更多转向对高频数据的应用,交易速度的追求,控制投资组合头寸的比例,从而减少了市场风险。

2. 量化投资方法的优点和局限性

量化投资作为一种有效的主动投资工具,是对定性投资方式的继承和发展。实践中的定性投资是指以深入的宏观经济和市场基本面分析为核心,辅以对上市公司的实地调研、与上市公司管理层经营理念的交流,发表各类研究报告作为交流手段和决策依据。因此,定性投资基金的组合决策过程是由基金经理在综合各方面的市场信息后,依赖个人主观判断、直觉以及市场经验来优选个股,构建投资组合,以获取市场的超额收益。与定性投资相同,量化投资的基础也是对市场基本面的深度研究和详尽分析,其本质是一种定性投资思想的理性应用。但是,与定性投资中投资人仅依靠几个指标做出结论相比,量化投资中投资人更关注大量数据所体现出来的特征,特别是挖掘数据中的统计特征,以寻找经济和个股的运行路径,进而找出阿尔法盈利空间。与定性投资相比,量化投资具有以下优势:

(1)量化投资可以让理性得到充分发挥。量化投资以数学统计和建模技术代替个人主观判断和直觉,能够保持客观、理性以及一致性,克服市场心理的影响。将投资决策过程数量化,能够极大地减少投资者情绪对投资决策的影响,避免在市场悲观或非理性繁荣的情况下做出不理智的投资决策,因而避免了不当的市场择时倾向。

(2)量化投资可以实现全市场范围内的择股和高效率处理。量化投资可以利用一定数量化模型对全市场范围内的投资对象进行筛选,把握市场中每个可能的投资机会。而定性投资受人力、精力和专业水平的限制,其选股的覆盖面和正确性远远无法和量化投资相比。

(3)量化投资更注重组合风险管理。量化投资的三步选择过程,本身就是在严格的风险控制约束条件下选择投资组合的过程,能够保证在实现期望收益的同时有效地控制风险水平。另外,由于量化投资方式比定性投资方式更少地依赖投资者的个人主观判断,就避免了由于人为误判和偏见产生的交易风险。

当然,无论是定性投资还是量化投资,只要应用得当都可以获取阿尔法超额收益,两者之间并不矛盾,相反可以互相补充。量化投资的理性投资风格恰好可以作为传统投资方式的补充。

量化投资是一种非常高效的工具,其本身的有效性依赖于投资思想是否合理有效,换而言之,只要投资思想是正确的,量化投资本身并不存在缺陷。但是在对量化投资的应用中,确实存在过度依赖的风险。量化投资本身是一种对基本面的分析,与定性分析相比,量化分析是一种高效、无偏的方式,但是应用的范围较为狭窄。例如,某项技术在特定行业、特定市场中的发展前景就难以用量化的方式加以表达。通常量化投资的选股范围涵盖整个市场,因此获得的行业和个股配置中很可能包含投资者不熟悉的上市公司。这时盲目地依赖量化投资的结论,依赖历史的回归结论以及一定指标的筛选,就有可能忽略不能量化的基本面,产生巨大的投资失误。因此,基金经理在投资的时候一定要注意不能单纯依赖量化投资,一定要结合对国内市场基本面的了解。

第二节　MATLAB 及相关工具箱简介

量化投资是将人们总结出的投资思想,利用统计学、数学的方法,形成数学模型,借助计算机在海量历史数据中对模型进行验证,寻找能够带来超额收益的多种"大概率"模型,严格按照这些策略所构建的量化模型运算结果来指导投资。

进行量化投资策略的构建,要求使用的处理工具必须满足处理数据量大、运行速度快、技术多样化及处理结果精准等特点。在进行量化投资工作时,需要进行大量的算法优化，量化策略高度依赖计算结果，对于软件的可靠性具有很高的要求。尽管目前Python、R等语言具有较强的灵活性、开源等优点，但是无法满足量化投资的要求。因此，我们建议投资者选择MATLAB作为数据处理的主要工具。

MATLAB是美国MathWorks公司出品的商业数学软件，用于算法开发、数据可视化、数据分析以及数值计算的高级技术计算语言和交互式环境，主要包括MATLAB和Simulink两大部分。

MATLAB是matrix&laboratory两个词的组合，意为矩阵工厂（矩阵实验室），是由美国MathWorks公司发布的主要面对科学计算、可视化以及交互式程序设计的高科技计算环境。它将数值分析、矩阵计算、科学数据可视化以及非线性动态系统的建模和仿真等诸多强大功能集成在一个易于使用的视窗环境中，为科学研究、工程设计以及必须进行有效数值计算的众多科学领域提供了一种全面的解决方案，并在很大程度上摆脱了传统非交互式程序设计语言（如C、Fortran）的编程模式，代表了当今国际科学计算软件的先进水平。

MATLAB和Mathematica、Maple并称为三大数学软件。MATLAB在数学类科技应用软件中的数值计算方面首屈一指。MATLAB可以进行矩阵运算、绘制函数曲线、实现算法、创建用户界面、连接其他编程语言的程序等，主要应用于工程计算、控制设计、信号处理与通信、图像处理、信号检测、金融建模设计与分析等领域。

MATLAB的基本数据单位是矩阵，它的指令表达式与数学、工程中常用的形式十分相似，故用MATLAB来解算问题要比用C、Fortran等语言完成相同的事情简捷得多，并且MATLAB也吸收了像Maple等软件的优点，使MATLAB成为一个强大的数学软件。在新的版本中也加入了对C、Fortran、C++、JAVA的支持。

MATLAB允许使用者使用面向过程和面向对象的方法来开发应用程序。面向对象的编程方法优化了程序的模块化、再利用、数据封装以及运行，在此基础上很容易对程序进行再开发。在面向过程的编程中，当开发人员基于特定数据结构设计函数时，需要说明这些数据结构，他们必须手动编写变量说明，并编写具有多个输入和输出的函数。面向对象的方法使用类定义表示由方法或函数定义的行为以及实体属性。开发人员可以选择在MATLAB中使用过程编程来执行更简单的任务，如事后原型设计，或者使用面向对象的编程来执行更复杂的操作，如开发经过批准的内部基础架构。在开发应用程序中结合过程和面向对象编程的能力可以降低代码复杂性和冗余，并帮助开发人员设计和开发稳定的应用程序。

MATLAB对许多专门的领域都开发了功能强大的模块集和工具箱。一般来说，它们都是由特定领域的专家开发的，用户可以直接使用工具箱学习、应用和评估不同的方法，而不需要自己编写代码。领域，诸如数据采集、数据库接口、概率统计、样条拟合、优化算法、偏微分方程求解、神经网络、小波分析、信号处理、图像处理、系统辨识、控制系统设计、LMI控制、鲁棒控制、模型预测、模糊逻辑、金融分析、地图工具、非线性控制设计、实时快速原型及半物理仿真、嵌入式系统开发、定点仿真、DSP与通信、电力系统仿真等，都在工具箱(toolbox)家族中有了自己的一席之地。通过这些工具箱,用户可以利用MATLAB进行交易策略实现和回测、投资组合优化和分析、资产分配、金融时序分析、期权价格和敏感度分析、现金流分析、风险管理、预测和模拟、利率曲线拟合和期限结构建模、Monte Carlo 模拟、基于 GARCH 的波动性分析等。以下是量化投资最为常用的一些工具箱的简介。

金融工具箱(financial toolbox)为金融数据提供了数学模型和统计分析的函数,在控制换手率、交易成本、其他离散约束的情况下进行资产组合的优化,确定资产组合的最优资产数。调用工具箱函数,可以估算风险,建立信用评分模型,分析收益率曲线,为固定收益工具和欧洲期权定价,以及测度投资业绩。通过时间序列分析函数,可以在存在缺失数据的情况下进行回归和转换,并可以对数据在不同的交易日历和日计数约定之间进行转换。

深度学习工具箱(deep learning toolbox™)提供了一个框架,用于设计和实现具有算法、预训练模型和应用的深度神经网络。通过该工具箱可以使用卷积神经网络(convNets,CNN)和长期短期记忆(LSTM)网络对图像、时间序列和文本数据进行分类和回归。应用程序和图表可监视运算过程、编辑网络体系结构以及监控训练进度。

对于小型训练集,可以使用预训练的深层网络模型(包括 SqueezeNet、Inception-v3、ResNet-101、GoogLeNet 和 VGG-19)以及从 TensorFlow®-Keras 和 Caffe 导入的模型执行转换学习进程。

为了加速大型数据集的训练进程,可以使用 Parallel Computing Toolbox™在多核处理器和 GPU 之间分配计算和数据,或者扩展到群集和云,包括远程使用 AmazonEC2®P2、P3 和 G3 GPU 进行运算(使用 MATLAB® Distributed Computing Server™),如 parfor:parallel for-SPMD。matfile 类:可在不读入内存的情况下,直接修改 MATLAB 文件中的变量。可以把硬盘当作一块大的 ROM 使用,对 GPU 加速。

Financial Instruments Toolbox™提供定价、建模和分析固定收益证券、信贷和权益工具证券组合的函数。可以使用工具箱执行现金流建模和收益率曲线拟合分析、计算价格和敏感度、观测价格演变过程,并使用普通股权和固定收益建模方法执行对冲分析。通过调用工具箱内嵌函数,可以使用参数拟合模型和仿真方法创建新的金融工具,将收益率曲线拟合到市场数据,并构建基于双曲线的定价模型。

工具箱可以对固定收益和权益资产进行定价和分析。对于固定收益资产模型,可以计算不同证券和衍生品的价格、收益率、利差和敏感度,如可转换债券、抵押贷款支持证券、国库券、债券、掉期、上限、下限和浮动利率票据。可以计算普通期权和多种奇异衍生品的价格,隐含波动率和希腊值表示的金融风险。

金融工具箱为计算交易对象信用风险和 CVA 风险提供了建模的函数。对于信用衍生产品,工具箱包括信用违约掉期定价和违约概率曲线建模函数,可以对能源类衍生物的普通期权和奇异期权进行定价和建模。该工具箱还提供与 Numerix® CrossAsset 集成层的连接。

第三节 量化投资在中国

经典金融理论认为,人的决策能够被理想化地等同于理性预期、风险规避、严格效用最大化的理性人模型。但是大量的心理学研究表明,人们的实际投资决策并非如此。实际上,并非每个市场参与者都能完全理性地按照理论中的模型去行动,同时,由于非理性人的存在,理性人也被迫采取与传统金融理论不一致的决策行为,因此,人的非理性行为在经济系统中发挥着不容忽视的作用。我们不能再将人的情感因素作为无关紧要的因素排斥在投资理论之外,而应将行为分析纳入理论分析中,从而做出正确的投资决策。这正是量化投资方式在中国的着眼点所在。与国外相比,目前国内股票市场仅属于非有效或弱有效市场,非理性投资行为依然普遍存在,将行为金融理论引入国内证券市场是非常有意义的。国内有很多实证文献讨论国内 A 股市场未达到半强势有效市场。目前对中国资本市场特点的一般共识包括:第一,中国市场是一个个人投资者所占比例非常高的市场,这意味着市场情绪可能对中国市场的影响特别大。第二,中国作为一个新兴市场,各方面的信息搜集有很大难度,有些在国外成熟市场唾手可得的数据,在中国市场可能需要自主开发。这尽管加大了工作量,但也往往意味着某些指标关注的人群少,存在很大机会。其三,中国上市公司的主营比较繁杂,而且变化较快,这意味着行业层面的指标可能效率较低。而中国的量化投资实际上就是从不同的层面验证这几点,并从中赢利。例如,考虑到国内资本市场的个人投资者较多的情况,我们可以通过分析市场情绪因素的来源和特征指标,构建市场泡沫度模型,并以此判断市场泡沫度,作为资产配置和市场择时的重要依据。

另外,由于国内股票市场还不够成熟,量化投资在中国的适用性很大程度上取决于投资小组的决策能力和创造力。以经济政策对中国量化投资的影响为例,中国资本市场有"政策市"之称,中国资本市场变化极大依赖于政府经济政策的调节,但是经济政策本身是无法量化的。基金建仓应早于经济政策的施行,而基于对经济政策的预期,其影响比经济政策的影响更难以量化。例如,在现阶段劳动力成本不断上升、国际局势动荡、国际大宗商品价格上升的情况下,央行何时采取什么力度的加息手段,对市场有何种程度的影响,这一冲击是既重要又无法量化的。为解决这个在中国利率非市场化特点下出现的问题,需要基金投资小组采取创造性的方式,将对中国经济多年的定性经验和定量的指标体系结合起来,方能提高投资业绩。

相对于海外成熟市场,我国资本市场的发展历史较短,投资者队伍参差不齐,投资理念还不够成熟。国内资本市场仍属于非有效市场,而投资者非理性行为也广泛存在,市场信心及政策信号的变化常常引起市场的过度反应或反应不足。量化投资通过科学理性的统计研究和实证分析使投资决策行为中的人类共性偏差、人为失误、非理性主观因素等产生的投资风险得到最大限度地降低,在充分考虑风险收益配比的原则上构建符合投资目标的有效投资组合,从而有效保证了投资决策的客观性、严谨性和科学性。量化投资的技术和方法在国内处于刚刚起步阶段,几乎没有竞争者,这也给量化投资创造了良好的发展机遇。

综上所述,量化投资在中国未来的发展空间是巨大的。随着中国基金业的发展,市场急需多元化的投资理念,国际上流行的量化投资有望在未来成为资本市场的主流投资方法之一。

本章小结

量化投资是指通过数量化方式及计算机程序化发出买卖指令,以获取稳定收益为目的的交易方式。最近10年来,量化投资已经成为资本市场发展的热点和焦点,成为和基本分析、技术面分析并称的三大主流方法。

量化投资的快速发展已经说明了该方法的科学性和实用性。然而量化投资方法的发展是建立在资本市场结构的变迁、金融理论发展以及资本市场技术条件不断完善的基础上的。

量化投资的理论基础是建立在有效市场假说基础上的。量化投资是在非有效市场及弱势有效市场中的最佳分析理论。

量化投资可以分为技术型量化投资和金融型量化投资两类。投资者可以根据自己的投资标的进行衡量和选择。MATLAB 对许多专门的领域都开发了功能强大的模块集和工具箱。通过这些工具箱,用户可以利用 MATLAB 进行交易策略实现和回测、投资组合优化和分析、资产分配、金融时序分析、期权价格和敏感度分析、现金流分析、风险管理、预测和模拟、利率曲线拟合和期限结构建模、Monte Carlo 模拟、基于 GARCH 的波动性分析等,为量化投资策略服务。

关键概念

量化投资　有效市场假说　技术型量化投资　金融型量化投资　金融工具箱　面向对象的开发

思考题

(1)量化投资的概念是什么?哪些金融资产交易可以使用量化交易的概念?

(2)法玛是如何定义各类有效市场的?如何从信息的角度定义资产价格?

(3)有效市场存在的基本条件是什么？我国资本市场有哪些？都属于何种有效的市场？

(4)量化投资的基本思想是什么？由此出发，何种市场可以使用量化投资策略？

(5)什么是技术型的量化投资策略？适用于哪些金融产品？

(6)什么是金融型的量化投资策略？适用于哪些金融产品？

(7)现阶段我国量化投资方法发展的现状如何？你有何看法？

(8)什么是MATLAB编程中的面向过程方法？该方法有何优势？

(9)什么是MATLAB编程中的面向对象方法？该方法有何优势？

(10)MATLAB中的工具箱有哪些？其主要功能如何？

第二章
量化投资数据接口简介

　　量化投资策略是在分析财务数据、交易数据等大量数据后,通过建模、优化、回测等手段建立适合资本市场交易模式的过程。因此,如何寻找稳定、可靠的数据源,并通过数据接口获得数据,成为宽客们首先要解决的问题。

　　目前量化投资数据一般来源于专业金融数据公司,如东方财富、万德、同花顺等,但这些公司一般收费不菲,中小投资者很难承受。除此之外,还有一些免费的数据源,如Tushare、京东金融、优矿等,但这些数据源一般存在品种不全、下载数据量受限等问题,但在没有更好的数据源的情况下,可以尝试使用。

　　为了适应不同读者的需要,本书分别介绍如何从以上两类数据源获取数据,并构造量化投资策略的过程。

第一节　东方财富 Choice 数据终端 MATLAB 量化接口注册

　　宽客们如果想从各类数据终端下载数据,那么首先需要进行的就是接口软件包的下载与安装,然后取得公司的注册授权,之后就可以畅游在数据的海洋里啦。

　　(1)从 Choice 量化接口官网 http://quantapi.eastmoney.com/Download? from＝web 下载接口软件包并解压,如图 2-1 所示。

　　(2)查看 MATLAB 程序位数,打开 MATLAB 在开始界面中有提示:64-bit(表示 64位),32-bit(表示 32 位),如图 2-2 所示。

　　(3)接口底层需要依赖 Microsoft Visual C++ 2010 Redistributable Package。在MATLAB 关闭的情况下,根据 MATLAB 位数,安装 VC 库。64 位用 vcredist_x64.exe;32 位用 vcredist_x86.exe。微软官方下载链接:64 位:https://www.microsoft.com/zh－CN/download/details.aspx? id＝14632;32 位:https://www.microsoft.com/zh－

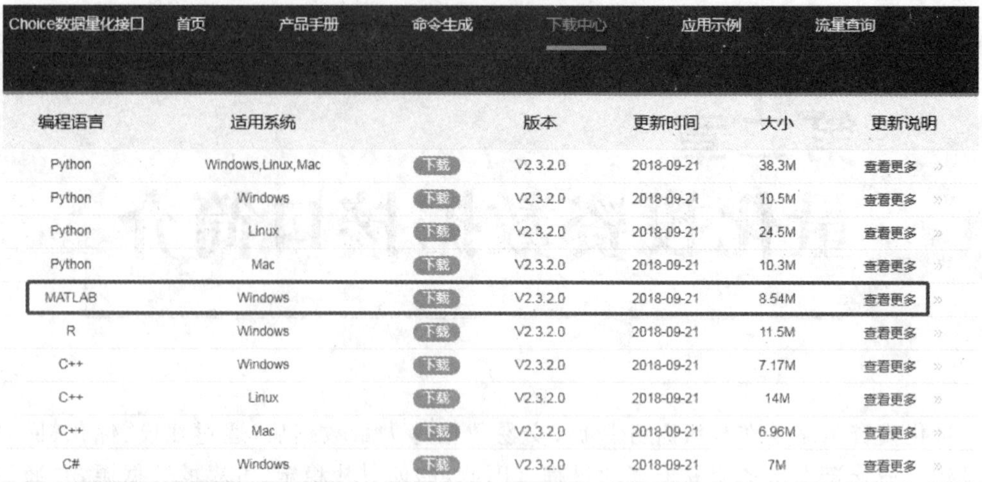

图 2-1 下载界面

图 2-2 MATLAB 程序位数

cn/download/confirmation.aspx?id=5555。计算机已经安装过的可以忽略此步骤,在控制面板——程序和功能中可查,如图 2-3 所示。

(4)在 MATLAB 关闭的情况下,打开 EmQuantAPI_Matlab 文件夹,根据 MATLAB 位数选择注册程序,64 位使用 EmQuantAPIActxRegister_x64.exe;32 位使用 EmQuantAPIActxRegister.exe,右键以管理员身份运行。单击"注册"按钮(见图 2-4),如果运行成功则进入第 6 步,如果单击"注册"按钮无反应,则进入第 5 步。

(5)①搜索命令提示符 cmd,然后右键以管理员身份运行;②cd /d 进入注册程序所在目录;③然后输入 regsvr32 EmQuantAPIActx.ocx,出现"已成功"字样即完成注册,如

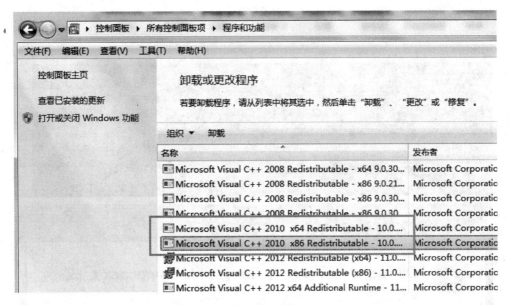

图 2-3　控制面板程序列表

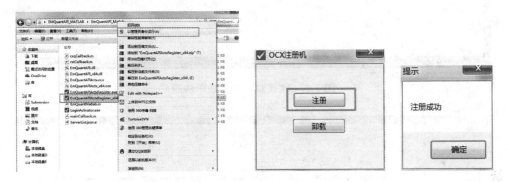

图 2-4　注册成功界面图

图 2-5 所示。

（6）打开 MATLAB，设置路径，把接口文件夹放进去，如图 2-6 所示。

（7）在 MATLAB 命令行输入 em ＝ EmQuantMatlab（）进行初始化操作，然后进行人工激活输入 em. manualactivate（'用户名'，'密码'，'email＝邮箱地址'），按回车键运行，如图 2-7 所示。

（8）将邮箱中收到的 userinfo 下载放到 serverlist. json. e 同级目录下。注意：userinfo 是没有后缀的，该文件绑定设备号并且含有账号信息，在不更换设备和修改密码的情况下，有效期是 1 年。人工激活函数不必每次都调用。

（9）在 MATLAB 命令行中调用登录函数 em. start（'forcelogin＝1'）即可，如图 2-8 所示。

当你看到"start success！"时，Choice 量化接口已经连接成功，可以从量化服务器下载数据了。

图 2-5　AI 接口注册成功示例图

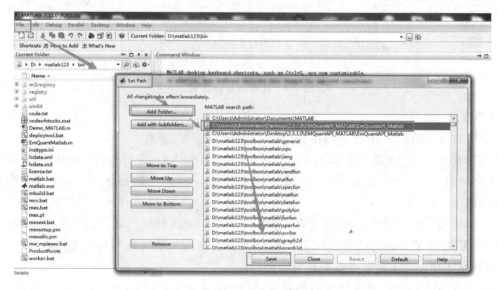

图 2-6　MATLAB 路径设置示意图

```
>> em = EmQuantMatlab ()
   EmQuantMatlab: A Tool of Financial Quantization
   Copyright(c)2016-2018,    EastMoney Information Co,. Ltd. All Rights Reserved.
   Eastmoney API must not be used without authorzation, unauthorized user shall be held liable.
>> em.manualactivate('          ','          ','email=          ')

ans =

     0

[Em_Info][2018-12-06 15:39:18]:manual activate begin.     出现该提示请联系Choice人员获取userinfo令牌

[Em_Info][2018-12-06 15:39:18]:manual activate success, please contact with your service manager to get token file.
```

图 2-7 激活口令运行结果

```
>> em=EmQuantMatlab ();
>> em.start('forcelogin=1');
[Em_Info][2018-12-06 15:46:37]:The current version is EmQuantAPI(V2.3.2.0).

[Em_Info][2018-12-06 15:46:37]:connect server...

[Em_Info][2018-12-06 15:46:37]:verifying your token...

[Em_Info][2018-12-06 15:46:38]:start success!
```

图 2-8 量化接口连接成功示意图

第二节　MATLAB 接口命令生成向导

宽客们可以通过 Choice 终端提供的命令生成器来熟悉 Choice MATLAB 数据接口的各种功能,生成提取数据的命令。下面以例 2.1 演示向导的使用。

【例 2.1】 获取 000001.SZ(平安银行)2017 年 9 月 18 日到 9 月 22 日的开盘价、收盘价、最高价和最低价。

在 MATLAB 命令行窗口输入如下命令:
> > em=EmQuantMatlab ()
errorid=em.start()

当 MATLAB 输出窗口如图 2-9 所示,此时表示 MATLAB 已经与数据接口建立连接,可以执行下载数据等工作。

然后打开 Choice 数据终端,在首页找到命令生成菜单,单击进入,如图 2-10 所示。

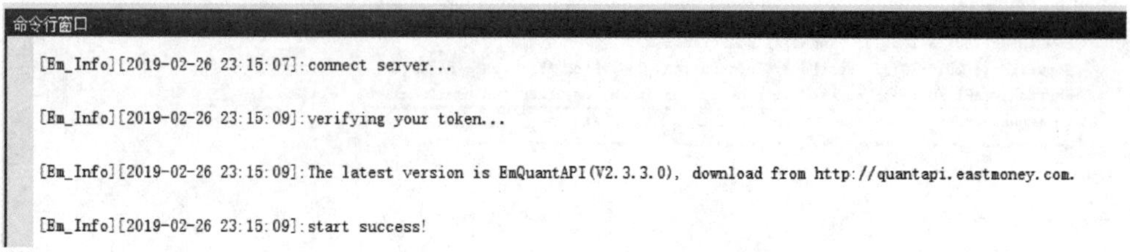

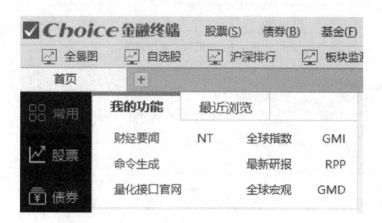

图 2-9　接口连接成功示意图

图 2-10　Choice 数据终端窗口示意图

单击"历史行情"按钮（见图 2-11），就会进入历史行情数据向导，在输入代码编辑框内输入 000001.SZ 或者在沪深股票中的股票待选框中选择平安银行，并选中（见图 2-12）。

图 2-11　二级页面菜单

单击"下一步"按钮，进入指标选择，如图 2-13 所示。

可以看到向导左侧有大量指标可供选择，作为演示，我们这里只选择行情指标→收盘行情中的开盘价、收盘价、最高价、最低价。这些指标对应在函数中的字段分别为 OPEN、CLOSE、HIGH、LOW，稍后我们会看到这些字段出现在 MATLAB 返回的函数中。

单击"下一步"按钮，进入参数设置，我们选择"日期周期"为日，起止时间为 2017 年 9

图 2-12 数据终端页面示意图

图 2-13 待选指标选择

月 18 日到 9 月 22 日,导出数据"日期排序"选择"升序","复权方式"选择"不复权",如图 2-14 所示。

单击"下一步"按钮,将"编程语言"选择为"Matlab",我们可以看到 MATLAB 命令行窗口出现一行代码,如图 2-15 所示。

注意,函数 csd 右边括号里第一项"000001.SZ"就是我们在向导第一步输入的股票代码;第二项"OPEN、CLOSE、HIGH、LOW"即我们在向导第四步选中的指标;第三项"2017-09-18","2017-09-22"即我们在第五步选中的时间段。按复制按钮将其复制到 MATLAB 命令窗口。执行这段代码,可以得到如图 2-16 所示的输出。

熟悉接口的用户也可以不使用接口,直接使用函数。

数据函数 > 历史行情 > 选择参数

图 2-14　参数设置

编程语言：Matlab

[datas,codes,indicators,dates,errorid]=em.csd('000001.SZ','OPEN,CLOSE,HIGH,LOW','2017-09-18','2017-09-22','period=1,adjustflag=1,curtype=1,pricetype=1,order=1,market=CNSESH')

图 2-15　MATLAB 命令生成图

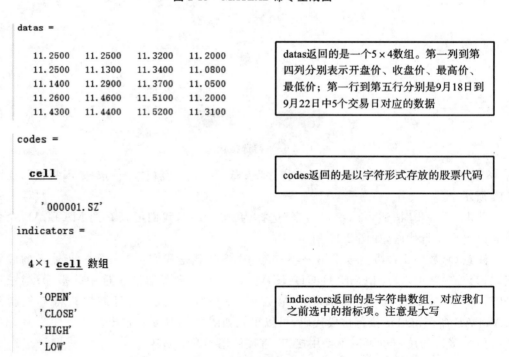

图 2-16　程序运行结果

```
dates = 

5×1 cell 数组

    '2017/9/18'
    '2017/9/19'
    '2017/9/20'
    '2017/9/21'
    '2017/9/22'

errorid = 

    0
```

dates 返回的是9月18日到9月22日中的全部五个交易日的日期

errorid 返回错误ID号

续图 2-16

第三节 MATLAB 接口功能函数

MATLAB 接口主要功能是读取数据并且支持一些基本的函数运算。

➢ EmQuantMatlab()

创建 Choicematlab 数据提取对象。

例如：em=EmQuantMatlab()，即可创建 em 对象句柄，在使用接口函数时，需在命令前加入句柄 em.。如果存疑，则可以使用 help EmQuantMatlab 获取帮助。

➢ start

初始化登录函数，登录验证通过后，即可正常使用接口函数获取数据，用户名和密码为空。

命令格式：errorid = em.start(varargin)；输入参数为：varargin，可选项，可参见 Choice 产品说明书。输出参数：errorid，返回错误代码。

例如：errorid=em.start('1', @ RecordLoginInfo)

可选项为 RecordLoginInfo，取值 1，追加记录登录信息到 logininfo.log 文件，文件位于 serverlist.json.e 所在目录下。取值 0，则不予记录。

➢ stop

退出函数，即退出当前登录状态。命令格式：em.stop()，无参数。

例如：em.stop()

➢ 序列函数：csd

返回选定证券品种的历史序列数据，包括日间的行情数据、基本面数据以及技术数据指标。

[datas, codes, indicators, dates, errorid] = em.csd(incodes, inindicators, instartdate, inenddate, varargin)

输入参数如下。

incodes：东财代码，格式为"300059.SZ,600000.SH"，不支持跨品种证券输入；

inindicators：指标简称，格式为"OPEN,CLOSE,HIGH"，最多不超过64个，详细指标列表见指标手册；

instartdate：起始日期，格式为"YYYYMMDD,YYYY/MM/DD,YYYY-MM-DD"；

inenddate：截止日期，格式为"YYYYMMDD,YYYY/MM/DD,YYYY-MM-DD"；

varargin：可选参数。

输出参数如下。

datas：返回数据结果；

codes：返回代码序列；

indicators：返回指标序列；

dates：返回时间序列；

errorid：返回错误编码。

代码示例：

[datas,codes,indicators,dates,errorid]=em.csd('300059.SZ,600000.SH','OPEN,CLOSE,HIGH','2018/7/1','2019/7/13')

➢ 截面函数：css

获取股票、指数、基金、期货、外汇等各个证券品种的截面数据，如上证50股票的基本资料、财务、估值等截面数据。

[datas, codes, indicators, dates, errorid] = em.css(incodes, inindicators, varargin)

代码示例：

[datas,codes,indicators,dates,errorid]=em.css('300059.SZ,600000.SH',...

'OPEN,CLOSE,HIGH','ReportDate=20140930,TradeDate=20160217,StartDate=2015/2/10,EndDate=2015/03/10')

➢ 历史分钟K线数据函数：cmc

获取最近7个自然日沪深股票以及大连期货交易所、上海期货交易所、郑州商品期货交易所期货的历史分钟K线序列数据（商品期货目前只支持一分钟级别的历史数据）。

[data, codes, fields, times, errorid, reqid] = w.wsi(windCodes, windFields, startTime, endTime, varargin)

代码示例：

[datas,code,indicators,dates,errorid]=em.cmc('300059.SZ','DATE,TIME,HIGH,OPEN,LOW,CLOSE,VOLUME,AMOUNT','2018/03/10','2018/03/12')

➢实时行情函数：csq

订阅股票、指数、基金、期货、外汇等各个证券品种的实时行情报价。

serialid=em.csq(incodes, inndicators, varargin)

输入参数如下。

incodes：东财代码，格式为"300059.SZ,600000.SH"；

inndicators：指标简称，格式为"OPEN,CLOSE,HIGH"，其中沪深股票的行情报价、资金流向、DDE 三类指标需在 csq 语句中分开使用。

代码示例：

serialid=em.csq('300059.SZ','PRECLOSE,OPEN,HIGH,LOW,NOW','Pushtype=0',@ csqCallback)

Pushtype：表示数据推送方式。取值 0，增量推送；取值 1，全量推送。默认值为 0。

@csqCallback：传入自定义存储函数，设置实时数据存储格式及路径。

如果想取消实时行情订阅，则使用函数：csqcancel。

errorid=em.csqcancel(serialid)

输入参数如下。

serialid：csq 函数返回 serialID，如果为 0 则取消所有 csq 订阅。

输出参数如下。

errorid：返回错误码。

➢行情快照函数：csqsnapshot

订阅股票、指数、基金、期货、外汇等各个证券品种的实时行情报价快照。

[datas, codes, indicators, dates, errorid] = em.csqsnapshot (incodes, inindicators, varargin)

代码示例：

[datas,codes,indicators,dates,errorid]=em.csqsnapshot('300059.SZ,600000.SH','PRECLOSE,OPEN,HIGH,LOW,NOW','')

➢日内跳价函数：cst

提供沪深股票以及大连期货交易所、上海期货交易所、郑州商品期货交易所期货的当日跳价。

serialid = em. cst (em, incodes, inindicators, instartdatetime, inenddatetime, varargin)

输入参数如下。

instartdatetime：开始时间，格式为"YYYYMMDDHHMMSS"或"HHMMSS"；

inenddatetime：结束时间，格式为"YYYYMMDDHHMMSS"或"HHMMSS"；

varargin：可选参数（可传入 option 参数和回调函数句柄）。

代码示例：

serialid=em.cst('300059.SZ,600000.SH', 'TIME,OPEN,HIGH,LOW,NOW', '100000', '102000', '',

@ cstCallback)

> 专题报表函数：ctr

一次性获取报表所包含全部变量的数据。

[datas, indicators, row, column, errorid] = em.ctr (inctrname, inindicators, varargin)

输入参数如下：

inctrname：报表名称，详细枚举见指标手册；

inindicators：报表字段简称，格式为"SECUCODE, NAME, WEIGHT"（支持筛选字段，传空时不筛选），字段枚举详见指标手册；

varargin：可选参数。

输出参数如下：

datas：返回数据结果；

indicators：返回报表字段；

row：报表行数；

column：报表列数。

errorid：返回错误编码。

代码示例：

[datas,indicators,row,column,errorid]=em.ctr('INDEXCOMPOSITION','','IndexCode=000001.SH,EndDate=2017-01-13')

> 条件选股函数：cps

条件选股函数

[datas, codes, indicators, dates, errorid] = em.cps (incpscodes, incpsindicators, incpscondtions, varargin)

输入参数如下。

incpscodes：证券代码范围，必传，cps函数只能选取沪深的板块和证券代码，支持两种模式：①板块代码，以B_开头，如"B_001004"；②东财代码，多个代码间用半角逗号隔开，如"000001.SZ,000002.SZ,600000.SH"。

incpsindicators：条件参数，由条件表达式表示，多个参数之间用英文分号隔开，内部各参数用半角逗号隔开，具体指标和英文简称见指标手册，例如：

s1,open,2016/12/31,1;s2,close,2017/02/25,1;s3,NAME;s4, LISTDATE

incpscondtions：条件表达式，各表达式用 and 连接，表达式支持的操作符：ANY、CONTAINALL、ISNULL、ISNOTNULL、比较运算符、算术运算符、逻辑运算符（必须小写，如 and、or、not）等，具体操作符释义可见 Choicematlab 接口文件；条件参数引用格式：[参数名1]，例如：[s1]>10 and [s2] > [s1] and not CONTAINALL ([s3],重工，银行）；若选择的条件是日期，需用 d( )，例如：[s4]>d(2017/7/21)，若选日期区间，需用多项日期表达式，用 and 连接，例如：[s4]>d(2013-09-30) and [s4]<d(2014-07-10)。

varargin：其他附加条件，如排序，取前 N 条选股结果等，具体使用规则 Choicematlab 接口文件。

输出参数如下。

datas:返回数据结果;

codes:返回代码序列。

代码示例:

[datas,codes,indicators,dates,errorid]=em.cps('B_001004','s1,OPEN, 2017/2/27,1;s2,NAME','[s1]> 0', 'orderby=rd([s1]),top=max([s1],100)')

➤创建组合函数:pcreate

errorid=em.pcreate(combincode, combinname, initialfound, varargin)

输入参数如下。

combincode:组合代码;

combinname:组合名称;

initialfound:初始资金,最大为99999999999;

varargin:可选参数,分别是option(如组合类型、公司名称与业绩基准等选项)、remark(备注)。

输出参数如下。

errorid:返回错误编码。

代码示例:

errorid=em.pcreate('test', '组合测试', 1000000, 'combintype=4', '备注新建组合测试')

➤组合账户信息查询函数:pquery

获取组合信息

[datas,codes,indicators,dates,errorid]=em.pquery(varargin)

➤组合批量下单函数:porder

组合批量下单

errorid=em.porder(combincode, ordercell, varargin)

输入参数如下。

combincode:组合名称;

ordercell:下单参数,格式为cell元胞数组,支持多条记录上传。

{代码1,数量1,价格1,日期1,时间1,操作1,费用1,费率1;

代码2,数量2,价格2,日期2,时间2,操作2,费用2,费率2;

……}

varargin:可选参数,分别是option(0-2)。表示含义:0为不补充;1为先扣除可用现金,不足再补充;2为全部外部补充本次批量买入操作所需现金。

输出参数如下。

errorid:返回错误编码。

代码示例:

ordercell={'300059.SZ',1000,13.11,'2017- 08- 14','14:22:18',1,0,0,0;'300059.SZ',500,13.16,'2017- 08- 14','14:22:20',1,0,0,0;};

errorid=em.porder('xxxxxxx', ordercell, 'autoAddCash=0', '备注买入

测试')

➢删除组合函数:pdelete

errorid = em.pdelete(combincode, varargin)

输入参数如下。

combincode:组合代码；

varargin:可选参数,option(附加参数)。

输出参数如下。

errorid:返回错误编码。

代码示例：

errorid = em.pdelete('test')

➢获取组合报表函数:preport

[datas, codes, indicators, dates, errorid] = em.preport (combincode, inindicators, varargin)

输入参数如下。

combincode:组合代码；

indicators:报表简称,为"hold"(持仓查询)或"record"(交易记录查询)。

varargin:可选参数。

输出参数如下。

datas:返回数据结果；

codes:返回代码序列；

indicators:返回指标序列；

dates:返回时间序列；

errorid:返回错误编码。

代码示例：

[datas,codes,indicators,dates,errorid] = em.preport('test','hold','tradedate=2018/01/15')

[datas,codes,indicators,dates,errorid] = em.preport('test','record','startdate=2017/07/12,enddate=2018/01/15')

➢交易日函数:tradedates

获取指定交易市场的交易日序列数据。

[datas, codes, indicators, dates, errorid] = em.tradedates (instartdate, inenddate, varargin)

输入参数如下。

instartdate:起始日期,格式为"YYYYMMDD,YYYY/MM/DD,YYYY-MM-DD"；

inenddate:截止日期,格式为"YYYYMMDD,YYYY/MM/DD,YYYY-MM-DD"；

varargin:可选参数。

输出参数如下。

datas:返回数据结果；

codes:返回代码序列；

indicators:返回指标序列；

dates:返回时间序列；

errorid:返回错误编码。

代码示例：

[datas,codes,indicators,dates,errorid]=em.tradedates('2016/07/01','2016/07/15')

➢板块函数:sector

获取系统板块证券代码成分列表，目前只支持沪深股票的历史成分查询，其他板块只能获取最新成分。

[datas, codes, indicators, dates, errorid] = em.sector (insectorcode, intradedate, varargin)

参数描述：

输入参数如下。

insectorcode:板块编码；

intradedate:交易日期，格式为"YYYYMMDD,YYYY/MM/DD,YYYY-MM-DD"；

varargin:可选参数。

输出参数如下。

datas:返回数据结果；

codes:返回代码序列；

indicators:返回指标序列；

dates:返回时间序列；

errorid:返回错误编码。

代码示例：

全部 A 股板块代码 001004

[datas,codes,indicators,dates,errorid] = em.sector('001004','2016-07-25')

第四节 Choice-MATLAB 接口数据下载

1. 提取日期序列(WSD)数据

【例2.2】获取 000001.SZ(平安银行)最近 100 天的开盘价、收盘价、最高价、最低价，前复权数据,绘制这段时间的 K 线图。

代码如下:

```
warning off;
% 初始化对象
em=EmQuantMatlab();
% 登录 Choice 接口
errorid=em.start();
% 确定起始日期
inenddate=datetime('today');
% 表示将开始日期从 inenddate 向前推 100 个交易日
[instartdate,~,~,~,~]=em.getdate(inenddate,-100,'Market=CNSESH');
[datas,codes,indicators,dates,errorid]=em.csd('000001.SZ','OPEN,CLOSE,HIGH,LOW',instartdate,inenddate,'period=1,adjustflag=1,curtype=1,pricetype=1,order=1,market=CNSESH');
open=datas(:,1);
close=datas(:,2);
high=datas(:,3);
low=datas(:,4);
% 将开盘价、收盘价、最高价、最低价分别存入变量 open、close、high、low
% 确定交易日期,并将交易日期存入 date
[datas0,codes0,indicators0,dates0,errorid]=em.tradedates(instartdate,inenddate);
date=dates0;
% 画出 K 线图,'b'表示用蓝线画图,date,'dd-mm'表示日期及日期格式
figure;
candle(high,low,close,open,'b',date,'dd-mm');
% 给 K 线图加标题和横纵坐标注释
title('平安银行(000001.sz)');
xlabel({'时间'});
ylabel({'价格/元'});
```

运行这段代码,可以得到如图 2-17 所示的 K 线图。

2. 提取分钟序列(WSI)数据

【例 2.3】提取中金所 IF 股指期货当月连续合约的 1 分钟数据,截止时间为近 1 分钟,起始时间前推 10 天。

代码如下:

```
warning off;
% 初始化对象
```

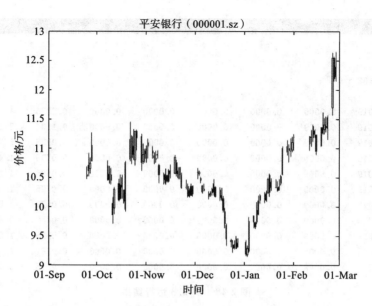

图 2-17 例 2.2 K 线图

em=EmQuantMatlab();

% 登录 Choice 接口

errorid=em.start();

% 确定起始日期及结束日期,注意 Choice 最多提供向前 7 个自然日的分钟数据

inenddate=datetime('today');

[datas0,codes,indicators,begindates,errorid]=em.getdate(inenddate,-7,'Market=CNFF00');

% 中金所 IF 股指期货当月连续合约代码,该代码应查询交易系统获得最新代码

codes='IF00C1.CFE';

[datas,code,indicators,dates,errorid]=em.cmc(code,'Close,High,Open,Low',begindates,inenddate,'IsHistory=0');

运行该代码,可得如图 2-18 所示的结果。

【例 2.4】画自定义的 K 线图。以 1 分钟的 K 线图为例。

代码如下:

warning off;

% 初始化对象

em=EmQuantMatlab();

% 登录 Choice 接口

errorid=em.start();

[datas,code,indicators,dates,errorid]=em.cmc('300059.SZ','DATE,TIME,HIGH,OPEN,LOW,CLOSE,VOLUME,AMOUNT','2019/03/07','2019/03/08');

Open=datas(:,4);

```
命令行窗口
datas =

   1.0e+08 *

    0.2019    0.0009    0.0000    0.0000    0.0000    0.0000    0.2236    4.4065
    0.2019    0.0009    0.0000    0.0000    0.0000    0.0000    0.1107    2.1723
    0.2019    0.0009    0.0000    0.0000    0.0000    0.0000    0.0895    1.7494
    0.2019    0.0009    0.0000    0.0000    0.0000    0.0000    0.0735    1.4417
    0.2019    0.0009    0.0000    0.0000    0.0000    0.0000    0.0595    1.1667
    0.2019    0.0009    0.0000    0.0000    0.0000    0.0000    0.0795    1.5719
    0.2019    0.0009    0.0000    0.0000    0.0000    0.0000    0.0773    1.5288
    0.2019    0.0009    0.0000    0.0000    0.0000    0.0000    0.0450    0.8869
    0.2019    0.0009    0.0000    0.0000    0.0000    0.0000    0.0515    1.0114
    0.2019    0.0009    0.0000    0.0000    0.0000    0.0000    0.0781    1.5233
    0.2019    0.0009    0.0000    0.0000    0.0000    0.0000    0.0375    0.7359
```

图 2-18　例 2.3 运行结果

```matlab
Low = datas(:,5);
High = datas(:,3);
Close = datas(:,6);
m = length(High(:));
% 画 K 线图影线部分
figure;
tmp = nan;
nanpad = tmp(1, ones(1, m));
hilo = [High'; Low'; nanpad];
index = 1:m;
indhilo = index(ones(3, 1),:);
x = indhilo(:);
y = hilo(:);
for i = 1:length(Close)
    ind = (i*3-2):(i*3);
    if Close(i) >= Open(i)
        plot(x(ind),y(ind),'r');
        hold on;
    else
        plot(x(ind),y(ind),'g');
        hold on;
    end
end
```

```
% = = = = = = = = = = = = = = = = = = = = = = = = = = = = = = = =
clpad =[Close(:)';nanpad];
clpad =clpad(:)';
oppad =[Open(:)'; nanpad];
oppad =oppad(:)';

% 找出K线图实体边界
xbottom = index - 0.25;
xbotpad =[xbottom(:)'; nanpad];
xbotpad =xbotpad(:)';
xtop = index +0.25;
xtoppad =[xtop(:)'; nanpad];
xtoppad =xtoppad(:)';
ybottom = min(clpad, oppad);
ytop = max(clpad, oppad);
% 画出K线图的实体部分,上涨填充红色,下跌填充绿色
zdata =xtoppad;
zdata(~ isnan(zdata)) =.01;
zdata2 = zdata +.01;
i =find(oppad(:) < =clpad(:));
boxes(i) =patch([xbotpad(i); xbotpad(i); xtoppad(i); xtoppad(i)],...
    [ytop(i); ybottom(i); ybottom(i); ytop(i)], ...
    [zdata(i); zdata(i); zdata(i); zdata(i)], ...
    'r', 'edgecolor', 'r');
i =find(oppad(:) > clpad(:));
boxes(i) =patch([xbotpad(i); xbotpad(i); xtoppad(i); xtoppad(i)],...
    [ytop(i); ybottom(i); ybottom(i); ytop(i)],...
    [zdata2(i); zdata2(i); zdata2(i); zdata2(i)], ...
    'g', 'edgecolor', 'g');
```

最终可得如图2-19所示的图形。

3. 提取实时行情数据

【例2.5】提取平安银行(000001.SZ)当天的买卖盘数据。

```
warning off;
% 初始化对象
em=EmQuantMatlab();
% 登录Choice接口
errorid =em.start();
% 设置起始时间和截止时间,通过wsi接口提取序列数据
```

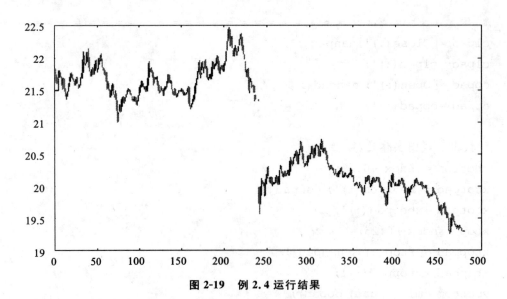

图 2-19 例 2.4 运行结果

```
begintime=datestr(now,'yyyymmdd 09:30:00');
endtime=datestr(now,'yyyymmdd HH:MM:SS');
codes='000001.SZ';
% Now 为最新价,Volume 为成交量,Amount 为成交额
%  BuyPrice1 买 1 价,BuyVolume1 买 1 量;
%  SellPrice1 卖 1 价, SellVolume1 卖 1 量;
serialid = em.csq ('000001.SZ', 'Now, Amount, Volume, BuyPrice1,
BuyVolume1,SellPrice1,SellVolume1','Pushtype=0',@ csqCallback);
% 运行一段时间后,订阅取消
errorid =em.csqcancel(serialid);
```

运行结果如图 2-20 所示。

4. 提取截面数据(WSS)

【例 2.6】提取浦发银行(600000.SH)、万科 A(000002.SZ)、宝安 A(000009.SZ)、南玻 A(000012.SZ)、长城开发(000021.SZ)2018 年 02 月 28 号的基本特征字段,包括公司名称、公司英文名称、IPO 日期、流通股、日主力净流入资金、基本每股收益 EPS。

代码如下:

```
em=EmQuantMatlab();
errorid =em.start();
codes='600000.SH , 000002.SZ ,000009.SZ,000012.SZ,000021.SZ';
fields='COMPNAME,COMPNAMEENG,LISTDATE,LIQSHARE,INFLOW,EPSBASIC';
% 公司名称、公司英文名称、IPO 日期、流通股、日主力净流入资金、基本每股收益
EPS,相应的字段为 COMPNAME、COMPNAMEENG、LISTDATE、LIQSHARE、INFLOW、EPSBASIC
[datas, codes, indicators, dates, errorid] = em.css (codes, fields , '
EndDate=2018-02-28,TradeDate=2018-02-28,ReportDate=2017-12-31');
```

```
000001.SZ,
NOW, AMOUNT, VOLUME, BUYPRICE1, BUYVOLUME1, SELLPRICE1, SELLVOLUME1,
    1.0e+09 *

    0.0000    1.1876    0.0954    0.0000    0.0001    0.0000    0.0001

msgType=2, errorid = 0, serialid = 1

000001.SZ,
NOW, AMOUNT, VOLUME, BUYPRICE1, BUYVOLUME1, SELLPRICE1, SELLVOLUME1,
    1.0e+09 *

    0.0000    1.1877    0.0954    0.0000    0.0001    0.0000    0.0001

msgType=2, errorid = 0, serialid = 1
```

图 2-20 例 2.5 运行结果

% 在命令行窗口显示数组 datas

disp(datas);

命令行窗口的输出如图 2-21 所示,表明相应的历史截面数据已经获取到数组 datas 中。

```
disp(datas);
  '上海浦东发展银行股份…'    'Shanghai Pudong D…'    '1999/11/10'    [2.8104e+10]    [216972811]    [1.8400]
  '万科企业股份有限公司'      'China Vanke Co.,L…'    '1991/1/29'     [9.7152e+09]    [727083702]    [2.5400]
  '中国宝安集团股份有限…'    'China Baoan Group…'    '1991/6/25'     [2.1199e+09]    [ 43232905]    [0.0600]
  '中国南玻集团股份有限…'    'CSG Holding Co.,L…'    '1992/2/28'     [1.5094e+09]    [ 28128457]    [0.3500]
  '深圳长城开发科技股份…'    'Shenzhen Kaifa Te…'    '1994/2/2'      [1.4694e+09]    [ 78397376]    [0.3679]
```

图 2-21 例 2.6 运行结果

5.提取财务数据

【例 2.7】提取天士力(600535.SH)2016 年年报中的营业收入、营业利润、净利润数据,数据来源为利润表。

代码如下:

em=EmQuantMatlab();

errorid=em.start();

fields='OPERATEREVE,OPERATEPROFIT,NETPROFIT';

[datas,indicators,row,column,errorid]=em.ctr('IncomeStatementSHSZ',fields,'secucode=600535.SH,ReportDate=2016-12-31,ReportType=1');

% 其中,营业收入、营业利润、净利润对应的字段为 OPERATEREVE、OPERATEPROFIT、NETPROFIT,

报告期为 2016 年 12 月 31 日(ReportDate=2012-12-31),财务报表为利润表(ReportType=1)。

运行该代码,结果如图 2-22 所示。

```
datas =

   1.0e+10 *

   1.3945    0.1466    0.1219


indicators =

  3×1 cell 数组

    'OPERATEREVE'
    'OPERATEPROFIT'
    'NETPROFIT'
```

图 2-22 例 2.7 运行结果

6. 提取债券估值数据

【例 2.8】提取国债 2013 年 05 附息券(019305.SH)的收盘价、久期、凸性,数据来源为中证指数公司。

代码如下:

% 对应的字段为 close、YTM、DURATION、CONVEXITY。日期为 2019 年 2 月 1 日至 3 月 1 日。
em=EmQuantMatlab();
errorid=em.start();
[datas,codes,indicators,dates,errorid]=em.css('019305.SH','close,DURATION,CONVEXITY','TradeDate=2019-02-01,type=1,EndDate=2019-03-01');
% 注意,目前支持中债公司、中证指数公司、清算所的债券估价,中债公司需要取得授权,清算所的数据较少

运行该代码,可得结果如下:

```
datas =

    99.7000    3.7489    17.1081
```

7. 提取交易日期

【例 2.9】读取日期交易接口的函数有 3 个,分别为 tradedates、getdata、tradedatesnum。tradedates 函数负责读取交易日,getdata 负责计算日期偏移,tradedatesnum 负责统计区间交易日个数。

% 提取上海期货交易所 2018 年 3 月 1 日至 2019 年 3 月 1 日的交易日期
[datas,codes,indicators,dates,errorid]=em.tradedates('2018-03-01','2019-03-01','period=1,order=1,market=CNSESH');

```
datas =

    244×1 cell 数组

    '2018/3/1'
    '2018/3/2'
    '2018/3/5'
    '2018/3/6'
    '2018/3/7'
    '2018/3/8'
    '2018/3/9'
    '2018/3/12'
```

% 提取上海股票交易所 2019 年 3 月 1 日前推 10 个交易日的日期

[datas,codes,indicators,dates,errorid]=em.getdate('2019- 03- 01', - 10,'Market=CNSESH');

% 统计上海证券交易所交易日期统计

运行该代码,可得结果如下:

```
datas =

    cell

    '2019/2/15'
```

第五节　Choice 交易组合构建

1.创建交易组合

【例 2.10】新建交易名称为"组合 1"的交易组合。

errorid = em.pcreate ('port1', '组合 1', 10000000, 'combintype = 1, criteria=3,createcompany=', '');

执行后即可在 Choice 终端"组合管理"界面查询,如图 2-23 所示。

图 2-23 Choice 终端"组合管理"界面

2. 交易指令批量下单

【例 2.11】下单。

% 组合账号下单

ordercell={'300059.SZ',10000,19.16,'2019-04-12','13:01:18',1,0,0,0;'002038.SZ',20000,27.56,'2019-04-12','13:02:20',1,0,0,0;};

errorid=em.porder('port1',ordercell,'autoAddCash=0','备注买入测试');

执行后 Choice 终端下单界面如图 2-24 所示。

图 2-24 Choice 终端下单界面

3. 成交及组合查询

1) 成交查询

[datas,codes,indicators,dates,errorid]=em.preport('port1','record','startdate=2019/04/08,enddate=2019/04/12');

执行后可见输出数据 datas：

2) 组合持仓查询

[datas,codes,indicators,dates,errorid]=em.preport('port1','hold','tradedate=2019/04/12');

4. 删除组合

errorid=em.pdelete('port1');

第六节 债券实例

一、拟合构建利率期限结构

【例 2.12】读取银行间国债品种（国债代码、国债名称、起息日、到期日、付息频率、票息率（当前））以及日收盘价（2019 年 4 月 12 日）。

代码如下：

```
% 读取银行间国债品种(国债代码、国债名称、起息日、到期日、付息频率、票息率(当前))以及日收盘价(2019 年 4 月 12 日)
clc;clear;
warning off;
% 初始化对象
em=EmQuantMatlab();
% 登录 Choice 接口
errorid =em.start();
% 2019-04-13 12:44:04
strList= '020005.IB,050004.IB,060009.IB,030014.IB,060019.IB,050012.IB,070006.IB,080002.IB,070013.IB,080006.IB';
% 读取债券收盘价(2019 年 4 月 12 日)
[datas,codes,indicators,dates,errorid]=em.css(strList,'FNAME,CODE,INTSDATE, MATURITYDATE, INTFREQUENCY, COUPONRATECURRENT, close ', 'TradeDate=2019-04-12,type=1');
BondPrice=datas(:,7);
% 数据准备
[m,n]=size(datas);
Settle=repmat(datenum('2019-04-12'),m,1);
for i=1:m
Maturity(i,1)=datenum(datas{i,4});
Period(i,1)=datas{i,5};
CouponRate(i,1)=datas{i,6}/100;
end
```

```
Period=double(Period);
BondPrice=cell2mat(BondPrice);
Instruments =[Settle Maturity BondPrice CouponRate];
% 剔除异常数据
abnormDays=find(Maturity< Settle(1));
% 建立 NelsonSiegel 模型
% 建立 fitSvensson 模型
OptOptions =optimset('lsqnonlin');
OptOptions =optimset(OptOptions,'MaxFunEvals',1000);
% 设定 Svensson 模型中参数的初值及参数上界与下界
fIRFitOptions = IRFitOptions([7.82 -2.55 -.87 0.45 ],'FitType','durationweightedprice','OptOptions',OptOptions,...
    'LowerBound',[3 -Inf -Inf -Inf],'UpperBound',[Inf Inf Inf Inf]);
NSModel = IRFunctionCurve.fitNelsonSiegel('Zero', Settle(1), Instruments,'InstrumentPeriod',Period,'instrumentbasis',3);
% 建立 fitSvensson 模型
OptOptions =optimset('lsqnonlin');
OptOptions =optimset(OptOptions,'MaxFunEvals',1000);
% 设定 Svensson 模型中参数的初值及参数上界与下界
fIRFitOptions = IRFitOptions([5.82 -2.55 -0.87 0.45 3.9 0.44],'FitType','durationweightedprice','OptOptions',OptOptions,...
    'LowerBound',[0 -Inf -Inf -Inf 0 0],'UpperBound',[Inf Inf Inf Inf Inf Inf]);
SvenssonModel = IRFunctionCurve.fitSvensson('Zero', Settle(1), Instruments,'IRFitOptions',fIRFitOptions,...
    'InstrumentPeriod',Period,'instrumentbasis',3);
% 绘制利率期限结构
PlottingPoints=Settle(1):2000:max(Maturity);
TimeToMaturity =yearfrac(Settle(1),PlottingPoints);
figure;
plot(TimeToMaturity,NSModel.getParYields(PlottingPoints),'-.r');
hold on;
plot(TimeToMaturity,SvenssonModel.getParYields(PlottingPoints),'g');
legend({'Nelson Siegel 模型','Svensson 模型'});
title('利率期限结构');
xlabel('存续期(年)');
```

运行该代码,结果如图 2-25 所示。

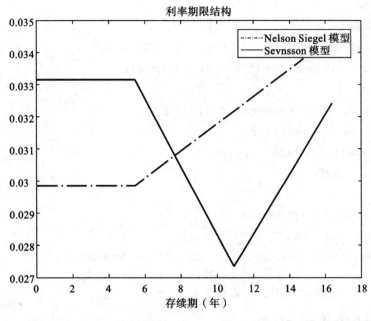

图 2-25 利率期限结构图

二、计算债券的久期和凸度

【例 2.13】读取国债品种特征(国债代码、国债名称、起息日、到期日、付息频率、票息率(当前))与国债行情(2019 年 4 月 12 日),计算久期与凸度,然后按照每种债券 100 万构建组合,分析组合价值与利率变换的关系。

代码如下:

```
% 读取银行间国债品种特征(国债代码、国债名称、起息日、到期日、付息频率、票息率(当前))以及日收盘价(2019 年 4 月 12 日)
clc;clear;
warning off;
% 初始化对象
em=EmQuantMatlab();
% 登录 Choice 接口
errorid=em.start();
% 2019-04-13 12:44:04
strList='020005.IB,050004.IB,060009.IB,030014.IB,060019.IB,050012.IB,070006.IB,080002.IB,070013.IB,080006.IB';
% 读取债券收盘价(2019 年 4 月 12 日)
[datas,codes,indicators,dates,errorid]=em.css(strList,'FNAME,CODE,INTSDATE,MATURITYDATE,INTFREQUENCY,COUPONRATECURRENT,close ',' TradeDate=2019-04-12,type=1');
```

```
BondPrice=datas(:,7);
% 数据准备
[m,n]=size(datas);
Settle=repmat(datenum('2019-04-12'),m,1);
for i=1:m
Maturity(i,1)=datenum(datas{i,4});
Period(i,1)=datas{i,5};
CouponRate(i,1)=datas{i,6}/100;
Face(i,1)=1000;
end
Period=double(Period);
BondPrice=cell2mat(BondPrice);
Instruments =[Settle Maturity BondPrice CouponRate];
```

	1	2	3	4
1	737527	742318	95.9628	0.0290
2	737527	739752	105.5347	0.0411
3	737527	740159	103.9754	0.0370
4	737527	742888	100	0.0164
5	737527	738475	100.1722	0.0327
6	737527	738110	101.8748	0.0365
7	737527	744137	104.9051	0.0427
8	737527	738945	104.6276	0.0416
9	737527	740575	109.1040	0.0452
10	737527	744493	109.0048	0.0450

```
% 根据债券价格计算久期与凸度
[ModDuration, YearDuration]=bnddurp(BondPrice, CouponRate, Settle, Maturity ,3, Period);
YearConvexity=bndconvp(BondPrice, CouponRate, Settle, Maturity ,3, Period);
```

```
       YearConvexity
       10x1 double
                1              2
    1     134.0784
    2      33.2332
    3      45.6180
    4     186.7886
    5       7.3774
    6       3.1453
    7     200.7569
    8      14.9939
    9      56.5320
   10     214.4852
```

```
% 输出
Result=num2cell([YearDuration,ModDuration,YearConvexity]);
Result=[datas(:,1:2),Result];
Result=[{'债券名称','债券代码','久期','修正久期','凸度'};Result];
```

```
   Result
   11x5 cell
```

	1	2	3	4	5
1	'债券名称'	'债券代码'	'久期'	'修正久期'	'凸度'
2	'2002年记帐式(五期)国债'	'020005'	10.8462	10.6707	134.0784
3	'2005年记账式(四期)国债'	'050004'	5.4011	5.3182	33.2332
4	'2006年记账式(九期)国债'	'060009'	6.3610	6.2642	45.6180
5	'2003年转换国债'	'030014'	13.0140	12.9080	186.7886
6	'2006年记账式(十九期)国债'	'060019'	2.4928	2.4535	7.3774
7	'2005年记账式(十二期)国债'	'050012'	1.5521	1.5333	3.1453
8	'2007年记账式(六期)国债'	'070006'	12.7485	12.5045	200.7569
9	'2008年记账式(二期)国债'	'080002'	3.6038	3.5524	14.9939
10	'2007年记账式(十三期)国债'	'070013'	6.9914	6.8788	56.5320
11	'2008年记账式(六期)国债'	'080006'	13.0843	12.8376	214.4852

```
% 计算全价=净价+ 应计利息
Yields =bndyield(BondPrice, CouponRate, Settle, Maturity);
```

```matlab
[CleanPrice, AccruedInterest] = bndprice(Yields, CouponRate, Settle, Maturity, Period);
Prices=CleanPrice+AccruedInterest;
```

	Prices × 10x1 double
	1
1	97.0763
2	107.2150
3	105.0630
4	100.4425
5	101.5091
6	103.3671
7	106.6273
8	105.1137
9	109.7907
10	110.9316

```matlab
% 债券数量(每个债券投资1百万元)
BondAmounts =1000000./Prices
dy =-0.1:0.005:0.05;              % 设定未来收益率变化范围
% 设定日期变动
dt=repmat(datenum('2019-04-12'),10,1);
[dT, dY]=meshgrid(dt, dy);        % 加密
NumTimes=length(dt);              % 计算步数
NumYields =length(dy);            % 收益率变化数(Number of yield changes)
NumBonds=length(Maturity); % 债券品种
Prices =zeros(NumTimes* NumYields, NumBonds);
% 计算不同到期收益率不同到期日下的债券价格
for i =1:NumBonds
    [CleanPrice, AccruedInterest] =bndprice(Yields(i)+ ...
        dY(:), CouponRate(i), dT(:), Maturity(i), Period(i),...
        [], [], [], [], [], [], Face(i));
    Prices(:,i) =CleanPrice +AccruedInterest;
end
Prices =Prices *BondAmounts;
```

```
Prices = reshape(Prices, NumYields, NumTimes);
```

	1	2	3	4	5	6	7	8	9	10
1	2.5603e+08	2.5603e+08	2.5603e+08	2.5603e+08	2.5603e+08	2.5603e+08	2.5603e+08	2.5603e+08	2.5603e+08	2.5603e+08
2	2.4188e+08	2.4188e+08	2.4188e+08	2.4188e+08	2.4188e+08	2.4188e+08	2.4188e+08	2.4188e+08	2.4188e+08	2.4188e+08
3	2.2875e+08	2.2875e+08	2.2875e+08	2.2875e+08	2.2875e+08	2.2875e+08	2.2875e+08	2.2875e+08	2.2875e+08	2.2875e+08
4	2.1658e+08	2.1658e+08	2.1658e+08	2.1658e+08	2.1658e+08	2.1658e+08	2.1658e+08	2.1658e+08	2.1658e+08	2.1658e+08
5	2.0527e+08	2.0527e+08	2.0527e+08	2.0527e+08	2.0527e+08	2.0527e+08	2.0527e+08	2.0527e+08	2.0527e+08	2.0527e+08
6	1.9477e+08	1.9477e+08	1.9477e+08	1.9477e+08	1.9477e+08	1.9477e+08	1.9477e+08	1.9477e+08	1.9477e+08	1.9477e+08
7	1.8500e+08	1.8500e+08	1.8500e+08	1.8500e+08	1.8500e+08	1.8500e+08	1.8500e+08	1.8500e+08	1.8500e+08	1.8500e+08
8	1.7591e+08	1.7591e+08	1.7591e+08	1.7591e+08	1.7591e+08	1.7591e+08	1.7591e+08	1.7591e+08	1.7591e+08	1.7591e+08
9	1.6744e+08	1.6744e+08	1.6744e+08	1.6744e+08	1.6744e+08	1.6744e+08	1.6744e+08	1.6744e+08	1.6744e+08	1.6744e+08
10	1.5954e+08	1.5954e+08	1.5954e+08	1.5954e+08	1.5954e+08	1.5954e+08	1.5954e+08	1.5954e+08	1.5954e+08	1.5954e+08
11	1.5217e+08	1.5217e+08	1.5217e+08	1.5217e+08	1.5217e+08	1.5217e+08	1.5217e+08	1.5217e+08	1.5217e+08	1.5217e+08
12	1.4529e+08	1.4529e+08	1.4529e+08	1.4529e+08	1.4529e+08	1.4529e+08	1.4529e+08	1.4529e+08	1.4529e+08	1.4529e+08
13	1.3886e+08	1.3886e+08	1.3886e+08	1.3886e+08	1.3886e+08	1.3886e+08	1.3886e+08	1.3886e+08	1.3886e+08	1.3886e+08
14	1.3284e+08	1.3284e+08	1.3284e+08	1.3284e+08	1.3284e+08	1.3284e+08	1.3284e+08	1.3284e+08	1.3284e+08	1.3284e+08
15	1.2721e+08	1.2721e+08	1.2721e+08	1.2721e+08	1.2721e+08	1.2721e+08	1.2721e+08	1.2721e+08	1.2721e+08	1.2721e+08
16	1.2193e+08	1.2193e+08	1.2193e+08	1.2193e+08	1.2193e+08	1.2193e+08	1.2193e+08	1.2193e+08	1.2193e+08	1.2193e+08
17	1.1698e+08	1.1698e+08	1.1698e+08	1.1698e+08	1.1698e+08	1.1698e+08	1.1698e+08	1.1698e+08	1.1698e+08	1.1698e+08
18	1.1233e+08	1.1233e+08	1.1233e+08	1.1233e+08	1.1233e+08	1.1233e+08	1.1233e+08	1.1233e+08	1.1233e+08	1.1233e+08
19	1.0797e+08	1.0797e+08	1.0797e+08	1.0797e+08	1.0797e+08	1.0797e+08	1.0797e+08	1.0797e+08	1.0797e+08	1.0797e+08
20	1.0386e+08	1.0386e+08	1.0386e+08	1.0386e+08	1.0386e+08	1.0386e+08	1.0386e+08	1.0386e+08	1.0386e+08	1.0386e+08
21	100000000	100000000	100000000	100000000	100000000	100000000	100000000	100000000	100000000	100000000

```
figure;                    % 增加一个新窗口
surf(dt, dy, Prices);%  绘图
hold on;                   % 增加当前估值(Add the current value for reference)
basemesh = mesh(dt, dy, 100000* ones(NumYields, NumTimes));
set(basemesh, 'facecolor', 'none');
set(basemesh, 'edgecolor', 'm');
set(gca, 'box', 'on');
dateaxis('x', 11);
xlabel('评估日');
ylabel('利率变化');
zlabel('组合市值');
hold off;
view(-25,25);
```

运行代码,结果如图 2-26 所示。

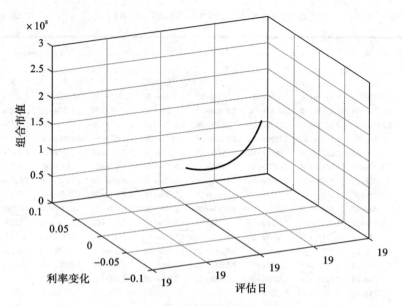

图 2-26 利率变化与组合市值关系图

第七节 公开数据资源——以 Tushare 为例

Tushare 是一个免费、开源的 Python 财经数据接口包,主要实现股票等金融数据的采集、清洗加工及存储,能够为金融分析人员提供快速、整洁和多样的便于分析的数据,极大地减轻他们在数据获取方面的工作量,使他们更加专注于策略和模型的研究与实现上。考虑到 Python pandas 包在金融量化分析中体现出的优势,Tushare 返回的绝大部分的数据格式都是 pandas DataFrame 类型,非常便于用 pandas/NumPy/Matplotlib 进行数据分析和可视化。当然,如果宽客们习惯了用 Excel 或者关系型数据库做分析,也可以通过 Tushare 的数据存储功能,将数据全部保存到本地后进行分析。应一些用户的请求,从 0.2.5 版本开始,Tushare 同时兼容 Python 2.x 和 Python 3.x,对部分代码进行了重构,并优化了一些算法,确保数据获取的高效和稳定。

Tushare 接口程序包可以直接在 Tushare 网站获得。

可通过以下方式获取程序包:

(1)下载地址;

(2)在"挖地兔"公众号里发送私信,关键字"matlab",可获得下载地址。

版本要求:MATLAB 需要 2016b 及以上版本

接口说明：当前 MATLAB 版本主要提供 query 接口（可获取股票列表、日线行情等 Tushare 提供的所有数据），以及通用行情接口 pro_bar。输出数据为 MATALB table 数据类型，调用失败时返回[ ]并显示相应原因。常见原因有：①token 无效；②网络不正常；③MATLAB 版本过低，需 2016b 及以上；④参数输入有问题。

1. query 函数说明

调用方式：

results = api.query(api, api_name, param_name1, param_1, param_name2, param_2, ...);

【例2.14】获取"000001.SZ"从 1990 年 1 月 1 日至今的行情数据：

token = 'c75b7d8389a****************'; % replace your token here

api = pro_api(token);

df_daily = api.query('daily', 'ts_code', '000001.SZ', 'start_date', '19990101', 'end_date', '');

disp(df_daily(1:10,:));

运行代码，结果如图 2-27 所示。

	1 ts_code	2 trade_date	3 open	4 high	5 low	6 close	7 pre_close	8 change	9 pct_chg	10 vol	11 amount
1	'000001.SZ'	'20190412'	13.4900	13.5900	13.2100	13.4200	13.5400	-0.1200	-0.8863	7.7432e+05	1.0351e+06
2	'000001.SZ'	'20190411'	13.7300	13.9600	13.4900	13.5400	13.7300	-0.1900	-1.3838	6.5536e+05	8.9738e+05
3	'000001.SZ'	'20190410'	13.7500	13.8800	13.4000	13.7300	13.8100	-0.0800	-0.5793	9.4714e+05	1.2895e+06
4	'000001.SZ'	'20190409'	13.8700	13.9800	13.7500	13.8100	13.9600	-0.1500	-1.0745	7.8133e+05	1.0805e+06
5	'000001.SZ'	'20190408'	13.9000	14.4300	13.7200	13.9600	13.8600	0.1000	0.7215	1.7432e+06	2.4645e+06
6	'000001.SZ'	'20190404'	13.4300	14	13.4300	13.8600	13.4400	0.4200	3.1250	2034365	2.7964e+06
7	'000001.SZ'	'20190403'	13.2100	13.4500	13.1500	13.4400	13.3600	0.0800	0.5988	7.9292e+05	1.0562e+06
8	'000001.SZ'	'20190402'	13.2800	13.4800	13.2300	13.3600	13.1800	0.1800	1.3657	1.1004e+06	1.4660e+06
9	'000001.SZ'	'20190401'	12.8300	13.5500	12.8300	13.1800	12.8200	0.3600	2.8081	1.9514e+06	2.5883e+06

图 2-27　例 14 运行结果

图 2-27 显示出股票代码、交易日期、开盘价、最高价、最低价、收盘价、前收盘价、价格变化、收益率、交易量、交易金额等信息。

【例2.15】获取股票基本资料的示例。

token = 'c75b7d8389a****************'; % replace your token here

api = pro_api(token);

df_basic = api.query('stock_basic');

disp(df_basic(1:10,:));

运行代码，结果如图 2-28 所示。

2. pro_bar 函数

参数说明：参数不能少于 4 个，部分有默认值。

(1)ts_code：证券代码，支持股票、ETF/LOF、期货/期权、港股、数字货币，如'000001.SZ','000905.SH'。

```
    ts_code      symbol      name       area     industry    market    list_date
  _____   _____    _____    _____   _____   _____   _____
  '000001.SZ'   '000001'    '平安银行'   '深圳'    '银行'       '主板'    '19910403'
  '000002.SZ'   '000002'    '万科A'     '深圳'    '全国地产'   '主板'    '19910129'
  '000004.SZ'   '000004'    '国农科技'   '深圳'    '生物制药'   '主板'    '19910114'
  '000005.SZ'   '000005'    '世纪星源'   '深圳'    '房产服务'   '主板'    '19901210'
  '000006.SZ'   '000006'    '深振业A'   '深圳'    '区域地产'   '主板'    '19920427'
  '000007.SZ'   '000007'    '全新好'    '深圳'    '酒店餐饮'   '主板'    '19920413'
  '000008.SZ'   '000008'    '神州高铁'   '北京'    '运输设备'   '主板'    '19920507'
  '000009.SZ'   '000009'    '中国宝安'   '深圳'    '综合类'     '主板'    '19910625'
  '000010.SZ'   '000010'    '美丽生态'   '深圳'    '建筑施工'   '主板'    '19951027'
  '000011.SZ'   '000011'    '深物业A'   '深圳'    '区域地产'   '主板'    '19920330'
```

图 2-28 例 2.15 运行结果

(2) start_date：开始日期 YYYYMMDD，如'20181001'。

(3) end_date：结束日期 YYYYMMDD，''表示当前日期。

(4) freq：支持 1/5/15/30/60 分钟/周/月/季/年，如'D'（分钟数据目前暂时未发布）。

(5) asset：证券类型。E：股票和交易所基金；I：沪深指数；C：数字货币；F：期货/期权/港股/中概美股/中证指数/国际指数，如'E'。

(6) market：市场代码，默认空。

(7) adj：复权类型，''：不复权，'qfq'：前复权，'hfq'：后复权。

(8) ma：均线，支持自定义均线频度，如 ma5/ma10/ma20/ma60/maN，例如，[]，5，[5,10]，[5,10,20]，有 n 个 ma 值，输出就会相应追加列，不足 N 天的均线值用 NaN 填充。

(9) factors 因子数据，目前支持以下两种。

vr：量比，默认不返回，返回需指定，factor=['vr']；

tor：换手率，默认不返回，返回需指定，factor=['tor']。

以上两种都需要：factor=['vr','tor']。

(10) retry_count：网络重试次数，默认 3。

【例 2.16】获取"000001.SZ"的日交易数据。

```
token = 'c75b7d8389a***************';  % replace your token here
api = pro_api(token);
dd1 = pro_bar('000001.SZ', api, '19990101', '20181031');
dd2 = pro_bar('000001.SZ', api, '19990101', '');
dd_ma1 = pro_bar('000001.SZ', api, '19990101', '', 'D', 'E', '', 'qfq', [5]);
dd_ma3 = pro_bar('000001.SZ', api, '19990101', '', 'D', 'E', '', 'qfq', [5, 10, 20]);
dd_index = pro_bar('000905.SH', api, '19990101', '', 'D', 'I');
```

```
disp(dd_ma3(1:10,:));
```
运行代码,结果如图 2-29 所示。

1 ts_code	2 trade_date	3 open	4 high	5 low	6 close	7 pre_close	8 change	9 pct_chg	10 vol	11 amount
'000001.SZ'	'20190412'	13.4900	13.5900	13.2100	13.4200	13.5400	-0.1200	-0.8863	7.7432e+05	1.0351e+06
'000001.SZ'	'20190411'	13.7300	13.9600	13.4900	13.5400	13.7300	-0.1900	-1.3838	6.5536e+05	8.9738e+05
'000001.SZ'	'20190410'	13.7500	13.8800	13.4000	13.7300	13.8100	-0.0800	-0.5793	9.4714e+05	1.2895e+06
'000001.SZ'	'20190409'	13.8700	13.9800	13.7500	13.8100	13.9600	-0.1500	-1.0745	7.8133e+05	1.0805e+06
'000001.SZ'	'20190408'	13.9000	14.4300	13.7200	13.9600	13.8600	0.1000	0.7215	1.7432e+06	2.4645e+06
'000001.SZ'	'20190404'	13.4300	14	13.4300	13.8600	13.4400	0.4200	3.1250	2034365	2.7964e+06
'000001.SZ'	'20190403'	13.2100	13.4500	13.1500	13.4400	13.3600	0.0800	0.5988	7.9292e+05	1.0562e+06
'000001.SZ'	'20190402'	13.2800	13.4800	13.2300	13.3600	13.1800	0.1800	1.3657	1.1004e+06	1.4660e+06
'000001.SZ'	'20190401'	12.8300	13.5500	12.8300	13.1800	12.8200	0.3600	2.8081	1.9514e+06	2.5883e+06

图 2-29　例 2.16 运行结果

本章小结

量化投资策略是通过分析财务数据、交易数据等大量的数据后,利用建模、优化、回测等手段建立适合资本市场的交易模式的过程。因此,本节详细介绍了从 Choice 量化接口以及 Tushare 网站下载数据及进行初步处理的过程。

Choice 量化接口可以为投资者提供详尽的数据支持,读者可以通过命令生成器方便地使用各种接口函数,下载各种频率的交易数据以及财务数据,为构建量化投资策略奠定了良好的基础。Tushare 是一个免费网站,读者可以从中下载所需的数据资源。

关键概念

量化接口　功能函数　组合创建　Tushare 网站

思考题

(1) 使用 csd 接口函数下载全部 A 股前 20 天交易日的历史交易数据。

(2) 使用 css 接口函数下载创业板所有股票三年的定期报告财务数据(至少选择 10 个)。

(3) 使用 csq 接口函数下载股指期货主连数据。

(4) 使用 cst 接口函数下载白糖期货当日跳价。

(5) 下载某一企业债交易数据,画出 K 线图。

(6) 下载某一企业债数据,求其久期及曲率。

(7) 尝试创建一测试组合,并尝试进行组合下单。

(8) 分析股指期货交易数据与现货交易数据有何不同? 持仓量等数据如何反映了投资者的情绪,对期货价格形成有何影响?

(9)使用 api.query 接口函数从 Tushare 网站下载 A 股最近 10 天的交易数据。

(10)使用 pro_bar 接口函数下载 A 股最近三年的财务数据（选择 10 个）。

第三章
资产组合配置方法

大量研究表明,资产配置在证券组合收益中的贡献已经达到93%,其重要性不言而喻,因此越来越多的投资者也开始关注如何更好地进行资产组合配置,在承担某一风险下获得最大收益或者在获得某一收益情况下风险最小。

1952年美国学者Markowitz在金融期刊上发表的文章《Portfolio Selection》被认为是现代投资组合理论的起点。Markowitz在文章中讨论了收益率与风险的关系,并运用数学方法,将数学中的均值方差概念(MV模型)引入金融中。Markowitz均值-方差模型的提出第一次将资产组合的定性分析延展到定量层面,为量化投资的发展做出了不可磨灭的贡献。然而,由于这个模型的多个假设偏离实际,模型存在多个缺陷:模型对于输入变量非常敏感,输入变量的微小变化将会对组合配置产生较大的影响;与实际不符,模型的最优解常常出现极端情形,将模型应用于实际中时常会出现对于某些资产的配置为零,而对小市值资产配置的比重接近1;模型没有纳入投资者预期,行为金融学的"一月效应"等以及日常投资活动已经表明投资者的预期会对市场产生显著的影响,但Markowitz的MV模型没有考虑这个方面对组合投资的影响。

随着众多学者的探索及资本市场的发展,1990年高盛公司Fischer Black和Robert Litterman在高盛的一份内刊上提出Black-Litterman模型(以下简称BL模型)。2003年Litterman对该模型的使用方法进行了进一步细化并成功地运用到资产配置的实践中。BL模型可被运用到多种大类资产及子资产配置中,包括股票、债券、地产等,广泛的适用性也是该模型备受关注的原因之一。BL资产配置模型可以克服不直观、高度集中、输入敏感投资组合问题。Markowitz范式是对给定的风险水平下求回报最大化的问题,但其输入敏感性已经被很多研究者证实,这也是很多投资组合经理不使用Markowitz范式的原因。BL模型使用贝叶斯方法将投资者关于一个或多个资产的预期收益的主观观点与预期收益的市场均衡向量(先验分布)相结合,以形成预期收益新的混合估计,由此产生新的收益向量(后验分布)被描述为投资者观点和市场均衡的复杂加权平均值。在主客观观点均予以考虑的情况下构建资产组合,更容易被投资者所接受。

均值-方差模型以收益率的波动来度量风险,但方差不满足风险度量的一致性条件,作为风险的度量指标具有一定的局限性。投资者更关心的则是投资损失具体能达到什么样的水平,因此构建资产组合时需要更容易被投资者接受的风险度量方法。VaR方法就很好地解决了这个问题。VaR表示在给定的置信水平α下,投资者在某一市场波动范围内面临的最大可能损失,被广泛运用于金融市场中的风险管理。但VaR方法也存在一些不足,为了克服 VaR 方法的缺陷,Rockefeller 和 Urease(2002)提出了条件 VaR 模型(conditional VaR,以下简称 CVaR)。CVaR 衡量尾部损失均值,代表了超额损失的平均值,被认为是一种比 VaR 更有效的风险配置方法。因此,基于 CVaR 的资产组合方法成为证券市场投资者构建资产组合的主要方法之一。

第一节 Markowitz 资产组合模型

授课视频

Markowitz 模型的基本假设有以下几点:组合分析是在单一时期进行的;资产是无限可分的;收益率概率分布的均值和方差是存在的,可以用参数估计的方法估计;市场是无摩擦的(无交易费、税收、红利等因素);投资者是理性的,即在相同的风险下,追求收益最大化,或者在相同的收益下追求风险最小。Markowitz 模型认为在以上假设条件下,存在投资组合有效边界及全局最小风险组合,同时构建均为风险厌恶型的投资者的效用函数可以找到最优的投资组合。

假设将初始财富 W 投资于 N 种风险资产 $\tilde{r}_j$,$E(\tilde{r}_j)=e_j$,$\mathrm{var}(\tilde{r}_j)=\sigma_j^2$,$j=1,\cdots,N$。$\mathrm{cov}(\tilde{r}_i,\tilde{r}_j)=\sigma_{ij}$,$\boldsymbol{V}$ 是协方差矩阵,$e_{N\times 1}$ 是期望收益率。$\boldsymbol{\omega}$ 是资产组合的权重:$\sum_{j=1}^{N}\omega_i=1$,用矩阵表示为:$\boldsymbol{\omega}^{\mathrm{T}}\boldsymbol{I}=1$,此处 $\boldsymbol{I}=\begin{bmatrix}1\\\vdots\\1\end{bmatrix}$ 是 N 维列向量。

那么投资于资产 j 的货币数量为 $\omega_j W$,并且 $\sum_{j=1}^{N}\omega_j W=W$(全部财富都用来投资)。时间 0 投资于资产 j 在时间 1 的收益为 $(\omega_j W)\times(1+\tilde{r}_j)$,从时间 0 看此收益是随机的。

进一步可得,所有收益的总回报 $\sum_{j=1}^{N}(\omega_j W)(1+\tilde{r}_j)$ 也是随机的,其净收益率为

$$\frac{\sum_{j=1}^{N}(\omega_j W)(1+\tilde{r}_j)}{W}-1=\frac{\sum_{j=1}^{N}\omega_j W}{W}+\frac{\sum_{j=1}^{N}\omega_j W \tilde{r}_j}{W}-1 \quad (3.1)$$

$$=\sum_{j=1}^{N}\omega_j\tilde{r}_j=\boldsymbol{\omega}^{\mathrm{T}}\begin{bmatrix}\tilde{r}_1\\\vdots\\\tilde{r}_N\end{bmatrix}=\boldsymbol{\omega}^{\mathrm{T}}\tilde{\boldsymbol{r}}$$

式中：$\tilde{r} = \begin{bmatrix} \tilde{r}_1 \\ \vdots \\ \tilde{r}_N \end{bmatrix}$ 是一个随机向量。该资产组合的（净）收益率的期望为

$$E(\boldsymbol{\omega}^\mathrm{T} \tilde{r}) = \boldsymbol{\omega}^\mathrm{T} E\tilde{r} = \boldsymbol{\omega}^\mathrm{T} \begin{bmatrix} e_1 \\ \vdots \\ e_N \end{bmatrix} \tag{3.2}$$

该资产组合的（净）收益率的方差为：$\mathrm{var}(\boldsymbol{\omega}^\mathrm{T} \tilde{r}) = \boldsymbol{\omega}^\mathrm{T} \mathrm{var}(\tilde{r}) \boldsymbol{\omega} = \boldsymbol{\omega}^\mathrm{T} \boldsymbol{V} \boldsymbol{\omega}$ 或 $\mathrm{var}(\sum_{i=1}^N \omega_i \tilde{r}_i) = \boldsymbol{\omega}^\mathrm{T} \boldsymbol{V} \boldsymbol{\omega}$。此处，$V_{ij} = \mathrm{cov}(\tilde{r}_i, \tilde{r}_j)$ 是两个资产的收益率的协方差。

Markowitz 模型随投资者的风险偏好不同，可以有很多种表述形式。若给定期望收益率，最小化风险的 Markowitz 模型为

$$\begin{aligned} &\min \boldsymbol{\omega}^\mathrm{T} \boldsymbol{V} \boldsymbol{\omega} \\ &\mathrm{s.\,t.} \quad \boldsymbol{\omega}^\mathrm{T} \boldsymbol{e} = E[\tilde{r}_p] \\ &\quad\quad \boldsymbol{\omega}^\mathrm{T} \boldsymbol{I} = 1 \end{aligned} \tag{3.3}$$

其中，$E(\tilde{r}_p)$ 表示组合的期望收益率，由投资者来设定（如每年 3%）。显然，不同的 $E[\tilde{r}_p]$ 将会有不同的资产组合 $\boldsymbol{\omega}$。

以上规划问题等价于

$$\begin{aligned} &\min \frac{1}{2} \boldsymbol{\omega}^\mathrm{T} \boldsymbol{V} \boldsymbol{\omega} \\ &\mathrm{s.\,t.} \quad \boldsymbol{\omega}^\mathrm{T} \boldsymbol{e} = E[\tilde{r}_p] \\ &\quad\quad \boldsymbol{\omega}^\mathrm{T} \boldsymbol{I} = 1 \end{aligned} \tag{3.4}$$

求解此规划问题，得到最优资产组合的权重向量。

$$L = \frac{1}{2} \boldsymbol{\omega}^\mathrm{T} \boldsymbol{V} \boldsymbol{\omega} + \lambda (E[\tilde{r}_p] - \boldsymbol{\omega}^\mathrm{T} \boldsymbol{e}) + \gamma (1 - \boldsymbol{\omega}^\mathrm{T} \boldsymbol{I}) \tag{3.5}$$

一阶条件为

$$\frac{\partial L}{\partial \boldsymbol{\omega}} = \boldsymbol{V} \boldsymbol{\omega}_p - \lambda \boldsymbol{e} - \gamma \boldsymbol{I} = 0 \tag{3.6}$$

$$\frac{\partial L}{\partial \lambda} = E[\tilde{r}_p] - \boldsymbol{\omega}_p^\mathrm{T} \boldsymbol{e} = 0 \tag{3.7}$$

$$\frac{\partial L}{\partial \gamma} = 1 - \boldsymbol{\omega}_p^\mathrm{T} \boldsymbol{I} = 0 \tag{3.8}$$

其中，N 维列向量 $\boldsymbol{\omega}_p$ 表示最优解，即最优资产组合。对式(3.5)求偏导：

$$\boldsymbol{\omega}_p = \lambda (\boldsymbol{V}^{-1} \boldsymbol{e}) + \gamma (\boldsymbol{V}^{-1} \boldsymbol{I}) \tag{3.9}$$

式(3.9)左乘 $\boldsymbol{e}^\mathrm{T}$，并使用式(3.7)有

$$E[\tilde{r}_p] = \lambda (\boldsymbol{e}^\mathrm{T} \boldsymbol{V}^{-1} \boldsymbol{e}) + \gamma (\boldsymbol{e}^\mathrm{T} \boldsymbol{V}^{-1} \boldsymbol{I})$$

式(3.9)左乘 $\boldsymbol{I}^\mathrm{T}$，并使用式(3.8)有

$$1 = \lambda (\boldsymbol{I}^\mathrm{T} \boldsymbol{V}^{-1} \boldsymbol{e}) + \gamma (\boldsymbol{I}^\mathrm{T} \boldsymbol{V}^{-1} \boldsymbol{I})$$

推出

$$\lambda = \frac{CE[\tilde{r}_p] - A}{D} \tag{3.10}$$

$$\gamma = \frac{B - AE[\tilde{r}_p]}{D} \tag{3.11}$$

式中：$A = \mathbf{I}^{\mathrm{T}}\mathbf{V}^{-1}\mathbf{e} = \mathbf{e}^{\mathrm{T}}\mathbf{V}^{-1}\mathbf{I}$；$B = \mathbf{e}^{\mathrm{T}}\mathbf{V}^{-1}\mathbf{e}$；$C = \mathbf{I}^{\mathrm{T}}\mathbf{V}^{-1}\mathbf{I}$；$D = BC - A^2$。

将 λ 和 γ 代入式(3.9)有

$$\boldsymbol{\omega}_p = \boldsymbol{g} + \boldsymbol{h}E[\tilde{r}_p] \tag{3.12}$$

$$\boldsymbol{g} = \frac{1}{D}[B(\mathbf{V}^{-1}\mathbf{I}) - A(\mathbf{V}^{-1}\mathbf{e})] \tag{3.13}$$

$$\boldsymbol{h} = \frac{1}{D}[C(\mathbf{V}^{-1}\mathbf{e}) - A(\mathbf{V}^{-1}\mathbf{I})] \tag{3.14}$$

由此可得在收益约束下最小化投资风险的资产组合权重 $\boldsymbol{\omega}_p$。在获得资产组合权重 $\boldsymbol{\omega}_p$ 之后，就可以得到最优资产组合的收益率的期望和风险。其中

$$E[\tilde{r}_p] = \boldsymbol{\omega}_p^{\mathrm{T}}\mathbf{e} = (\boldsymbol{g} + \boldsymbol{h}E[\tilde{r}_p])^{\mathrm{T}}\mathbf{e} \tag{3.15}$$

最优资产组合的收益率的风险：

$$\boldsymbol{\omega}_p^{\mathrm{T}}\mathbf{V}\boldsymbol{\omega}_p = \frac{C}{D}(E[\tilde{r}_p] - A/C)(E[\tilde{r}_p] - A/C) + \frac{1}{C} \tag{3.16}$$

将该风险简记为 $\sigma^2(\tilde{r}_p)$，从而有：

$$\frac{\sigma^2(\tilde{r}_p)}{1/C} - \frac{(E[\tilde{r}_p] - A/C)^2}{D/C^2} = 1 \tag{3.17}$$

说明风险 $\sigma(\tilde{r}_p)$ 和收益 $E[\tilde{r}_p]$ 之间是双曲线(hyperbola)函数关系，或者风险 $\sigma^2(\tilde{r}_p)$ 和收益 $E[\tilde{r}_p]$ 之间是抛物线(parabola)函数关系。

由此，最小风险的资产组合的收益和风险分别为

$$E[\tilde{r}_p] = \frac{A}{C} \tag{3.18}$$

$$\sigma^2(\tilde{r}_p) = \frac{1}{C} \tag{3.19}$$

第二节

Markowitz 模型构建资产组合有效前沿实例

授课视频

【例3.1】要求完成案例，案例需要实现如下功能：

(1)读取银行板块股票价格；

(2)绘制资产组合的有效前沿；

(3)计算目标收益下的最优权重组合。

代码如下：

```
warning off;
% 初始化对象
em=EmQuantMatlab();
% 登录choice接口
errorid =em.start();
% 设定起始时间,如果将今天设为结束日期,可令 EndTime=datetime('today');
BeginTime='2019-02-13';
[EndTime,~ ,~ ,~ ,~ ]=em.getdate(BeginTime, - 50, 'Market=CNSESH');
code={'002142.SZ, 601166.SH, 601169.SH, 601288.SH, 601328.SH, 601398.SH, 601818.SH, 601939.SH, 601988.SH, 601998.SH'};
% 读取股票价格列表
[datas, codes, indicators, dates, errorid]= em.csd (code, 'CLOSE, MV ', EndTime, BeginTime, 'period=1, adjustflag=2, curtype=1, pricetype=1, order=1, market=CNSESH');
    n1=length(codes);
    n2=length(dates);
    closepricemat=squeeze(datas(:,1,:))';
    mvmat=squeeze(datas(:,2,:))';
% 检查价格序列,将缺失值替换为前值
a=find(isnan(closepricemat));
rc=floor(a/n2)+1;
rc(rc> n1)=n1;

rr0=a- (rc-1)*n2;
rr=a- (rc-1)*n2-1;
rr(rr< 1)=2;
closepricemat(rr0,rc)=closepricemat(rr,rc);

a =find(isnan(mvmat));
rc=floor(a/n2)+1;
rc(rc>n1)=n1;
rr0=a- (rc-1)*n2;
rr=a- (rc-1)*n2-1;
rr(rr< 1)=2;
mvmat(rr0,rc)=mvmat(rr,rc);
```

```
% 计算价格序列的日收益率
RetSeries=price2ret(closepricemat(:,1:end));

% 绘制资产组合有效前沿图
[ExpReturn,ExpCovariance]=ewstats(RetSeries);
[portrisk, portreturn, portwts] = portopt(ExpReturn * 225, ExpCovariance);

figure;
plot(portrisk,portreturn);
title('资产组合有效前沿');
xlabel('风险(标准差)');
ylabel('收益');
% 读取给定目标收益率(5%/年)的组合
% 如果要求目标
retTarget=0.05;
[portrisk1, portreturn1, portwts1] = portopt(ExpReturn * 225, ExpCovariance,[],retTarget);
cellWeight=num2cell(portwts1');
cellWeight_1=[codes(1:end),cellWeight];
cellWeight_2=[{'股票代码','权重'};cellWeight_1];
disp('目标收益率为 0.05/年的组合权重');
disp(cellWeight_2);
```

运行代码,结果如图 3-1 所示。

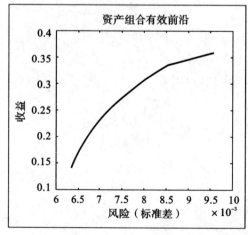

目标收益率为0.05/年的组合权重	
'股票代码'	'权重'
'002142.SZ'	0
'601166.SH'	0
'601169.SH'	0.1517
'601288.SH'	0
'601328.SH'	0
'601398.SH'	0
'601818.SH'	0
'601939.SH'	0
'601988.SH'	0.8483

图 3-1 资产组合有效前沿

【例3.2】运用MATLAB中组合的Portfolio类的使用方法,构建存在资金借贷资产组合。

授课视频

代码如下:

```
warning off;
% 初始化对象
em=EmQuantMatlab();
% 登录Choice接口
errorid=em.start();
RealEstimateList = ' 000002.SZ,000034.SZ,000001.SZ,002038.SZ,002859.SZ';
Enddate=datetime('2019/3/20');
[Begindate,~,~,~,~]=em.getdate(d,-50,'Market=CNSESH');
[Price,codes,indicators,dates,errorid]=em.csd(RealEstimateList,'CLOSE',Begindate,Enddate,'period=1,adjustflag=2,curtype=1,pricetype=1,order=1,market=CNSESH');
n1=length(codes);
% 000002.SZ 万科A,000034.SZ 神州数码,000001.SZ 发展银行,002038.SZ 双鹭药业,002859.SZ 洁美科技
Field='sec_name';
StockList=regexp(RealEstimateList,'[,]','split');
StockList=StockList(:);

% 读取上证指数(000001.SH)交易数据
[MarkerIndex,codesindex,indicators1,dates,errorid1]=em.csd('000001.SH','CLOSE',Begindate,Enddate,'period=1,adjustflag=2,curtype=1,pricetype=1,order=1,market=CNSESH');

% 读取一年期SHIBOR利率(SHIBOR1Y.IR)数据
% E1300082 SHIBOR1Y
[CashRet,codes2,indicators,dates,errorid]=em.edb('E1300082','IsLatest=0,StartDate=2017-02-06,EndDate=2019-02-22');
% 计算收益率均值与协方差
AssetList=StockList(:,1);
AssetList=AssetList;
```

```matlab
RetSeries=price2ret(Price);
[AssetMean,AssetCovar]=ewstats(RetSeries);
% 五只股票的均值方差
RetSeries=price2ret(MarkerIndex);
[MarketMean,MarketVar]=ewstats(RetSeries);
% 市场的均值方差
[CashMean,CashVar]=ewstats(CashRet/100/225);
% 利率的均值方差
mret =MarketMean;              % 市场平均收益
mrsk =sqrt(MarketVar);         % 市场收益率的标准差
cret =CashMean;                % 无风险收益率均值
crsk =sqrt(CashVar);           % 无风险收益率的标准差,crsk=0;

% 创建资产组合对象
p =Portfolio('AssetList', AssetList, 'RiskFreeRate', CashMean);
p =p.setAssetMoments(AssetMean, AssetCovar);
% 设置对象P的各种属性
p =p.setInitPort(1/p.NumAssets);
% p.NumAsset 表示资产组合包含的资产数量,此处为5,此命令表示权重设为等权重
[ersk, eret] =p.estimatePortMoments(p.InitPort);    % 计算等权重组合的风险与收益率

% 解决资产组合最优问题
p =p.setDefaultConstraints;              % 投资于资产组合的上下限都为1
pwgt =p.estimateFrontier(20);            % 取20组有效前沿上的点的组合
[prsk, pret] =p.estimatePortMoments(pwgt);    % 计算有效前沿上的风险与收益率

% 添加资产组合前沿的切线
q =p.setBudget(0, 1);                    % 投资于资产组合的上下限为0~1
qwgt =q.estimateFrontier(20);
[qrsk, qret] =q.estimatePortMoments(qwgt);
figure;
portfolioexamples_plot('考虑无风险利率的资产组合有效前沿', ...
{'line', prsk, pret}, ...
{'line', qrsk, qret, [], [], 1}, ...
{'scatter', [mrsk, crsk, ersk], [mret, cret, eret], {'大盘', '无风险利
```

率','股票平均收益'}},...
    {'scatter',sqrt(diag(p.AssetCovar)),p.AssetMean,p.AssetList,'.r'});
    % 用线图画出有效边界和切线
    % 用散点图标出大盘、无风险利率、股票平均收益及五只股票的位置
xlabel('风险');
ylabel('收益');
运行代码,结果如图3-2所示。

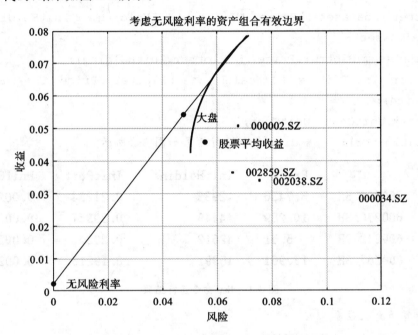

图3-2 存在无风险借贷的资产组合有效边界

【例3.3】运用MATLAB中组合的Portfolio类的使用方法,构建考虑交易成本的证券组合。

```
clearall;close all;
% 初始化对象
em=EmQuantMatlab();
% 登录Choice接口
errorid =em.start();
ENDDATE='2019-02-13';
[BEGINDATE,~,~,~,~]=em.getdate(ENDDATE,-1200,'MARKET=CNSESH');
CODE={'600000.SH,600276.SH,600242.SH,600267.SH'};
% 获取上述四股在指定日期区间的收盘价
[DATAS, CODES, INDICATORS, DATES01, ERRORID] = em.csd (CODE,'CLOSE',
BEGINDATE,ENDDATE,'PERIOD=3,ADJUSTFLAG=3,CURTYPE=1,PRICETYPE=1,ORDER
```

```
=1,MARKET=CNSESH');
    Y=DATAS(1:60,:);
    % 建立初始组合
    Asset =CODES;
    Price=Y(1,:)';
    Holding =[ 42938; 44449; 42612; 15991];
    UnitCost =[ 0.001; 0.001; 0.001; 0.001];

    Blotter = dataset ({Price, 'Price'}, {Holding, 'InitHolding'}, 'obsnames',Asset);
    Wealth =sum(Blotter.Price .* Blotter.InitHolding);
    Blotter.InitPort = (1/Wealth) * (Blotter.Price .* Blotter.InitHolding);
    Blotter.UnitCost =UnitCost;
    disp(Blotter);    % disp 命令运行结果如图 3-3 所示
```

	Price	InitHolding	InitPort	UnitCost
600000.SH	5.7436	42938	0.21224	0.002
600276.SH	10.289	44449	0.39357	0.002
600242.SH	5.51	42612	0.20206	0.002
600267.SH	13.961	15991	0.19213	0.002

图 3-3 disp 命令运行结果

```
    % 计算历史收益率
    X=tick2ret(Y,[],'SIMPLE');
    % 根据总收益率计算收益均值和方差协方差矩阵
    [AssetMean,AssetCovar]=ewstats(X);
    % 建立组合对象
    p =Portfolio('Name', 'Asset Allocation Portfolio', ...
    'AssetList', Asset, 'InitPort', Blotter.InitPort);
    % 为组合设定约束条件,后三只证券总权重不超过 85%,最后一只证券权重不超过 35%
    p =setDefaultConstraints(p);
    p =setGroups(p, [ 0, 1, 1, 1], [], 0.85);
    p =addGroups(p, [ 0, 0, 0, 1], [], 0.35);
    p =setAssetMoments(p, AssetMean/12, AssetCovar/12);
    p =estimateAssetMoments(p, Y,'DataFormat', 'Prices');
    p.AssetMean =12* p.AssetMean;
```

```
p.AssetCovar =12* p.AssetCovar;
display(p);    % 组合对象P如图3-4所示
p =

    Portfolio (具有属性):

              BuyCost: []
             SellCost: []
         RiskFreeRate: []
            AssetMean: [4×1 double]
           AssetCovar: [4×4 double]
        TrackingError: []
         TrackingPort: []
             Turnover: []
          BuyTurnover: []
         SellTurnover: []
                 Name: 'Asset Allocation Portfolio'
            NumAssets: 4
            AssetList: {'600000.SH'  '600276.SH'  '600242.SH'  '600267.SH'}
             InitPort: [4×1 double]
           AInequality: []
           bInequality: []
             AEquality: []
             bEquality: []
            LowerBound: [4×1 double]
            UpperBound: []
           LowerBudget: 1
           UpperBudget: 1
           GroupMatrix: [2×4 double]
            LowerGroup: []
            UpperGroup: [2×1 double]
                GroupA: []
                GroupB: []
            LowerRatio: []
            UpperRatio: []
```

图3-4 组合对象P

% 组合问题的确认

% 组合优化问题一个重要的步骤就是确认组合问题可行,通过检验确认组合非空且符合约束条件。使用estimateBounds检验组合的约束集。本例中lb和ub均有限

(见图 3-5),组合集合为受限集合
```
[lb, ub] =estimateBounds(p);
display([lb, ub]);
```

```
display([lb, ub]);
    0.1500    1.0000
    0.0000    0.8500
    0.0000    0.8500
    0.0000    0.3500
```

图 3-5　上、下界约束值

```
% 画出有效边界
% 给定组合对象后,使用 plotFrontier 函数画出有效边界,这里我们使用 40 个组
合构成有效边界,如图 3-6 所示。
figure;
plotFrontier(p, 40);
```

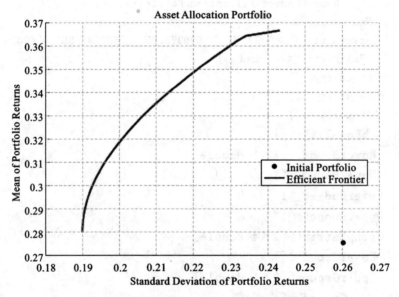

图 3-6　有效边界及资产权重示意图

```
% 评价总组合和净组合收益
% 以上证券组合对象 p 并没有包括交易成本,所以组合优化问题使用毛收益率作为
收益代理变量。为了得到净收益,创建包含交易成本的第一个组合对象
q =setCosts(p, UnitCost, UnitCost);
display(q);      % 组合对象 q 如图 3-7 所示
% 分析证券组合结构的描述性特质
% 为了获得有效证券组合收益和风险的更具体的信息,使用
```

```
命令行窗口
q =

  Portfolio (具有属性):

          BuyCost: [4×1 double]
         SellCost: [4×1 double]
     RiskFreeRate: []
        AssetMean: [4×1 double]
       AssetCovar: [4×4 double]
    TrackingError: []
     TrackingPort: []
         Turnover: []
      BuyTurnover: []
     SellTurnover: []
             Name: 'Asset Allocation Portfolio'
        NumAssets: 4
        AssetList: {'600000.SH'  '600016.SH'  '600019.SH'  '600028.SH'}
         InitPort: [4×1 double]
       AInequality: []
        bEquality: []
       LowerBound: [4×1 double]
       UpperBound: []
      LowerBudget: 1
      UpperBudget: 1
      GroupMatrix: [2×4 double]
       LowerGroup: []
       UpperGroup: [2×1 double]
           GroupA: []
           GroupB: []
       LowerRatio: []
       UpperRatio: []
```

图 3-7　组合对象 q

estimateFrontierLimits 可以获得在组合端点处的分析。给定组合，使用 estimatePortMoments 函数计算这个组合的相关矩。以下程序给出了初始组合以及在有效前沿端点组合毛收益和净收益的矩

```
[prsk0, pret0] = estimatePortMoments(p, p.InitPort);
pret = estimatePortReturn(p, p.estimateFrontierLimits);
qret = estimatePortReturn(q, q.estimateFrontierLimits);
```

```
displayReturns(pret0, pret, qret);    % 证券组合初始值如图3-8所示
Annualized Portfolio Returns ...
                                      Gross         Net
Initial Portfolio Return              27.53 %       27.53 %
Minimum Efficient Portfolio Return    27.97 %       27.83 %
Maximum Efficient Portfolio Return    36.66 %       36.48 %
```

图 3-8　证券组合初始值

```
function displayReturns(pret0, pret, qret)
fprintf('Annualized Portfolio Returns ...\n');
fprintf('                                  % 6s    % 6s\n','Gross','Net');
fprintf('Initial Portfolio Return            % 6.2f % %    % 6.2f % % \n',100* pret0,100* pret0);
fprintf('Minimum Efficient Portfolio Return % 6.2f % %    % 6.2f % % \n',100* pret(1),100* qret(1));
fprintf('Maximum Efficient Portfolio Return % 6.2f % %    % 6.2f % % \n',100* pret(2),100* qret(2));
end
```

结果显示从当前投资组合变动至有效边界端点的有效投资组合付出的交易成本为14～18个基点(这些成本是总投资组合回报和净投资组合回报之间的差异)。此外,请注意由于组合中股权分配的限制,最大有效投资组合收益率(36.66%)低于最高资产收益率(40.03%)。

选择有效投资组合的一种常用方法是选择具有期望投资组合收益范围的所需部分的投资组合。要获得有效边界上对应于从最小回报到最大回报范围30%的投资组合,可以使用投资组合对象q获取qret中的净回报范围,并使用interp1函数进行插值以获得30%收益水平下投资组合权重qwgt。

```
% 在有效边界上获得特定收益水平的投资组合
Level =0.3;
qret =estimatePortReturn(q, q.estimateFrontierLimits);
qwgt =estimateFrontierByReturn(q, interp1([0, 1], qret, Level));
[qrsk, qret] =estimatePortMoments(q, qwgt);

displayReturnLevel(Level, qret, qrsk);
Portfolio at 30% return level on efficient frontier ...
    Return       Risk
    30.43        19.43
```

% 目标组合是最小和最大净收益之间 30% 对应的组合
% 收益对应于 17.16%，风险对应于 23.98%

% 在有效边界上获得特定风险水平的投资组合
% 假设希望估计特定投资组合风险的值。假设分别具有 16% 的保守目标风险、18% 的中度目标风险以及 21% 的激进目标风险，并且希望获得能够满足每个风险目标的投资组合，那么使用 estimateFrontierByRisk 函数获取变量 TargetRisk 中指定的目标风险三个有效投资组合可以在 qwgt 中获得

```
TargetRisk =[ 0.22; 0.23; 0.24 ];
qwgt =estimateFrontierByRisk(q, TargetRisk);
display(qwgt);
```

qwgt =

```
    0.2179    0.1657    0.1500
    0.7062    0.7551    0.8342
    0.0759    0.0792    0.0158
         0         0         0
```

% 使用 estimatePortRisk 函数计算三个组合风险，确保风险目标的实现
```
display(estimatePortRisk(q, qwgt));
```

```
    0.2200
    0.2300
    0.2400
```

% 如果想要从当前投资组合转变为中等投资组合，则可以估算权重，进行购买和出售相关资产以获得此投资组合

```
[qwgt, qbuy, qsell] =estimateFrontierByRisk(q, 0.22);
```
% 如果对此投资组合的买入和卖出进行平均，则平均换手率为 17%，大于 15% 的目标
```
disp(sum(qbuy+ qsell)/2);
```

```
    0.3183
```

% 由于希望确保换手率不超过 15%，可以将换手率约束添加到投资组合对象
```
q =setTurnover(q, 0.15);
```

```
[qwgt, qbuy, qsell]=estimateFrontierByRisk(q, 0.15);

% 可将估计的有效组合以及买入和卖出状况计入簿记
qbuy(abs(qbuy)<1.0e-5)=0;
qsell(abs(qsell)<1.0e-5)=0;% zero out near 0 trade weights

Blotter.Port=qwgt;
Blotter.Buy=qbuy;
Blotter.Sell=qsell;

display(Blotter);
```

```
Blotter =

            Price    InitHolding   InitPort   UnitCost   Port      Buy       Sell
600000.SH   5.7436   42938         0.21224    0.002      0.32439   0.11215   0
600276.SH   10.289   44449         0.39357    0.002      0.43142   0.03785   0
600242.SH   5.51     42612         0.20206    0.002      0.15387   0         0.048196
600267.SH   13.961   15991         0.19213    0.002      0.090329  0         0.1018
```

% 簿记买入和卖出要素导致投资组合权重的变化,必须转换为投资组合持有的变化以确定交易方向。由于正在处理的是净投资组合回报,因此首先计算从初始投资组合到新投资组合的交易成本,这可以通过以下方式完成

```
TotalCost = Wealth * sum(Blotter.UnitCost .* (Blotter.Buy + Blotter.Sell))
```

```
TotalCost =

    697.1900
```

% 交易成本为￥697.19,因此在设定新组合权重时,必须相应调整初始资本。为了简化分析,假定投资者具有充足的留存现金(￥1000)来支付交易成本,而无需增加现金头寸来建立新的投资组合。因此,可以使用新的投资组合持有和交易填充簿记,而不需要对初始资本进行任何更改构建新的投资组合。首先计算组合持有权重现值

```
Blotter.Holding=Wealth * (Blotter.Port ./ Blotter.Price);
```
% 计算在簿记中需买入和卖出的数量
```
Blotter.BuyShare=Wealth * (Blotter.Buy ./ Blotter.Price);
Blotter.SellShare=Wealth * (Blotter.Sell ./ Blotter.Price);
```

% 注意使用事后规则来获取要买卖的股票单位数的方法。通过去除单位成本和买

卖组合权重以更新簿记
```
    Blotter.Buy =[];
    Blotter.Sell =[];
    Blotter.UnitCost =[];
%  展示最终的结果
display(Blotter);
```

```
Blotter =

              Price     InitHolding   InitPort    Port      Holding   BuyShare   SellShare
    600000.SH  5.7436      42938       0.21224   0.32439    65627      22689         0
    600276.SH 10.289       44449       0.39357   0.43142    48724       4274.7       0
    600242.SH  5.51        42612       0.20206   0.15387    32448          0     10164
    600267.SH 13.961       15991       0.19213   0.090329    7518          0      8473
```

% 绘图使用plotFrontier函数,图像展示指定组合优化问题的有效边界和初始投资组合。还在有效边界上指示了中等风险组合或最终投资组合的位置
```
plotFrontier(q, 40);
hold on;
scatter(estimatePortRisk(q, qwgt), estimatePortReturn(q, qwgt),'filled', 'r');
h = legend ('Initial Portfolio', 'Efficient Frontier', 'Final Portfolio', 'location', 'best');
set(h,'Fontsize', 8);
hold off;
```

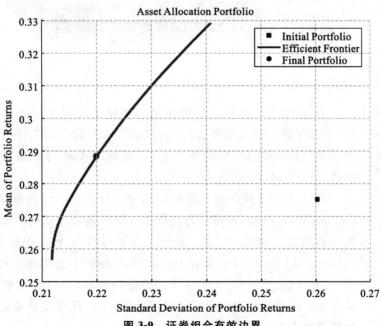

图 3-9　证券组合有效边界

```
function displayReturns(pret0, pret, qret);
fprintf('Annualized Portfolio Returns ...\n');
fprintf('                                    % 6s   % 6s\n','Gross','Net');
fprintf('Initial Portfolio Return            % 6.2f %%   % 6.2f %% \n',100* pret0,100* pret0);
fprintf('Minimum Efficient Portfolio Return % 6.2f %%   % 6.2f %% \n',100* pret(1),100* qret(1));
fprintf('Maximum Efficient Portfolio Return % 6.2f %%   % 6.2f %% \n',100* pret(2),100* qret(2));
end

function displayReturnLevel(Level, qret, qrsk);
fprintf('Portfolio at % g%%  return level on efficient frontier ...\n',100* Level);
fprintf('% 10s % 10s\n','Return','Risk');
fprintf('% 10.2f % 10.2f\n',100* qret,100* qrsk);
end
```

第三节　Black-Litterman 模型

授课视频

　　BL 模型基于投资者的独特见解创建稳定的均值方差有效投资组合，从而克服了输入敏感性问题。Lee(2000)认为，BL 模型还通过在整个预期收益向量中分散误差,"在很大限度上缓解"了估计误差最大化的问题(Michaud,1989)。

　　均值-方差优化问题中最重要的输入是预期收益向量，然而 Best 和 Grauer(1991)证明，投资组合资产任一资产预期收益的小幅增加可以迫使投资组合一半资产发生变化。为了寻找一个合理的起点，Black、Litterman(1992)和 He、Litterman(1999)探索了预期收益的几种替代预测：历史收益，所有资产的"平均"回报均值，以及风险调整后的平均收益。他们证明这些替代会导致极端投资组合(具有大量多头和空头头寸的投资组合集中在相对较少的资产中)。

BL 模型使用"均衡"收益作为中性起点,均衡收益可以使用 CAPM(均衡定价模型)或反向优化方法获得,其中隐含均衡收益向量(Π)来源于已知信息集。使用矩阵代数,求解公式 $\Pi = \delta \Sigma w$ 中的 Π,其中 w 是市值权重向量,Σ 是一个固定的协方差矩阵,$\delta = \frac{E[R_m - r_f]}{\sigma_m^2}$ 是风险规避系数。如果所讨论的投资组合相对于用于计算 CAPM 回报的市场代理变量是"充分分散的"(或者如果所讨论的投资组合的市值加权成分被视为市场权重),则这种提取隐含预期均衡回报的方法产生一个非常类似于 Sharpe-Littner CAPM 生成的预期回报向量。实际上,Best 和 Grauer(1985)概述了基于 CAPM 估计与隐含均衡收益相匹配的预期收益的必要假设。

本节提供了一个基于道琼斯工业平均指数(DJIA)进行资产配置的例子。表 3-1 包含道琼斯 30 种成分的预期总回报的三个估计值:历史收益、CAPM 和隐含均衡收益。未在 Best 和 Grauer(1985)假设下得出与隐含平衡回报向量(Π)精确匹配的 CAPM 估计的预期回报,而是使用相对标准的 CAPM 估计的预期收益来说明两个向量之间的相似性以及由此产生投资组合的差异。基于相对于道琼斯工业平均指数收益时间序列 60 个月 beta 使用 CAPM 估计的预期回报,无风险利率为 5%,市场风险溢价为 7.5%。

表 3-1 DJIA 成分股——估计的预期总收益

证券缩写	历史收益	CAPM	隐含均衡收益
'AA'	−0.0322	13.0617	8.1867
'AXP'	11.9988	12.2424	7.5605
'BA'	13.0333	10.1007	5.1724
'BAC'	0.9483	13.5346	10.1424
'CAT'	20.6771	12.6342	7.4694
'CSCO'	6.4660	10.0134	5.5320
'CVX'	16.0153	8.1581	3.6797
'DD'	6.8866	10.8442	6.1183
'DIS'	12.8466	9.5181	4.9071
'GE'	4.9697	10.9317	6.9088
'HD'	15.1598	8.2733	3.7575
'HPQ'	0.5455	9.5125	4.9782
'IBM'	10.6506	7.6652	3.0325
'INTC'	6.8204	9.4776	4.8069
'JNJ'	4.7980	6.5906	2.3532
'JPM'	11.6211	10.5058	6.3175
'KO'	8.9206	7.0690	2.7536
'MCD'	21.1550	7.0815	2.6763
'MMM'	6.8065	8.5877	3.7245

续表

证券缩写	历史收益	CAPM	隐含均衡收益
'MRK'	4.2677	7.4256	3.4931
'MSFT'	4.9796	8.4074	4.4471
'PFE'	2.3725	7.4918	3.5529
'PG'	7.0125	6.6573	2.4374
'T'	8.9609	7.5060	3.2302
'TRV'	10.5836	7.8750	3.5488
'UNH'	12.1009	8.0810	3.6414
'UTX'	11.7807	9.2187	4.4527
'VZ'	6.7788	7.0719	2.8344
'WMT'	5.6358	5.8120	1.5505
'XOM'	11.9853	7.1660	2.9107
均值	8.8915	8.9505	4.5392
标准差	5.2417	2.0144	1.9637
最大值	21.1550	13.5346	10.1424
最小值	−0.0322	5.8120	1.5505

历史收益向量具有比其他两个向量大得多的标准偏差和范围。CAPM 收益向量与隐含均衡收益向量(Π)非常相似(相关系数 ρ 为 85%)。直观地,人们会从两个高度相关的收益向量得到相似证券组合。

表 3-1 中预期收益的三个估计值与收益率的历史协方差矩阵(Σ)和风险规避系数(δ)相结合,以找出最优投资组合权重,如表 3-2 所示。

表 3-2　DJIA 成分股——证券组合权重

代　码	历史权重	CAPM 权重	隐含均衡权重	市值权重
aa	223.86%	2.67%	0.88%	0.88%
ge	−65.44%	9.80%	11.62%	11.62%
jnj	−70.08%	6.11%	5.29%	5.29%
msft	3.54%	3.22%	10.41%	10.41%
axp	−15.38%	5.54%	1.39%	1.39%
gm	5.76%	3.44%	0.79%	0.79%
jpm	−213.39%	1.94%	2.09%	2.09%
pg	92.00%	−1.33%	2.99%	2.99%
ba	−111.35%	4.71%	0.90%	0.90%
hd	280.01%	0.11%	3.49%	3.49%

续表

代　　码	历史权重	CAPM权重	隐含均衡权重	市值权重
ko	−151.58%	5.70%	3.42%	3.42%
sbc	17.11%	−4.28%	3.84%	3.84%
c	293.90%	5.11%	7.58%	7.58%
hon	15.65%	2.71%	0.80%	0.80%
mcd	−61.68%	1.32%	0.99%	0.99%
t	−86.44%	4.04%	1.87%	1.87%
cat	−70.67%	5.10%	0.52%	0.52%
hwp	−163.02%	6.60%	1.16%	1.16%
mmm	56.84%	4.73%	1.35%	1.35%
utx	−23.80%	4.38%	0.88%	0.88%
dd	−131.99%	1.03%	1.29%	1.29%
ibm	36.92%	5.57%	6.08%	6.08%
mo	136.78%	1.31%	2.90%	2.90%
wmt	21.03%	0.89%	7.49%	7.49%
dis	5.75%	−2.35%	1.23%	1.23%
intc	97.81%	−1.96%	6.16%	6.16%
mrk	144.34%	4.61%	3.90%	3.90%
xom	218.75%	4.10%	7.85%	7.85%
ek	−148.36%	2.04%	0.25%	0.25%
ip	−113.07%	4.76%	0.57%	0.57%
High	293.90%	9.80%	11.62%	11.62%
Low	−213.39%	−4.28%	0.25%	0.25%

毫不奇怪，历史收益向量产生了极端的投资组合。然而，尽管CAPM收益向量和隐含均衡收益向量(Π)之间存在相似性，但向量产生两个差异较大的证券组合（相关系数ρ为18%）。基于CAPM的投资组合包含四个空头头寸，几乎所有权重都与基准市值加权投资组合明显不同。正如人们所预料的那样（由于在给定市值的情况下，提取隐含均衡收益的过程出现逆转），隐含均衡收益向量(Π)组合与市值权重组合相同。由于隐含均衡收益组合与市值组合的相似性，投资者应持有市值权重投资组合。

在推进之前，介绍BL公式并提供公式每个元素的简要说明十分必要。本节k用于表示观点（views）的数量，n用于表示公式中的资产数量。以市场均衡为先验知识，使用beyesian框架将先验知识与主观观点融合起来，得到后验分布$r \sim (\bar{\mu}, \bar{\Sigma})$。

$$\bar{\mu} = E[R] = [(\tau\Sigma)^{-1} + P'\Omega^{-1}P]^{-1}[(\tau\Sigma)^{-1}\Pi + P'\Omega^{-1}Q] \quad (3.20)$$

$$\bar{\Sigma} = \Sigma + [(\tau\Sigma)^{-1} + P'\Omega^{-1}P]^{-1} \quad (3.21)$$

式中：$E[R]$ 为新（后验）组合收益向量（$n×1$ 列向量）；

τ 为标量，表示资产资本模型的不确定性度量，当 $\tau \to 0$，BL 模型计算出的权重将趋近于市场均衡权重；

Σ 为各资产超额收益协方差矩阵（$n×n$）；

P 为投资者对于涉及资产的观点（$k×n$ 矩阵或 $1×n$ 列向量（在只有 1 个观点的特殊情形）），每一行代表投资者的一个观点对应的相关资产的权重，相对观点权重和为 0，绝对观点权重和为 1；

Ω 为误差项的对角协方差矩阵，表示每个观点所持的信心程度（$k×k$ 矩阵）；

Π 为隐含均衡收益向量（$n×1$ 列向量），$\Pi = \sigma \Sigma \omega_{cq}$，$\omega_{cq}$ 为市场基准配置权重向量，δ 为风险规避系数，$\delta = \dfrac{E[R_m - r_f]}{\sigma_m^2}$；

Q 为观点向量，对应于 P 矩阵的每一观点的期望收益（$k×1$ 列向量）。

最终通过求解下述最优化问题：

$$\max\left(\omega\bar{\mu} - \frac{1}{2}\delta\omega'\bar{\Sigma}\omega\right) \tag{3.22}$$

即可获得最优资本权重

$$w^* = \frac{1}{\delta}\bar{\Sigma}^{-1}\bar{\mu} \tag{3.23}$$

通常情况下，与隐含均衡收益不同，投资经理对投资组合中某些资产的预期回报会有具体看法。BL 模型允许以绝对或相对项表达这些观点。以下是使用 BL（1990）格式表达的三个观点例子。

观点 1：Merck (mrk) 将有一个 10% 的绝对收益（观点信心＝50%）。

观点 2：Johnson & Johnson (jnj) 将比 Procter & Gamble (pg) 收益多 3%（观点信心＝65%）。

观点 3：General Electric (ge) 和 Home Depot (hd) 收益将超过"XOM"、Wal-Mart (wmt)，"CAT"和"MCD"达 1.5%（观点信心＝30%）。

观点 1 是一个绝对观点的例子。从表 3-5 可以看出，Merck 隐含均衡收益率为 9.22%，比 10% 的收益率低 88 个基点。因此，观点 1 告诉 BL 模型将 Merck 的回报设置为 10%。

观点 2 和 3 表示相对观点。相对观点更近似于投资经理对不同资产的看法。观点 2 表示强生公司的收益将比宝洁公司的收益高出 3 个百分点。为了衡量这对强生相对于宝洁公司是否会产生正面或负面影响，有必要评估其各自的隐含均衡收益。从表 3-5 可以看出，强生公司和宝洁公司的隐含均衡回报率分别为 9.75% 和 7.56%，相差 2.19%。从观点 2 来看，观点认为的 3% 大于强生公司的回报超过宝洁公司回报的 2.19%；因此，人们可以预期该模型的投资组合更倾向强生公司。一般而言（并且在没有约束和额外观点的情况下），如果观点超过两个隐含均衡收益之间的差异，则模型将使投资组合倾向于表现优异的资产。

观点 3 表明，表现优异的资产数量不需要与表现不佳的资产数量相匹配，"表现优异"和"表现不佳"这两个词是相对的。涉及具有一系列不同隐含均衡收益的多个资产的观点结果不太直观,并且概括起来也更加困难。然而,在没有约束和其他观点的情况下,关于资产的观点形成了两个独立的小型投资组合,即多头和空头投资组合。每个名义表现优异的资产的相对权重等于该资产的市值除以该特定观点涉及的其他名义表现优异资产的市值之和。同样,每个名义表现不佳的资产的相对权重等于该资产的市值除以其他名义上表现不佳的资产的市值之和。净多头头寸减去净空头头寸等于 0。实际收到正面观点的小型投资组合可能不是表达观点中的名义表现优异的资产。一般而言,如果该观点大于加权平均隐含均衡收益率差异,则该模型将倾向于超配"表现优异"资产。

从观点 3 来看,名义上"表现优异"的资产是通用电气和家得宝,名义上"表现不佳"的资产是通用汽车、沃尔玛和埃克森。从表 3-3 可以看出,通用电气和家得宝组成的小型投资组合的加权平均隐含均衡收益率为 13.33%。而且,从表 3-4 可以看出,通用汽车、沃尔玛和埃克森组成的小型投资组合的加权平均隐含均衡回报率为 10.39%。因此,加权平均隐含均衡收益差异为 2.94%。

表 3-3 观点 3——名义上具有较好表现的资产

代 码	市 值	相对市值权重	隐含均衡收益向量(Π)	加 权 收 益
ge	398104740	76.91%	13.57	10.43
hd	119533620	23.09%	12.52	2.89
	517638361	100.00%	Total	13.33

表 3-4 观点 3——名义表现较差的资产

代 码	市 值	相对市值权重	隐含均衡收益向量(Π)	加 权 收 益
gm	26997494	4.89%	12.83	0.63
wmt	256505414	46.44%	12.77	5.93
xom	268832829	48.67%	7.88	3.83
	552335738	100.00%	Total	10.39

鉴于观点 3 表示通用电气和家得宝的表现仅优于通用汽车、沃尔玛和埃克森组合的 1.5%(现实中两个组合加权平均隐含均衡差异差距为 2.94%),该观点似乎表明相对于通用汽车、沃尔玛和埃克森应该减少通用电气和家得宝的份额。表 3-5 的最后一栏中说明,观点 3 的名义上表现优异的资产获得空头头寸,而名义上表现不佳的资产获得多头头寸。

该模型更令人困惑的方面是如何从所述观点转换成 BL 模型中实际使用的输入项。首先,该模型不要求投资者提出对所有资产的看法。但是,由于矩阵乘法规则,观点数(k)不能超过资产数(n)。在 DJIA 例子中,观点数(k)=3;因此,观点向量(Q)是 3×1 列向量。该模型假设与每个观点相关联,存在均值为 0 的随机独立正态分布的误差项(ε)。因此,该观点具有 $Q+\varepsilon$ 的形式。

DJIA 案例： 一般形式：

$$Q + \varepsilon = \begin{bmatrix} 10 \\ 3 \\ 1.5 \end{bmatrix} + \begin{bmatrix} 0 \\ 0 \\ 0 \end{bmatrix} \qquad Q + \varepsilon = \begin{bmatrix} Q_1 \\ \vdots \\ Q_k \end{bmatrix} + \begin{bmatrix} \varepsilon_1 \\ \vdots \\ \varepsilon_k \end{bmatrix} \qquad (3.24)$$

当有 2 个或更多观点时，误差项(ε)或输入项不直接进入 BL 模型。但是，每个误差项方差(ω)却要进入公式。每个误差项方差(ω)等于观点置信水平(LC)的倒数乘以校准因子(CF)。误差项方差(ω)形成 Ω，其中 Ω 是在所有非对角线位置都为 0 的对角协方差矩阵。误差项方差(ω)越大，观点相对不确定性越大。误差项是假定彼此独立残差，则 Ω 的非对角线元素为 0。下面讨论导出校准因子(CF)的过程，校准因子能够使用直观的 0%～100% 置信水平。Ω 的每个对角元素(ω)等于 1/LC * CF。

$$\Omega = \begin{bmatrix} \omega_1 & 0 & 0 \\ 0 & \ddots & 0 \\ 0 & 0 & \omega_k \end{bmatrix} \qquad (3.25)$$

在列向量 Q 所表述的观点要与矩阵 P 的特定资产相对应。每个表达观点产生 $1 \times n$ 行向量。因此，k 个观点形成 $k \times n$ 矩阵。在三观点 DJIA 示例中，有 30 个股票，P 是 3×30 的矩阵。

一般情形，有

$$P = \begin{bmatrix} P_{1,1} & \cdots & P_{1,n} \\ \vdots & & \vdots \\ P_{k,1} & \cdots & P_{k,n} \end{bmatrix} \qquad (3.26)$$

在 DJIA 案例中，矩阵 P 的第一行表示观点 1，即绝对观点。观点 1 只涉及 Merck 一个资产。顺便说一句，Merck 是道琼斯工业平均指数中的第 27 位资产，与第 1 行第 27 列中的"1"相对应。观点 2 和观点 3 分别由第 2 行和第 3 行表示。在相对观点的情况下，每行总和为 0。名义上表现优异的资产获得正权重，而名义上表现不佳的资产则获得负权重。

对于涉及 3 个或更多资产的观点，如观点 3，文献中提供了两种实质上不同的方法。Satchell 和 Scowcroft(2000) 使用相等的加权方案，该方案在矩阵 P 的第 3 行中呈现。在该系统下，权重等于 1 除以表现优秀资产的数目或表现不佳资产的数目。例如，观点 3 有 3 个名义上表现不佳的资产，每个资产都有 $-\frac{1}{3}$ 权重。观点 3 还包含 2 个名义上表现优异的资产，每个资产都获得 $+\frac{1}{2}$ 权重。此加权方案忽略观点中涉及的资产市值的相对大小。例如，通用电气的规模是家得宝的 3 倍多，Satchel 和 Scowcroft 方法减少了通用电气的权重。因此，与市值权重相比，通用电气相对于家得宝而言其权重大幅下降，这可能导致不必要的期望之外的主动风险（跟踪误差）。

对于涉及 3 个或更多资产的观点，与 Satchell 和 Scowcroft(2000) 的相等加权方法相反，在 He 和 Litterman(1999) 体系中，进入矩阵 P 的资产的相对市值权重与其市值成比例。更具体地说，每个单独资产的相对权重等于该资产的市值除以该特定观点下表现优异或表现不佳资产的总市值。如表3-3的第3列所示,名义表现优异资产的相对市值权重为通用电气0.7691和家得宝0.2309。而且,从表3-4可以看出,通用汽车名义表现不佳的资产的相对市值权重为−0.0489,沃尔玛为−0.4644,埃克森为−0.4867。这些数字用来创建矩阵 $\boldsymbol{P}$,并用于后续计算。

虽然在DJIA案例中所有观点都没有多次涉及同一资产,但实际上可以在多个观点中包含相同的资产。例如,观点2中的强生公司也可能包含在观点1或观点3或任何后续观点中。

矩阵 $\boldsymbol{P}$ 中仍然未知的组合收益向量 $E[R]$、观点向量($\boldsymbol{Q}$)和误差项向量($\boldsymbol{\varepsilon}$)形成线性约束系统。注意,误差项向量($\boldsymbol{\varepsilon}$)不直接进入BL公式。没有必要单独建立这种线性约束系统;它隐含在BL公式中,并且仅以其一般形式(由于空间限制)在此处呈现,以提供对模型工作的额外解释。

一般情形,有

$$\begin{bmatrix} P_{1,1} & \cdots & P_{1,n} \\ \vdots & & \vdots \\ P_{k,1} & \cdots & P_{k,n} \end{bmatrix} \begin{bmatrix} E[R_1] \\ \vdots \\ E[R_n] \end{bmatrix} = \begin{bmatrix} Q_1 \\ \vdots \\ Q_k \end{bmatrix} + \begin{bmatrix} \varepsilon_1 \\ \vdots \\ \varepsilon_k \end{bmatrix} \quad (3.27)$$

最终进入BL公式最主观的值是标量 τ。然而很少有文献介绍 τ 的设定。Black、Litterman(1992)和Lee(2000)认为:由于均值中的不确定性小于收益中的不确定性,因此标量 τ 接近于零。相反,Satchell和Scowcroft(2000)认为这个值应通常设为1。我们根据Jay Walters(2014)的观点将 τ 设定为样本数的倒数。若我们从历史数据估计协方差矩阵,则 $\tau = \frac{1}{T}$,为最大似然估计值,而 $\tau = \frac{1}{T-N}$ 为最优平方无偏估计。其中 T 为样本数,N 为资产数目。

考虑到BL模型被描述为隐含均衡收益向量($\boldsymbol{\Pi}$)和投资者观点($\boldsymbol{Q}$)的复杂加权权重,其中相对权重是标量 τ 和观点平均信心程度的函数。表述观点的信心程度越高,新的收益向量将越接近观点所示收益向量。如果投资者对表述观点不太自信,则新的收益向量将更接近隐含均衡收益向量($\boldsymbol{\Pi}$)。给定隐含均衡收益,标量 τ 或多或少与相对权重成反比。

$\boldsymbol{\Omega}$ 的对角元素可由投资者的观点信心及其对投资组合的影响推导而得。投资者观点信心对投资组合的影响为

$$\text{Tilt}_k = (w_{100\%} - w_{\text{mkt}}) * C_k \quad (3.28)$$

式中:列向量 Tilt_k ($N \times 1$)是由第 k 个观点引起组合的变化;C_k 是第 k 个观点的观点信心。

在不考虑其他观点的情况下,由第 k 个观点导致的资产组合权重列向量 $w_{k,\%}$ ($N \times 1$)近似为

$$w_{k,\%} = w_{\text{mkt}} + \text{Tilt}_k \quad (3.29)$$

构建矩阵 $\boldsymbol{\Omega}$ 的步骤如下:

(1)对每个观点(k),使用BL公式在将每个观点信心设置为100%时,计算新的组合收益向量 $E[R_{100\%}]$:

$$E[R_{100\%}] = \Pi + \tau\Sigma P'_k [P_k\tau\Sigma P'_k]^{-1}[Q_k - P_k\Pi]$$

如果是绝对观点,且观点表述为总收益而非超额收益,那么需要从 Q_k 中减除无风险收益。

(2)使用无约束求极大值方法计算基于100%观点信心的权重向量 $w_{k,100\%}$:

$$w_{k,100\%} = \frac{1}{\delta}\overline{\Sigma}^{-1}E[R_{k,100\%}]$$

(3)通过逐对相减计算 $w_{k,100\%}$ 与市场权重间的差值:

$$D_{k,100\%} = w_{k,100\%} - w_{mkt}$$

(4)通过将 $D_{k,100\%}$ 与 C_k 逐对相乘估计由投资者第 k 个观点引起组合的变化:

$$\text{Tilt}_k = D_{k,100\%} * C_k$$

(5)基于 Tilt_k 与 w_{mkt} 逐对相加,计算由第 k 个观点导致的组合权重向量:

$$w_{k,\%} = \text{Tilt}_k + w_{mkt}$$

(6)在 $\omega_k \geqslant 0$ 的约束下,通过最小化 $(w_{k,\%} - w_k)^2$,获得表示投资者第 k 个观点不确定性的矩阵 Ω 的对角元素。使用公式表示:

$$\min \Sigma(w_{k,\%} - w_k)^2$$

其中,$w_k = (\sigma\Sigma)^{-1}[(\tau\Sigma)^{-1} + P_k\omega_k^{-1}P'_k]^{-1}[(\tau\Sigma)^{-1}\Pi + P_k\omega_k^{-1}Q_k]$。

(7)对 k 个观点重复(1)~(6),构建一个 $K \times K$ 对角矩阵 Ω,然后使用

$$E[R] = [(\tau\Sigma)^{-1} + P'\Omega^{-1}P]^{-1}[(\tau\Sigma)^{-1}\Pi + P'\Omega^{-1}Q]$$

计算出新的期望收益。

Σ 表示历史收益的协方差矩阵,可由各成分股的收益序列计算而得,此处不再赘述。表3-5包含七列:道琼斯工业平均指数成分、新的联合收益向量($E[R]$)、隐含均衡收益向量(Π)、$E[R]$ 和 Π 之间的差异、基于新的组合收益向量 $r(E[R])$ 新推荐权重($\hat{w}$)、初始市场市值权重(w)、$\hat{w}$ 和 w 之间的差异。

尽管表述观点仅直接涉及 30 个 DJIA 组件中的 8 个(通用电气(GE)、强生(jnj)、通用汽车(gm)、宝洁(pg)、家得宝(hd)、沃尔玛(wmt)、Merck(mrk)和 Exxon(xom)),所有 30 个道琼斯工业平均指数成分股的个别收益均从其各自的隐含均衡收益获得。事实上,单一观点导致投资组合中每个资产的回报从其隐含均衡回报变化的情况并不少见,因为每个单独证券的收益通过收益协方差矩阵(Σ)与其他证券收益相关联。

表 3-5　收益向量和证券组合权重结果

证 券 代 码	新的联合收益向量($E[R]$)	隐含均衡收益向量(Π)	差额($E[R]-\Pi$)	新推荐权重($\hat{w}$)	初始市值权重(w)	差额($\hat{w}-w$)
aa	13.78	13.81	-0.03	0.88%	0.88%	—
ge	13.52	13.57	-0.05	10.77%	11.62%	-0.85%
jnj	9.92	9.75	0.17	6.28%	5.29%	0.99%
msft	20.40	20.41	-0.01	10.41%	10.41%	—
axp	14.98	14.94	0.04	1.39%	1.39%	—

续表

证券代码	新的联合收益向量 ($E[R]$)	隐含均衡收益向量 (Π)	差额 ($E[R]-\Pi$)	新推荐权重 ($\hat{w}$)	初始市值权重 (w)	差额 ($\hat{w}-w$)
gm	12.80	12.83	−0.03	0.84%	0.79%	0.05%
jpm	16.43	16.46	−0.03	2.09%	2.09%	—
pg	7.47	7.56	−0.09	2.00%	2.99%	−0.99%
ba	11.87	11.81	0.05	0.90%	0.90%	—
hd	12.42	12.52	−0.10	3.23%	3.49%	−0.25%
ko	11.02	10.92	0.09	3.42%	3.42%	—
sbc	8.89	8.79	0.10	3.84%	3.84%	—
c	17.01	16.97	0.03	7.58%	7.58%	—
hon	14.48	14.50	−0.02	0.80%	0.80%	—
mcd	10.52	10.44	0.08	0.99%	0.99%	—
t	10.69	10.74	−0.05	1.87%	1.87%	—
cat	11.02	10.92	0.10	0.52%	0.52%	—
hwp	14.31	14.45	−0.14	1.16%	1.16%	—
mmm	8.67	8.66	0.02	1.35%	1.35%	—
utx	15.49	15.47	0.02	0.88%	0.88%	—
dd	10.98	10.98	0.00	1.29%	1.29%	—
ibm	14.65	14.66	−0.01	6.08%	6.08%	—
mo	6.91	6.86	0.05	2.90%	2.90%	—
wmt	12.83	12.77	0.06	8.00%	7.49%	0.51%
dis	12.44	12.41	0.03	1.23%	1.23%	—
intc	18.72	18.70	0.02	6.16%	6.16%	—
mrk	9.44	9.22	0.22	4.68%	3.90%	0.77%
xom	7.91	7.88	0.04	8.38%	7.85%	0.53%
ek	10.57	10.61	−0.04	0.25%	0.25%	—
ip	12.97	12.92	0.05	0.57%	0.57%	—
总和				100.77%	100.00%	0.77%

BL模型的最佳特点之一可以在表3-5的最后一栏中得到说明。只有表达了观点的8个道琼斯工业平均指数成分的权重才改变其原始权重。此外,变化的方向非常直观。

从宏观角度来看,新投资组合可以被视为两个投资组合的总和,其中投资组合1是初始市值权重投资组合(道琼斯工业平均指数),投资组合2是基于所表达的观点的一系列多头和空头头寸。如前所述,投资组合2可以细分为小型投资组合,每个投资组合都与特定观点相关联。相对观点导致迷你投资组合相互抵消,多头和空头头寸的总和为0。

观点 1 为绝对观点，增加了 Merck 的权重而没有对应地抵消股票头寸，导致投资组合权重加总不再为 1。

不幸的是，随着投资约束条件的增加，如 1 约束、风险、beta 和卖空的限制，BL 模型的直观性逐步变坏。Black 和 Litterman(1999)建议，在存在约束的情况下，投资者将新的组合收益向量输入均值-方差优化器。

使用 BL 模型三年后，Bevan 和 Winkelmann(1998)为模型的微调提供了更多的见解。从全球资产配置的角度来看，他们建议调整预期收益以产生夏普比率为 1.0 的投资组合，他们认为这相当于 1 个标准差事件，大致与 G7 国家的历史平均水平一致。

更值得关注的是，Bevan 和 Winkelmann(1998)为设定观点组合的权重提供了额外指引。标量 τ 值是根据观点均值不确定度与观点组合的方差之比来设置：误差项协方差矩阵(Ω)校准对角线元素(ω)的均值与 $k \times k$ 的 $P\Sigma P'$ 矩阵乘积的元素和的比值。在使用 BL 模型得出初始组合收益向量($E[R]$)并计算最优投资组合权重后，Bevan 和 Winkelmann(1998)计算了新投资组合的预期信息比率。他们建议最大预期信息比率为 2.0，因为能够超出市场市值权重基准的回报率 2 个标准差的收益很少出现。如果信息比率高于 2.0，则减少给予观点的权重（减小标量的值）。

回到 DJIA 例子，表 3-6 比较了 Black-Litterman 投资组合征（由新组合收益向量产生的新权重）与市值加权投资组合的预期风险收益特征。新投资组合的回报和标准差略有增加。事前信息比远低于建议的最大值 2.0。

表 3-6 证券组合的统计特征

	市值权重证券组合	新 BL 证券组合
收益	13.23%	13.53%
S 标准差	19.12%	19.37%
超额收益	8.23%	8.32%
追踪误差	—	0.49%
Beta	1.000	1.003
残留风险	—	0.49%
夏普比率	0.430	0.434
信息比率	—	0.108

接下来，应评估表述观点的结果，以确认观点中没有意外的结果。例如，希望达到单位约束的投资者可能想要消除绝对观点——观点 1。正面绝对观点没有抵消负面绝对观点，反之亦然，也可能导致未预料的投资组合。例如，从 DJIA 中移除观点 1 会使观点组合的方差减少近 50%，从而使校准因子(CF)按比例减少。最后，Bevan 和 Winkelmann(1998)建议投资者通过调整个人观点的信心程度来进行"微观层面"的变化。

在设定观点权重与隐含均衡收益向量(Π)的权重时，投资者可能希望评估其事后信息比率以获得额外指导。从各种分析师接收"观点"的量化经理可以根据特定分析师的信息系数设定特定观点的信心程度。根据 Grinold 和 Kahn(1999)的观点，经理的信息系数是预测与实际收益的相关性。这可以赋予更熟练的分析师更高的信心程度。

除了调整各个观点的信心程度之外,另一个可能的微观层面改进是开发一种更加复杂的方法来调整"表现优异"和"表现不佳"的小型资产组合的权重。虽然 He 和 Litterman(1999)的市值加权方法明显优于 Satchell 和 Scowcroft(2000)的等权重方法,但这两种方法都创建了不能在给定的风险水平带来最大回报的小型投资组合。先进的权重系统可以导致基准持股的偏离,从而最大化信息比率或替代目标函数。

文献中的大多数例子,包括这个例子,都使用了历史回报的简单协方差矩阵。然而,展望未来,投资者应该使用最佳的协方差回报矩阵估计。Litterman 和 Winkelmann(1998)概述了估计收益的协方差矩阵的方法,以及几种可供选择的估算方法。Qian 和 Gorman(2001)扩展了 BL 模型,使投资者能够对波动率和相关性发表意见,以得出回报协方差矩阵的条件估计。他们声称条件协方差矩阵稳定了均值-方差优化的结果。

综上所述,BL 模型使投资者能够将他们独特的观点与隐含均衡收益向量相结合,形成一个新的联合收益向量。投资者可以控制观点与均衡的相对权重。在微观层面上,每个观点的强度由给予该观点的个人信心程度来确定。新的组合收益向量可以产生直观、均衡的投资组合。对预期回报没有意见的投资者应持有市场投资组合。如果存在投资约束,投资者应使用 BL 模型形成新的组合收益向量,然后将向量输入均值-方差优化器,克服了两个最常被引用的均值-方差优化、输入灵敏度和估计误差最大化的弱点,BL 模型的用户能够意识到 Markowitz 范式的好处。

第四节 BL 方法下 Dow Jones 30 工业指数成分股的资产组合

授课视频

```
clearall;close all;
% 读入道琼斯指数的交易数据
loaddjia.mat ;
Qcon=xlsread('cf.xls','Sheet1');
% 观点信心矩阵 ;维数:观点数×资产数
  P=xlsread('cf.xls','Sheet2');
% 观点权重矩阵的规模:观点数×资产数
Q=xlsread('cf.xls','Sheet3');
% 观点向量
StartDate ='01-01-2003';
EndDate ='12-01-2012';
```

```matlab
% 获取道琼斯30指数交易数据
loaddjiadata.mat;
% 整理数据,将数据按日期升序排列
tickData = fints(flipud(djiaData(:,1,1)),flipud(djiaData(:,:,7)),tickers,'m');
% 将价格序列转化为收益序列
returnData = tick2ret(tickData);

% 获取道琼斯30指数月度交易数据
[nos, txt] = xlsread('djiaData.xlsx');
marketData = flipud(nos(:,end));
adjCloseMarketData = fints(flipud(txt),marketData,'DJIA','m');
returnMarketData = tick2ret(adjCloseMarketData);

% 导入4周的国债利率,将其作为无风险利率的代理变量
loadfredData.mat;

% 计算方差协方差矩阵
sigma = cov(returnData);

% 提取市场指数、国债以及证券组合成分股的收益数据序列
portfolio = fts2mat(returnData);
market = fts2mat(returnMarketData);
rfAsset = fts2mat(returnTBillData);
meanRiskFreeRate = mean(rfAsset);

% 建立一个新的对象:PortfolioBL
obj = PortfolioBL('AssetList', tickers);
obj = PortfolioBL(obj,'AssetMean', mean(portfolio),'AssetCovar',sigma,'RiskFreeRate',meanRiskFreeRate );
obj = obj.setDefaultConstraints;
obj = obj.setIndexData(market);
obj.plotFrontier;
```
运行结果如图3-10所示。
```matlab
% 计算delta值
delta = mean(market - rfAsset)/(var(market));
% Black-Litterman方法
% 计算超额收益
```

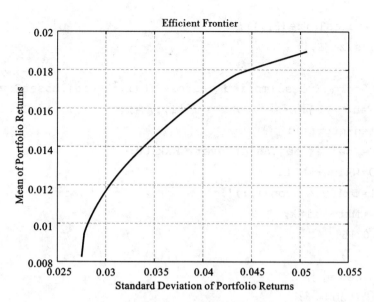

图 3-10　基于均值-方差的有效边界

```
% 方法一:计算 PI:使用历史法计算超额收益 Eqm
obj =obj.computeExcessHistoricalReturns(portfolio,rfAsset);

% 方法二:计算 PI:隐含均衡超额收益
mktCaps =zeros(length(tickers),1);
for i =1:length(tickers)
    mktCaps(i) =tickersInfo(i).marketCap;
end
obj = obj. computeExcessImpliedReturns (portfolio, market, rfAsset, mktCaps );

% 方法三:计算 PI:使用 Capm 模型计算超额收益
obj =obj.computeExcessCapmReturns(portfolio,market,rfAsset);


% 此处使用方法二所得隐含均衡收益进行 BL 模型的计算
obj =obj.setPI(obj.ExcessImpliedReturns);
%  We will use Tau
obj =obj.setTau(1/length(returnMarketData));

% Omega
% 依照上文所示方法通过计算获得 Omega 矩阵
wMkt =mktCaps/(sum(mktCaps));
```

```matlab
    Omega=zeros(size(P,1));
    for i =1:size(P,1)

        ERk100=obj.ExcessImpliedReturns+ (P(i,:)* obj.AssetCovar* P(i,:)') \ (obj. Tau * obj. AssetCovar * P(i,:)') * (Q(i,:) - P(i,:) * obj.ExcessImpliedReturns);
        Wk100= (delta* obj.AssetCovar)\ERk100;
        Dk100=Wk100-wMkt;
        Tiltk=Dk100.* Qcon(i,:)';
        Wk00=wMkt+Tiltk;
        x0 =[0.16];
    A =[];b =[];
    Aeq =[]; beq =[];
    vlb =[0]; vub =[];
    options=optimset('largescale','off');
        x = fmincon(@ funw, x0, A, b, Aeq, beq, vlb,vub,[],options,delta, obj.AssetCovar,obj.Tau,obj.ExcessImpliedReturns,P,Q,Wk00,i);
    Omega(i,i)=x;
    end

% 将客观隐含差额收益与投资者观点相结合导出新的预期收益向量
obj =obj.computeBlackLitterman(P,Q,Omega);
figure;   % 基于 BL 模型的有效边界如图 3-11 所示
obj.plotFrontier;
% 子函数,设定求 Omega 矩阵所需的目标函数
Function f= funw (x,delta,AssetCovar,Tau,ExcessImpliedReturns,P,Q,Wk00,i);
    Wk=inv(delta* AssetCovar)* (inv(Tau* AssetCovar)+P(i,:)'* (1/x)* P(i,:))* (inv(Tau* AssetCovar)* ExcessImpliedReturns+P(i,:)'* (1/x)* Q(i,:)) ;
    f=sum((Wk00-Wk).^2);
    end


classdef PortfolioBL <  Portfolio
    % 用于构建最优化的 BL 证券组合
    % 该方法将普通的证券组合方法扩展为支持 Black-Litterman 最优化的理论的证券组合
```

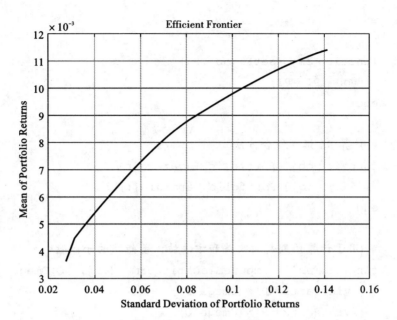

图 3-11 基于 BI 模型的有效边界

```
properties
    % 置信度
    Tau    % Tau 参数
    IndexData
    PI     % 隐含超额收益
    ExcessHistoricalReturns
    ExcessImpliedReturns
    ExcessCapmReturns
end

methods
    % 设定方法,定义对象
    function obj = setTau(obj,Tau)
        obj.Tau = Tau;
    end

    function obj = setOmega(obj,Omega)
        obj.Omega = Omega;
    end

    function obj = setIndexData(obj,indexData)
        obj.IndexData = indexData;
```

```matlab
        end
        
        function obj = setPI(obj,PI)
            obj.PI = PI;
        end
        
        % 计算 BL 证券组合方法
        function obj = PortfolioBL(varargin)
            obj = obj@Portfolio(varargin{:});
        end
        
        % 用于计算预期超额收益和方法协方差矩阵的子函数
        function obj = computeBlackLitterman(obj,P,Q,Omega)
            viewPart1 = P'*(Omega\P);
            viewPart2 = P'*(Omega\Q);
            if isempty(viewPart1)
                blMean = obj.PI;
            else
                blMean = (inv(obj.Tau*obj.AssetCovar)+viewPart1)...
                    \((obj.Tau*obj.AssetCovar)\obj.PI+viewPart2);
            end
            obj.AssetMean = blMean + obj.RiskFreeRate;
        end
        
        % 计算历史超额收益向量对象的子函数
        function obj = computeExcessHistoricalReturns(obj,portfolio,rfAsset)
            obj.ExcessHistoricalReturns = mean(portfolio - repmat(rfAsset,1,size(portfolio,2)))';
        end
        % 用于计算隐含超额收益率对象的子函数
        function obj = computeExcessImpliedReturns(obj,portfolio,market,rfAsset,mktCaps)
            % PI = delta*sigma*wMkt
            sigma = cov(portfolio);
            wMkt = mktCaps/(sum(mktCaps));
            % delta = Avg Excess return on market / Variance of market
            delta = mean(market - rfAsset)/(var(market));
```

```
            obj.ExcessImpliedReturns = delta * sigma * wMkt;
        end
```

```
% 基于CAPM模型计算超额收益对象的子函数
        function obj = computeExcessCapmReturns (obj, portfolio, market, rfAsset)
            % beta=xy/x'x;(Rp-Rf)=beta(Rm-Rf)
            n=size(portfolio,2);
        for i0 = 1:n beta= (market - rfAsset) '* (portfolio (:, i0) - rfAsset)/ ((market-rfAsset)'* (market-rfAsset));
            ExcessCapmReturns (:, i0) = beta * (market - rfAsset) + (market - rfAsset);
        end;
        obj.ExcessCapmReturns=mean (ExcessCapmReturns)';
        end
```

第五节　基于 CVaR 的证券组合配置方法

VaR(value at risk)按字面解释就是"在险价值",是指在正常的市场条件(正常市场波动)和一定的置信水平 α(通常是 95% 或 99%)下,某一金融资产或证券组合在未来特定的一段时间 Δt 内所面临的最大可能损失。

授课视频

若 $V(t)$ 表示金融资产在 t 时刻的价值,$L(t) = V(t) - V(t+\Delta t)$ 表示在 t 到 $t+\Delta t$ 时间内资产的损失($L(t) > 0$ 表示持有期发生了损失,$L(t) < 0$ 表示持有期没有发生损失),则金融资产 $V(t)$ 在置信水平 α 下在未来 Δt 时段上的 VaR 定义为

$$P(L(t) > \text{VaR}_\alpha(\Delta t)) = 1 - \alpha \quad 或 \quad P(L(t) \leqslant \text{VaR}_\alpha(\Delta t)) = \alpha \tag{3.30}$$

若金融资产损失过程 $L(t)$ 的分布函数为 $F_L(x)$,则 $F_L(\text{VaR}_\alpha(\Delta t)) = \alpha$,即 $\text{VaR}_\alpha(\Delta t) = F_L^{-1}(\alpha)$,如图 3-12 所示。

假设金融市场中资产的价格是由若干个市场因素决定,这些因素也称为风险因子。假定市场有 m 个风险因子,记为:$g_t = (g_{1t}, g_{2t}, \cdots, g_{mt})$,

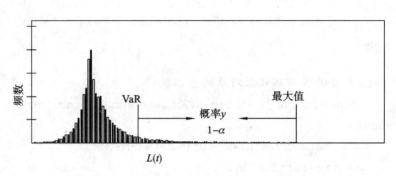

图 3-12　VaR 示意图

金融资产在 t 时刻的价值 $V(t)$ 由这些市场因素决定，$V(t) = v(g_t)$，损失过程为：$L(t) = v(g_t) - v(g_{t+\Delta t})$，此时损失的分布函数与风险因子有关系，从而相应的 VaR 也与风险因子有关，即 $\text{VaR}_\alpha(g) = F^{-1}_{L(g)}(\alpha)$。

VAR 从统计的意义上讲，本身是个数字，是指面临"正常"的市场波动时"处于风险状态的价值"，即在给定的置信水平和一定的持有期限内，预期的最大损失量（可以是绝对值，也可以是相对值）。例如，某一投资公司持有的证券组合在未来 24 小时内，置信度为 95%，在证券市场正常波动的情况下，VaR 值为 800 万元。其含义是指，该公司的证券组合在一天内（24 小时），由于市场价格变化而带来的最大损失超过 800 万元的概率为 5%，平均 20 个交易日才可能出现一次这种情况。或者说有 95% 的把握判断该投资公司在下一个交易日内的损失在 800 万元以内。5% 的概率反映了金融资产管理者的风险厌恶程度，可根据不同的投资者对风险的偏好程度和承受能力来确定。

一、风险价值 VaR 及 CVaR 的计算

在实际应用中，计算 VaR 值的常用方法有正态求解法、历史模拟法、蒙特卡罗模拟法三种。此处我们仅以正态求解法为例进行 VaR 计算方法的介绍，读者若有兴趣，可进一步参阅相关文献。

假设投资组合由 N 个资产组成，w_i 表示第 i 个资产占投资组合总市值的比例，$R_{i,t}$ 表示第 i 个资产在 t 时刻的收益率。投资组合的收益率为

$$R_{P,t} = \sum_{i=1}^{N} w_i R_{i,t} \tag{3.31}$$

假设投资组合中每个资产的收益率为 $R_i(t)$，$i = 1, 2, \cdots, N$，在不同时段 Δt 上是独立同分布的正态分布，随机变量为 R_i，$R_i \sim N(\mu_i, \sigma_i^2)$，并且投资组合 $R_P = (R_1, R_2, \cdots, R_N)$ 的协方差矩阵为 Σ。

由 $R_{P,t} = \sum_{i=1}^{N} w_i R_{i,t}$ 可知，投资组合的均值和方差分别为

$$\mu_P = \sum_{i=1}^{N} w_i \mu_i, \sigma_P^2 = w' \sum w \tag{3.32}$$

若用 $W_P(t)$ 表示在 t 时刻投资组合的价格，类似于单个资产的情况，可得投资组合的相对 VaR 值为

$$\mathrm{VaR}_\alpha^P = Z_\alpha \cdot W_P(t) \cdot \sigma_P \tag{3.33}$$

式中：$Z_\alpha = \Phi^{-1}(\alpha)$ 表示标准正态分布的 α 分位点；σ_P 为投资组合的标准差，$\sigma_P^2 = w' \sum w$。

同理，投资组合在未来 Δt 时间上的 VaR 为

$$\mathrm{VaR}_\alpha^P(\Delta t) = Z_\alpha \cdot W_P(t) \cdot \sqrt{\Delta t}\sigma_P \tag{3.34}$$

尽管 VaR 方法近年来非常流行，但研究结果和实践经验都表明，过于单纯的 VaR 风险计量方法存在严重缺陷。为了克服 VaR 的不足，Rockafeller 和 Uryasev 提出了条件风险价值——CVaR 的风险计量技术。CVaR 的提出，弥补了 VaR 的缺陷。对于一个连续性的随机变量，CVaR 是超过 VaR 损失的期望值，此时有

$$\mathrm{CVaR}_\alpha = \mathrm{VaR}_\alpha + E[f(x,y) - \mathrm{VaR}_\alpha \mid f(x,y) > \mathrm{VaR}_\alpha] = \int_{\mathrm{VaR}_\alpha}^{+\infty} x\,\mathrm{d}F(x \mid x > \mathrm{VaR}_\alpha) \tag{3.35}$$

$$\mathrm{CVaR} = E[L \mid L \geqslant \zeta_\alpha(L)] = \mu + k_1(\alpha)\sigma \tag{3.36}$$

式中：$L \sim N(\mu, \sigma)$；$k_1(\alpha) = \left[\sqrt{2\pi}\exp(\mathrm{erf}^{-1}(2\alpha-1))^2(1-\alpha)\right]^{-1}$；$\mathrm{erf}(z) = \frac{2}{\sqrt{2\pi}}\int_0^z \exp(-t_2)\mathrm{d}t$。

Var、CVaR 示意图如图 3-13 所示。

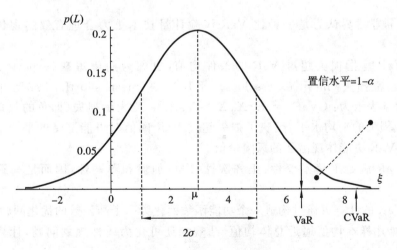

图 3-13　VaR、CVaR 示意图

特别地，对于置信水平为 95% 和 99% 的条件下 $k_1(0.95) = 2.06$，$k_1(0.99) = 2.67$。

除 CVaR_α 之外，我们还进一步定义了 CVaR^+ 和 CVaR^- 的概念。

CVaR^+（"upper CVaR"）=L 期望值严格大于 VaR 的期望损失（也称为超损失均值或者预期损失）。

CVaR^-（"lower CVaR"）=L 期望值非严格超过 VaR 的期望损失。

$\Psi(\mathrm{VaR})$=L 不超过或等于 VaR 的概率。

性质：CVaR 是 VaR 和 CVaR^+ 的加权平均，即

$$CVaR_\alpha(L) = \lambda VaR + (1-\lambda)CVaR_\alpha^+(L)$$
$$\lambda = (\Psi(\zeta_\alpha) - \alpha)/(1-\alpha), \quad 0 \leqslant \lambda \leqslant 1 \tag{3.37}$$

由图 3-14 可见，CVaR 是凸的，VaR、$CVaR^-$、$CVaR^+$ 可能是非凸的，在一般情况下，不等式 $VaR \leqslant CVaR^- \leqslant CVaR \leqslant CVaR^+$ 成立。

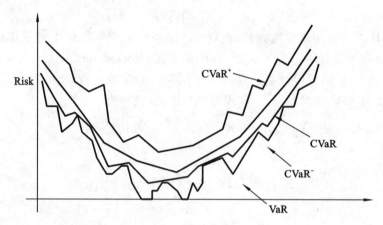

图 3-14 VaR、CVaR、$CVaR^-$、$CVaR^+$ 示意图

二、CVaR 的优点

CVaR 被学术界认为是一种比 VaR 风险计量技术更为合理有效的现代风险管理方法。

(1)CVaR 是指损失超过 VaR 的条件均值，也称为期望短缺(expected shortfall, ES)、平均超额损失(mean excess loss)、平均短缺(mean shortfall)或尾部 VaR(tail VaR)，其数学表示为：$CVaR_\alpha = E[X | X > VaR_\alpha]$，$X$ 表示损失(即负的收益)。CVaR 代表了超额损失的平均水平，反映了损失超过 VaR 阈值时可能遭受的平均潜在损失的大小，较之 VaR 更能体现潜在的风险价值。

(2)CVaR 满足平移不变性、正齐次性、次可加性和单调性，因而是一致性的风险度量。

(3)CVaR 的计算可通过构造一个功能函数而化为一个凸函数的优化问题，在数学上容易处理，如用样本均值逼近总体均值，凸规划还可化为线性规划问题，计算更加简便易行。

(4)计算 CVaR 的同时，相应的 VaR 值也可同时获得，因此可对风险实行"双限"监管，这比用单纯的 VaR 更加保险，更不易遭受非法操纵与篡改，正因为具有如此优良的性质，自 CVaR 提出后，在金融风险度量中也得到了深入的研究和广泛的应用。

总之，如果 VaR 用于大多数金融情景下的风险衡量，会带来灾难性的后果。而这个问题可以被 CVaR 所解决。

三、基于 CVaR 的证券资产组合

从以上讨论可以看出，CVaR 是对尾部风险整体特征的描述，其统计估计具有较强稳

定性,而 VaR 容易受到某一情境的影响。相对同一置信水平 α,CVaR 性质具有连续性,而 VaR、CVaR^-、CVaR^+ 可能随 α 的变动而改变。对于正态损失分布,CVaR 与 mean-variance 方法得到的证券组合具有一致性。而对于非正态分布情形,依据 CVaR 的证券组合的构建也很容易进行控制和优化。

由此我们将基于 CVaR 的证券组合优化问题表述如下:

$$\begin{aligned}&\min\quad F_0(f(x,L))\\ &\text{s.t.}\quad F_j(f(x,L))\leqslant 0, j=1,\cdots,n\\ &\qquad x\in X\end{aligned} \tag{3.38}$$

式中:L 为随机变量;x 为控制向量(证券权重);随机函数 $f(x,L)$ 为损失或者收益,具体到此处 $F_j(\cdot)=\text{CVaR}_{\alpha_j}(\cdot)$。

对于投资者的不同风险偏好,我们还可以进一步将该优化问题转化为其他形式,其中 $f(x,L)$ 为收益函数。

$$\begin{aligned}&\max_x E[f(x,L)]\\ &\text{s.t.}\quad \text{CVaR}_\alpha[-f(x,L)]\leqslant \nu\\ &\qquad x\geqslant 0\end{aligned} \tag{3.39}$$

第六节 基于 CVaR 的证券组合分析

本案例分析展示了如何使用 CVaR 作为风险度量进行证券组合优化的过程。
通过本案例,读者可以了解以下过程:
(1)如何在正态分布和现实分布情况下对资产价格进行仿真;
(2)使用对象 PortfolioCVaR 构建投资组合;
(3)如何构建有效前沿;
(4)如何从有效前沿中提取证券组合权重;
(5)如何计算证券组合的 CVaR 值。

```
clear; closeall; clc; rng(0);
% 读取数据集合,该数据集合包括道琼斯工业指数的 31 只股票 2006 年的日交易价格数据
loadT.mat;
% 确定进入组合的证券名称
symbol ={'AIG','GE','IBM','JPM','MSFT','WMT'};
nAsset =numel(symbol);
```

```
% 将价格转换为收益数据
ret = tick2ret(T{:,symbol});
% 测试收益的收益图像
plotAssetHist(symbol,ret);
```
运行代码,结果如图 3-15 所示。

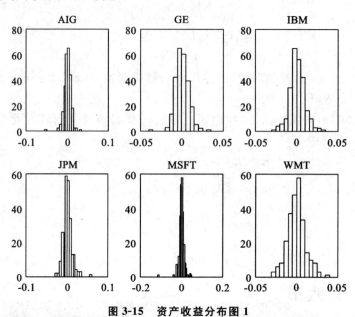

图 3-15　资产收益分布图 1

```
% 对资产的情景进行模拟
% 确定仿真次数和仿真方法
nScenario = 2000;
simulationMethod = 'Empirical';
switch simulation Method
case 'Normal' % 基于正态分布进行仿真
        AssetScenarios = mvnrnd(mean(ret),cov(ret),nScenario);
case 'Empirical' % 使用 t- copula 基于现实分布进行仿真
        AssetScenarios = simEmpirical(ret,nScenario);
end
% 检验资产组合的收益图像,如图 3-16 所示
plotAssetHist(symbol,AssetScenarios);
% CVaR 证券组合优化
% 使用对象 PortfolioCVaR 构建一个投资于多头头寸的证券组合
p1 = PortfolioCVaR('Scenarios', AssetScenarios);
p1 = setDefaultConstraints(p1);
p1 = setProbabilityLevel(p1, 0.95);
```

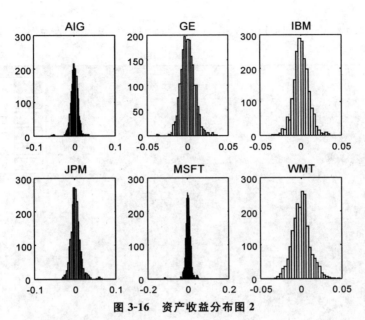

图 3-16 资产收益分布图 2

```
% 做有效前沿图计算资产组合权重
figure;
w1 =estimateFrontier(p1);
plotFrontier(p1,w1);% 运行结果如图 3-17 所示
```

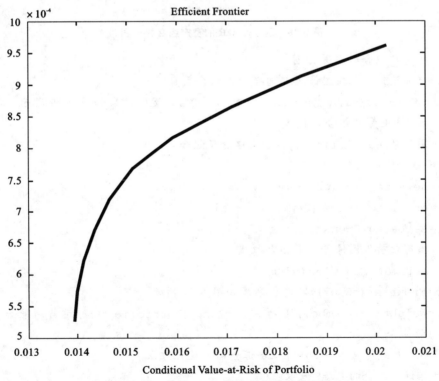

图 3-17 基于 CVaR 的资产组合有效边界

```
plotWeight(w1, symbol,'CVaR Portfolio');% 运行结果如图 3-18 所示
```

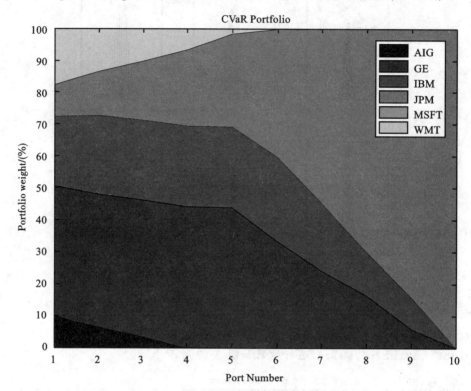

图 3-18 基于 CVaR 的资产组合权重图

```
% 选择资产组合数目并作图
portNum = 5;    % 在图像上部选择资产组合数目
plotCVaRHist(p1, w1, ret, portNum, 50);% 运行结果如图 3-19所示
% 均值-方差资产组合优化方法
% 使用对象 Portfolio object 构建资产组合
p2 = Portfolio;
p2 = setAssetList(p2, symbol);
p2 = estimateAssetMoments(p2, ret);
p2 = setDefaultConstraints(p2);
% 画出有效前沿图像并计算组合权重
w2 = estimateFrontier(p2);
plotFrontier(p2,w2);% 运行结果如图 3-20所示
plotWeight(w2, symbol,'Mean-Variance Portfolio ');% 运行结果如图 3-21
所示
% 比较 CVaR 和 Mean-Variance 证券组合优化方法
% 计算证券组合的 CVaR 及收益
pRet1 = estimatePortReturn(p1,w1);
```

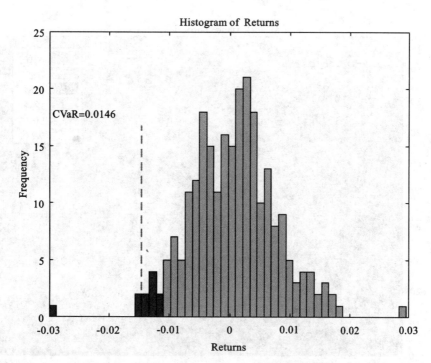

图 3-19　基于 CVaR 的资产组合收益分布图

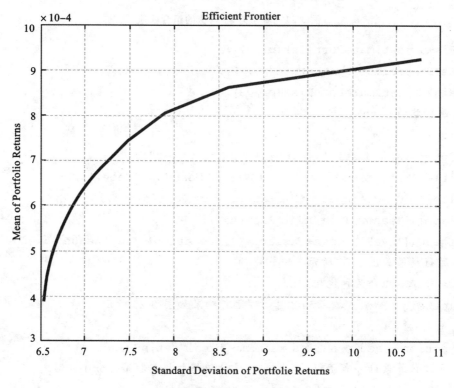

图 3-20　基于均值-方差法的组合有效边界

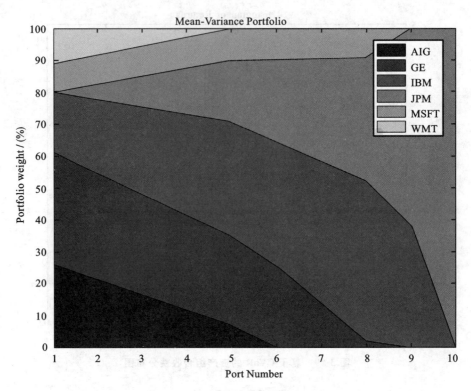

图 3-21　基于方差-均值的组合权重

```
pRisk1 =estimatePortRisk(p1,w1);
pRet2 =estimatePortReturn(p1,w2);
pRisk2 =estimatePortRisk(p1,w2);
% 画出均值-CVaR有效边界
figure;
plot(pRisk1,pRet1,'-r',pRisk2, pRet2,'--b');
title('Efficient Frontiers (CVaR VS Mean-Variance)');
xlabel('Conditional Value-at-Risk of Portfolio');
ylabel('Mean of Portfolio Returns');
legend({'CVaR','Mean-Variance'},'Location','southeast');
% 运行结果如图 3-22 所示
% 比较证券组合两种优化方法
plotWeight2(w1, w2, symbol);% 运行结果如图 3-23 所示
% 子函数
function AssetScenarios =simEmpirical(ret,nScenario);
% 通过计算累计分布函数的 kernel 估计值将数据转换成 copula 形式
[nSample,nAsset] =size(ret);
u =zeros(nSample,nAsset);
```

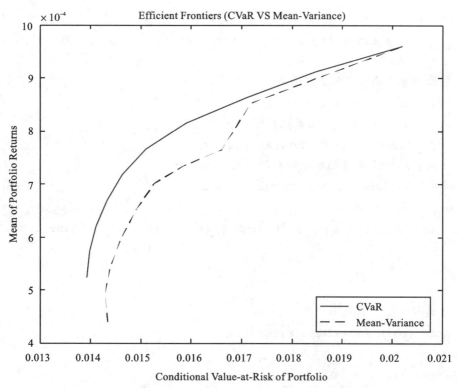

图 3-22 基于 CVaR 的均值-方差法所得组合的有效边界

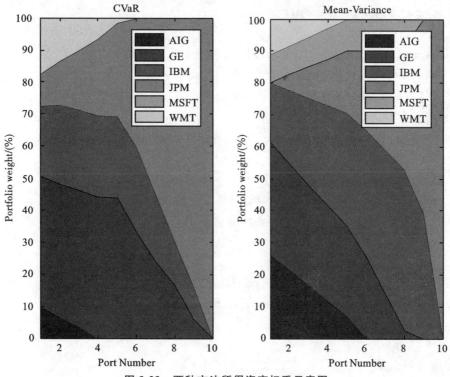

图 3-23 两种方法所得资产权重示意图

```matlab
    for i = 1:nAsset
        u(:,i) = ksdensity(ret(:,i),ret(:,i),'function','cdf');
    end
    % 将数据拟合成 t-copula 形式
    [rho, dof] = copulafit('t',u);
    % 从 copularnd 函数产生随机抽样样本
    r = copularnd('t',rho,dof,nScenario);
    % 将随机抽样样本转化成原始数据形式
    AssetScenarios = zeros(nScenario,nAsset);
    for i = 1:nAsset
        AssetScenarios(:,i) = ksdensity(ret(:,i),r(:,i),'function','icdf');
    end
end
% 作出隐含资产收益图
function plotAssetHist(symbol,ret)
figure;
nAsset = numel(symbol);
plotCol = 3;
plotRow = ceil(nAsset/plotCol);
for i = 1:nAsset
    subplot(plotRow,plotCol,i);
    histogram(ret(:,i));
    title(symbol{i});
end
end
% 作出 CVaR 图像
function plotCVaRHist(p, w, ret, portNum, nBin)
% 该函数用于画出收益分布柱状图,将低于 VaR 的值用红色柱表
% 使用竖线标示出 CVaR 处的证券组合收益差
portRet = ret*w(:,portNum);
% 计算资产组合的 VaR 和 CVaR
VaR = estimatePortVaR(p,w(:,portNum));
CVaR = estimatePortRisk(p,w(:,portNum));
% 将正值转换成负值
VaR = -VaR;
CVaR = -CVaR;
% 作出主图像
```

```
figure;
h1 =histogram(portRet,nBin);
title('Histogram of Returns');
xlabel('Returns');
ylabel('Frequency');
holdon;
% 将小于VaR水平的部分使用红色高亮表示
edges =h1.BinEdges;
counts =h1.Values.* (edges(1:end-1) <VaR);
h2 =histogram('BinEdges',edges,'BinCounts',counts);
h2.FaceColor ='r';
% 加入CVaR线条
plot([CVaR;CVaR],[0;max(h1.BinCounts)* 0.80],'--r');
% 加入CVaR文本
text(edges(1), max(h1.BinCounts)* 0.85,['CVaR = ' num2str(round(-CVaR,4))])
holdoff;
end
% 作出证券组合权重图
function plotWeight(w, symbol, title1);
% 该函数对每个资产组合数目作出资产组合权重
figure;
w =round(w'* 100,1);
area(w);
ylabel('Portfolio weight (%)');
xlabel('Port Number');
title(title1);
ylim([0 100]);
legend(symbol);
end
% 比较CVaR和Mean-Variance方法所得证券组合权重
function plotWeight2(w1, w2, symbol)
figure;
subplot(1,2,1);
w1 =round(w1'* 100,1);
area(w1);
ylabel('Portfolio weight (%)');
xlabel('Port Number');
```

```
title('CVaR');
xlim([1 10]);
ylim([0 100]);
legend(symbol);
subplot(1,2,2);
w2 = round(w2'* 100,1);
area(w2);
ylabel('Portfolio weight (%)');
xlabel('Port Number');
title('Mean-Variance');
xlim([1 10]);
ylim([0 100]);
legend(symbol);
end
```

本章小结

大量研究表明，资产配置在组合收益中的贡献已经达到93%，其重要性不言而喻，因此越来越多的投资者也开始关注如何更好地进行组合配置，在承担某一风险下获得最大收益或者在获得某一收益情况下风险最小。

本章介绍了Markowitz均值-方差模型、BL模型以及基于CVaR的资产组合方法。

Markowitz模型在一系列假设条件下，存在投资组合有效边界及全球最小风险组合，同时联系均为风险厌恶型的投资者的效用函数可以找到最优的投资组合。

BL模型使投资者能够将他们独特的观点与隐含均衡收益向量相结合，形成一个新的联合收益向量。投资者可以控制观点与均衡的相对权重。在微观层面上，每个观点的强度由给予该观点的个人信心程度来确定。新的组合收益向量可以产生直观、均衡的投资组合。对预期回报没有意见的投资者应持有市场投资组合。

VaR(value at risk)是指在正常的市场条件（正常市场波动）和一定的置信水平α（通常是95%或99%）下，某一金融资产或证券组合在未来特定的一段时间Δt内所面临的最大可能损失。在此基础上，我们使用函数特性更为优秀的CVaR模型作为风险测度指标进行证券组合的构建。

关键概念

均值-方差模型　BL模型　CVaR模型　一致性风险度量
资产组合有效前沿　相对观点　绝对观点

思考题

(1)均值方差组合资产组合前沿的特征是什么？投资者均按照该方法构建投资组合进行交易，对资本市场的影响如何？

(2)均值方差模型中风险和收益的关系如何？其曲线形状如何表达？

(3)均值方差模型构建投资组合存在的主要问题是什么？如何解决？

(4)使用均值方差模型在A股市场选择10只股票构建投资组合，画出投资组合的有效边界曲线。

(5)BL模型中的相对观点和绝对观点如何？是否一定要超配相对观点中的"优秀"组合？

(6)VaR和CVaR都是对风险的测度指标，两者有何区别？为何CVaR的特性更优？

(7)何为面向过程的编程？何为面向对象的编程？各有何特点？

(8)试用上证50成分股在Markowitz模型下构建资产组合。

(9)试用上证50成分股在BL模型下构建资产组合。

(10)试用上证50成分股在CVaR模型下构建资产组合。

第四章
量化选股

如何构建股票池，不断提升股票池中的股票整体的收益率，降低投资风险，是每位量化经理面临的非常重要的问题，因此量化选股是量化投资的第一步。多因子选股是应用最为广泛的量化选股模型，它建立在资本资产定价模型（CAPM）、套利定价理论（APT）以及Fama-French的三因子定价模型等三个理论基础之上。多因子选股模型提出之前，广泛被市场接受的是Sharp(1964)、Lintner(1965)和Black(1972)提出的资本资产定价模型（CAPM），主流观点认为，股票的收益只与整个股票市场的系统风险存在线性关系，即$R_t - r_f = \beta(R_m - r_f)$。CAPM是证券投资理论的基础，CAPM认为证券组合的非系统风险是可以分散的，组合的预期收益主要取决于系统风险。APT是多因子定价模型的理论基础，它在CAPM的基础上提出股票预期收益率受多个因素共同影响，在此基础上发展出了多因子定价模型。Fama-French的三因子定价模型是CAPM和APT的进一步拓展，分析了CAPM中不能解释的一些现象并进行了详细的解释，同时把APT中的部分不确定因素作了进一步明确。多因子选股模型是对传统的Fama-French模型的进一步升华，投资者通过对多因子选股模型的研究可以快速获取证券市场的动向并进行深入研究。在最早的Fama-French的三因子定价模型中，将市场资产组合、市值因子和账面市值比因子纳入模型中，即

$$R_{it} - R_{ft} = a_i + \beta_i(R_{mt} - r_{ft}) + s_i \text{SMB}_t + h_i \text{HMI}_t + \varepsilon_{it} \tag{4.1}$$

式中：R_{ft}为市场无风险收益率；R_{mt}表示时间t的市场收益率；R_{it}表示资产i在时间t的收益率；$R_{mt} - r_{ft}$是市场风险溢价；SMB_t为时间t的市值因子的模拟组合收益率；HMI_t为时间t的账面市值比因子的模拟组合收益率。

三因子定价模型虽然突破了CAPM的框架，但依旧有许多变量未被解释，如短期反转、中期动量等。于是多因子模型应运而生，其核心思想在于，市场虽然是动态的、轮动的，但是总会有一些因子在一段时间内发挥作用。在实践中，由于每一个分析师对于市场的动态、因子的理解都有所不同，所以会构建出不同的多因子模型。可以说，多因子模型是三因子模型的拓展。

多因子选股模型包含了量化投资的优势，因子的选取考虑了基本面、技术面以及行为金融学层面，具备全面性；通过研究多因子选股模型，投资者可以灵敏地捕捉到当前证券市场主要受哪些因素的驱动，为进一步的量化研究提供了依据；通过对多因子选股模

型的研究可以延伸到更深层次领域的研究。可以说,研究多因子选股模型是量化选股研究的敲门砖,为量化选股的进一步研究乃至整个量化投资体系的研究打下了坚实的基础。现阶段研究多因子选股模型的主要是机构投资者,如券商、基金公司等,专业投资者对多因子选股模型的透彻理解可以有效提高基金的管理水平,为市场提供更合理的资产定价策略,对证券市场维稳作出贡献,对推动当下中国证券市场的发展也有重要的意义。

围绕量化选股,国内许多学者通过借鉴国外先进的量化模型,构建了许多不同类型的量化选股模型。Fama 和 French(1976)使用市场风险溢酬因子、公司市值因子以及账面市值比因子对股票收益率进行回归,对股票收益率进行解释。范龙振和王海涛(2003)在三因素模型的基础上,在模型中加入市盈率因子,使多因子量化选股模型更好地解释了股票市场上经常出现的市值效应、账面市值比效应、市盈率效应和价格效应。骆桦和秦艳艳(2011)对中国股票市场的动量效应和反转效应进行研究,认为利用动量选股模型可能获取超额收益。刘洋和夏思雨(2016)则是将符合 GARP 策略(GARP 策略是将价值策略和成长策略相结合,提出价格会按合理价值成长)的公司基本面指标作为候选因子,利用多因子模型对股票的收益情况进行研究,认为市盈率(PE)、市净率(PB)、市销率(PS)、市现率(PCE)、基本每股收益同比增长率和营业利润同比增长率等 6 个因子与股票的收益率相关。在上述众多不同类型的量化选股模型中,多因子选股模型无疑是其中应用最广泛并且最重要的量化选股模型。

在量化投资市场上,多因子选股模型的种类有很多,都是投资者与研究者基于不同的因子开发出来的。这些多因子模型有很多不同点,而它们的不同点归纳来讲主要集中于两点:一是影响因子的选择,这些因子指标既包含基本面的又包含技术面的,那么在选择的时候如何做取舍就成为难题。有些投资者偏爱技术分析,认为技术面因子更具有说服力,可以更多地影响股票的价格走势,所以在构建模型的时候会大量加入技术指标,如 MACD、RSI、BBI、DMA、BOLL 等。而另外的投资者则认为基本面的指标更能反映公司的状况,可以更多地影响股票的价格走势和未来收益,如 PE、PB、ROE、资产周转率、每股收益增长率等,所以他们在构建模型时就会更多地加入此类指标。另一个区别是如何运用筛选出的因子构建出表现良好的股票组合。例如,在打分法的计算过程中,不同投资者对于每个因子权重的赋予方法也不同,有的采用等权重法,有的根据因子影响强度的大小赋以相应的权重,不同的方法得出的模型会有不同的实证效果。

多因子选股模型在模型搭建时,往往会涉及非常多的股价影响因子,并可能导出数量极多的备选模型。因此,对于多因子选股模型的评价和筛选,就显得尤为关键。对于专业的量化投资人而言,需要进一步了解多因子选股模型的两种主要的评价判断方法——打分法和回归法。

第一节 量化选股模型之打分法

打分法是根据各因子的大小对股票进行打分,按照一定的权重加权得到一个总分,再根据总分筛选股票。对于多因子模型的评价而言,通过评分法回测出的股票组合收益率,就能够对备选的选股模型做出优劣评价。

多因子模型的构建可分为五步,分别为选取候选因子、检验因子的有效性、剔除有效但冗余的因子、构建综合评分模型以及对模型的评价和改进。

一、选取候选因子

候选因子的选取可大致分为两大类,即基本面指标因子和技术面指标因子。前者主要是基于对股票基本面的分析,如 ROA、ROE、资产负债率等,后者主要是基于股票的技术层面的指标,如换手率、波动率、流通市值等。在实际的应用中,大多分析师会将这两大类继续细分,方便最后的评价和改进。如有的机构投资者会将因子分为成长、估值、流动性、规模、反转、动量等,也有的会将因子分为盈利因子、财务因子、估值和规模因子等。然后再在每一类下面进行具体的细分。

每一个分析师对不同的指标和因子都有不同的理解,有时甚至会对已有的指标进行二次处理,如计算出 ROA、ROE 的增长率,通过计算近一个月或近三个月的收益率得出反转与动量。但是总体来说,因子的选取主要取决于经济逻辑与市场经验,在近年的文献中,许多人考虑从行业角度划分,获得更多不同的候选因子。

二、检验因子的有效性

一般检验方法主要采用排序的方法检验候选因子的选股有效性。具体而言,对于任意一个候选因子,在模型形成期的第一月初开始计算市场中每只正常交易股票的该因子的大小,按从小到大的顺序对样本股票进行排序,并平均分为 n 个组合,一直持有到月末,在下月初再按同样的方法重新构建 n 个组合并持有到月末,每月如此,一直重复到模型形成期末。

根据数据的可采集性,确定一个周期(如按月、按季度)。例如,对于任意一个因子,在模型形成期的第一个月初计算市场中每只正常交易股票的该因子的大小,按从小到大的顺序对样本股票进行排序,并平均分为 n 个组合,一直持有到月末,在下月初再按同样的方法重新构建 n 个组合并持有到月末,每月如此,一直重复到模型形成期末。之后,计算这 n 个组合的年化复合收益、相对于业绩基准的超出收益和在不同市场状况下的高收益组合跑赢基准和低收益组合跑输基准的概率等。简单来说,就是根据因子的排序,来考察其是否与股票的收益有明显的相关性。一般而言,我们会通过建立因子相关系数及对因子的多空收益表现来看因子的有效性。市场中,为了保持行业和市值的中性,会通过建立行业加权 IC 和市值加权 IC,提出行业与市值的因素获得 Alpha。

组合构建完毕后,计算这 n 个组合的年化复合收益、相对于业绩基准的超出收益、在不同市场状况下的高收益组合跑赢基准和低收益组合跑输基准的概率等。为确定选股因子的有效性,建立如下数量标准:

序数为 1 到 n 的组合年化复合收益应满足一定的排序关系,即组合因子的大小与收益应具有较大的相关关系,从统计的角度看,因子较能显著地影响组合预期收益。假设序数为 i 的组合年化复合收益为 x_i,那么 x_i 与 i 的相关性绝对值 $\text{Abs}(\text{Corr}(x_i, i))$ 应满足如下关系:

$$\text{Abs}(\text{Corr}(x_i, i)) \geqslant \text{MinCorr}$$

MinCorr 为模型所设定的收益和序数的最小相关性阈值。

令序数为 1 和 n 的两个极端组合相对基准的超额收益分别为 AR_1 和 AR_n,如果 $AR_1 > AR_n$(该假设表示因子越小,收益越大),那么两者应满足以下条件:

$$AR_1 > \text{MinAR}_{\text{top}} > 0, \quad AR_n < \text{MinAR}_{\text{bottom}} < 0$$

反之,如果 $AR_1 < AR_n$(该假设表示因子越大,收益越小),那么与上面不等式类似,两者应满足:

$$AR_1 < \text{MinAR}_{\text{bottom}} < 0, \quad AR_n > \text{MinAR}_{\text{top}} > 0$$

其中,$\text{MinAR}_{\text{bottom}}$、$\text{MinAR}_{\text{top}}$ 分别为两个极端组合的最小超出基准收益(或临近组别的收益阈值),以上条件保证因子最大和最小的两个组合中,一个是明显跑赢市场的赢家组合,另一个是明显跑输市场的输家组合。

无论在上涨、下跌还是整个模型形成期,序数为 1 和 n 的两个极端组合中,较高收益的组合应该能以较高的概率跑赢市场,而较低收益的组合则能以较高的概率跑输市场。

三、剔除有效但冗余因子

当我们挑选出十几种甚至更多的候选因子进行检验之后,可能会出现两个或多个因子。因为具有相当高的一致性和内在大致相同的驱动因素,此时我们需要将冗余的因子剔除掉。具体步骤如下:

第一步,对不同因子下的 n 个组合进行打分,分值与该组合在整个模型形成期的收益相关,收益越大,分值越高;

第二步,按月计算个股的不同因子得分间的相关性矩阵;

第三步,在计算完每月因子得分相关性矩阵后,计算整个样本期内相关性矩阵的平均值;

第四步,设定一个得分相关性阈值 MinScoreCorr,将得分相关性平均值矩阵中大于该阈值的元素所对应的因子中只保留与其他因子相关性较小、有效性更强的因子,而其他因子则作为冗余因子剔除。

简单来说就是,当发现两个相互之间相关性极强的因子时,只保留对收益率影响更大的一个，剔除掉另外一个。

不同选股因子可能因为内在驱动因素相同等原因，所选出的组合在个股构成和收益等方面具有较高的一致性，因此其中一些因子需要作为冗余因子剔除，只保留同类因子中收益最好、区分度最高的一个因子。具体操作如下：

先对不同因子下的 n 个组合进行打分，分值与该组合在整个模型形成期的收益相关，收益越大，分值越高。具体而言：令组合 1 和 n 相对基准的超额收益分别为 AR_1、AR_n。如果 $AR_1 < AR_n$，则组合 i 的分值为 i；反之，若 $AR_1 > AR_n$，组合 i 的分值为 $n-i+1$，即所有组合的分值取 $1 \sim n$ 的连续整数。组合得分确定后，再将其赋予每月该组合内的所有个股。

按月计算个股的不同因子得分间的相关性矩阵，令第 t 月的个股因子得分相关性矩阵为 $Score\_Corr_{t,u,v}(u,v=1,2,\cdots,k)$，$u$ 和 v 为因子序号。

在计算每月因子得分相关性矩阵后，计算整个样本期内相关性矩阵的平均值，计算公式为

$$\frac{1}{m}\sum_{t=1}^{m} Score\_Corr_{t,u,v}, u,v=1,2,\cdots,k \tag{4.2}$$

给定一个相关系数阈值 MinScoreCorr，如果因子之间相关系数高于这个阈值，就剔除两个因子中表现较差的那个因子。

四、构建综合评分模型

综合评分模型选取剔除冗余因子后的有效因子，在模型运行期的每个时段初对市场中正常交易的个股计算每个因子的最新得分，并按照一定的权重计算股票的平均分。如果某些时段无法获取某些因子值，那么按剩下的因子得分求加权平均。然后按得分高低对股票排序，根据需要选出排名靠前的股票进行投资。综合评分模型选取去除冗余的有效因子，在模型运行期的每个月初对市场中正常交易的个股计算每个因子的最新得分，并按照一定的权重求得所有因子的平均分。如果有因子在某些月份可能无法取值（例如，有的个股因缺少分析师预期数据无法计算预期相关因子），那么按剩下的因子分值求加权平均。最后，根据模型所得出的综合平均分对股票进行排序，并根据需要选择排名靠前的股票。例如，选取得分最高的前 20% 股票，或者选取得分最高的 50～100 只股票等。

综合评分模型选取去除冗余后的有效因子，在模型运行期的某个时间开始，如每个月初，对市场中正常交易的个股计算每个因子的最新得分并按照一定的权重求得所有因子的平均分。每个因子的权重可以用简单的等权重法配置，也可以根据相关性强弱加权配置，通常来说等权重配置法下的因子多空累计净值走势会更加稳定。最后，根据模型所得出的综合平均分对股票进行排序，并根据需要选择排名靠前的股票。例如，选取得分最高的前 20% 股票，或者选取得分最高的 50～100 只股票等。

五、模型的评价和改进

一方面，由于量化选股是建立在市场无效或弱有效的前提下，随着使用多因子打分选股模型的投资者数量不断增加，有的因子会逐渐失效，而另一些新的因素可能被验证

有效而加入模型中;另一方面,随着市场风格的改变,一些过去有效的因子可能短期内失效,而另一些以前无效的因子,可能会在当前市场环境下表现较好。此外,对于量化选股打分法,专业人士还指出,一方面,多因子选股模型中有的因子会逐渐失效,而另一些新的因子可能被验证有效而加入模型当中;另一方面,一些因子可能在过去的市场环境下比较有效,而随着市场风格的改变,这些因子可能短期内失效。在这种情况下,对综合评分选股模型的使用过程中,需要对选用的因子、模型本身做持续的再评价和不断改进以适应变化的市场环境。除此之外,在计算综合评分的过程中,除了各因子得分的权重设计之外,交易成本和风险控制等因素也同样需要予以综合考量。

另外综合评分的过程中,各因子得分权重的设计,交易成本和风险控制都存在进一步改进的空间。因此,在综合评分选股模型的使用过程中,会对选用的因子、模型本身做持续的再评价和不断改进以适应变化的市场环境。

第二节 基于打分法的中小板多因子选股模型

本案例股票样本为正常交易且上市时间超过一个季度的中小板股票。选取2006—2014年共9年作为样本期,其中因子检验筛选期为2006—2011年(共24个季度),样本外检验期为2012—2014年(共12个季度)。考虑财务数据以季度为单位更新,以季度为单位对因子进行打分排序选股。业绩基准为中小板指(399005.SZ)。

一、候选因子的选取

本案例从估值、盈利能力、资本结构技术面等角度选取了22个较为常见的指标作为模型的候选因子,具体因子选取如表4-1所示。

表 4-1 多因子选股模型候选因子

估值因子	成长因子	盈利能力因子	资本结构因子	技术面因子
账面市值比	ROA	销售毛利率	资产负债率	6个月动量
PE	ROE	销售净利率	流通市值	12个月动量
PEG	营业收入同比增长率	主营业务比率	资本固定化比率	1个月反转
股息率	现金净流量同比增长率			换手率
	长率			换手率变动
	净利润同比增长率			波动
				震荡指标

注:震荡指标=(上季度最高价-最低价)/(上季度开盘价+上季度收盘价),来源于市场经验:横有多长,竖有多高。

% 本程序用来筛选有效因子
% 1.读取数据
% 2.分别按每个因子排序,分组求加权平均复合收益率/超额收益率
% 3.计算因子年化加权平均收益率和因子大小的相关系数,存放在数组 Cor 中。剔除相关系数绝对值小于 0.8 的因子
% 4.若相关系数大于 0.8,则检验因子最大组是否能显著跑赢指数;若相关系数小于 0.8,则检验因子最小组是否能显著跑赢指数
% 结构体 win 中的三列数据分别为:跑赢基准概率、t检验结果及 p 值
clc;clear;
warning off;
% 初始化对象
em=EmQuantMatlab();
% 登录 Choice 接口
errorid =em.start();
% 1.读取因子数据存放到数组 Data 中,为了避免多次读取,可将数据读取后存放于本地目录
[~,stocklist]=xlsread('stocklist.xls');% 读取股票列表
[Stockreturn,~]=xlsread('0return.xls');% 读取股票季度收益
[Data(:,:,1),~]=xlsread('1B2M.xls');% 第一层存放账面市值比
[Data(:,:,2),~]=xlsread('2PE.xls');% 第二层存放盈利收益率
[Data(:,:,3),~]=xlsread('3PEG.xls');% 第三层存放 PEG
[Data(:,:,4),~]=xlsread('4DividendYield.xls');% 第四层存放股息率
[Data(:,:,5),~]=xlsread('5MCF.xls');% 第五层存放流通市值
[Data(:,:,6),~]=xlsread('6Freeturn.xls');% 第六层存放换手率
[Data(:,:,7),~]=xlsread('7Dltfreeturn.xls');% 第七层存放换手率变动
[Data(:,:,8),~]=xlsread('8PRICEOSC6.xls');% 第八层存放 6 个月动量
[Data(:,:,9),~]=xlsread('9PRICEOSC12.xls');% 第九层存放 12 个月动量
[Data(:,:,10),~]=xlsread('10RSI1.xls');% 第十层存放 1 个月反转
[Data(:,:,11),~]=xlsread('11STD.xls');% 第十一层存放波动
[Data(:,:,12),~]=xlsread('12Vibrate.xls');% 第十二层存放震荡指标
[Data(:,:,13),~]=xlsread('13GPM.xls');% 第十三层存放销售毛利率
[Data(:,:,14),~]=xlsread('14NPM.xls');% 第十四层存放销售净利率
[Data(:,:,15),~]=xlsread('15OPTEBT.xls');% 第十五层存放主营业务比率
[Data(:,:,16),~]=xlsread('16NCA.xls');% 第十六层存放资本固定化比率
[Data(:,:,17),~]=xlsread('17ROA.xls');% 第十七层存放 ROA
[Data(:,:,18),~]=xlsread('18ROE.xls');% 第十八层存放 ROE
[Data(:,:,19),~]=xlsread('19D2A.xls');% 第十九层存放资产负债率
[Data(:,:,20),~]=xlsread('20YOYCF.xls');% 第二十层存放现金净流量同比

增长率

  [Data(:,:,21),~]=xlsread('21YOYOR.xls');%第二十一层存放营业收入同比增长率

  [Data(:,:,22),~]=xlsread('22YOYPROFIT.xls');%第二十二层存放净利润同比增长率

  [Qty,~]=xlsread('Qty.xls');%各时期股票数目

  % 确定时期内的季度数及日期

  [datas,codes,indicators,dates,errorid]=em.tradedates('2005-12-01','2011-12-31','period=3,order=1,market=CNSESH');

  monthnum=month(datas);

  for i=1:length(dates);

    if monthnum(i,1)==3 ||monthnum(i,1)==6 ||monthnum(i,1)==9 ||monthnum(i,1)==12

      monthnum(i,1)=0;

    end

  end

  Quarterend=datas(find(monthnum==0));

二、因子有效性检验

  对于特定因子,在 2006—2011 年每个季度初获取上季末的因子值,并按因子大小对股票进行排序,然后均匀分成 5 组。计算 1~5 组的流通市值加权季度收益率、累计收益率、年化复合平均收益率等。检验因子大小与年化复合平均收益率之间是否有明显的相关关系,相关系数绝对值的阈值设为 0.5。剔除没有达到阈值的因子。

  对于特定因子,检验收益率最大组(如果收益率与因子大小正相关,选第 5 组;如果收益率与因子大小负相关,选第 1 组)各个季度的收益率是否显著大于中小板指收益率。这里采用基于成对数据的检验(t 检验),取显著性水平 $\alpha=0.05$。对于非财务数据,可获取全部 24 个季度的数据,对应自由度为 23,而财务数据只有 12 个季度能够获取,对应自由度为 11,对应的 t 统计量 $t_{0.05}(23)=1.714, t_{0.05}(11)=1.796$。

  L=length(Quarterend)-1;

  GroupRet=zeros(L,5,22);

  % 2.排序分组求加权平均收益

  for m=1:22

  % 数据清洗

    for i=1:L

  % 如果某列数据一半以上为 NaN 或全部为 0,则不用排序选股,GroupRet 全为 0

      if ~any(Data(1:Qty(i),i,m))||sum(isnan(Data(1:Qty(i),i,m)))>Qty(i)/2

```matlab
                continue;
        % 只有当不全为 0 时才排序选股
            else
                [B,index]=sort(Data(1:Qty(i),i,m));% 分别对 22 个因子进行排序
                Qty0=Qty(i)-sum(isnan(B));% 剔除空值项
                for j=1:5
        % 按照分组情况读取各时期股票的流通市值数据
                    Weight=Data(index(floor(Qty0/5*(j-1))+1:floor(Qty0/5*j)),i,5);
                    % 计算各组股票的权重
                    W_Std=Weight./(ones(length(Weight),1)*sum(Weight));
                    % 按照分组情况读取各时期股票收益率
                    group=Stockreturn(index(floor(Qty0/5*(j-1))+1:floor(Qty0/5*j)),i);
                    GroupRet(i,j,m)=group'*W_Std;% 计算各时期各组证券组合加权收益率
                end
            end
        end
    end

    % 计算各组证券组合复合收益率
    AccRet=zeros(L,5,22);
    AverageRet=zeros(22,5);
    Cor=zeros(2,2,22);
    for m=1:22
        AccRet(1,:,m)=GroupRet(1,:,m);

        for i=2:L
            AccRet(i,:,m)=(AccRet(i-1,:,m)+ones(1,5)).*(GroupRet(i,:,m)+ones(1,5))-ones(1,5);% 复合收益率
        end
        AverageRet(m,:)=power((AccRet(L,:,m)+ones(1,5)),1/6)-ones(1,5);

        % 3.计算因子年化加权平均收益率和因子序号的相关系数
        Cor(:,:,m)=corrcoef((AverageRet(m,:))',(1:5)');
    end
```

```matlab
% 调整格式

b=reshape(Cor(1,2,:),22,1);
% 4.对各因子构建的极端跑赢组合收益率和市场基准进行 t 检验,能否显著跑赢指数

Cor_limit=0.5; % 设置相关系数绝对值阈值

% 读取中小板指数的年化复合收益率
[RM,~]=xlsread('RM.xls');
RM=RM';

% 对 12 个非财务指标构成的因子组合收益率进行 t 检验
    for j=1:12
        if Cor(1,2,j)> Cor_limit % 相关系数为正,取第 5 列(得分最高)的组合进行检验
            Win(j).All=length(find(GroupRet(:,5,j)> RM))/L;
            % t 检验
[h,p,ci,stats]=ttest(GroupRet(:,5,j),RM,'Tail','right');
% 原假设:GroupRet 均值显著高于 RM
            Win(j).T=stats.tstat;
            Win(j).P=p;
            % 相关系数为负,取第 1 列(得分最高)的组合进行检验
            elseif Cor(1,2,j)< Cor_limit* (-1)
            Win(j).All=length(find(GroupRet(:,1,j)> RM))/L;
            % 原假设:GroupRet 均值显著高于 RM
            [h,p,ci,stats]=ttest(GroupRet(:,1,j),RM,'Tail','right');
            Win(j).T=stats.tstat;
            Win(j).P=p;
            else
            Win(j).All=-1;
            end
    end

% 对于财务数据只有 13~24,共 10 组数据进行检验
    for j=13:22
        RM_F=[RM(10:11);RM(13:24)];
```

```
            if Cor(1,2,j)> Cor_limit  % 相关系数为正,取第 5 列(得分最高)的组合
进行检验
                GroupRet_F(:,j)=[GroupRet(10:11,5,j);GroupRet(13:24,5,j)];
            elseif Cor(1,2,j)< Cor_limit*(-1)
            % 相关系数为负,取第 1 列(得分最高)的组合进行检验
                GroupRet_F(:,j)=[GroupRet(10:11,1,j);GroupRet(13:24,1,j)];
            else
                Win(j).All=-1;
                continue;
            end

            Win(j).All=length(find(GroupRet_F(:,j)> RM_F))/12;
            [h,p,ci,stats]=ttest(GroupRet_F(:,j),RM_F,'Tail','right');
            % 原假设:GroupRet 均值显著高于 RM
            Win(j).T=stats.tstat;
            Win(j).P=p;
    end
```

从表 4-2 可以看出,换手率、6 个月动量、销售毛利率、销售净利率、ROA、ROE、营业收入同比增长率、净利润同比增长率 8 个因子通过了检验。

表 4-2 多因子模型候选因子初步检验

序号	因子	收益与因子大小相关性	t 统计量	跑赢概率	检验结果
1	账面市值比	−0.2566	—	—	不通过
2	PE	−0.0510	—	—	不通过
3	PEG	−0.7563	1.1998	0.63	不通过
4	股息率	−0.3380	—	—	不通过
5	流通市值	−0.4065	—	—	不通过
6	换手率	−0.9412	2.4369	0.75	通过
7	换手率变动	0.7885	1.1545	0.54	不通过
8	6 个月动量	0.8212	1.8944	0.67	通过
9	12 个月动量	0.7972	1.5699	0.63	不通过
10	1 个月反转	0.4850	—	—	不通过
11	波动	−0.5863	0.3157	0.54	不通过

续表

序号	因子	收益与因子大小相关性	t统计量	跑赢概率	检验结果
12	震荡指标	-0.5570	0.3152	0.58	不通过
13	销售毛利率	0.5417	2.1450	0.75	通过
14	销售净利率	0.8302	1.9847	0.75	通过
15	主营业务比率	0.6544	1.4007	0.75	不通过
16	资本固定化比率	0.3840	—	—	不通过
17	ROA	0.9046	2.3968	0.83	通过
18	ROE	0.9441	1.9327	0.83	通过
19	资产负债率	-0.0323	—	—	不通过
20	现金净流量同比增长率	0.4219	—	—	不通过
21	营业收入同比增长率	0.9723	1.9281	0.83	通过
22	净利润同比增长率	0.9886	2.7624	0.92	通过

三、冗余因子剔除

```
% 剔除冗余因子
% 考虑到财务数据只有12个月,就只用这12个月的数据来计算因子相关系数
clc;clear;
warning off;
% 初始化对象
em=EmQuantMatlab();
% 登录Choice接口
errorid=em.start();
% 计算期间季度数
[datas,codes,indicators,dates,errorid]=em.tradedates('2005-12-01','2011-12-31','period=3,order=1,market=CNSESH');
monthnum=month(datas);
    for i=1:length(dates)
        if monthnum(i,1)==3||monthnum(i,1)==6||monthnum(i,1)==9||monthnum(i,1)==12
```

```matlab
            monthnum(i,1)=0;
        end
    end
    Quarterend=datas(find(monthnum==0));

    [~,list]=xlsread('stocklist.xls');
    [Qty,~]=xlsread('Qty.xls');
    [Test(:,:,1),~]=xlsread('6Freeturn.xls');  % 换手率与收益率负相关
    [Test(:,:,2),~]=xlsread('8PRICEOSC6.xls'); % 6个月动量与收益率正相关
    [Test(:,:,3),~]=xlsread('13GPM.xls');  % 销售毛利率与收益率正相关
    [Test(:,:,4),~]=xlsread('14NPM.xls');  % 销售净利率与收益率正相关
    [Test(:,:,5),~]=xlsread('17ROA.xls');  % ROA与收益率正相关
    [Test(:,:,6),~]=xlsread('18ROE.xls');  % ROE与收益率正相关
    [Test(:,:,7),~]=xlsread('21YOYOR.xls');  % 营业收入同比增长率与收益率正相关
    [Test(:,:,8),~]=xlsread('22YOYPROFIT.xls');  % 净利润同比增长率与收益率正相关
    T=[10,11,13:24];
    %%
    for i=1:length(T)
        % 按各因子对股票进行打分,求不同因子打分序列的相关系数,再按时间取平均
        % 对于因子大小与收益率负相关的,因子越小打分越高(只有换手率因子相关系数为负)
        for k=1
            [S,index]=sort(Test(1:Qty(i),T(i),k),'descend');
            qty=Qty(i)-sum(isnan(S));
            % 将分值分别赋予5个组合内各只股票
            for ki=1:5
                Sort(i,k).Score(index(floor(qty/5*(ki-1))+1:floor(qty/5*ki)))=ki;
            end
        end
        % 对于因子大小与收益率正相关的,因子越大打分越高(剩余6个因子收益率都为正)
        for k=2:8
            [S,index]=sort(Test(1:Qty(i),T(i),k));
```

```
qty=Qty(i)- sum(isnan(S));
% 将各组分值赋予该组内各只股票
 for kj=1:5
Sort(i,k).Score(index(floor(qty/5*(kj-1))+1:floor(qty/5*kj)))=kj;
 end
 end
% 求各时期因子相关系数
for m=1:8
    for n=1:m
        cor=corrcoef(Sort(i,m).Score,Sort(i,n).Score);
        COR(m,n,i)=cor(1,2);
    end
  end
end
% 求总体相关系数均值
Correlation=mean(COR,3);
```

运行结果显示的相关系数矩阵如表4-3所示,设定相关系数的阈值为0.5。可以看到,销售毛利率、销售净利率、ROE和ROA四个变量间高度相关,营业收入同比增长率与净利润同比增长率高度相关。剔除 t 检验较不显著的因子,即ROE及营业收入同比增长。最终剩下换手率、6个月动量、ROA、净利润同比增长率4个有效因子。

表4-3 因子得分相关系数矩阵

	换手率	6个月动量	销售毛利率	销售净利率	ROA	ROE	营业收入同比增长	净利润同比增长
换手率	1.00	0.00	0.00	0.00	0.00	0.00	0.00	0.00
6个月动量	−0.18	1.00	0.00	0.00	0.00	0.00	0.00	0.00
销售毛利率	0.12	0.05	1.00	0.00	0.00	0.00	0.00	0.00
销售净利率	0.19	0.06	0.73	1.00	0.00	0.00	0.00	0.00
ROA	0.22	0.11	0.49	0.76	1.00	0.00	0.00	0.00
ROE	0.23	0.10	0.39	0.67	0.88	1.00	0.00	0.00
营业收入同比增长率	0.07	0.08	0.11	0.21	0.33	0.36	1.00	0.00
净利润同比增长率	0.03	0.20	0.15	0.26	0.38	0.41	0.50	

四、综合评分模型的建立和市场表现

最终的综合评分模型由 4 个分值相关性较小的有效因子组成。为了评估个股的总和表现,模型在选股日,即每个季度初,对所有正常交易的股票按 4 个因子分别评分后再按照等权重计算加权平均值,如果有的因子没有取值,那么当期该因子不参与评分。综合评分后,去掉所有 ST、PT 股票,将市场所有股票按平均分均匀分为 5 组,取分值最高的第 5 组作为当月组合。

```
Correlation=mean(COR,3);
% 多因子选股模型回测表现
% 时间:2006Q1—2011Q4(样本内),2012Q1—2014Q4(样本外)
% 选股因子:换手率,6个月动量,ROA,YOYCF,YOYPROFIT
% 1.获取回测期内所有因子及收益率信息
% 2.对股票的各个因子打分:如果第 i 个因子的收益率与因子大小正相关,则因子越大打分越高;如果负相关,则因子越小打分越高
% 3.计算股票的所有因子平均分,按得分排序并分为数量相等的 5 组,计算各组各期收益率、年化收益率
% 4.画累计收益率图,计算胜率等
clc;clear;
load raw.mat;
load raw1.mat;
warning off;
% 初始化对象
em=EmQuantMatlab();
% 登录 Choice 接口
errorid =em.start();
AverRet_1=zeros(length(Quarterend_1),5);
AccRet_1=ones(length(Quarterend_1),5);
AccRM=ones(1,length(Quarterend_1));
AverRM=zeros(1,length(Quarterend_1));

% 1.数据准备
% 获取 stocklist_1,即市场上交易的股票列表
% 读取上个季度中小板市场上交易的股票,剔除 ST,PT,*ST,以及上市时间不满 90 天的股票
index1=~ cellfun(@ isempty,stocklist_1);
Qty_1=sum(index1);
% 2.打分并按得分分组,求各组收益率
for i=1:length(Quarterend_1)-1
```

```matlab
    % 打分
        for k=1:4
            if isa(raw(k,i).data,'double')% 判断因子当期是否能读到数据,读不到则为cell(元胞数组)
                if raw(k,i).cor   % 如果收益率与得分正相关,则因子越小分数越低
                    [F,Index_F]=sort(raw(k,i).data);
                else    % 如果收益率与得分负相关,则因子越大分数越低
                    [F,Index_F]=sort(raw(k,i).data,'descend');
                end
                qty(i)=Qty_1(i)-sum(isnan(F));
                Score_F(Index_F(1:qty(i)),k)=1:qty(i);
            else % 考虑到有时候财务因子读不到数据,就跳过财务因子打分
                continue;
            end
        end
    % 按平均分排序,计算1~5组的加权收益、年化复合平均收益
    [~,position]=sort(mean(Score_F,2));
    [mcf,~,~,~,~]=em.css(stocklist_1(1:Qty_1(i),i),'AMV',Quarterend_1(i));
    [close_1,~,~,~,~]=em.csd(stocklist_1(1:Qty_1(i),i),'Close',Quarterend_1(i),Quarterend_1(i),'period=3,adjustflag=2,curtype=1,pricetype=1,order=1,market=CNSESH');
    [close_2,~,~,~,~]=em.csd(stocklist_1(1:Qty_1(i),i),'Close',Quarterend_1(i+1),Quarterend_1(i+1),'period=3,adjustflag=2,curtype=1,pricetype=1,order=1,market=CNSESH');
    Return=close_2./close_1;% 当季收益率
        for j=1:5
            Group(j).Position=position(1+floor((j-1)*length(position)/5):floor(j*length(position)/5));
            Group(j).W=mcf(Group(j).Position)/sum(mcf(Group(j).Position));% 权重
            Group(j).Return=Return(Group(j).Position);
            ki=i;
            kj=j;
            GroupRet_1(i,j)=(Group(j).Return)'*(Group(j).W);
            AccRet_1(i+1,j)=AccRet_1(i,j)*GroupRet_1(i,j);% 累计收益率
            AverRet_1(i+1,j)=power(AccRet_1(i+1,j),4/i)-1;% 年化收益率
```

```
            end
            Choosen(i).stock=stocklist_1((Group(5).Position),i);% 保存得分最高的股票代码
        end

        % 比较同期中小板指收益率
        for i=1:length(Quarterend_1)-1
            [close_RM1,~,~,~,~]=em.csd('399005.SZ','CLOSE',Quarterend_1(i),Quarterend_1(i),'period=1,adjustflag=2,curtype=1,pricetype=1,order=1,market=CNSESH');
            [close_RM2,~,~,~,~]=em.csd('399005.SZ','CLOSE',Quarterend_1(i+1),Quarterend_1(i+1),'period=1,adjustflag=2,curtype=1,pricetype=1,order=1,market=CNSESH');
            RM_1(i)=close_RM2/close_RM1;
            AccRM(i+1)=AccRM(i)* RM_1(i);
            AverRM(i+1)=power(AccRM(i+1),4/i)-1;
        end
        % 回测表现画图
        L=37;
        Q=datenum(Quarterend_1);
        figure;
        plot(Q,AccRM(1:L),'r','LineWidth',2);
        hold on;
        plot(Q,(AccRet_1(1:L,5))','b','LineWidth',2);
        plot(Q,(AccRet_1(1:L,4))','g','LineWidth',2);
        plot(Q,(AccRet_1(1:L,3))','y','LineWidth',2);
        plot(Q,(AccRet_1(1:L,2))',':g','LineWidth',2);
        plot(Q,(AccRet_1(1:L,1))','- - y','LineWidth',2);
        plot(Q(25),0','o','LineWidth',2);
        xlabel('时间');
        dateaxis('x',1);
        ylabel('累计收益率');
        legend('中小板指','第 5 组','第 4 组','第 3 组','第 2 组','第 1 组');
        运行结果如图 4-1 所示。
        % summary
        for i=1:5
```

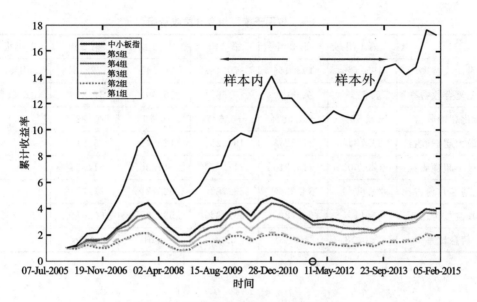

图 4-1 市场基准及策略分组累积收益图

```
winrate(i)=length(find(GroupRet_1(:,i)> RM_1'))/36;% 各组跑赢指数
概率
Excessret(:,i)=GroupRet_1(:,i)- RM_1';% 超额收益
above0rate(i)=length(find(GroupRet_1(:,i)> 1))/36;% 各组收益为正的
概率
Inforatio(i)=inforatio(GroupRet_1(:,i),RM_1');% 信息比率
M_ax(i)=max(Excessret(:,i));% 超额收益最大值
M_in(i)=min(Excessret(:,i));% 超额收益最小值
end
disp('1 到 5 组跑赢指数的概率为:');
disp(winrate);
disp('1 到 5 组收益为正的概率为:');
disp(above0rate);
disp('1 到 5 组信息比率为:');
disp(Inforatio);
disp('1 到 5 组期间超额收益最大值为:');
disp(M_ax);
disp('1 到 5 组期间超额收益最小值为:');
disp(M_in);
```

从图 4-1 和表 4-4 可以看出,无论是样本内还是样本外,得分最高的第 5 组市场表现明显好于业绩基准和分值较低的各组。

表 4-4 多因子模型组合分段收益率

	第1组	第2组	第3组	第4组	第5组	中小板指
累计收益率	195.1%	193.4%	370.4%	365.4%	1722.3%	388.67%
年化复合收益率	7.71%	7.60%	15.66%	15.49%	37.20%	16.28%
年化超额收益	−8.57%	−8.68%	−0.62%	−0.79%	20.92%	—
月最大超额收益	24.78%	21.52%	19.52%	12.54%	35.81%	—
月最小超额收益	−20.60%	−15.91%	−17.77%	−11.36%	−14.54%	—
跑赢基准月份占比	41.67%	33.33%	52.78%	52.78%	77.78%	—
正收益月份占比	61.11%	52.78%	63.89%	58.33%	66.67%	58.33%
信息比率	−0.18	−0.20	0.05	0.01	0.55	0

第三节 量化选股之回归法

回归法就是把股票过去的回报率作为被解释变量,将候选因子作为解释变量,通过线性回归分析得到回归方程,然后利用方程筛选出收益表现较好的股票构建投资组合。回归法在实证检验的过程中,利用得到的模型代入实际的因子取值得到一组预测的收益率,然后选取收益率排名靠前的股票构建投资组合,最后通过实证检验,分析组合的实际收益是否可以跑赢大盘。回归法可以根据因子敏感性及时调整,但是容易受极端值的影响,在某些市场行情下,如果股票因子敏感度的变化比较大,那么因子对股票未来收益利率的预测很可能没有说服力。基于回归法的多因子模型在挖掘有效因子组合的过程中往往表现得比较高效,利用回归法会得到一个方程,方程的各个系数对应的就是各个因子的权重。这种选股方法可以帮助我们优化选股权重,因为现在很多选股权重的设置都是人为的,带有很强的个人投资风格。

从回归法的流程来看,多因子选股模型的建立、评价和改进流程,可以分为四个步骤:选取候选因子、检验单因子的有效性、构建多元回归模型并进行参数估计、收益率预测以及对模型的评价和改进。

一、候选因子的选取

候选因子的选取与打分法因子选法相同,此处不再赘述。

二、单因子有效性的检验

在多因子筛选之前,必须先对单因子做一个有效性检验,基于回归法的多因子选股模型要求因子取值与未来收益有线性关系,所以首先对单个因子与收益的线性关系进行简单检验。在因子检验过程中,在回归的时候,用下一期的股票收益率作为被解释变量,当期的因子取值作为解释变量,采用这种方法可以发现每种指标的统计显著性。在运用回归法筛选有效因子的过程中,检验方法会受到模型构建、残差分布、时序相关等因素的影响,需要宽客们掌握大量的计量经济学知识,并对数据特征进行深入分析,把握数据特征。宽客们可以根据自己的情况选择不同的方法。

1. Fama-MacBeth 法

Fama 和 MacBeth(1973)提出的检验方法可以用来检验跨部门间的相关关系。Fama-MacBeth(FM-t)法涉及 T 个跨部门的回归(每期做一回归),基于此可以计算相应的 t 统计量,步骤如下:在每一期(每一季度),我们用下一季度的股票收益率对待检验的因子值进行回归,即

$$R_{it+1} = \alpha_i + \beta_i X_{it} + \varepsilon_{it} \tag{4.3}$$

首先估计出 β_i 的估计值 $b_i, i = 1, \cdots, P$,计算出 t 统计量:

$$t = \frac{\bar{b}}{\text{se}(b)}\sqrt{T}, \bar{b} = \frac{1}{T}\sum_{t=1}^{T}\beta_t \tag{4.4}$$

$\text{se}(b)$ 为基于现实分布估计系数的标准误。如果不存在跨期相依,且 T 趋于无穷,那么此方法可以得到参数标准误的一致估计。如果残差存在跨期相依,那么必须考虑 FM-t 法得到的系数标准误的一致性(Schipper 和 Thompson,1983;Cochrane,2001)。在存在跨期相依的情况下,FM-t 法中通过对截面单位的时间序列进行回归,然后基于估计参数均值及其方差进行统计推断。

2. N-W 法

Newey 和 West(1987)对时间序列回归的估计参数使用 N-W 法调整标准误,修正了 FM-t 法。Newey 方法参数估计值为 OLS 线性回归值:

$$\hat{\beta}_{\text{OLS}} = (\boldsymbol{X}'\boldsymbol{X})^{-1}\boldsymbol{X}'\boldsymbol{y} \tag{4.5}$$

若滞后项为 0,不存在自相关,则使用 White 公式所得方差估计值为

$$\widehat{\text{Var}}(\hat{\beta}_{\text{OLS}}) = (\boldsymbol{X}'\boldsymbol{X})^{-1}\boldsymbol{X}'\hat{\Omega}\boldsymbol{X}(\boldsymbol{X}'\boldsymbol{X})^{-1} \tag{4.6}$$

其中,

$$\boldsymbol{X}'\hat{\Omega}\boldsymbol{X} = \boldsymbol{X}'\hat{\Omega}_0\boldsymbol{X} = \frac{n}{n-k}\sum_{i=1}^{n}\hat{e}_i^2 x'_i x_i \tag{4.7}$$

此处 $\hat{e}_i = y_i - x_i\hat{\beta}_{\text{OLS}}, i = 1, \cdots, n$,$n$ 是观测值数量;k 是模型中解释变量数量。

如果存在滞后阶数 m,使用 N-W 公式计算所得的方差为

$$\boldsymbol{X}'\hat{\Omega}\boldsymbol{X} = \boldsymbol{X}'\hat{\Omega}_0\boldsymbol{X} + \frac{n}{n-k}\sum_{l=1}^{m}\left(1 - \frac{l}{m+1}\right)\sum_{t=l+1}^{n}\hat{e}_t\hat{e}_{t-l}(x'_t x_{t-l} + x'_{t-l} x_t) \tag{4.8}$$

N-W 法可以用来处理同时存在跨期及跨部门相关情况下的标准误估计的一致性

问题。

3."Z2"指标法

该方法基于 T 个截面回归以及 N 个公司或者行业层面回归获得的 t 统计检验量的均值和标准差进行统计量($Z2-t$)、($Z2-i$)的构建。$Z2$ 一般认为可以对时序相关及截面相关进行校正,但并没有正式的理论支持。$Z2-t$($Z2-i$)统计量使用截面回归及时序回归所得的 t 统计量由下式所得:

$$Z_2 = \frac{\bar{t}}{\text{se}(t)} \tag{4.9}$$

式中:$\bar{t} = \frac{1}{T}\sum_{t=1}^{T}\hat{t}_t$;$\text{se}(t)$ 是基于 t 统计量现实分布的方差;T 是样本中的时期数。

4.单向聚类

单向聚类的线性模型为

$$y_{ig} = X'_{ig}\beta + u_{ig} \tag{4.10}$$

i 代表样本内第 i 个样本,g 是 G 个聚类中的第 g 个群组,其中 $E[u_{ig}|x_{ig}] = 0$。假定参数在群组间相互独立,$E[u_{ig}u_{jg'}|x_{ig},x_{jg'}] = 0, g \neq g', i \neq j$。属于同组样本的残差可以相关,也可以存在异方差。将观测值按类分组,则 $y_g = X_g\beta + u_g$,将观测值叠加为:$y = X\beta + u$,其中 y 和 u 为 $N \times 1$ 向量,X 为 $N \times K$ 矩阵,则 OLS 估计值为

$$\hat{\beta} = (X'X)^{-1}X'y = \left(\sum_{g=1}^{G}X'_gX_g\right)^{-1}\sum_{g=1}^{G}X'_gy_g \tag{4.11}$$

X_g 为 $N_g \times K$ 矩阵,y_g 为 $N_g \times 1$ 向量,聚类 g 中有 N_g 个观测值。

对于数据通常的矩约束和同质性假定下,$\sqrt{G}(\hat{\beta}-\beta)$ 具有有限正态分布,其方差矩阵为

$$\left(\lim_{G\to\infty}\frac{1}{G}\sum_{g=1}^{G}E[X'_gX_g]\right)^{-1}\left(\lim_{G\to\infty}\frac{1}{G}\sum_{g=1}^{G}E[X'_gu_gu'_gX_g]\right)\left(\lim_{G\to\infty}\frac{1}{G}\sum_{g=1}^{G}E[X'_gX_g]\right) \tag{4.12}$$

若聚集的主要因素由组水平的共同冲击引起的分类,对于第 j 个回归子,其 OLS 方差可以基于 $s^2(XX')^{-1}$ 进行估计,其中 s 为残差的估计标准离差乘以 τ_j,τ_j 为

$$\tau_j \approx 1 + \rho_{x_j}\rho_u(\bar{N}_g - 1) \tag{4.13}$$

式中:ρ_{x_j} 是对聚类内部 x_j 的相关性度量;ρ_u 是聚类内部残差相关系数;$\bar{N}_g$ 是平均聚类规模。

聚类稳健方差矩阵估计值为

$$\hat{V}(\hat{\beta}) = (X'X)^{-1}\left(\sum_{g=1}^{G}X'_g\hat{u}_g\hat{u}'_gX_g\right)(X'X)^{-1} \tag{4.14}$$

式中:$\hat{u}_g = y_g - X_g\hat{\beta}$。若 $G^{-1}\sum_{g=1}^{G}X'_g\hat{u}_g\hat{u}'_gX_g - G^{-1}\sum_{g=1}^{G}E(X'_gu_gu'_gX_g) \xrightarrow{p} 0$,式(4.14)给方差矩阵提供了一个一致性估计。可将上式简化为

$$\hat{V}(\hat{\beta}) = (X'X)^{-1}\hat{B}(X'X)^{-1} \tag{4.15}$$

其中

$$\hat{B} = \sum_{g=1}^{G} X'_g \hat{u}_g \hat{u}'_g X_g$$

$$= X' \begin{bmatrix} \hat{u}_1 \hat{u}'_1 & 0 & \cdots & 0 \\ 0 & \hat{u}_2 \hat{u}'_2 & \cdots & 0 \\ \vdots & \vdots & & \vdots \\ 0 & \cdots & \cdots & \hat{u}_G \hat{u}'_G \end{bmatrix} X$$

$$= X'(\hat{u}\hat{u}'.*S^G)X$$

式中:.*表示矩阵的逐元素相乘。S^G 为 $N \times N$ 的指示矩阵,其行为 i、列为 j 的矩阵元素在第 i 个和第 j 个观测值属于同一聚类时为 1,否则为 0。$\hat{B}$ 矩阵中行为 a、列为 b 的元素为

$$\sum_{i=1}^{N}\sum_{j=1}^{N} x_{ia} x_{jb} \hat{u}_i \hat{u}_j 1(i,j \text{ 属于同一聚类}) \tag{4.16}$$

式中:$\hat{u}_i = y_i - X'_i \hat{\beta}$,其中指示矩阵可以将 S^G 方差矩阵 $\hat{u}\hat{u}'$ 中的元素转化为 0,在 $\hat{u}\hat{u}'$ 中有 $N^2 = \left(\sum_{g=1}^{G} N_g\right)^2$ 个元素,只有 $\sum_{g=1}^{G} N_g^2$ 个元素非 0。当 $G \to \infty$ 时,对于固定的 $N_g \sum_{g=1}^{G} N_g^2/N^2 \to 0$,平衡聚类 $N_g = \frac{N}{G}, \frac{\sum_{g=1}^{G} N_g^2}{N^2} = \frac{1}{G} \to 0$。

5. 两维聚类

两维聚类模型所得(CL-2)指标可以同时处理时序相关和截面相关(Thompson,2006;Cameron 等,2009;Petersen,2009)。现在对每个观测值属于 2 个群组的情形进行分析:例如,存在两维聚类,每个个体分属群组 $g \in \{1,2,\cdots,G\}$ 和群组 $h \in \{1,2,\cdots,H\}$,则有 $y_{igh} = x'_{igh}\beta + \mu$。假定在 $i \neq j$ 的情况下:

$$E[u_{igh} u_{ig'h'} | X_{igh}, X_{jg'h'}] = 0, g \neq g', h \neq h' \tag{4.17}$$

如果残差属于同一群组,则可以存在相关关系。如果 i 和 j 属于同一群组,可以计算 $\hat{\mu}\hat{\mu}'$,则

$$\hat{B} = X'(\hat{u}\hat{u}'.*S^{GH})X \tag{4.18}$$

S^{GH} 为 $N \times N$ 的指示矩阵,其行为 i、列为 j 的矩阵元素在第 i 个和第 j 个观测值属于同一聚类时为 1,否则为 0。矩阵中行为 a、列为 b 的元素为

$$\sum_{i=1}^{N}\sum_{j=1}^{N} x_{ia} x_{jb} \hat{u}_i \hat{u}_j 1(i,j \text{ 属于同一聚类}) \tag{4.19}$$

$\hat{B}$ 和 $\hat{V}(\hat{B})$ 可以在两维聚类下直接表述,但也可以通过将一维聚类进行加总计算。定义 3 个 $N \times N$ 的指示矩阵,S^G 为 $N \times N$ 的指示矩阵,其行为 i、列为 j 的矩阵元素在第 i 个和第 j 个观测值属于同一聚类 g 时为 1,否则为 0。S^H 为 $N \times N$ 的指示矩阵,其行为 i、列为 j 的矩阵元素在第 i 个和第 j 个观测值属于同一聚类 h 时为 1,否则为 0。$S^{G \cap H}$ 为

$N \times N$ 的指示矩阵,其行为 i、列为 j 的矩阵元素在第 i 个和第 j 个观测值属于同一聚类 g 和 h 时为 1,否则为 0。

那么 $S^{GH} = S^G + S^H - S^{G \cap H}$,则可得:

$$\hat{B} = X'(\hat{u}\hat{u}'.*S^G)X + X'(\hat{u}\hat{u}'.*S^H)X - X'(\hat{u}\hat{u}'.*S^{G \cap H})X \quad (4.20)$$

$$\begin{aligned}\hat{V}[\hat{\beta}] &= (X'X)^{-1}X'(\hat{u}\hat{u}'.*S^G)X(X'X)^{-1} \\ &+ (X'X)^{-1}X'(\hat{u}\hat{u}'.*S^H)X(X'X) \\ &- (X'X)^{-1}X'(\hat{u}\hat{u}'.*S^{G \cap H})X(X'X)\end{aligned} \quad (4.21)$$

或者

$$\hat{V}[\hat{\beta}] = \hat{V}^G[\hat{\beta}] + \hat{V}^H[\hat{\beta}] - \hat{V}^{G \cap H}[\hat{\beta}]$$

这三部分可以分别通过计算 y 对 X 的 OLS 回归,然后计算方差矩阵而得。第一部分在 $g \in \{1,2,\cdots,G\}$ 上聚类,第二部分在 $h \in \{1,2,\cdots,H\}$ 上聚类,第三部分在 $(g,h) \in \{(1,1),\cdots,(G,H)\}$ 上聚类。$\hat{V}(\hat{B})$ 则为第一部分＋第二部分－第三部分。

以上单因子有效性的统计检验量均为 t 统计量,将其与各显著性水平下的临界值相比较,从而判断各因子是否与金融资产的预期收益率显著相关。

三、逐步回归

使用逐步回归的方法对检验显著的因子进行多元回归建模。逐步回归的基本思想是:将因子逐步引入模型中,每引入一个解释变量后都要检验这个变量是否有效,是否通过 F 检验,已经通过 F 检验入选模型的变量,还要逐个进行 t 检验。如果一个变量原本是显著的被引入模型,但是在引入新的变量之后这个变量变得不显著了,那么就要把原先的变量删除掉。这样不断重复的过程可以确保在模型中的变量一直都是显著的,我们最后得到的回归方程只包含显著变量。直到没有新的变量可以加入模型,也没有不显著的变量被删除,这个过程就停止了。这个不断引入变量、删除变量的过程就是逐步回归,最后得到的回归方程就是当下最优的。基于上述思想,通过逐步回归,可以把表现不显著的变量逐步剔除掉,其具体步骤如下。

(1)用被解释变量跟所有的待选解释变量分别作一个简单的线性回归,哪个解释变量对被解释变量贡献最大,就用它作为基础变量第一个引入模型。然后再一个个引入其他解释变量,得出回归模型:

$$Y_i = \beta_0 + \beta_1 X_{1i} + \beta_2 X_{2i} + \cdots + \beta_k X_{ki} + \varepsilon_i \quad (4.22)$$

在逐步回归建模过程中,一般有逐步剔除法和逐步引入法,而这两种方法各有优缺点:逐步剔除法计算量大;逐步引入法减少了计算量,但无法保证最后的多元回归方程是最优的。因此,本书采用双重检验的逐步回归方案。其基本思想是:将因子一个个引入,引入因子的条件是该因子的方差贡献显著。在引入新因子的同时,要对老因子逐个检验,将方差贡献不显著的因子剔除。

按求解线性方程组的办法,首先将系数矩阵 $\boldsymbol{\beta} = \dfrac{X_i Y_i}{X_i X_i'}$ 化为相关矩阵 $\boldsymbol{R}$,并与常数矩阵放在一起组成增广矩阵,同时为了检验的方便,又在此矩阵中添上一行 $(r_{y1},\cdots,r_{yy})$,

从而组成一个方阵,记为 $\boldsymbol{R}^{(0)}$(假定有 p 个待定因子),并开始作逐步回归的计算。

(2)引进因子。

从 p 个待选的因子 $x_{z1},x_{z2},\cdots,x_{zp}$ 中考虑引一个因子进入回归方程:

$$\hat{y}_z = b_z x_{zk}, k = 1, 2, \cdots, p \tag{4.23}$$

计算各因子的方差贡献大小,即计算

$$V_k^{(1)} = U^{(1)} - U^{(0)} = U^{(1)} \tag{4.24}$$

其中右上角(1)表示回归方程中因子个数。对标准化变量,为计算方便,式中回归平方和符号均用回归方差代替,即

$$U^{(1)} = b_{zk}^{(1)} r_{ky}^{(0)} \tag{4.25}$$

式中:$b_{zk}^{(1)}$ 为第一步引入一个因子时第 k 个因子的标准回归系数;$r_{ky}^{(0)}$ 就是原始第 k 个因子与预测值 y 之间的相关系数,它的右上角(0)表示逐步回归的步数。

按消去求逆的性质有

$$b_{zk}^{(1)} = r_{ky}^{(1)} = \frac{r_{ky}^{(0)}}{r_{kk}^{(0)}} \tag{4.26}$$

因此,

$$V_k^{(1)} = \frac{[r_{ky}^{(0)}]^2}{r_{kk}^{(0)}} \tag{4.27}$$

在标准化变量的情况下,残差平方和(亦即残差方差)为

$$Q^{(1)} = S_{yy} - U^{(1)} = r_{yy}^{(0)} - V_k^{(1)} \tag{4.28}$$

因而对第 k 个因子作统计检验时可用统计量:

$$F = \frac{V_k^{(1)}}{\dfrac{r_{yy}^{(0)} - V_k^{(1)}}{n - l - 1}} \tag{4.29}$$

作 F 检验。如果检验显著,则可将第 k 个因子引入方程。这时,相当于对 $\boldsymbol{R}^{(0)}$ 矩阵中第 k 列进行消去,变为 $\boldsymbol{R}^{(1)}$,则 $r_{ky}^{(1)}$ 即为引入该因子时的标准回归系数。

假定在前 l 步中已引入 l 个因子后,考虑 $p-l$ 个未引入的因子中的方差贡献时,计算第 k 个因子方差贡献的公式为

$$V_k^{(l+1)} = \frac{[r_{ky}^{(l)}]^2}{r_{kk}^{(l)}} \tag{4.30}$$

对余下的 $p-l$ 个因子计算方差贡献可使用式(4.30)。计算时可利用前 l 步消去求逆的结果,即用在 $R(0)$ 作 l 次消去求逆变成 $\boldsymbol{R}^{(l)}$ 矩阵后阵中的元素。如果发现第 k 个因子方差贡献是最大的,即 $V_{\max} = V_k^{(l+1)}$,则用它进一步作下面的显著性检验,这时利用统计量

$$F = \frac{V_k^{(l+1)}}{\dfrac{r_{yy}^{(l)} - V_k^{(l+1)}}{n - (l+1) - 1}} \tag{4.31}$$

作检验。检验为显著后,认为可以引入方程中,然后对该因子所对应的列进行消去,并求出引进该因子后回归方程的标准回归系数。

(3) 剔除因子。

当后来因子引入后,原来已引入的因子方差贡献会发生变化,可能变为不显著,要进行剔除。剔除的标准也可利用统计检验来进行。在方程引入头两个显著因子时是不必考虑剔除的,只在第三步引进第三个显著因子后才考虑原先已进入的两个因子是否贡献已不大,这时再考虑剔除。在剔除过程中要考虑因子的方差贡献。设已进行了 l 步,方程中已引入 l 个因子,现在考虑在方程中各个因子所起的作用,即它们的方差贡献,亦即要计算其中第 k 个因子的方差贡献,可使用下面公式:

$$V_k^{(l)} = \frac{[r_{ky}^{(l)}]^2}{r_{kk}^{(l)}} \tag{4.32}$$

即可用当步矩阵元素计算因子的方差贡献。设第 k 个因子为最小,即 $V_{min} = V_k^{(l+1)}$,则统计量为

$$F = \frac{V_k^{(l)}}{r_{yy}^{(l)} l(n-l-1)} \tag{4.33}$$

遵从分子自由度为 1、分母自由度为 $n-l-1$ 的 F 分布。在显著水平 α 下,若计算值 $F < F_\alpha$,则认为该因子方差贡献不显著,可剔除。

自此,每一步首先考虑有无因子需要剔除,若有就进行剔除,直到没有可剔除的因子时再考虑引入新因子。如此逐步进行下去,直到既无因子剔除又无因子可引入为止。

四、预测预期收益率及投资组合的构建

通过逐步回归法构建多因子回归模型并估计得到各因子估计参数后,在模型运行期的每个时段初预测市场中正常交易的个股的预期收益率。然后根据预期收益率高低对股票排序,根据需要选出排名靠前的股票进行投资。例如,选取得分最高的前 20% 股票,或者选取得分最高的 50~100 只股票等。通过历史数据对回归模型进行估计,并假定这个回归关系是可以在下一期继续得到保留,利用样本数据滚动检验投资组合的有效性。将最新一期的因子值代入回归方程中,得到下一期该股票组合的预期收益。然后按照收益率对股票进行排序,选取排名靠前的部分股票作为投资组合持有,这样检验 m 期,就可以得到 m 个投资组合,如果都可以通过检验,那么证明模型是有效的。若有效,则可据此构建量化投资选股策略;否则就需要对单因子检验及逐步回归模型构建过程进行检视,重新构建投资组合。

第四节　多因子选股之回归法案例

案例选取沪深 300 指数成分股作为多因子选股的初始资产池。我们将整个样本区

间划分为两部分,其中 2005 年 12 月—2016 年 1 月作为单因子检验和多元回归模型估计窗口,而将 2016 年 2 月—2019 年 4 月作为样本外检验窗口。

1. 选取候选因子及数据下载

由于使用回归法进行量化选股较为高效,故我们选取了更多的因子进行检验。本案例从估值、盈利能力、资本结构技术面等角度选取了 53 个较为常见的指标作为模型的候选因子,具体因子选取如表 4-5 所示。

表 4-5 初始因子列表

估值因子	成长因子	盈利能力因子	资本结构因子	波动因子	技术面因子
PETTM（动态市盈率）	净资产收益率 ROE(TTM)	销售毛利率	资产负债率	24月beta	BBI多空指数
PS（市销率）	总资产报酬率 ROA	销售净利率	总市值	24月标准差	MTM动力指标
最新股息率	研发费用/营业总收入	净利润/营业总收入	有形资产/总资产		BIAS乖离率
扣非市盈率	经营活动产生的现金流量净额/营业总收入	息税折旧摊销前利润/负债合计	速动比率		VROC量变动速率
扣除商誉市净率	销售商品提供劳务收到的现金/营业收入(TTM)	基本每股收益同比增长率	流动资产周转率		OBV能量潮
息税前利润/营业总收入	营业总收入同比增长率	每股经营活动中产生的现金流量净额同比增长率	Z值		CCI顺势指标
		利润总额同比增长率			DBCD异同离差乖离率
		净利润同比增长率			MFI资金流向指标
					DPO区间振荡线
					VRSI量相对强弱
					WR威廉指标
					VR成交量比率
					PSY心理指标
					CR能量指标
					WAD威廉聚散指标
					WVAD威廉变异离散量
					PRICEOSC价格振荡指标
					BRAR人气意愿指标
					VMACD量指数平滑异同平均
					DMI趋向指标
					KDJ随机指标
					VOSC成交量振荡
					ZDZB筑底指标
					ADTM动态指标

在进行多因子模型的构建之前,我们需要先完成数据的预处理工作,以此来提高我们模型处理数据的效率,因为 2005—2019 年的数据不可能保持完全同步,存在大量的数据缺失现象,所以需要先进行数据的简单清洗。

(1)对于前期大量缺失指标值的股票进行剔除,虽然后期这些数据越来越全面,但为了保证模型的效率和数据的同步,最终剔除了这部分数据。

(2)剔除掉 ST 股票,因为这类股票在市场中具有很大波动性,可能会对实证结果产生影响。

(3)某些股票的一些因子取值太过异常,与其他因子取值一起放入回归模型一定会影响整体的回归效果,所以进行了剔除。

```
% 此代码用于从 Choice 量化接口读取各股各时段的多因子信息
% 时间:2005 年 12 月到 2019 年 4 月
% 1.读取每个月度沪深 300 指数成分股正常交易的股票相关因子
% 2.读取因子信息
% 注意,因子矩阵第 i 列存放的是第 i 月度末的值,而收益率矩阵第 i 列存放的是
i+1 季度的收益率
clear;
warning off;
em=EmQuantMatlab();
errorid=em.start('forcelogin=1');
% 读取月度交易日期
[dates,~,~,~,~]=em.tradedates('2005-12-30','2019-04-30','period=
3,order=1,market=CNSESH');
yearnum=year(dates);
monthnum=month(dates);
daynum=day(dates);
% 将日期格式由 yyyy/mm/dd 转化为 yyyy- mm- dd 格式
    dates=datestr(dates,29);
% 系统默认将年报报告日期记为 12-31,一季报报告日期为 3-31,半年报报告日期为
6-30,三季报报告日期为 9-30。以下程序将交易日期的财务因子转化为对应的财报日期
for i=1:length(dates)
    if monthnum(i)==1 || monthnum(i)==2 || monthnum(i)==3|| monthnum
(i)==4
        monthnum1(i)=12;
        daynum1(i)=31;
        yearnum1(i)=yearnum(i)-1;
    elseif  monthnum(i)==5 ||monthnum(i)==6|| monthnum(i)==7
        monthnum1(i)=3;
        daynum1(i)=31;
```

```
            yearnum1(i)=yearnum(i);
          elseif   monthnum(i)==8 ||monthnum(i)==9|| monthnum(i)==10
              monthnum1(i)=6
        daynum1(i)=30;
           yearnum1(i)=yearnum(i);
       else
           monthnum1(i)=9;
           daynum1(i)=30;
           yearnum1(i)=yearnum(i);
       end
       reportdate1(i)=datenum(yearnum1(i),monthnum1(i),daynum1(i));

end
    reportdate=datestr(reportdate1,29);
% 数据清洗之剔除股票
% 1.读取沪深 300 交易的股票,剔除 ST、PT、* ST,以及上市时间不满 90 天的股票
for i=1:length(dates)-1
       [stocklist,~ ,~ ,~ ,~ ]=em.sector('009006195 ',char(dates(i,:)))

       index=strncmp('* ST',stocklist(:,2),3)|strncmp('ST',stocklist
(:,2),2)|strncmp('PT',stocklist(:,2),2);
       stock1=stocklist(~ index,1);
% 1.1 剔除上市时间不满三个月的股票
     [IPOdate,~ ,~ ,~ ,~ ]=em.css(stock1,'LISTDATE','');
        index1 = find (datenum (dates (i,:)) * ones (length (IPOdate), 1) -
datenum(IPOdate)> 90);
       stock2=stock1(index1);
% 1.2 剔除下月停牌的股票(下个月换手率为 0)
       Sdate=strcat('TradeDate=',dates(i+ 1,:));
       [FT_test,~ ,~ ,~ ,~ ]=em.css(stock2,'TurnM',char(Sdate));
       index2=find(FT_test> 0);
       stocklist2(1:length(index2),i)=stock2(index2);
       Qty(i)=length(index2);
end
% 为了节约端口数据下载量,节约运算时间,将读取数据存入本地硬盘
Save   stocklist2.mat, stocklist2;
Save Qty.mat, Qty ;
load stocklist2.mat;
```

```
load Qty.mat;

% 由于需要下载因子较多,仅对不同接口函数的数据下载举例说明
for i=2:length(dates)-1
    % 股票下个月度收益率,序列数据下载 em.csd,此处可直接使用交易日期进入
    [rate,~,~,~,~]=em.csd(stocklist2(1:Qty(i),i),'PCTCHANGE',dates(i,:),dates(i,:),'period=3,adjustflag=2,curtype=1,order=1,market=CNSESH')
    Return(1:length(rate),i-1)=rate;
    % 沪深300指数下个月度收益率
    [rates1,~,~,~,~]=em.csd('399300.SZ','PCTCHANGE',dates(i,:),dates(i,:),'period=3,adjustflag=2,curtype=1,order=1,market=CNSESH');
    RM(i-1)=rates1;
end

% 通过 strcat 函数连接字符串,代入截面数据接口函数 em.css
% 资产负债率 有形资产/总资产 速动比率 息税折旧摊销前利润/负债合计 流动资产周转率
Sdate=strcat('Reportdate=',reportdate(1,:),',TtmType=2');
[datas,~,~,~,~]=em.css(stocklist2(:,1),'LIBILITYTOASSET,TANGIBLEASSETSTOASSET,QUICKTATIO,EBITDATOLIBILITY,CATURNRATIO',Sdate);
datas4=[datas s1 stock10];
for ki=2:length(dates)-1
    Sdate=strcat('Reportdate=',reportdate(ki,:),',TtmType=2');
    [datas,~,~,~,~]=em.css(stocklist2(:,ki),'LIBILITYTOASSET,TANGIBLEASSETSTOASSET,QUICKTATIO,EBITDATOLIBILITY,CATURNRATIO',Sdate);
    stock=strtok((stocklist2(1:Qty(ki),ki)),'.');
    stock0=str2double(stock);
    s=datenum(dates(ki,:))*ones(length(datas),1);
    datas04=[datas s stock0];
    datas4=[datas4;datas04];
end
```

2. 单因子检验

为了展示回归法下不同检验方法间的差异,我们在表4-6中给出了不同方法下的 t 检验量。但在最终确定单因子有效性的检验中,我们将采用单向聚类及两维聚类方法,只有 CL-i、CL-t 以及 CL-it 三个检验量同时显著时,我们才认为该因子是与预期收益率

显著相关的。

```matlab
clear;
% 定义 beta 为全局变量
global beta;

% 读入整理好的数据,包括股票收益率及各因子数据
[datapre,~ ]=xlsread('C:\bookaaply\3量化选股\回归选股\datapre.xls','sheet1');
save('C:\bookaaply\3量化选股\回归选股\datapre.mat', 'datapre');
datapre0=datapre((datapre(:,60)< 736389),:);
% 计算待检验系数与之显著差异的数值设定
beta_vec =[0];
BS_iter=1000;
t=1;
% 设定因子回归模型
for j=1:53
    datain =[datapre0(:,1) datapre0(:,j+2)  datapre0(:,61) datapre0(:,60)];
    % 数据清洗,去除缺失数据
    datain(any(isnan(datain)'),:)=[];
    y =datain(:,1);
    X =[ datain(:,2) ones(size(y))];
    % 设定公司及日期的指示变量
    FIRM=datain(:,3);
    YEAR=datain(:,4);
    n=length(y);

    % 进行 OLS 回归,得到估计参数、标准误和 t 检验量
    ret=regress1(y, X);
    out2(j,1) =ret(1,1);
    out2(j,4) =ret(1,2);
    out2(j,13) =ret(1,3);

    % 获取 Newey-West 标准误和 t 统计量
    ret =NeweyWestPanelStata(y, X, t-1, FIRM, YEAR, 0);
    % y 为被解释变量,X 为解释变量,t-1 为滞后阶数
    out2(j,5) =ret(1,2);
    out2(j,14) = (ret(1,1))/ret(1,2);
```

```matlab
% 计算 FM-t 系数标准误和 t 统计量以及 Z2 统计量
ret = FamaMacBeth_NW(y,X,YEAR,beta_vec);
out2(j,2) = ret(1,1);
out2(j,6) = ret(1,2);
out2(j,15) = ret(1,3);
out2(j,12) = ret(1,5);

% 计算 FM-NW 标准误和 t 统计量
% 滞后阶数为 1
ret = FamaMacBeth_NW(y,X,YEAR,beta_vec,'NW',1);
out2(j,7) = ret(1,2);
out2(j,16) = ret(1,3);

% 计算 FM-i 参数、标准误和 t 统计量
ret = FamaMacBeth_NW(y,X,FIRM,beta_vec);
out2(j,3) = ret(1,1);
out2(j,8) = ret(1,2);
out2(j,17) = ret(1,3);

% 计算聚类回归 CL-i 标准误和 t 统计量
ret = clusterreg(y, X, FIRM);
out2(j,9) = ret(1,2);
out2(j,18) = (ret(1,1))/ret(1,2);

% 计算聚类回归 CL-t 标准误和 t 统计量
ret = clusterreg(y, X, YEAR);
out2(j,10) = ret(1,2);
out2(j,19) = (ret(1,1))/ret(1,2);

% 计算两维聚类 CL-it 标准误和 t 统计量
ret = clusterreg(y, X, FIRM, YEAR);
out2(j,11) = ret(1,2);
out2(j,20) = (ret(1,1))/ret(1,2);

fprintf('single factors test results');
fprintf('FM-t Z2 FM-NW   FM-i   CL-i   CL-t CL-it
% 6.2f  % 6.2f  % 6.2f  % 6.2f  % 6.2f  % 6.2f  % 6.2f',
```

```
out2(j,15),out2(j,12),out2(j,16),out2(j,17),out2(j,18),out2(j,19),
out2(j,20));
end
```
因子1单因子检验运行结果：

```
single factors test resultsFM-t  Z2 FM-NW  FM-i  CL-i  CL-t  CL-it    -1.35    -1.48    -1.48    -6.25    -1.06    -1.05    -1.05
```

```
% 子函数计算Newey-West-adjusted Fama-MacBeth调整的标准误,以及Z1和Z2
统计量
function out =FamaMacBeth_NW(y, X, PART_VAR, beta, varargin);
% 语法:ret =FamaMacBeth_NW(y, X, PART_VAR, BETA, VARARGIN)
% 输入变量:
% y:被解释变量
% X:解释变量
% PART_VAR:依据此变量对解释变量进行划分(如月份,在使用Fama-MacBeth方法
时依据该变量将数据集划分为确定的单一月度集合)
% BETA:基于0假设下的系数向量
% LAG_LENGTH:在N-W方法下考察的滞后数。若使用Abarbanell and Bernard
(2000)的勘误,那么Abarbanell and Bernard (2000)方法的滞后阶数应为LAG_
LENGTH=1,如果使用Petersen (2007)的简化方法,那么LAG_LENGTH=0
% VARARGIN:可变输入变量。若为空,则计算不调整的Fama-MacBeth估计值
% 使用'NW',其后数值为滞后阶数计算Newey-West (1987)的调整估计值
% 使用'AB',其后数值为1,计算Abarbanell and Bernard (2000)的调整估
计值
% 使用'AB',其后数值为0,计算Petersen (2007)所讨论的估计值
% 输出变量:
%    RET =[b se t Z1 Z2],依次为估计参数 (b),估计标准误 (se)
%    t统计检验量 (t),以及Z1和Z2统计检验量
k =size(X,2);

% 将划分数据集的指示变量取唯一值进行升序排序
PART =unique(PART_VAR);
T =length(PART);

% 为估计参数设定数组存放
temp =zeros(k, T,4);

% 获取Fama-MacBeth标准误,首先按照日期t估计回归参数
```

```matlab
    bb=zeros(k,T);

    for t=1:T

    % 按照日期T对解释变量X和被解释变量y进行划分
    y2 =y(find(PART_VAR==PART(t)),:);
    X2 =X(find(PART_VAR==PART(t)),:);

        % 将估计所得系数估计值、标准误、t统计检验量和自由度存储在temp数组里
        ret=regress1(y2, X2);
        temp(:,t,1:3)=ret;
        temp(:,t,4) =size(X2,1)- size(X2,2);
    % 将计算所得t时期系数估计值存储在bb向量中
        bb(:,t) =temp(:,t,1);
    end

    % 使用时间序列计算所得的系数估计值的标准误
    for i=1:k
      b(i) =mean(temp(i,:,1));
      se(i) =1/sqrt(T) *std(temp(i,:,1));

        % Z1统计检验量
        df =temp(i,:,4);
        tstats =(temp(i,:,1) ) ./ temp(i,:,2);

        Z1(i) =1/sqrt(T)* sum(tstats)/sqrt(df/(df-2));

        % Z2统计检验量
        Z2(i)=mean(tstats)/(std(tstats)/sqrt(T-1));
    end

    % 计算关联的t统计检验量
    if nargin ~ =4
      if nargin <4 || nargin >6
      error('Wrong number of arguments');
    end
      if varargin{1} =='NW'
        % 计算Newey-West标准误
```

```
        lag_length = varargin{2};
        for i=1:k
          oness=ones(T,1);
          ret=NeweyWestPanelStata(bb(i,:)', oness, lag_length, oness, PART_VAR, 0);
          se(i)=ret(1,2);
        end
      elseif varargin{1} =='AB'
        % Abarbanell and Bernard (2000)校准所得标准误估计值
        b1=bb(2:end,:);
        blag=bb(1:end-1,:);
        n = size(bb,1);
        theta=diag(corr(b1, blag))';
        if varargin{2} ==1
          adj = 2 * theta .* (1-theta .^ n);
          adj =adj./ (n * (1-theta) .^ 2);
        else
          adj = 0;
        end
        se = se .* sqrt((1+theta)./(1-theta) -adj);
      end
    end

    t = (b) ./ se;

    % 函数输出
    out =[b' se' t' Z1' Z2' ];

end
% 子函数对时间序列或者面板数据进行OLS估计并计算基于Newey-West统计量
function ret =NeweyWestPanelStata(y, X, L, FIRM_VAR, TIME_VAR, stat)
% 进行OLS估计,计算回归的自相关的一致方差协方差估计量
% 此函数可用来计算时间序列或者面板数据模型
% 语法:ret =NeweyWestPanelStata(y, X, L, FIRM_VAR, TIME_VAR, stat)
%
% 可选参数 stat 的取值决定了函数的输出值
% 如果为 0:输出 [beta, standard errors, t-statistics]
% 如果为 1:输出 residuals
```

```matlab
% 将变量按照 FIRM_VAR 和 TIME_VAR 进行排序
FIRMS = unique(FIRM_VAR);
j = 0;
for i=1:length(FIRMS)
  rows = find(FIRM_VAR==FIRMS(i));
  [temp, ix] = sort(TIME_VAR(rows,:));
  rows = rows(ix,:);
  if i==1
    y2 = y(rows,:);
    X2 = X(rows,:);
    F2 = FIRM_VAR(rows,:);
    T2 = TIME_VAR(rows,:);
  else
    y2 = [y2; y(rows,:)];
    X2 = [X2; X(rows,:)];
    F2 = [F2; FIRM_VAR(rows,:)];
    T2 = [T2; TIME_VAR(rows,:)];
  end
end

% 对数据集排序后的模型进行回归计算
y = y2;
X = X2;
FIRM_VAR = F2;
TIME_VAR = T2;
% 计算系数估计值
b = pinv(X)*y;

% 确定解释变量的规模
[N, k] = size(X);

% 计算残差
e = y - X*b;

% 计算 Newey-West 存在自相关的协方差矩阵一致估计值
Q = 0;
for l = 0:L
```

```
        w_l = 1-l/(L+1);
        for t = l+1:N
          if (l==0)
            % 以下计算了协方差矩阵主对角线元素
            Q = Q+e(t)^2*X(t,:)'*X(t,:);
          else
% 计算非对角线上的元素数值
            if FIRM_VAR(t,1) ==FIRM_VAR(t-1,1)
              Q = Q +w_l *e(t) *e(t-1)* ...
                (X(t,:)'*X(t-1,:) +X(t-1,:)'*X(t,:));
            end
          end
        end
      end
      Q =1/(N-k) *Q;

      % 计算 Newey-White 的残差方差误
      varBhat =N *inv(X' *X) *Q *inv(X' *X);

      % 计算标准误和 t 统计检验量
      se =sqrt(diag(varBhat));
      t =b ./ se;

      if (stat==1)
% 输出残差
        ret =e;
      elseif (stat==0)
% 输出值如下：
        ret =[b se t];
      end
    end


% 用于计算聚类回归的子函数,理论上读者无需对此进行修改
function ret =clusterreg(y, X, g, varargin);
% 本函数计算了单向聚类和两维聚类的 OLS 估计及其稳健标准误估计量
% 语法:ret =clusterreg(y, X, g, varargin)
% y 为被解释变量,X 为解释变量
% g 为第一维聚类变量,h 为第二维聚类变量(可选)
```

```matlab
% 注:y、g和h为具有相同长度的向量,X应该与y具有相同的观测值
% 输出值:系数估计值(b)、估计标准误(se)以及t统计检验量(t)
% ret =[b, se, t]
if nargin <3 || nargin >4
    error('Either 1 or 2 cluster variables are required');
end


[N, k] =size(X);


% Calculate (X'*X)^(-1)
if N <10000
    [q r] =qr(X,0);
    xpxi = (r'*r)\eye(k);
else
    % 对维数较大的矩阵使用Cholesky分解
    xpxi = (X'*X)\eye(k);
end
% 估计系数值
pinvX =pinv(X);
b =pinvX*y;


% 计算残差
e =y -X*b;


% 根据第一个变量聚类,计算方差
varBhat =singlecluster(xpxi, X, e, g);


% 如果输入为两个聚类变量,则对第二个聚类变量进行调整
if nargin ==4
    h =varargin{1};
    gh =[g h];
    % 将第二个成分的方差贡献与第一个聚类计算所得方差加总
    temp =varBhat +singlecluster(xpxi, X, e, h);
    % 再减去由于聚类变量交互造成的方差增加量
    % 详见A.Colin Cameron, Jonah B.Gelbach, and Douglas L.Miller"
Robust Inference with Multi-way Clustering"第8页的推导
    varBhat =temp -singlecluster(xpxi, X, e, gh);
end
```

```
% 计算标准误和 t 统计检验量
se = sqrt(diag(varBhat));
t = b ./ se;

% 输出计算所得数值
ret = [b se t];

function varB = singlecluster(xpxi, X, e, g)
% 位于两维聚类函数的内嵌函数,用于处理单向聚类的计算问题
  G = unique(g, 'rows');
  M = size(G,1);

% 现在计算标准误过程中的中间项
   % 详见 A.Colin Cameron, Jonah B.Gelbach, and Douglas L.Miller
(2009) "Robust Inference with Multi-way Clustering"
  mid = 0;

% 这段程序用来处理超过一维变量定义的聚类分析,处理各种聚类中相等的观测值
  for i=1:size(G,1)
    test=[1:size(g,1)]';
    for j=1:size(G,2)
      test2 = find(g(:,j)==G(i,j));
      test = intersect(test,test2);
    end
    X_g = X(test,:);
    e_g = e(test,:);
    mid = mid + X_g'* e_g* e_g'* X_g;
  end

% 计算稳健聚类回归协方差估计矩阵
  q_c = (N-1)/(N-k)* M/(M-1);
  varB = q_c* xpxi *mid *xpxi;
 end
end
```

由表 4-6 可见,按照聚类回归的标准,共有 12 个因子通过了单因子检验(见表 4-7)。

表 4-6 单因子检验结果

序号	因子	FM-t	Z2	FM-NW	FM-i	CL-i	CL-t	CL-it	检验结果
1	PETTM(动态市盈率)	−1.35	−1.48	−1.48	−6.25	−1.06	−1.05	−1.05	不通过
2	PS(市销率)	−2.42	−1.99	−2.27	−6.03	−4.6	−3.34	−3.15	通过
3	最新股息率	1.78	1.01	1.74	3.67	10.06	2.6	2.58	通过
4	扣非市盈率	−2.29	−2.73	−2.28	−4.62	−2.25	−2.91	−2.24	通过
5	扣除商誉市净率	−1.28	−1.11	−1.27	−10.27	−8.19	−1.82	−1.82	通过
6	24 月 beta	0.17	−0.65	0.18	−4.78	−6.03	−1.16	−1.17	不通过
7	24 月标准差	−0.16	−0.66	−0.15	−2.55	−3.77	−0.65	−0.65	不通过
8	市值	−1.13	−1.31	−1.16	−7.72	−0.05	−0.01	−0.01	不通过
9	销售净利率	−0.21	0.52	−0.21	NaN	−0.62	−0.6	−0.52	不通过
10	销售毛利率	0.17	1.14	0.16	NaN	−0.81	−0.29	−0.31	不通过
11	净利润/营业总收入	−0.22	0.53	−0.21	NaN	−0.61	−0.61	−0.52	不通过
12	净资产收益率 ROE(TTM)	2.44	2.62	2.43	−1.68	6.27	0.15	0	不通过
13	总资产报酬率 ROA	1.05	1.95	1.03	NaN	0.99	0.4	0.52	不通过
14	销售毛利率(TTM)	0.54	1.51	0.54	NaN	−0.09	−0.03	−0.03	不通过

续表

序号	因子	FM-t	Z2	FM-NW	FM-i	CL-i	CL-t	CL-it	检验结果
15	研发费用/营业总收入								数据缺失
16	经营活动产生的现金流量净额/营业总收入	−0.64	−0.63	−0.62	NaN	3.03	1.85	2.42	通过
17	销售商品提供劳务收到的现金/营业收入(TTM)	0.32	0.61	0.32	3.94	−0.93	−0.52	−0.66	不通过
18	资产负债率	1.19	0.65	1.21	0.85	−0.52	−0.18	−0.18	不通过
19	有形资产/总资产	−1.43	−0.61	−1.39	0.6	0.74	0.3	0.31	不通过
20	速动比率	−1.81	−1.58	−1.78	−0.92	−0.88	−0.65	−0.69	不通过
21	息税折旧摊销前利润/负债合计	−0.89	NaN	−1.08	0.73	−0.9	−0.51	−0.49	不通过
22	流动资产周转率	0.52	−0.3	0.54	NaN	4.63	2.16	1.99	通过
23	基本每股收益同比增长率								矩阵奇异

续表

序号	因子	FM-t	Z2	FM-NW	FM-i	CL-i	CL-t	CL-it	检验结果
24	每股经营活动中产生的现金流量净额同比增长率	1.43	1.67	1.35	−0.27	5.11	4.41	5.05	通过
25	营业总收入同比增长率	2.08	2.44	2.12	−0.31	1.02	0.69	0.79	不通过
26	利润总额同比增长率	0.94	1.32	1.04	1.02	0.88	0.59	0.58	不通过
27	净利润同比增长率	0.55	1.23	0.63	1.15	0.41	0.25	0.29	不通过
28	息税前利润/营业总收入	−0.74	0.07	−0.72	NaN	−2.48	−1.41	−1.46	不通过
29	Z值	−2.09	−1.17	−2.02	−5.42	−1.94	−1.41	−1.34	不通过
30	BBI多空指数	−0.53	−0.53	−0.52	−5.84	−3.81	−2.49	−2.12	通过
31	MTM动力指标	−1.14	−1.37	−1.04	−3.26	6.01	1.25	1.25	不通过
32	BIAS乖离率	−1.84	−2.9	−1.73	−3.71	−1.44	−0.19	−0.19	不通过
33	VROC量变动速率	−1.8	−2.21	−1.81	−0.11	−7.42	−5.32	−5.29	通过
34	OBV能量潮	−0.4	−1.23	−0.39	−4.23	−6.48	−2.05	−1.99	通过
35	CCI顺势指标	−2.58	−3.02	−2.53	0.99	0	0	0	不通过

续表

序号	因子	FM-t	Z2	FM-NW	FM-i	CL-i	CL-t	CL-it	检验结果
36	DBCD 异同离差乖离率	−2.03	−2.71	−2.01	−1.62	2.53	0.39	0.39	不通过
37	MFI 资金流向指标	−1.62	−1.88	−1.66	−0.97	7.23	0.91	0.92	不通过
38	DPO 区间振荡线	−1.29	−1.73	−1.18	−1.91	5.53	1.14	1.15	不通过
39	VRSI 量相对强弱	−0.97	−1.09	−0.93	−5.07	−4.5	−0.7	−0.7	不通过
40	WR 威廉指标	1.44	2	1.38	3.25	5.15	0.61	0.61	不通过
41	VR 成交量比率	−2.48	−2.66	−2.34	−0.78	7.99	1.26	1.26	不通过
42	PSY 心理指标	−1.44	−2.14	−1.42	−4.57	−3.98	−0.54	−0.54	不通过
43	CR 能量指标	−2.76	−2.74	−2.6	−0.48	1.96	1.13	1.14	不通过
44	WAD 威廉聚散指标	−1.1	−0.75	−1	−6.04	−4.73	−3.03	−2.68	通过
45	WVAD 威廉变异离散量	−1.14	−1.84	−1.09	0.66	2.77	0.52	0.53	不通过
46	PRICEOSC 价格振荡指标	−1.17	−2.24	−1.18	−0.86	11.08	1.55	1.55	不通过
47	BRAR 人气意愿指标	−1.52	−1.4	−1.42	1.02	11.28	1.63	1.63	不通过

续表

序号	因子	FM-t	Z2	FM-NW	FM-i	CL-i	CL-t	CL-it	检验结果
48	VMACD 量指数平滑异同平均	−2.94	−2.39	−2.66	0.77	3.72	0.59	0.59	不通过
49	DMI 趋向指标	−1.93	−2.16	−1.96	−2.21	9.43	1.09	1.1	不通过
50	KDJ 随机指标	−1.76	−2.45	−1.72	−4.13	1.47	0.15	0.15	不通过
51	VOSC 成交量振荡	−2.06	−1.72	−2.02	1.2	0.41	0.04	0.04	不通过
52	ZDZB 筑底指标	−0.47	−0.6	−0.47	−3.25	16.92	1.82	1.82	通过
53	ADTM 动态指标	−1.29	−1.93	−1.27	−0.25	14.06	1.5	1.5	不通过

注：t 检验临界值：10%水平 1.65，5%水平 1.968，1%水平 2.592

表 4-7 检验显著的单因子列表

x1	x2	x3	x4	x5	x6	x7	x8	x9	x10	x11	x12
PS（市销率）	最新股息率	扣非市盈率	扣除商誉市净率	经营活动产生的现金流量净额/营业总收入	流动资产周转率	每股经营活动中产生的现金流量净额同比增长率	BBI 多空指数	VROC 量变动速率	OBV 能量潮	WAD 威廉聚散指标	ZDZB 筑底指标

```
clear;
global beta;
warning off;
em=EmQuantMatlab();
errorid=em.start('forcelogin=1');
% 将显著因子变量重新组合成 Excel 表,并读入
[datapre1,~ ]=xlsread('datapre.xls','sheet2');
datapre1=datapre1((all(~ isnan(datapre1),2)),:);
datapre2=datapre1((datapre1(:,14)< 736389),:);
PART =unique(datapre2(:,14));
T =length(PART);
y=datapre2(:,1);
X=datapre2(:,2:end-9);
```

3.逐步回归法构建多变量回归模型

```
% 这里设定进入回归方程的显著性水平为 6%
mdl =stepwiselm(X,y,'PEnter',0.06);
```

表 4-8 所示的为经逐步回归法构建回归方程系数估计结果。

表 4.8 逐步回归结果

变量名	估计值	标准差	t 值	P 值
截距项	−5.254800	0.882840	−5.952100	0.000000
x2	27.746000	10.296000	2.694700	0.007049
x4	0.303930	0.131150	2.317500	0.020482
x6	−1.322400	0.321460	−4.113900	0.000039
x8	−0.006588	0.006173	−1.067300	0.285830
x10	2.2064E−08	0.000000	2.188200	0.028666
x12	6.660000	0.737380	9.032000	0.000000
x2:x4	−6.630800	2.734600	−2.424800	0.015322
x2:x6	10.671000	4.365900	2.444000	0.014529
x4:x6	−0.025796	0.010044	−2.568400	0.010222
x4:x12	−0.293160	0.104170	−2.814100	0.004894
x6:x12	1.817800	0.260000	6.991400	0.000000
x8:x10	−3.8457E−09	0.000000	−13.557000	0.000000
x10:x12	−2.0366E−08	0.000000	−2.429400	0.015128

四、预测预期收益率并构建投资组合

利用逐步回归的方法我们得到了沪深 300 共 260 只股票的预测方程,可以利用手中的数据进行检验,选取 2005 年 12 月到 2016 年 2 月共 122 月的数据进行样本内预测,从 2016 年 2 月至 2019 年 4 月共 39 个月进行样本外检验。

```
X=datapre1(:,2:end-9);
mcf=datapre1(:,21);
xd=[X(:,2) X(:,4) X(:,6) X(:,8) X(:,10) X(:,12) X(:,2).*X(:,4) X(:,2).*X(:,6) X(:,4).*X(:,6) X(:,4).*X(:,12) X(:,6).*X(:,12) X(:,8).*X(:,10) X(:,10).*X(:,12)];
% 逐步回归所得系数估计值
coefficinetin=[27.7460.30393-1.3224-0.00658822.21E-086.66-6.630810.671-0.025796-0.293161.8178-3.85E-09-2.04E-08];
% 计算预期收益率
rexpect=-5.2548*ones(length(X),1);
for i=1:13
rexpect=rexpect+coefficinetin(2)*xd(:,2);
end
dataport=[rexpect datapre1];
PART=unique(dataport(:,15));
T=length(PART);
AverRet_1=zeros(length(T),10);
AccRet_1=ones(length(T),10);
[dates,~,~,~,~]=em.tradedates('2005-12-30','2019-04-30','period=3,order=1,market=CNSESH');
% 读入市场基准沪深 300 指数
load    'C:\bookaaply\3 量化选股\回归选股\RM.mat';
RM_1=RM/100+1;
AccRM=ones(T,1);
AverRM=zeros(T,1);
% 将预期收益率按日期进行排序
for i=1:T
X2=dataport(find(dataport(:,15)==PART(i)),:);
Return=X2(:,2)/100;
stocklist_1=X2(:,17);
[~,position]=sort(X2(:,1),1);
```

% 将各个日期的收益率排序后的股票分成 10 组,每组按照市值构建投资组合,分别计算各组累积收益率及年化收益率

```
            for j=1:10
        Group(j).Position=position(1+floor((j-1)*length(position)/10):
floor(j*length(position)/10));
                Group(j).W=mcf(Group(j).Position)/sum(mcf(Group(j).
Position));% 权重
                Group(j).Return=Return(Group(j).Position);
                GroupRet_1(i,j)=(Group(j).Return)'*(Group(j).W)-0.005+1;
                AccRet_1(i+1,j)=AccRet_1(i,j)*GroupRet_1(i,j);% 累计收益率
                AverRet_1(i+1,j)=power(AccRet_1(i+1,j),12/i)-1;% 年化收
益率
        end
            Choosen(i).stock=stocklist_1((Group(1).Position));% 保存收益最
高的股票代码
    %%
    % 比较同期中小板指收益率
    AccRM(i+1)=AccRM(i)*(RM_1(i));
    AverRM(i+1)=power(AccRM(i),12/i)-1;
end
%%
% 回测表现画图,由于10组数据同时显示较难区分,此处我们只画出前5组组合的
收益曲线,如图4-2所示
L=161;
Q=datenum(dates);
figure;
plot(Q,AccRM(1:L),'r','LineWidth',2);
hold on;
plot(Q,(AccRet_1(1:L,5))','b','LineWidth',2);
plot(Q,(AccRet_1(1:L,4))','g','LineWidth',2);
plot(Q,(AccRet_1(1:L,3))','y','LineWidth',2);
plot(Q,(AccRet_1(1:L,2))',':g','LineWidth',2);
plot(Q,(AccRet_1(1:L,1))','--y','LineWidth',2);
plot(Q(25),0','o','LineWidth',2);
xlabel('时间');
dateaxis('x',1);
ylabel('累计收益率');
legend('沪深300','第5组','第4组','第3组','第2组','第1组');
```

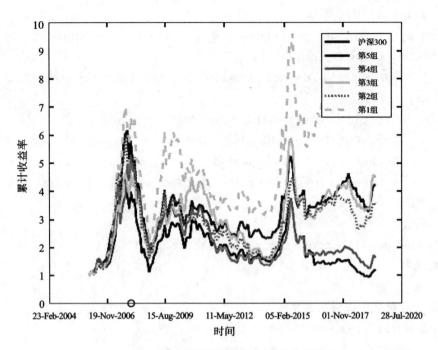

图 4-2 市场基准及策略分组累积收益图

```
% summary
for i=1:10
winrate(i)=length(find(GroupRet_1(:,i)> RM_1'))/160;% 各组跑赢指数
概率
    Excessret(:,i)=GroupRet_1(:,i)- RM_1';% 超额收益
    above0rate(i)=length(find(GroupRet_1(:,i)> 1))/160;% 各组收益为正的
概率
    Inforatio(i)=inforatio(GroupRet_1(:,i),RM_1');% 信息比率
    [maxDD(i)  maxDDD(:,1)]=maxdrawdown(AccRet_1(:,i));% 最大回撤
    M_ax(i)=max(Excessret(:,i));% 超额收益最大值
    M_in(i)=min(Excessret(:,i));% 超额收益最小值
end
disp('1 到 10 组跑赢指数的概率为:');
disp(winrate);
disp('1 到 10 组收益为正的概率为:');
disp(above0rate);
disp('1 到 10 组信息比率为:');
disp(Inforatio);
disp('1 到 10 组最大回撤为:');
disp(maxDD);
```

```
disp('1 到 10 组期间超额收益最大值为：');
disp(M_ax);
disp('1 到 10 组期间超额收益最小值为：');
disp(M_in);
```

由表 4-9 可见,采用回归法所得多因子模型构建投资策略有效。赢家组合(第 1 组)的投资绩效显著优于其他各组及市场基准。

表 4-9 由多因子收益预测值构建的各证券组合表现列表

	跑赢指数概率	收益为正概率	信息比率	最大回撤	超额收益最大值	超额收益最小值
第 1 组	0.53	0.54	0.12	0.68	0.24	−0.14
第 2 组	0.46	0.51	0.00	0.73	0.12	−0.15
第 3 组	0.43	0.53	0.03	0.66	0.30	−0.11
第 4 组	0.44	0.52	−0.07	0.76	0.26	−0.28
第 5 组	0.40	0.54	−0.13	0.79	0.13	−0.25
第 6 组	0.44	0.52	−0.15	0.80	0.13	−0.12
第 7 组	0.46	0.56	−0.13	0.83	0.20	−0.23
第 8 组	0.43	0.53	−0.11	0.80	0.51	−0.21
第 9 组	0.44	0.52	−0.16	0.83	0.17	−0.22
第 10 组	0.42	0.56	−0.13	0.86	0.41	−0.27
沪深 300				0.71		

如图 4-3 所示,第 1 组证券组合的样本外预测最大回撤为 26%,而 HS300 指数最大回撤为 30%。

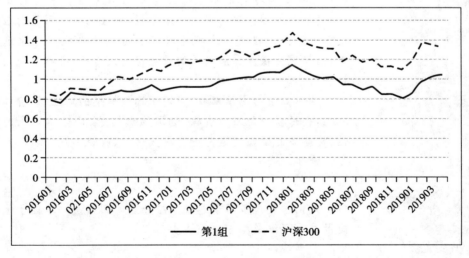

图 4-3 第 1 组和沪深 300 指数累积收益率比较(样本外预测)

总体上看，无论是样本内预测还是样本外预测，第 1 组的各方面表现均优于其他各组及市场基准沪深 300 指数的表现。

本章小结

多因子选股是应用最为广泛的量化选股模型，它建立在资本资产定价模型 CAPM、套利定价理论 APT 以及 Fama-French 的三因子定价模型等三个理论基础之上。

多因子选股模型包含了量化投资的优势，因子的选取考虑了基本面、技术面以及行为金融学层面，具备全面性；通过研究多因子选股模型，投资者可以灵敏地捕捉到当前证券市场主要受哪些因素的驱动，为进一步的量化研究提供了依据；通过对多因子选股模型的研究可以延伸到更深层次领域的研究。可以说，研究多因子选股模型是量化选股研究的敲门砖，为量化选股的进一步研究乃至整个量化投资体系的研究打下了坚实的基础。本章着重介绍了多因子选股之打分法和回归法。

打分法是根据各因子的大小对股票进行打分，按照一定的权重加权得到一个总分，再根据总分筛选股票。对于多因子模型的评价而言，通过评分法回测出的股票组合收益率，就能够对备选的选股模型做出优劣评价。

打分法构建多因子模型可分为五步，分别为选取候选因子、检验因子的有效性、剔除有效但冗余的因子、构建综合评分模型以及对模型的评价和改进。

回归法就是把股票过去的回报率作为被解释变量，将候选因子作为解释变量，通过线性回归分析得到回归方程，然后利用方程筛选出收益表现较好的股票构建投资组合。基于回归法的多因子模型在挖掘有效因子组合的过程中往往表现得比较高效，我们利用回归法会得到一个方程，方程的各个系数对应的就是各个因子的权重。这种选股方法可以帮助我们优化选股权重，因为现在很多选股权重的设置都是人为的，带有很强的个人投资风格。

从回归法的流程来看，多因子选股模型的建立、评价和改进流程，也可以分为四个步骤：选取候选因子、检验单因子的有效性、构建多元回归模型并进行参数估计、收益率预测以及对模型的评价和改进。

关键概念

量化选股　多因子选股　打分法　回归法　单因子检验单向聚类及两维聚类方法　逐步回归

思考题

(1) 如何使用 CSS 接口函数读取选定股票最新报表因子数据？

(2) Strcat 函数的基本格式如何？如何将其与 CSS 结合读取多年的报表数据？

(3) 打分法中单因子检验的相关系数的阈值如何确定？

(4) 冗余因子删除时的相关系数阈值的确定标准如何？

(5) 为何要定期对各因子的表现进行评测并重新构建新的因子选股策略？

(6) 在聚类法进行单因子检验时，为何要求 CL-i、CL-t 和 CL-it 的统计检验量同时显著？

(7) 打分法和回归法的因子权重选择是如何进行的？有何改进措施？

(8) 使用打分法对 HS500 指数成分股进行多因子量化选股。

(9) 使用回归法对创业板股票进行多因子量化选股。

(10) 比较上述两个因子选择方法是否存在差异？为何？

第五章 量化择时

择时交易是指利用某种方法来判断大势的走势情况,是上涨还是下跌或者是盘整。如果判断是上涨,则买入持有;如果判断是下跌,则卖出清仓;如果判断是振荡,则进行高抛低吸,这样可以获得远远超越简单买入持有策略的收益率,所以择时交易是收益率最高的一种交易方式。但是由于大盘趋势与宏观经济、微观企业、国家政策、国际形势等密切相关,想要准确判断大盘走势具有相当的难度。

在实际操盘的过程中,其目的并不是利用择时获得最大化的收益,而是控制最大回撤。所以,当大盘处在相对高点,或已超出个人主观判断的顶部位置时,恐怕市场会有突如其来的大波动,就要尽量采用择时交易,通过择时、仓位的控制来避免资金受到大冲击;而当大盘整体处在相对历史低位或安全点位时,我们为追求收益的最大化,可以考虑不择时,充分利用资金来盈利。

常用的择时方法有八种,分别是趋势择时、市场情绪择时、有效资金模型、牛熊线、Hurst指数、SVM分类、SWARCH模型及异常指标模型。其中趋势择时、市场情绪择时、有效资金模型、牛熊线以及异常指标择时仅存在指标选取的差异,故此我们仅选择趋势择时进行分析,其他各种择时方法读者可以参照趋势择时的方法自行了解。

第一节 趋势择时

授课视频

趋势型指标是投资者运用最多,也是最容易在市场中获利的方法。市场中最为著名的格言:"让利润充分增长,限制损失",是趋势型指标的真实反映。趋势型指标通常利用两根线的交叉作为交易信号,并以此作为买卖时点的判断。

常用趋势型指标包括移动平均线(MA)、振动升降指标(ASI)、佳庆指标(CHO)、平均差(DMA)、趋向指标(DMI)、区间振荡指标(DPO)、简易波动指标(EMA)、平滑异同移动平均线(MACD)、三重指数平滑平均线(TRIX)、终极指标(UOS)、十字滤线(VHF)、量价曲线(VPT)、威廉变异离散变量(WVAD)等。

此处我们主要测试 MA、MACD、CHO 和 TRIX 等四指标的择时情况。选择这四个指标进行趋势型指标择时模型的构建的原因是:它们都是市场中常用的技术指标,受到投资者数年的实践检验,长盛不衰;它们的运用方法都以交叉法则为主,择时相关性较好,便于后面的叠加。

1. 移动平均线

股价移动平均线是目前股票市场上最简单、应用最广泛的技术分析方法之一。由于移动平均线客观精确、适应性强,因而成为绝大多数研究运行趋势的基础。按照计算时间区间的长度不同,移动平均线可以分为短期、长期等类型。

移动平均线的算法有算术移动平均法、加权移动平均法、指数加权移动平均法等,而在现实中使用最多的是算术移动平均法:

$$\text{SMA}(N)_t = \frac{1}{N}\sum_{i=0}^{N-1} P_{t-i} \tag{5.1}$$

利用移动平均线进行择时交易最为著名的是葛南维移动平均线八大法则,四条用来研判买进时机,四条用来研判卖出时机。简单来说,移动平均线在价格线之下,而且又是上升趋势是买进时机;反之,移动平均线在价格线之上,而且又呈下降趋势是卖出时机。

此外还有交叉择时法则,即当短期均线从下向上穿过长期均线为金叉,为买入时机;而且当长期均线从上向下穿过短期均线时,形成死叉,应卖出或开空仓。此法在 MACD、DMA 和 TRIX 择时策略中均适用。

具体法则如下:

$$\text{Signal} = \begin{cases} 1, \text{SMA}_t > \text{SMA}_{t-1} \& \text{SMA}_t > \text{LMA}_t \& \text{LMA}_{t-1} > \text{SMA}_{t-1} \\ -1, \text{LMA}_t < \text{LMA}_{t-1} \& \text{SMA}_t < \text{LMA}_t \& \text{SMA}_{t-1} > \text{LMA}_{t-1} \end{cases} \tag{5.2}$$

Signal=1 表示买进,Signal=−1 表示卖出。

优化参数包括确定短期均线天数 S 和长期均线天数 L。在每个优化过程中,S 以 2 天为间隔,测试天数为 2~20 天。L 以 5 天为间隔,测试天数为 20~120 天。优化采用遍历搜索方法,得到不同参数匹配下的择时交易结果。

2. MACD

MACD 即指数的平滑异同移动平均线,是根据均线的构造原理,通过分析短期指数移动平均线与长期指数移动平均线之间的聚合和分离状况,对买进、卖出时机做出判断的技术指标。

MACD 计算方法如下:

(1)计算短期指数移动平均线(SEMA)和长期指数移动平均线(LEMA);
(2)计算离差值(DIF):DIF= SEMA−LEMA;
(3)计算 DIF 的 N 日指数移动平均线,即 DEA;
(4)计算 MACD=2×(DIF−DEA)。

故 MACD 指标是由两线一柱组合起来形成的,快速线为 DIF,慢速线为 DEA,柱状图为 MACD。

由上可知,在 MACD 计算中,需要设定的参数为:短期均线和长期均线的天数 S/L,以及计算 DEA 的天数 N。

MACD 运用准则如下:

(1) DIF、DEA 均为正,DIF 向上突破 DEA 为买入信号;

(2) DIF、DEA 均为负,DIF 向下跌破 DEA 为卖出信号;

(3) 分析 MACD 柱状图,由正变负为卖出信号,由负变正为买入信号。

MACD 指标的使用中采用 DIF 和 DEA 的交叉进行择时,同时在买入信号中加入 DIF 和 DEA 为正,卖出则为负的约束。

$$\text{Signal} = \begin{cases} 1, \text{DIF}_t > \text{DIF}_{t-1} \& \text{DIF}_t > \text{DEA}_t \& \text{DIF}_{t-1} < \text{DEA}_{t-1} \& \text{DIF}_t > 0 \\ -1, \text{DIF}_t < \text{DIF}_{t-1} \& \text{DIF}_t < \text{DEA}_t \& \text{DIF}_{t-1} > \text{DEA}_{t-1} \& \text{DIF}_t < 0 \end{cases} \tag{5.3}$$

3. 佳庆指标 CHO

佳庆指标 CHO 是 Marc Chaikin 所发展的一种新成交量指标。上升下降的幅度越大,则股票价格变化也越大,投资者应该注意风险。佳庆指标 CHO 是一种短期判断走势的量化投资指标。当佳庆指标 CHO 由负值向上穿越 0 轴时,为买入信号(此时股票价格应该位于 90 天移动平均线之上),投资者可以介入;当佳庆指标 CHO 由正值向下穿越 0 轴时,为卖出信号(此时股票价格应该位于 90 天移动平均线之下),投资者应考虑卖出股票。

佳庆指标 CHO 计算公式为

$$\text{MID}_t = \text{sum}\left(\text{volume}_t \cdot \frac{2 \times \text{closeprice}_t - \text{highprice}_t - \text{lowprice}_t}{\text{highprice}_t + \text{lowprice}_t}\right) \tag{5.4}$$

$$\text{CHO}_t = \text{SMA}(\text{MID}_t, \text{period1}) - \text{SMA}(\text{MID}_t, \text{period2}) \tag{5.5}$$

式中:closeprice 为收盘价;lowprice 为最低价;highprice 为最高价;period1、period2 为不同的计算周期,period1、period2 均为整数且小于或等于样本的长度;SMA 为简单移动平均值计算函数。

佳庆指标 CHO 的使用规则为

$$\text{Signal} = \begin{cases} 1, \text{CHO}_{t-1} < 0 \& \text{CHO}_t > 0 \& \text{Price} > \text{SMA}(90)_t \\ -1, \text{CHO}_{t-1} > 0 \& \text{CHO}_t < 0 \& \text{Price} < \text{SMA}(90)_t \end{cases} \tag{5.6}$$

4. TRIX

TRIX 即三重指数平滑平均线,根据移动平均线理论,对移动平均线进行 3 次平滑处理,再根据这条移动平均线的变动情况来预测股价的长期走势,是一种研究股价趋势的长期技术分析工具。

TRIX 由下向上穿过 0 轴时,从长期看为买进信号,此时投资者可以考虑买入该股票;TRIX 由上向下穿过 0 轴时,从长期来看视为卖出信号,此时投资者可以逢高卖出手中的股票。

TRIX 上升的速率反映股票价格上涨的幅度,TRIX 上升越快,股票价格上涨越快;TRIX 下降速率越大,股票价格下跌也越快。因此,投资者可根据 TRIX 合理地掌控买入的股票。

$$EMA1_t = EMA(closeprice_t, period) \tag{5.7}$$

$$EMA2_t = EMA(EMA(closeprice_t, period), period) = EMA(EMA1_t, period) \tag{5.8}$$

$$EMA3_t = EMA(EMA(EMA(closeprice_t, period), period), period) \\ = EMA(EMA2_t, period) \tag{5.9}$$

$$TRIX_t = 100 \times \frac{EMA3_t - EMA3_{t-1}}{EMA3_{t-1}} \tag{5.10}$$

式中：closeprice 为股票收盘价；period 为计算周期，period 为整数，并且小于或等于样本的长度；EMA 为指数平滑移动平均值计算函数。

TRIX 使用规则采用 TRIX 及其均线 MATRIX 交叉进行择时交易：

$$Signal = \begin{cases} 1, TRIX_t > TRIX_{t-1} \& TRIX_t > MATRIX_t \& TRIX_{t-1} < MATRIX_{t-1} \\ -1, TRIX_t < TRIX_{t-1} \& TRIX_t < MATRIX_t \& TRIX_{t-1} > MATRIX_{t-1} \end{cases}$$

$$\tag{5.11}$$

5. 组合指标择时策略

单个指标的择时效果从某种程度上讲具有较大的偶然性，并且效果优劣与参数的选择具有较大的关系，为了增强择时的稳定性和稳健性，本书考虑将以上 4 个趋势指标择时的策略结合起来，构建组合趋势指标择时策略。

在以上单指标择时测试中，每个具体策略会产生一个信号序列，即 Signal 信号，我们将 4 个指标信号叠加起来，构成一个新的信号变量，记作 Trade。显然 Trade 的取值范围为 {-4,-3,-2,-1,0,1,2,3,4}。假定在某个时点 Trade 为 4，则表示此时 4 个指标均发出买入信号；若 Trade 为 1，则表示有一个指标发出买入信号，3 个指标为卖出信号。

根据历史经验，一般采用 3—3 的择时交易策略组合，即同时出现 3 个买入和卖出信号时进行操作是最优的。

第二节 趋势择时案例分析

1. 单一指标的择时策略

由于趋势择时指标计算具有共性，因此本书仅以 MA 为例，说明量化策略及参数优化过程。

本案例以 HS300 指数为例，按照 MA 交易规则进行交易，时间区间为 2015 年 12 月—2019 年 4 月 30 日，数据频率为周数据。

```matlab
% 1.准备数据
clc, clear all, close all;
warning off;
d = datetime('today');
em = EmQuantMatlab();
errorid = em.start('forcelogin=1');
% 从Choice量化接口读取收盘价、最高价、最低价、换手率周数据
[datas,~ ,~ ,dates,~ ] = em.csd('000300.SH','OPEN,CLOSE,HIGH,LOW,TURN','2005-12-01','2019-04-30','period=2,adjustflag=3,curtype=1,order=1,market=CNSESH');
CSI300_EOD = datas(:, 2);
load datashs300.mat;
% 将样本划分为测试样本和预测样本
testPts = floor(0.8*length(CSI300_EOD));
CSIClose = CSI300_EOD(1:testPts);
CSICloseV = CSI300_EOD(testPts+1:end);
% 按照上文的规则制定交易信号策略
% 用移动均线方法
[lead,lag] = movavg(CSIClose,20,30,'e');
figure;
plot([CSIClose,lead,lag]); grid on;
legend('Close','Lead','Lag','Location','Best');
运行结果如图5-1所示。
% 建议交易信号和策略表现评估方式,这里假设全年有52个周
oneweekr = diff(CSIClose);
s = zeros(size(CSIClose));
longflag = 0;
shortflag = 0;
for i = 1:testPts-1;
    if lead(i+1) > lag(i+1) & lead(i+1) > lead(i) & (lag(i) > lead(i) | lag(i) == lead(i))
        s(i+1) = 1;                    % 若满足买入条件,s(i+1)=1
        longflag = 1;
        shortflag = 0;
    elseif lead(i+1) < lag(i+1) & lead(i+1) < lead(i) & (lag(i) < lead(i) | lag(i) == lead(i))
        s(i+1) = -1;                   % 若满足卖出条件,s(i+1)=-1
        shortflag = -1;
```

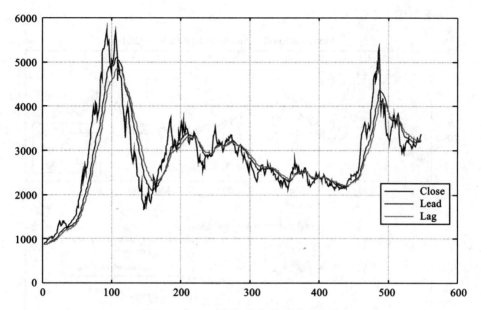

图 5-1　HS300 指数收盘价及移动均线

```
longflag=0;
elseif  longflag==1
        s(i+1) =1;    % s(i+1)=1,直至发出卖出信号
elseif  shortflag==-1;
        s(i+1) =-1; % s(i+1)=-1 直至发出买入信号
end
end
r=[0; s(1:end-1).*oneweekr];       % 周绝对收益点数
sh =sqrt(52)*sharpe(r,0);          % 年度夏普比率

% 绘制初步策略的评估结果
figure;
ax(1) =subplot(2,1,1);
plot([CSIClose,lead,lag]); grid on;
legend('Close','Lead','Lag','Location','Best');
title(['First Pass Results, Annual Sharpe Ratio =',num2str(sh,3)]);
ax(2) =subplot(2,1,2);
plot([s,cumsum(r)]); grid on;
title(['Final Return = ',num2str(sum(r),3),' (',num2str(sum(r)/CSIClose(1)* 100,3),'% )']);
legend('Position','Cumulative Return','Location','Best');
linkaxes(ax,'x');
```

运行结果如图 5-2 所示。

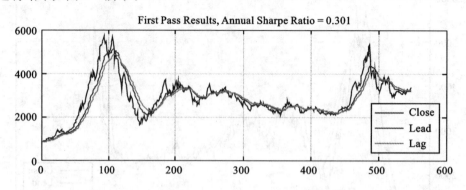

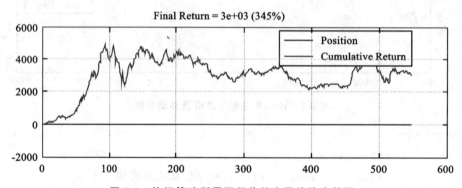

图 5-2　执行策略所得累积收益率及价格走势图

```
annualScaling = sqrt(52);
% 2.选择最佳的移动均线参数
% 采用参数扫描的方法选择遍历可选的参数并选择最佳的一组
clear s lead lag r sh;
sh = nan(100,100);
cost = 0;
scaling = sqrt(52);
tic;
for n = 1:100
    for m = n:100
        s = zeros(size(CSIClose));
        [lead,lag] = movavg(CSIClose,n,m,'e');
        s = zeros(size(CSIClose));
longflag = 0;
shortflag = 0;
for i = 1:testPts-1
    if lead(i+1) > lag(i+1) & lead(i+1) > lead(i) & (lag(i) > lead(i) | lag(i) == lead(i))
```

```matlab
        s(i+1)=1;                        % 满足买入条件买入
    longflag=1;
    shortflag=0;
        elseif  lead(i+1)< lag(i+1)& lead(i+1)< lead(i) & (lag(i)< lead(i) | lag(i)==lead(i))
        s(i+1)=-1;                       % 满足卖出信号卖出
    shortflag=-1;
    longflag=0;
        elseif  longflag==1
            s(i+1)=1;     % s(i+1)=1直至卖出信号发出
            elseif  shortflag==-1
            s(i+1)=-1;    % s(i+1)=-1直至买入信号发出
        end
    end
        r=[0; s(1:end-1).*diff(CSIClose)-abs(diff(s))*cost/2];
        sh(n,m)=scaling*sharpe(r,0);
        clear s lead lag r;
    end
end
toc;
figure;
surfc(sh), shading interp, lighting phong;
view([80 35]), light('pos',[0.5, -0.9, 0.05]);
colorbar;
```
运行结果如图 5-3 所示。
```matlab
% 绘制最佳的夏普率
[maxSH,row]=max(sh);        % 按行找出最大值
[maxSH,col]=max(maxSH);     % 再次使用 max 函数,找出矩阵最大值
figure;
% leadlag(CSIClose,row(col),col,annualScaling)
disp('最佳参数组合为:');
disp(['Lead=',num2str(row(col))]);
disp(['Lag=',num2str(col)]);
```
运行结果如图 5-4 所示。
```matlab
[lead,lag]=movavg(CSIClose,row(col),col,'e');
plot([CSIClose,lead,lag]); grid on;
```

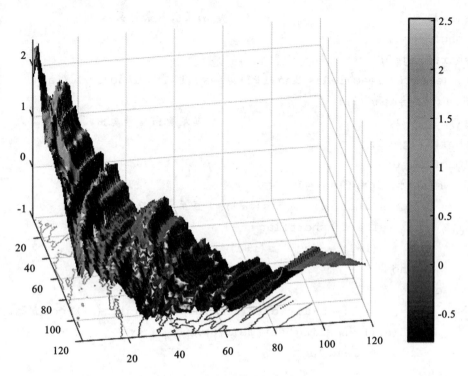

图 5-3 参数寻优结果示意图

最佳参数组合为：
Lead=3
Lag=4

图 5-4 均线趋势图

运行结果如图 5-5 所示。
```
% 采用预测样本评估当前策略
clear lead lag;
figure;
[lead,lag]=movavg(CSICloseV,row(col),col,'e');
plot([CSICloseV,lead,lag]); grid on;
```
运行结果如图 5-6 所示。
```
cost=0.01; % 将交易成本设为万分之一
range={1:1:120,1:1:120};
annualscaling=sqrt(250);
llfun=@(x)leadlagFun(x,CSIClose,annualscaling,cost);
[maxSharpe,param,sh,vars]=parameterSweep(llfun,range);
figure;
surfc(vars{1},vars{2},sh), shading interp, lighting phong;
```

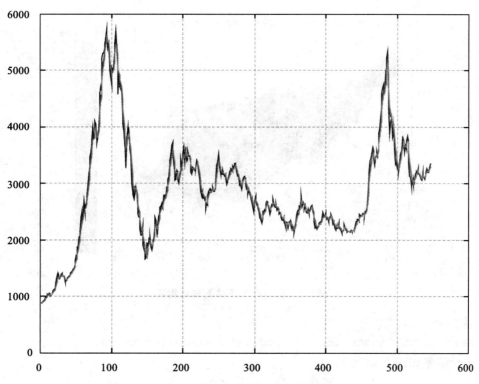

图 5-5　预测区间均线系统示意图

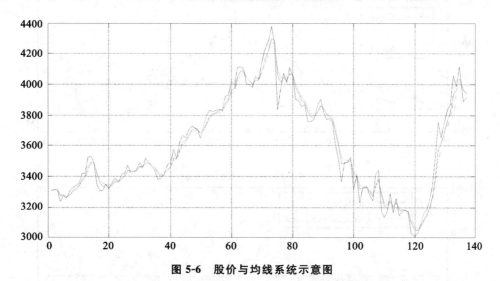

图 5-6　股价与均线系统示意图

```
title(['max sharpe ratio',num2str(maxSharpe,3),...
    'for Lead ',num2str(param(1)),' and Lag ',num2str(param(2))]);
view([80 35]), light('pos',[0.5,-0.9,0.05]);
colorbar;
```

运行结果如图 5-7 所示。

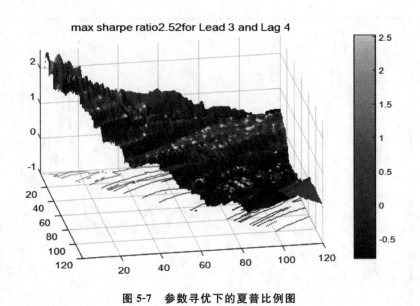

图 5-7 参数寻优下的夏普比例图

```
figure;
leadlag(CSICloseV,row(col),col,annualscaling,cost);
```

运行结果如图 5-8 所示。

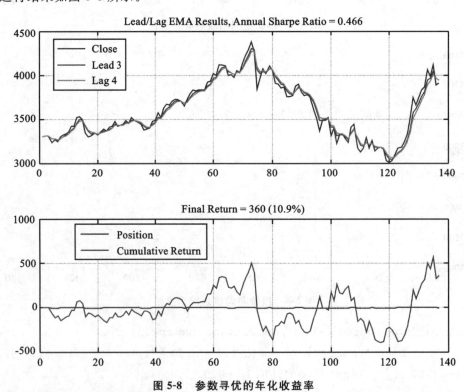

图 5-8 参数寻优的年化收益率

从单一指数择时看,有时过度优化的效果并不理想,从优化结果看最终的夏普指数为 0.466,累积收益为 10.9%,而同期沪深 300 指数收益为 19.2%。

2. 组合指标择时策略

本案例以 HS300 指数为例,按照组合指标交易规则进行交易,时间区间为 2006 年 10 月—2019 年 8 月 8 日,数据频率为周数据。

```
clc,clear,close all;        % 清屏、清理工作区、关闭图形窗口
warning off;
em=EmQuantMatlab();
errorid=em.start('forcelogin=1');
d=datetime('today');
% 从 Choice 量化接口读入开盘价、收盘价、最高价、最低价、交易量、交易金额等周
数据
[datas,codes,indicators,dates,errorid]=em.csd('000300.SH','OPEN,
CLOSE,HIGH,LOW,VOLUME,AMOUNT','2006-10-11',d,'period=2,adjustflag=2,
curtype=1,pricetype=1,order=1,market=CNSESH');
openprice=datas(:,1)';        % 开盘价
highprice=datas(:,3)';        % 最高价
lowprice=datas(:,4)';         % 最低价
closeprice=datas(:,2)';       % 收盘价
tradingvolume=datas(:,5)';    % 交易量

% 用指数移动均线方法,短周期为 5 周,长周期为 12 周
[lead,lag]=movavg(closeprice,5,12,'e');
Q=datenum(dates);
figure;
plot(Q,[closeprice',lead,lag]);grid on;
xlabel('时间');
dateaxis('x',1);
legend('closeprice','Lead','Lag','Location','Best');
运行结果如图 5-9 所示。
% 建议交易信号和策略表现评估方式,这里假设全年有 52 周
oneweekr=diff(closeprice);
s1=zeros(size(closeprice));
longflag=0;
shortflag=0;
for i=1:size(closeprice,2)-1
    if lead(i+1)>lag(i+1) & lead(i+1)>lead(i) & (lag(i)>lead(i) |
lag(i)==lead(i))
        s1(i+1)=1;    % 若满足买入条件,则 s1=1
```

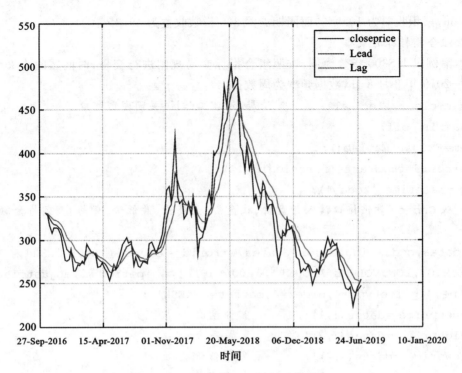

图 5-9　股价及均线系统示意图

```
    longflag=1;
    shortflag=0;
        elseif  lead(i+1)< lag(i+1)& lead(i+1)< lead(i) & (lag(i)< lead
(i) | lag(i)==lead(i))
    s1(i+1)=0;%  若满足卖出条件,则 s1=0
    shortflag=-1;
    longflag=0;
        elseif  longflag==1
            s1(i+1)=1;% 买入指数直至卖出信号发出
            elseif  shortflag==-1
            s1(i+1)=0;% 卖出指数直至买入信号发出
        end
    end
s1b=s1;  % 将设置为 0、1 的交易策略赋予变量 s1b
% 建议交易信号和策略表现评估方式,这里假设全年有52周
oneweekr=diff(closeprice);      % 计算绝对价格表示的周收益

s 1=[];                         % 为进行组合择时策略设置卖出信号
s1=zeros(size(closeprice));
```

```
    longflag=0;
    shortflag=0;
    for i=1:size(closeprice,2)-1
        if lead(i+1)> lag(i+1)& lead(i+1)> lead(i) & (lag(i)> lead(i) | lag(i)==lead(i))
    s1(i+1)=0;                    % 如果符合买入条件,则 s1=0
    longflag=1;
    shortflag=0;
        elseif  lead(i+1)< lag(i+1)& lead(i+1)< lead(i) & (lag(i)< lead(i) | lag(i)==lead(i))
    s1(i+1)=-1;                   % 如果符合卖出条件,则 s1=-1
    shortflag=-1;
    longflag=0;
        elseif  longflag==1
            s1(i+1)=0;% 买入指数 s1=0 直至出现卖出信号
            elseif  shortflag==-1
            s1(i+1)=-1;% 卖出指数 s1=-1 直至出现买入信号
        end
    end
    s1s=s1;                 % 将交易信号 0、-1 赋予 s1s
        % Macd 计算
    period=12;              % 计算周期,为整数,1≤ period ≤ N,长周期
    Dif=lead-lag;
    Dea=tsmovavg(Dif','e',period);
    Dea(1)=Dif(1);
        for i=2:period-1
          Dea(i)=(Dea(i-1)*(i-1)+Dif(i))/i;
        end
            Macd=2*(Dif-Dea');
        figure;
    plot(Q,[Dif,Dea',Macd]); grid on;
    legend('Dif','Dea','Macd','Location','Best');
    xlabel('时间');
    dateaxis('x',1);
```

运行结果如图 5-10 所示。

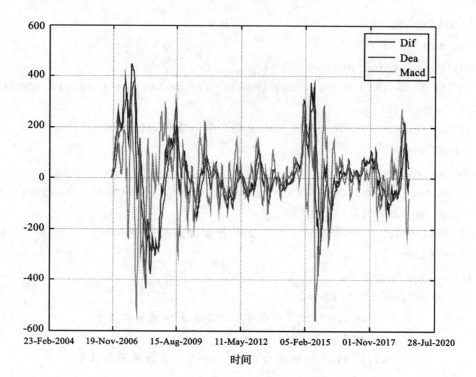

图 5-10　MACD 快线、慢线示意图

```
s2 = zeros(size(closeprice));
longflag=0;
shortflag=0;
for i=1:size(closeprice,2)-1
    if Dif(i+1)> Dif(i)& Dif(i+1)> Dea(i+1) & (Dif(i)< Dea(i) | Dif(i)==Dea(i))
    s2(i+1)=1;    % 若满足买入条件,则 s2=1
    longflag=1;
    shortflag=0;
    elseif  Dif(i+1)< Dif(i)& Dif(i+1)< Dea(i+1) & (Dif(i)> Dea(i) | Dif(i)==Dea(i))
    s2(i+1)=0;% 若满足卖出条件,则 s2=0
    shortflag=-1;
    longflag=0;
        elseif  longflag==1
            s2(i+1)=1;     % 买入指数直至卖出信号发出 s2=1
            elseif  shortflag==-1
            s2(i+1)=0;   % 卖出指数直至买入信号发出 s2=0
```

```
            end
        end
        s2b=s2;       % 将设置为 0、1 的交易策略赋予变量 s2b
        s2=[];        % 为进行组合择时策略设置卖出信号
        s2=zeros(size(closeprice));
    longflag=0;
    shortflag=0;
    for i=1:size(closeprice,2)-1
        if Dif(i+1)> Dif(i) & Dif(i+1)> Dea(i+1) & (Dif(i)< Dea(i) | Dif(i)==Dea(i))
    s2(i+1)=0;        % 如果符合买入条件,则 s2=0
    longflag=1;
    shortflag=0;
        elseif  Dif(i+1)< Dif(i) & Dif(i+1)< Dea(i+1) & (Dif(i)> Dea(i) | Dif(i)==Dea(i))
    s2(i+1)=-1;       % 如果符合卖出条件,则 s2=-1
    shortflag=-1;
    longflag=0;
        elseif  longflag==1
            s2(i+1)=0; % 买入指数 s2=0 直至出现卖出信号
            elseif  shortflag==-1
            s2(i+1)=-1;% 卖出指数 s2=-1 直至出现买入信号
        end
    end
    s2s=s2;        % 将交易信号 0,-1 赋予 s2s

    % CHO——佳庆指标
    period1=5;    % SMA 简单移动平均计算周期,为整数,1≤ period1 ≤ N
    period2=12;   % SMA 简单移动平均计算周期,为整数,1≤ period2 ≤ N

    cho = CHO (highprice, lowprice, closeprice, tradingvolume, period1, period2);
    % 函数功能:计算 CHO
    function cho_com =CHO(highprice,lowprice,closeprice,tradingvolume, period1, period2);
    % highprice,lowprice,closeprice:在列向量上随时间变化,即为行向量
```

```
%  输入:
%       highprice 为输入的最高价
%       lowprice 为输入的最低价
%       closeprice 为输入的收盘价,M×N
%       tradingvolume 为输入的成交量
%       period1 为 SMA 简单移动平均计算周期,为整数,1≤ period1 ≤ N
%       period2 为 SMA 简单移动平均计算周期,为整数,1≤ period2 ≤ N
%  输出:
%       cho_com:CHO——佳庆指标

%  CHO——佳庆指标计算
%  MID = nan * ones(size(closeprice,1),size(closeprice,2));% 初始化
for j=1:size(closeprice,1)
    for i=1:size(closeprice,2)
        if i==1
MID(j,i)=tradingvolume(j,i)*(2*closeprice(j,i)-highprice(j,i)-lowprice(j,i))/(highprice(j,i)+lowprice(j,i));
        else
MID(j,i)=MID(j,i-1)+tradingvolume(j,i)*(2*closeprice(j,i)-highprice(j,i)-lowprice(j,i))/(highprice(j,i)+lowprice(j,i));
        end
    end
end
MID
cho_com =tsmovavg(MID,'s',period1)-tsmovavg(MID,'s',period2);

figure(2);
subplot(121),plot(Q,closeprice','.-');   ylabel('收盘价');
xlabel('时间');
dateaxis('x',1);
subplot(122),plot(Q,cho','.-');
xlabel('时间');
dateaxis('x',1);ylabel('CHO佳庆指标') ;
```
运行结果如图 5-11、图 5-12 所示。

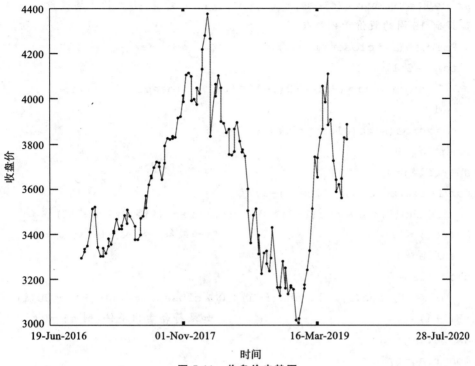

图 5-11 收盘价走势图

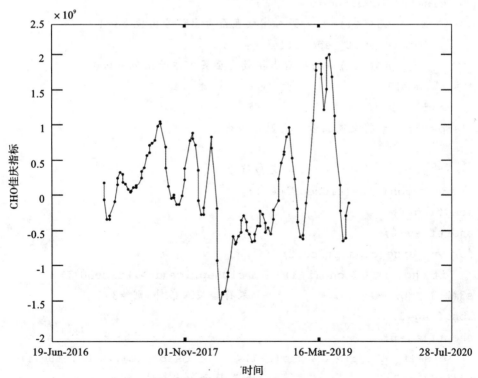

图 5-12 佳庆指标示意图

```matlab
Price90 =tsmovavg(closeprice,'e',18);  % 计算90天的平均股价
% 将前18周的股价予以赋值
    Price90(1)=closeprice(1);
    for i=2:17
        Price90(i)=(Price90(i-1)*(i-1)+closeprice(i))/i;
    end
    s3=zeros(size(closeprice));
longflag=0;
shortflag=0;
for i=1:size(closeprice,2)-1;
    if cho(i)< 0 & cho(i+1)> 0 & closeprice(i)> Price90(i)
s3(i+1) =1;                          % 如果符合买入条件,则s3=1
longflag=1;
shortflag=0;
    elseif   cho(i)> 0 & cho(i+1)< 0 & closeprice(i)< Price90(i)
s3(i+1)=0;                           % 如果符合卖出条件,则s3=0
shortflag=-1;
longflag=0;
    elseif  longflag==1
         s3(i+1)=1;% 买入指数直至卖出信号出现 s3=1
         elseif  shortflag==-1;
         s3(i+1) =0;% 卖出指数直至买入信号出现 s3=0
      end
   end
  s3b=s3;   % 将交易信号0、1赋值 s3b

  s3=[];    % 构建以0、-1的交易信号
   s3 =zeros(size(closeprice));
longflag=0;
shortflag=0;
for i=1:size(closeprice,2)-1
    if cho(i)< 0 & cho(i+1)> 0 & closeprice(i)> Price90(i)
s3(i+1) =0;            % 如果符合买入条件,则s3=0
longflag=1;
shortflag=0;
    elseif  cho(i)> 0 & cho(i+1)< 0 & closeprice(i)< Price90(i)
s3(i+1) =-1;           % 如果符合卖出条件,则s3=- 1
shortflag=-1;
```

```matlab
    longflag=0;
        elseif  longflag==1
                s3(i+1)=0; % 买入指数直至卖出信号出现 s3=0
                elseif  shortflag==-1
                s3(i+1)=-1;% 卖出指数直至买入信号出现 s3=-1
            end
        end
        s3s=s3; % 将交易信号 0、-1 赋予 s3s
    % 计算技术指标 TRIX
trix_com =nan*ones(size(closeprice,1),size(closeprice,2));
% 初始化
EMA1 =nan*ones(size(closeprice,1),size(closeprice,2));
% 初始化
EMA2 =nan*ones(size(closeprice,1),size(closeprice,2));
% 初始化
EMA3 =nan*ones(size(closeprice,1),size(closeprice,2));
% 初始化
        EMA1 =tsmovavg(closeprice,'e',period);      % 一次指数平滑
        EMA1(1)=closeprice(1);
        for i=2:period-1
           EMA1(i)=(EMA1(i-1)*(i-1)+closeprice(i))/i;
        end
        EMA2=tsmovavg(EMA1,'e',period);        % 二次指数平滑
        EMA2(1)=EMA1(1);
        for i=2:period-1
           EMA2(i)=(EMA2(i-1)* (i-1)+EMA1(i))/i;
        end
        EMA3=tsmovavg(EMA2,'e',period);        % 三次指数平滑

        EMA3(1)=EMA2(1);
        for i=2:period-1
           EMA3(i)=(EMA3(i-1)*(i-1)+EMA2(i))/i;
        end
        trix_com(1)=0;
    for i=2:size(EMA3,2)
          trix_com(i) =100*(EMA3(i)-EMA3(i-1))./(EMA3(i-1));
    end
```

```
Matrix=tsmovavg(trix_com,'e',12);
% 对三次指数平滑得到的数据再进行12期的指数平滑
    Matrix(1)=trix_com(1);
    for i=2:11
      Matrix(i)=( Matrix(i-1)* (i-1)+trix_com(i))/i;
    end

% 对收盘价作图
figure(2);
subplot(121),plot(Q,closeprice','.-');  ylabel('收盘价');
xlabel('时间');
dateaxis('x',1);
% 对 TRIX 指标作图
subplot(122),plot(Q,trix_com','.-'); ylabel('TRIX 三重指数平滑平均线指标');
xlabel('时间');
dateaxis('x',1);
```

运行结果如图 5-13、图 5-14 所示。

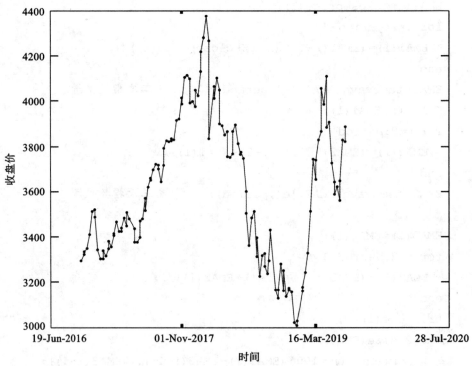

图 5-13　收盘价走势图

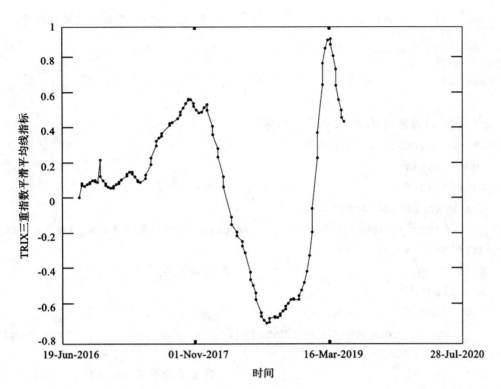

图 5-14　TRIX 指标趋势图

```
% 根据 TRIX 指标构建交易信号
s4 = zeros(size(closeprice));
longflag=0;
shortflag=0;
for i=1:size(closeprice,2)-1
    if trix_com(i+1)> Matrix(i+1) & trix_com(i+1)> trix_com(i) & trix_com(i)< Matrix(i)
        s4(i+1) =1;                    % 符合买入条件,赋值 s4=1
        longflag=1;
        shortflag=0;
    elseif  trix_com(i+1)< Matrix(i+1) & trix_com(i+1)< trix_com(i) & trix_com(i)> Matrix(i)
        s4(i+1) =0;                    % 符合卖出条件,赋值 s4=0
        shortflag=-1;
        longflag=0;
        elseif  longflag==1
            s4(i+1) =1;                % 买入后 s4=1 直至出现卖出信号
            elseif  shortflag==-1
```

```matlab
            s4(i+1) =0;              % 卖出后 s4=0 直至出现买入信号
        end
    end
s4b=s4;

s4=[]; % 构建以 0、-1 值的交易信号
s4 =zeros(size(closeprice));
longflag=0;
shortflag=0;
for i=1:size(closeprice,2)-1
    if trix_com(i+1)> Matrix(i+1)& trix_com(i+1)> trix_com(i) & trix_com(i)< Matrix(i)
        s4(i+1) =0;                  % 符合买入信号 s4=0
longflag=1;
shortflag=0;
    elseif  trix_com(i+1)< Matrix(i+1)& trix_com(i+1)< trix_com(i) & trix_com(i)> Matrix(i)
        s4(i+1) =-1;                 % 符合卖出信号 s4=-1
shortflag=-1;
longflag=0;
        elseif  longflag==1
            s4(i+1) =0;              % 买入后 s4=0 直至出现卖出信号
            elseif  shortflag==-1;
            s4(i+1) =-1;             % 卖出后 s4=-1 直至出现买入信号
        end
    end
s4s=s4; % 将交易信号 0、-1 赋予 s4s

s5=s1b+s2b+s3b+s4b;    % 将 0、1 赋值的交易信号加总
s6=s1s+s2s+s3s+s4s;    % 将 0、-1 赋值的交易信号加总
s00=[s5' s6'];
SL =zeros(size(closeprice));
longflag=0;
shortflag=0;
for i=1:size(closeprice,2)
    if s5(i)> 2
SL(i) =1;          % 如果 s5 大于 3,则组合指标择时买入
longflag=1;
```

```
        shortflag=0;
    elseif  s6(i)< -2
SL(i)=-1;                    % 如果s6小于-3,则组合指标择时卖出
shortflag=-1;
longflag=0;
    elseif  longflag==1
        SL(i) =1;% 买入指数,直至出现卖出信号
        elseif  shortflag==-1
        SL(i) =-1;% 卖出指数,直至出现买入信号
    end
  end
  SL0=SL';

% 绘制初步策略的评估结果
r =[0;SL0(1:end-1).*oneweekr'];        % 收益
sh =sqrt(52)*sharpe(r,0);              % 年均夏普比率

% 绘制初步策略的评估结果
figure;
ax(1) =subplot(2,1,1);
plot(Q,[closeprice]); xlabel('时间');
dateaxis('x',1);
grid on;
legend('closeprice'  'Location','Best');
title(['First Pass Results, Annual Sharpe Ratio =',num2str(sh,3)]);
ax(2) =subplot(2,1,2);
plot(Q,[s,cumsum(r)]);
xlabel('时间');
dateaxis('x',1);
grid on;
title(['Final Return = ',num2str(sum(r),3),' (',num2str(sum(r)/closeprice(1)* 100,3),'% )']);
legend('Position','Cumulative Return','Location','Best');
linkaxes(ax,'x');
annualScaling =sqrt(52);
```

由图5-15可见,经过组合择时策略所得夏普比率为0.618,累积收益率为32.5%,而同期沪深300指数累积收益率为19.4%。

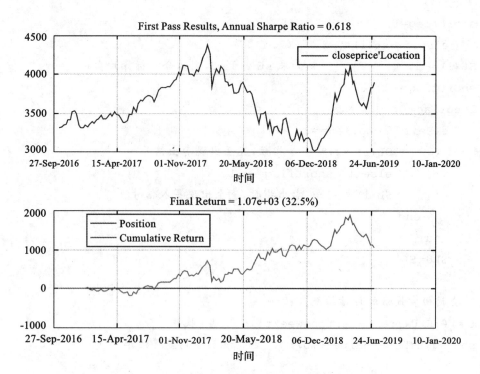

图 5-15 组合择时策略累积收益图

第三节 基于 SWARCH 模型的量化择时策略

具有马尔科夫区制转移的 SWARCH 模型能够更好地描述资本市场波动特性。金融时间序列会因为一些突发因素和人为干预而发生突然变化,在预测和评估市场风险和波动性时,都应当考虑这种风险状态的改变。对具有不同波动特征的金融时间序列,可认为变化发生前后的序列过程处于不同的区制。为此,Hamilton 在 1994 年提出了引入马尔科夫区制转移的 ARCH 模型,即 SWARCH 模型,该模型成功地解决了 ARCH 类模型对波动的持续性较好的描述能力与对波动较差的预测能力之间的矛盾。通过运用 SWARCH 模型对美国股市波动的拟合,Hamilton 认为具有三状态的 SWARCH 模型对美国股市波动的拟合程度优于其他模型,并且具有较好的预测效果。

海通证券充分挖掘 SWARCH 模型的优势,其构建的双变量 SWARCH 模型在分析货币供应周期和证券市场趋势的关系上取得了超过 88% 的预测精度。随后将这种建模的思想加以改进并且应用在对各个具体行业指数趋势的研究上,即所谓的 L_SWARCH

行业模型,模型同样取得了良好的预测效果。

一、SWARCH 模型概述

假定 ARCH 过程中的参数可以发生偶尔和突然的变化,设观察到的随机变量 r_t 方差由一个不可观测的状态变量 S_t 控制,假定状态变量 S_t 为一个 n 维齐次马尔科夫链,其转移概率为

$$\text{Prob}(S_t = j | S_{t-1} = i, S_{t-2} = k, L) = \text{Prob}(S_t = j | S_{t-1} = i) = p'_{ij} \quad (5.12)$$

单变量 SWARCH(n,q) 模型如下:

$$\begin{cases} r_t - \mu_{S_t} = \alpha_1 (r_{t-1} - \mu_{S_{t-1}}) + e_t \\ e_t = \sqrt{h_t} \varepsilon_t, \varepsilon_t \sim \text{iid} N(0,1) \\ h_t = \xi + \xi_1 e_{t-1}^2 \end{cases} \quad (5.13)$$

SWARCH 模型参数估计采用极大似然估计法进行。以下是简要的估计过程,详见 Kim(1999) *state space with regime switching* 的相关章节。

$l(\theta) = 0$

$\text{Pr}(S_0) = \pi_j$(稳定状态概率)

$\Downarrow$

$\Downarrow$

$\text{Pr}(S_t, S_{t-1} | \psi_{t-1}) = \text{Pr}(S_t | S_{t-1}) \text{Pr}(S_{t-1} | \psi_{t-1})$ (在信息集 ψ_{t-1} 计算状态转移概率)

$\Downarrow$

$f(y_t | \psi_{t-1}) = \sum_{S_t} \sum_{S_{t-1}} f(y_t | S_t, S_{t-1}, \psi_{t-1}) \text{Pr}(S_t, S_{t-1} | \psi_{t-1})$ (加总各状态下的似然函数)

$\Downarrow$

$\{l(\theta) = l(\theta) + \ln(f(y_t | \psi_{t-1}))\}$ （累加时间节点的似然函数）

$\Downarrow$

$\text{Pr}(S_t, S_{t-1} | \psi_t) = \dfrac{y(y_t, S_t, S_{t-1} | \psi_{t-1})}{f(y_t | \psi_{t-1})} = \dfrac{y(y_t | S_t, S_{t-1}, \psi_{t-1}) \text{Pr}(S_t, S_{t-1} | \psi_{t-1})}{f(y_t | \psi_{t-1})}$

(使用卡尔曼滤波在信息集 ψ_t 更新状态转移概率)

$\Downarrow$

$\text{Pr}(S_t | \psi_t) = \sum_{S_{t-1}} \text{Pr}(S_t, S_{t-1} | \psi_{t-1})$ （更新各状态发生概率）

$\Downarrow$

$\left\{ l(\theta) = \sum_{t=1}^{T} \ln(f(y_t | \psi_{t-1})) \right\}$ （最终获得 SWARCH 的似然函数）

SWARCH 建模的思想非常适合研究多变量之间复杂而又明确的联动关系。首先,SWARCH 模型将研究变量划分为不同的状态,进而研究各变量的状态之间的转移关系,这显然比一般传统上对研究变量具体数值的刻画要相对容易,而且可以有效地避免出现

样本内"过度拟合"的现象;其次,SWARCH 模型建立了研究变量与解释变量之间非线性的关系,是一种非线性的量化建模方法。SWARCH 模型具有的这些优势使我们有理由相信其对研究量价关系理论这一明确而又复杂的关系必然有一定的适用性。

(1)基于马尔科夫转换下的 ARCH 模型中的状态不可直接观测到,但可以通过信息集推论任意时刻 t 状态的概率。当推断基于时刻 t 观察到的所有信息时称为"过滤概率"(filter probability),而基于所有样本得到的概率称为"平滑概率"(smoothed probability)。

(2)挑选构建量价分析模型的基础解释指标。最原始的成交量和收盘价数据包含着最丰富的数据,所以在实证过程中选取了标的指数的周收益率数据、标的指数的周日均成交量数据和标的指数的 10 日价格动量数据作为择时模型的基础指标。其中:标的指数的 10 日价格动量 =(今日收盘价-10 日前收盘价)/过去 10 日股价变动的标准差。

(3)对模型的状态转移概率矩阵进行动态解释。

在这一步骤中我们应用前面筛选出的三个指标对标的指数收益率的状态转移矩阵进行解释,例如,上一期(即第 $t-1$ 周)标的指数上涨而下一期(即第 t 周)标的指数继续上涨或者转而下跌的概率具体应该怎么判断,反之亦然。这里我们利用多元回归的思想对标的指数收益率的状态转移概率矩阵给出了一个解释,亦即利用标的指数的周收益率数据、标的指数的周日均成交量数据和标的指数的 10 日价格动量数据更新每一期的状态转移概率矩阵。我们主要针对上涨的平滑概率进行预测,如果上涨状态的平滑概率超过 0.9,则判断下期的市场指数上涨,从而在前一期进行买入,由此构建基于 SWARCH 模型的量化择时策略。

二、基于 SWARCH 的量化择时策略实例

1. 交易模型

我们以 HS300 指数收益率为基础数据,建立满足 Markov 状态转移的一阶 ARCH 模型。其中以沪深 300 指数从 2006 年 1 月 8 日至 2009 年 12 月 31 日的数据作为模型的初始训练样本,对标的指数从 2010 年 1 月 8 日到 2019 年 6 月 21 日的数据做(每一期)样本外的滚动预测,即在每一期我们都会利用最新的样本数据更新模型的参数并对指数下一期的涨跌进行预测。模型预测期的准确率达到了 54.3%。图 5-16 所示的为模型样本外的预测结果,如果模型预测结果正确(与真实的涨跌情况比较),则记为 1,而如果模型预测结果错误,则记为-1。

基于 SWARCH 的量化交易 MATLAB 代码如下:

```
clc, clear all, close all;
warning off;
em=EmQuantMatlab();
errorid=em.start('forcelogin=1');
% 获取 HS300 指数日收盘价
[Price,~,~,dated,~]=em.csd('000300.SH','CLOSE','2006-01-01','2019-06-21','period=1,adjustflag=2,curtype=1,order=1,market=CNSESH');
```

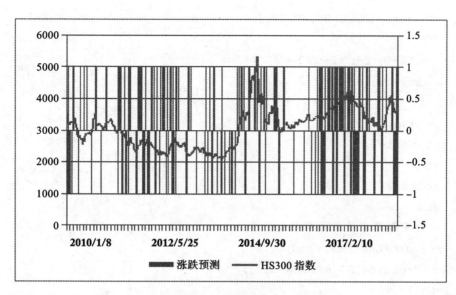

图 5-16 SWARCH 模型样本外预测示意图

```
[datas,~ ,~ ,datew,~ ]=em.csd('000300.SH','PCTCHANGE,VOLUME,TURN','
2006-01-01', '2019-06-21', 'period=2, adjustflag=2, curtype=1, order=1,
market=CNSESH');
    [M2, codes, indicators, dates, errorid] = em. edb (' EMM00599972 ', '
IsLatest=0,StartDate=2006- 01- 01,EndDate=2019- 06- 26');
    % save('datas.mat', 'datas');
    load   datas.mat;
    % 计算 10 日动量指标
    pv=zeros(size(Price));
    for i=10:length(Price)
        pv(i)=(Price(i)-Price(i-9))/std(Price(i-9:i));
    end
    % 将 10 日动量指标与周收益日期一一对应
    dated0=datenum(dated);
    datew0=datenum(datew);
    for i=1:length(datew0)
    pvw(i)=pv(find(dated0==datew0(i)));
    end
    Preturn=datas(:,1);
    LAG_AR=1;   % 滞后阶数
    NO_ST=LAG_AR+1;   % 计算状态转移概率矩阵维数乘数
    DMNSION=2^NO_ST;   % 状态转移矩阵维数
    % 设定不同状态组合矩阵
```

```
st_mat=zeros(DMNSION,NO_ST);
    j=1;
    st2=0; for t2=1:2
    st1=0; for t1=1:2
    st_mat(j,:)=[ st2 st1 ];
j=j+1;
st1=st1+1;
end
st2=st2+1;
end
% 设定解释变量及被解释变量
yy=Preturn(LAG_AR+1:end,1);
x_mat=Preturn(LAG_AR:end-1,1);
T=length(yy);
turn=datas(:,3);
F=zeros(T,1);
% 设定用于预测上涨概率的解释变量常数项、10日股价动量、换手率、周收益率
Xregress=[ones(T,1) pvw(2:end)'turn(2:end) Preturn(2:end)];
% 以200个样本估计SWARCH模型参数,然后进行滚动估计
for i=200:T-1
% 设定参数初始值
PRMTR_IN=[2.20657 1.15590   0.8983  0.012 0.79619  2.1320   7.28];
PRMTR_IN=PRMTR_IN';
% 设定不等式约束 AX<b
A =[];b =[];
% 设定等式约束 Aeq* X=beq
Aeq =[];
beq =[];
% 设定参数上下界约束值
vlb =[-1000  -1000 -1 0  0 -100 -100 ]';
vub =[1000 1000 1 0.05 0.98 100 100]';
options=optimset('largescale','off');
y=yy(i-199:i,:);
x=x_mat(i-199:i,:);
% 使用fmincon函数对SWARCH模型进行最大似然估计
[X,FVAL,EXITFLAG,OUTPUT,LAMBDA,GRAD,HESSIAN] = fmincon(@ LIK_FCN,
PRMTR_IN,A,b,Aeq,beq,vlb,vub,[],options,y,x,st_mat);
    PRM_FNL=TRANS(X);          % 通过TRANS函数将估计参数转换为SWARCH模型
```

的相关数值

```
% SWARCH模型的初始值
TRANS(PRMTR_IN)';
hout=inv(HESSIAN);
Hsn_fnl=GRAD'*hout*GRAD;
SD_fnl =sqrt(diag(Hsn_fnl)); % 估计参数的标准误差
xout=X; prm_fnl=TRANS(xout);
% 根据模型估计结果计算 Pr[S_t=0|Y_t]和 Pr[S_t=0|Y_{t-1}]
[pr_tt0,pr_t10]=FILTER(xout,y,x,st_mat);
% 计算平滑后的转换概率
[smooth0,smooth1]=SMOOTH(pr_tt0,pr_t10,prm_fnl);
% 针对上涨平滑概率进行多元回归
beta=regress(smooth0,Xregress(i-199:i,:));
% 根据回归参数,依据本期数值预测下期上涨平滑概率
F(i+1,:)=beta'*Xregress(i,:)';
Fpr_tt0(i-199,:)=[smooth0(end)   smooth1(end)];
end
% 计算预测准确性,上涨概率超过0.9并且当期收益为正的数目/上涨概率超过0.9
```
的数目
```
Dec=[F yy];
index0=find(Dec(:,1)>0.9);
index=find(Dec(:,1)>0.9 & Dec(:,2)>0);
index1=find(Dec(:,1)>0.9 & Dec(:,2)<0);
winrate=length(index)/length(index0);
```
运算结果为:54.2%
```
% 依据预测结果设定交易策略,预测上涨概率大于0.9则买入
s=zeros(length(Dec),1);
s(index0)=1;
% 设定收益率,如果买入,则按照当期收益率计算
P=Dec(:,2)/100+1;
% 如果没有买入,则资金获得理财收入年利 4%
P(find(s==0))=1+0.04/54;
P0=P(200:end,:);
s1=s(200:end,:);
% 计算SWARCH择时策略所得收益率
ARet_1=ones(length(s1),1);
    for j=1:length(s1)
        ARet_1(j+1)=ARet_1(j)*P0(j);% 累计收益率
```

```
                AvRet_1(j)=power(ARet_1(j),54/i)-1;% 年化收益率
            end
            Pin=yy(200:end)/100+1;
% 计算 HS300 指数收益率
   AR_1=ones(length(s1),1);
   for j=1:length(s1);
        AR_1(j+1)=AR_1(j)*(Pin(j));% 累计收益率
        Av_1(j)=power(AR_1(j),54/i)-1;% 年化收益率
    end
Inforatio1=inforatio(P0,Pin);% 信息比率
```

运算结果为:0.0185

```
[maxDD1 maxDDD(:,1)]=maxdrawdown( ARet_1);% Swarch 择时策略累积收益最
```
大回撤

运算结果为:22.76%

```
[maxDD2 maxDDD2(:,1)]=maxdrawdown( AR_1);% HS300 指数收益最大回撤
```
运算结果为:44.78%

```
% end OF MAIN PROGRAM pr_v1,PSIC
Q=datenum(datew(200:end));
figure;
plot(Q,[AR_1,ARet_1]); grid on;
xlabel('时间');
dateaxis('x',1);
legend('沪深 300','SWARCH 择时交易','Location','Best');
```
运行结果如图 5-17 所示。

HS300 指数和使用 SWARCH 择时策略的最终累积收益率分别为 1.1304 和 1.6239。可见择时策略起到了增加收益减少风险的作用。

```
% 函数功能:计算 SWARCH 模型的似然函数
function  [LIKV]=LIK_FCN(PRMTR1,yy,x_mat,st_mat);
T=length(yy);
PRMTR=TRANS(PRMTR1);
LAG_AR=1;
NO_ST=LAG_AR+1;    % NUMBER OF STATES TO BE CONSIDERED
DMNSION=2^NO_ST;
% 定义参数值
          PPR=PRMTR(1,1);    % Pr[St=1/St-1=1]
          QPR=PRMTR(2,1);    % Pr[St=0/St-1=0]
          PHI=PRMTR(3,1);
```

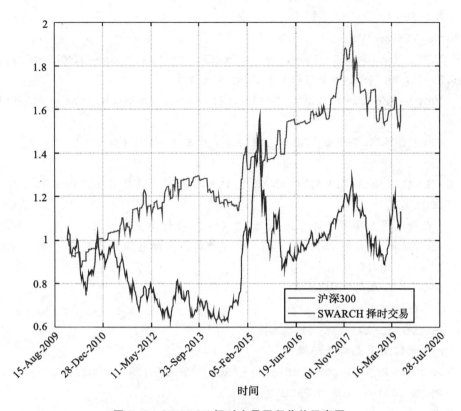

图 5-17 SWARCH 择时交易累积收益示意图

```
        Kesi1=PRMTR(4,1);
        Kesi2=PRMTR(5,1);
        MU0=PRMTR(6,1);   % 上涨 vs 下跌
        MU1=PRMTR(7,1);   % 上涨 vs 下跌
    MU_MAT=st_mat* MU1 + (ones(DMNSION,NO_ST)-st_mat)* MU0;
% 转移概率矩阵
          PR_TR=[QPR (1-PPR);(1-QPR)  PPR ];
% 使用稳态概率定义卡尔曼滤波初始值
        A =[(eye(2)-PR_TR);ones(1,2)];
        EN=[0;0;1];
        PROB_T=inv(A'* A)* (A'* EN); % PR[S_t=0]|PR[S_t=1], 2×1 稳
态概率
        PR_TRF=reshape(PR_TR,4,1);% 按列展开为列向量
    PROB_T0=[PROB_T PROB_T]';
  % 计算 PR[S_{1},S_{-1}|I_0]    4×1 列向量
        PROB_=reshape(PROB_T0,4,1).*PR_TRF;
    LIKV=0.0;
```

```matlab
    J_ITER=1;
   for J_ITER=1:T;
    F_CAST1=(yy(J_ITER,1)-x_mat(J_ITER,:)*PHI)*ones(DMNSION,1)-(MU_MAT(:,2)-MU_MAT(:,1)*PHI);% 4×1的残差向量
     VAR_L=(Kesi1+F_CAST1.^2*Kesi2).*ones(DMNSION,1);% 一阶ARCH值

     PROB_DD=PR_TRF .* PROB__ ; % Pr[S_t,S_{t-1}| I(t-1)]

    P R_VL=(1./sqrt(2.*3.14.*VAR_L)).*exp(-0.5*F_CAST1.*F_CAST1./VAR_L).*PROB_DD;
      % 在给定信息集下计算 y_t,S_t, S_{t-2}的联合密度函数
     PR_VAL=sum(PR_VL);         % 四种状态下加总似然函数
     LIK=-log(PR_VAL);
     PRO_=PR_VL/PR_VAL;
   % 计算条件概率
   Pr[S_t,S_{t-1}| I(t-1),y_t]
     % 在新信息下更新转移概率
     PROB_T=PRO_(1:DMNSION/2,1)+PRO_(DMNSION/2+1:DMNSION,1);
     PROB_T001=[PROB_T PROB_T]';
   PROB_=reshape( PROB_T001,4,1);
   LIKV =LIKV+LIK;
   end
   end

   % 函数功能计算 Pr[S_t=0|Y_t]和 Pr[S_t=0|Y_{t-1}]
   % 该部分语句大部分与 LIK_FCN 函数相同,因此仅对不同部分进行解释
   function [PR_STT0,PR_STL0]=FILTER(PRMTR1,yy,x_mat,st_mat);
   PRMTR=TRANS(PRMTR1);
   T=length(yy);
   LAG_AR=1;
   NO_ST=LAG_AR+1;
   DMNSION=2^NO_ST;
         PPR=PRMTR(1,1);    % Pr[St=1/St-1=1]
         QPR=PRMTR(2,1);    % Pr[St=0/St-1=0]
         PHI=PRMTR(3,1);
         Kesi1=PRMTR(4,1);
         Kesi2=PRMTR(5,1);
         MU0=PRMTR(6,1);  %  recession vs boom
```

```
            MU1=PRMTR(7,1);    % recession vs boom
    MU_MAT=st_mat*MU1+(ones(DMNSION,NO_ST)-st_mat)*MU0;

        % 设置状态转移概率矩阵
            PR_TR=[QPR (1-PPR);(1-QPR)   PPR ];
        % 设定无条件转移概率
            A =[(eye(2)-PR_TR);ones(1,2)];
            EN=[0;0;1];
    % PR[S_t=0]|PR[S_t=1],2×1 稳态概率
            PROB_T =inv(A'*A)*(A'*EN);
            PR_TRF=reshape(PR_TR,4,1);
            PROB_T0=[PROB_T PROB_T]';
            PROB_=reshape(PROB_T0,4,1).* PR_TRF;
    PR_STT0=zeros(T,1);   % 初始化向量,存储 Pr[S_t=0|Y_{t}
    PR_STL0=zeros(T,1);   % 初始化向量,存储 Pr[S_t=0|Y_{t-1}@
    LIKV=0.0;
    J_ITER=1;
   for J_ITER=1:T
    F_CAST1=(yy(J_ITER,1)-x_mat(J_ITER,:)* PHI)* ones(DMNSION,1)-(MU_
MAT(:,2)-MU_MAT(:,1)* PHI);
        VAR_L=(Kesi1+ F_CAST1.^2*Kesi2).*ones(DMNSION,1);

    PROB_DD=PR_TRF .* PROB_;
        TMP=PROB_DD;
        TMP=TMP(1:2)+TMP(3:4);
        PR_STL0(J_ITER,1)=TMP(1,1);           % Pr[S_t=0|Y_t]

    PR_VL=(1./(2.*3.14.*VAR_L).^0.5).*exp(-0.5* F_CAST1.* F_CAST1./VAR_
L).*PROB_DD;
    % PR[S_t,S_{T-1},S_{T-2},S_{T-3},S_{T-4},Y_t|Y_{t-1}]
        PR_VAL=sum(PR_VL);    % f(y_t| Y_{t-1})
        LIK=log(PR_VAL);
    % 在新信息 Y_t 下计算 Pr[S_t, S_{t-1}| Y_t]
        PRO_=PR_VL/PR_VAL;
        TMP=PRO_;
        TMP=TMP(1:2)+TMP(3:4);
    % Pr[S_t=0|Y_t]
        PR_STT0(J_ITER,1)=TMP(1,1);
```

```matlab
        % 计算 Pr[S_t| Y_t]
        PROB_T=PRO_(1:DMNSION/2,1)+PRO_(DMNSION/2+1:DMNSION,1);
        PROB_T001=[PROB_T PROB_T]';
        PROB_=reshape( PROB_T001,4,1);
    end
end

% 函数功能为计算平滑概率 Pr[S_t=0|Y_T]
function [pr_sm0,pr_sm1]=SMOOTH(pr_tt0,pr_tl0,prm_fnl);
        % pr_TT0 表示 Pr[S_t|Y_t]
        % pr_TL0 表示 Pr[S_t|Y_{t-1}]
    T=length(pr_tt0);
    ppr=prm_fnl(1,1);      % Pr[St=1/St-1=1]
    qpr=prm_fnl(2,1);      % Pr[St=0/St-1=0]

        pr_tt1=1-pr_tt0;
        pr_tl1=1-pr_tl0;
        pr_sm0=pr_tt0;      % pr_sm0 表示 Pr[S_t|Y_T]
        pr_sm1=pr_tt1;
    j_iter=T-1;
    for j_iter =1:T-1;

        % 以下程序用于计算 P[S_t, S_t+1|Y_T]

        pr_sm00=pr_sm0(T-j_iter+1,1)*qpr*pr_tt0(T-j_iter,1)/ pr_tl0(T-j_iter+1,1);
        pr_sm01=pr_sm1(T-j_iter+1,1)*(1-qpr)*pr_tt0(T-j_iter,1)/ pr_tl1(T-j_iter+1,1);
        pr_sm10=pr_sm0(T-j_iter+1,1)*(1-ppr)*pr_tt1(T-j_iter,1)/ pr_tl0(T-j_iter+1,1);
        pr_sm11=pr_sm1(T-j_iter+1,1)*ppr*pr_tt1(T-j_iter,1)/ pr_tl1(T-j_iter+1,1);
        % 分别将转移到 0 及 1 的状态加总,就可以得到平滑概率
        pr_sm0(T-j_iter,1)=pr_sm00+pr_sm01;
        pr_sm1(T-j_iter,1)=pr_sm10+pr_sm11;
    end
end
% 函数功能为对参数进行转换,保证状态转移概率为 0-1 间的正值
```

```
function [c1]=TRANS(c0)
        c1=c0;
    c1(1:2,:)=exp(c0(1:2,:))./ (1+exp(c0(1:2,:)));
end
```

第四节　基于 Hurst 指数的择时策略

一、Hurst 指数及算法

无论是国内还是国外，Hurst 指数在研究股票市场的有效性上都有着大量的应用。一方面继重标极差分析（R/S）法之后，DFA 方法、DMA 方法以及 V/S 方法等在股票市场也开始得到广泛应用；另一方面，除了股票市场，Hurst 指数在其他金融市场，如黄金市场、国际原油市场、外汇市场、房地产市场、电力市场等也得到广泛应用。

国外的很多研究也开始将 Hurst 指数从单分形的视野发展到多重分形，由于简单的分形结构只能抓住资产价格过程的某一方面特征，它描述的是资产价格过程变化的一个宏观概貌和长期统计行为，而多重分形在简单分形基础上考虑了局部特征，对资产价格过程的描述更加细致和全面，它既能确认资产标度不变性特征，同样也能说明金融时序中概率分布的标度变化。

1. 分形市场与 Hurst 指数

传统的金融理论认为资产价格遵循布朗运动，价格波动之间彼此独立。但传统金融理论无法解释市场中存在的许多"异象"，如收益率的尖峰厚尾、自相关性和群聚效应等。对此 Peters 在 20 世纪 90 年代提出了分形市场假说（FMH），认为资产价格服从分数布朗运动，收益率存在长记忆性，而记忆性强弱可以由 Hurst 指数来刻画。

20 世纪 60 年代，美国科学家 Mandelbrot 提出股票市场收益分布并不遵循正态分布，而是具有尖峰厚尾效应。20 世纪 90 年代，Peters 在此基础上，提出了分形市场假设，即金融市场本质上是一个复杂的非线性动态系统。

（1）资本市场由数目众多的投资者组成，而且每一个投资者具有不同的投资期限，这就决定了市场受不同投资行为和投资周期的影响；

（2）不同的市场信息对投资者产生不同的影响，短期投资者更注重历史信息，而长期投资者更关注基本信息；

（3）市场的稳定性主要取决于其流动性，只有当市场由处于不同投资期限和不同投资水平的众多投资者组成时，流动性才能得以实现；

(4) 市场价格不仅反映了市场中基于技术分析所作的短期交易,而且反映了基于基本分析对市场所作的长期估价;

(5) 若市场与整体经济循环无关,则市场本身并无长期趋势可言,其波动主要由交易量、流动性和短期信息决定;若相关,则随着经济周期循环的确定,风险将逐步降低。

Hurst 指数由英国水文学家 Hurst 在 20 世纪 50 年代提出,当时其在研究尼罗河的水流量规律时发现尼罗河的水流量并不遵循随机游走而是存在稳定的长程相关性和周期性,并由此提出了用于估计分数布朗运动中的参数 H 的重标极差法(R/S)。

2. 关于 R/S 算法

针对金融市场上的波动聚集性问题,传统的 ARCH 族模型可以对之进行很好的描述。但是这类模型建立的基础是假定所研究的系统是随机且其分布满足正态性要求,当系统是介于随机性和确定性之间的非线性系统时,这些标准的统计方法就不再有效,此时便不得不诉诸非参数统计方法。

R/S 分析方法就是这样一种已得到广泛运用的非参数统计方法。R/S 分析法是由英国水文学家 Hurst 在 20 世纪 50 年代考察尼罗河流量变化时发现,并被 Peters 将其推广至资本市场。其主要思想是分析重标度的累积均值离差的标度行为(对于一个在一维时间轴上游走的质点,其累积均值离差实际就是质点随时间偏离起始点的距离)。该方法的最大优点在于它不必假设所测度的时间序列的分布特征:无论是正态分布还是非正态分布,R/S 分析结果的稳健性均不受影响。

R/S 分析方法把时间序列 x_t 分为 A 个长度为 n 的等长子区间。对于每一个区间,如第 a 个区间($a = 1, 2, \cdots, A$),若时间序列长度为 240,$A = [4, 6, \cdots]$,$n = [60, 40, \cdots]$。假设:

$$x_{t,a} = \sum_{u=1}^{t}(x_{u,a} - M_a), t = 1, 2, \cdots, n \quad (5.14)$$

式中:M_a 为第 a 个区间内 $x_{u,a}$ 的均值;$X_{t,a}$ 为第 a 个区间内第 t 个元素的累计离差,令极差为:$R_a = \max(X_{t,a}) - \min(X_{t,a})$。

若 S_a 表示第 a 个区间的样本标准差,则可定义重标极差 $\dfrac{R_a}{S_a}$。把所有 A 个重标极差平均计算得到均值:$\left(\dfrac{R}{S}\right)_n = \dfrac{1}{A}\sum_{a=1}^{A}\dfrac{R_a}{S_a}$。由于子区间长度 n 可变,不同的分段情况对应着不同的 $\left(\dfrac{R}{S}\right)_n$。Hurst 提出如下关系:

$$\left(\frac{R}{S}\right)_n = Kn^H$$

式中:K 为常数;H 为相应的 Hurst 指数,将其对数化为

$$\lg\left(\frac{R}{S}\right)_n = \lg K + H \lg n \quad (5.15)$$

从图 5-18 可见,真实 $\left(\dfrac{R}{S}\right)_n$ 在第 10 个点发生了转折,从而 $n = 234$,对应的 Hurst 指数为 0.6128,表明 A 股市场具有长记忆性,沪市平均循环周期为 234 个交易日。

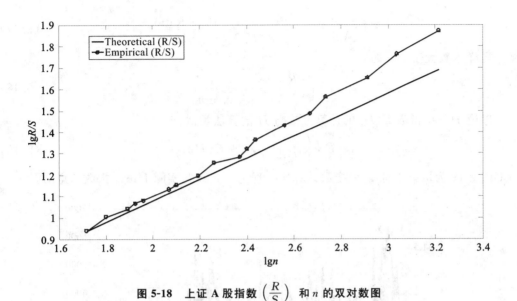

图 5-18 上证 A 股指数 $\left(\dfrac{R}{S}\right)_n$ 和 n 的双对数图

需要说明的是,理论上讲随机游走序列的 Hurst 指数是 0.5。当 Hurst 指数大于 0.5 时,表明序列存在正持续性;而当 Hurst 指数小于 0.5 时,表明序列存在反持续性。但实际上由 R/S 算法得出的 Hurst 还与其算法中的子区间上限有关。

H 在 $[1,0]$ 值域取值,H 越接近 1,表明系统中噪声越少,序列越光滑,趋势越清楚。而 H 越接近 0,表明序列中的噪声越多,系统发生大的突变或是逆转的可能性越大,序列越参差不齐,趋势越模糊。根据 H 在 $[1,0]$ 的不同取值,可以将 H 和相应的时间序列分成三种不同类型。

(1)当 $H=0.5$ 时,是白噪声,一个独立过程,表明序列的极差 R 将随时间增量 n 的平方根缩放,标志着该序列是一个随机游动,事件是随机的和不相关的,这意味着序列是随机序列,而序列的概率密度函数则可能是正态分布函数,也可能不是。

(2)当 $0<H<0.5$ 时,是粉红噪声,即是一种反持久性的时间序列,常称为"均值回复",它意味着如果一个系统在前一个时间是向上(向下)走的,那么它在下一个期间多半是向下(向上)走。这种反持久性的强度依赖于 H 离 0 有多近,越接近 0,这种时间序列就具有比随机序列更强的突变性和易变性。

(3)当 $0.5<H<1$ 时,是黑噪声,即一个持久性和趋势增强的序列,它意味着如果一个系统在前一个时间是向上(向下)走的,那么它在下一个期间多半仍是向上(向下)走的。趋势增强行为的强度或持久性随 H 接近于 1 而增加,而 H 越接近 0.5,系统的噪声越大,趋势也越不确定。这个持久性时间序列即为分形时间序列或有偏随机游走。

对于 $E\left[\left(\dfrac{R}{S}\right)_n\right]$ 的计算,我们采用 Peter 的方法:

$$\text{Ratio} = \left(\dfrac{n-0.5}{n}\right)\left(\dfrac{n\pi}{2}\right)^{-0.5} \sum_{r=1}^{n-1} \sqrt{(n-r)/r} \qquad (5.16)$$

当样本数小于 340 时:

$$E\left[\left(\frac{R}{S}\right)_n\right] = \frac{\Gamma(0.5(n-1)) \cdot \text{Ratio}}{\pi^{0.5}\Gamma[0.5(n-1)]} \qquad (5.17)$$

当样本数大于 340 时：

$$E\left[\left(\frac{R}{S}\right)_n\right] = \frac{\text{Ratio}}{\sqrt{0.5\pi n}} \qquad (5.18)$$

理论 Hurst 指数 $E(H)$ 的计算方法与 H 的算法类似，即

$$\lg\left[E\left(\frac{R}{S}\right)_n\right] = \lg K + E(H)\lg n \qquad (5.19)$$

图 5-19 为依据上证 A 股指数计算所得理论 Hurst 与实际 Hurst 指数示意图。

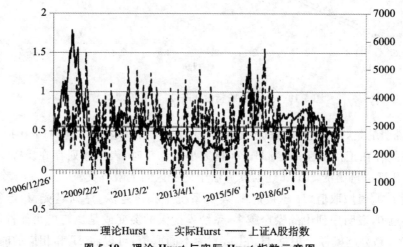

图 5-19 理论 Hurst 与实际 Hurst 指数示意图

二、基于 Hurst 指数的择时策略

Hurst 指数并不能精确指示市场具体的反转时间，但其大致位置和市场反转时间具有一致性，因此可以把 Hurst 的低位（小于 0.55）作为市场反转的一个重要参照指标。移动 Hurst 的低位和市场反转并非偶然，由于中国股票市场并不能完全达到有效市场假设的要求，在牛市和熊市中，市场表现出对趋势的长期记忆性，使得市场的运动明显偏离了没有记忆的随机运动。而 Hurst 指数正是描述市场长期记忆性强弱的指标，Hurst 指数越高，表明市场对趋势的记忆性越强，Hurst 指数越低，表明市场对趋势的记忆性越弱。当 $H=0.5$ 时，时间序列是没有记忆的。每一次反转时，意味着前期趋势的弱化，被市场忘记，那么对应的 Hurst 指数应该减小。所以 H 接近 0.5 时，市场存在反转的可能是合乎逻辑的。

(1) 发出买入信号时，全仓买入市场指数。

(2) 发出卖出信号时，空仓市场指数。

(3) 实际 Hurst 指数连续五个交易日低于 $E(H)$，且此时市场指数较 233 个交易日前表现为上涨；若此时为满仓状态，则于第六个交易日发出卖出指令；若此时为空仓状态，则不操作。

(4) 实际 Hurst 指数连续五个交易日低于 $E(H)$，且此时市场指数较 233 个交易日前

表现为下跌;若此时为空仓状态,则于第六个交易日发出买入指令;若此时为满仓状态,则不操作。

三、Hurst 指数择时策略实例

我们以上证 A 股指数收益率为基础数据,以从 2006 年 1 月 8 日至 2019 年 7 月 1 日共 3276 个日数据作为研究对象,建立基于 Hurst 指数的择时策略。

```
clc;clear;close all;       % 清屏、清理工作区、关闭图形窗口
warning off;
em=EmQuantMatlab();
errorid=em.start('forcelogin=1');
% 读取上证 A 股指数收益率及收盘价
[datas, codes, indicators, dates, errorid] = em.csd ('000002.SH','
PCTCHANGE,CLOSE ','2006-01-08','2019-07-01','period = 1, adjustflag = 2,
curtype=1,pricetype=1,order=1,market=CNSESH');
y=datas(:,1);
% 根据均线系统确定上证 A 股指数买入/卖出信号
closeprice=datas(:,2);
[lead,lag]=movavg(closeprice,5,60,'e');
% 作出均线系统图像
figure;
plot([datas(:,2),lead,lag]); grid on;
legend('Close','Lead','Lag','Location','Best');
运行结果如图 5-20 所示。
T=length(y);
% 根据以往研究结果及程序计算结果,我们选择 234 作为长期记忆日期
for j=235:T
    x=y(j-234:j,:);
d=50;
fontsize=14;
if max(size(d))==1
    % 设定最短循环日期为 50,从而计算最优向量 d
    dmin=d;
    % 寻找最优的 Hurst 指数长度,将最大的循环日期定为[0.99*N,N]之间
    N=length(x);
N0=floor(0.99*N);
% 将总样本划分为若干子区间
    dv=zeros(N-N0+1,1);
    for i=N0:N
```

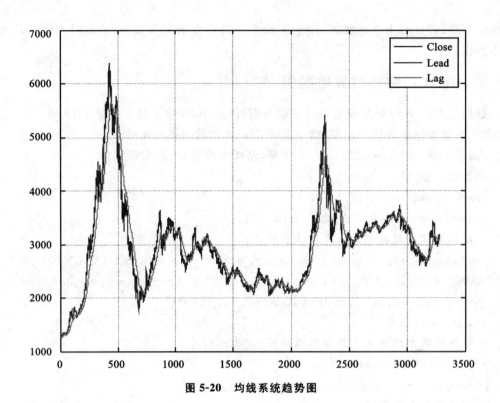

图 5-20 均线系统趋势图

```
        dv(i-N0+1)=length(divisors(i,dmin));
    end
    OptN=N0+max(find(max(dv)==dv))-1;
    % 使用向量 x 中 1-OptN 值进行进一步的分析
    x=x(1:OptN);
    % 对 x 进行划分
    d=divisors(OptN,dmin);
else
    OptN=length(x);
end

N=length(d);
RSe=zeros(N,1);
ERS=zeros(N,1);

% 计算实际 R/S
for i=1:N
    RSe(i)=RScalc(x,d(i));
end
```

```matlab
% 计算 Anis-Lloyd[1]和 Peters[3]纠偏理论的期望 R/S 值
for i=1:N
    n =d(i);
    K =[1:n-1];
    ratio = (n-0.5)/n * sum(sqrt((ones(1,n-1)*n-K)./K));
    if (n>340)
        ERS(i) =ratio/sqrt(0.5*pi*n);
    else
        ERS(i) = (gamma(0.5*(n-1))*ratio) / (gamma(0.5*n)* sqrt(pi));
    end
end

% 计算 Anis-Lloyd/Peters 的 Hurst 指数
% Hurst 指数为双对数回归的斜率值
ERSal =sqrt(0.5*pi.*d);
% polyfit 函数可以对数据继续 OLS 回归
Pal =polyfit(log10(d),log10( RSe -ERS +ERSal ),1);
Hal = Pal(1);
% 计算实际和理论的 Hurst 指数
Pe =polyfit(log10(d),log10(RSe),1);
He =Pe(1);
P =polyfit(log10(d),log10(ERS),1);
Ht =P(1);
Hes(j,:)=He;
Hts(j,:)=Ht;
end

    % 对 R/S 数值输入
    L=T-233+1;
Q=datenum(dates(235:T));
figure;
plot(Q,Hes(235:T),'r','LineWidth',2);
hold on;
plot(Q,Hts(235:T)','b','LineWidth',2);
plot(Q(25),0','o','LineWidth',2);
xlabel('时间');
dateaxis('x',1);
ylabel('Hurst 指数');
```

```
legend('实际 Hurst','理论 Hurst');
```
运行结果如图 5-21 所示。

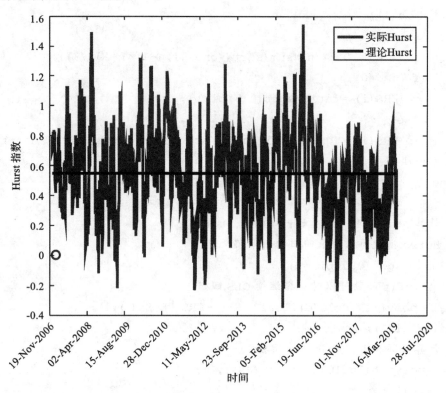

图 5-21　Hurst 指数图

```
% 设定小于理论 Hurst 指数的变量 sk
diffh=Hes-Hts;
sk=ones(size(diffh));
sk(diffh<0)=-1;
[sks,~]=movavg(sk,5,10,0);
onedayr=diff(closeprice);
% 首先按照移动平均线方法设置买卖信号
s1=zeros(size(closeprice));
longflag=0;
shortflag=0;
for i=1:size(closeprice,1)-1;
% 如果均线系统符合以下条件,则买入
    if lead(i+1)> lag(i+1) & lead(i+1)> lead(i) & (lag(i)> lead(i) | lag(i)==lead(i))
    s1(i+1)=1;
    longflag=1;
```

```
            shortflag=0;
        % 如果均线系统符合以下条件,则卖出

            elseif  lead(i+1)< lag(i+1)& lead(i+1)< lead(i) & (lag(i)< lead(i) | lag(i)==lead(i))
    s1(i+1) =0;
    shortflag=-1;
    longflag=0;
        elseif  longflag==1
            s1(i+1) =1;
            elseif  shortflag==-1
            s1(i+1) =0;
        end
    end
s1b=s1;
% 基于 Hurst 指数建议交易信号和策略表现评估方式,这里假设全年有52周
for i=234:size(closeprice,1)-1
        if sk(i)==-1 & closeprice(i-233)< closeprice(i)& s1(i)==1
    s1(i+1) =0                      % 按上文条件确定卖出信号
        elseif  sk(i)==-1 & closeprice(i-233)> closeprice(i)  & s1(i)==0
    s1(i+1) =1;                     % 按上文条件确定买入信号
        end
    end
s1s=s1;
% 函数功能:对样本划分子区间
function d =divisors(n,n0);
i =n0:floor(n/2);
d =find((n./i)==floor(n./i))' +n0 -1;
end

% 对给定区间长度 n 计算 R/S 值
function rs =RScalc(Z,n);
m =length(Z)/n;
Y =reshape(Z,n,m);
E =mean(Y);
S =std(Y);
for i=1:m
```

```matlab
        Y(:,i) = Y(:,i) - E(i);
    end
    % 计算Y的逐步累积数值
    Y = cumsum(Y);
    % 计算时间序列的极差
    MM = max(Y)-min(Y);
    % 对极差数值进行标准化处理
    CS = MM./S;
    rs = mean(CS);
end

r = [s1s(234:end-1).*onedayr(234:end)];    % 收益点数
sh = sqrt(52)*sharpe(r,0);                  % 年度夏普比率

Q = datenum(dates);
% 绘制初步策略的评估结果
figure;
ax(1) = subplot(2,1,1);
plot(Q,[closeprice]); xlabel('时间');
dateaxis('x',1);
grid on;
legend('closeprice''Location','Best');
title(['First Pass Results, Annual Sharpe Ratio = ',num2str(sh,3)]);
ax(2) = subplot(2,1,2);
plot(Q(234:end-1),[s1s(234:end-1) cumsum(r)]);
xlabel('时间');
dateaxis('x',1);
grid on;
title(['Final Return = ',num2str(sum(r),3),' (',num2str(sum(r)/closeprice(1)*100,3),'%)']);
legend('Position','Cumulative Return','Location','Best');
linkaxes(ax,'x');
annualScaling = sqrt(52);
```

运行结果如图5-22所示。

从最终收益看，自2006年12月25日以来，累积收益点数为2975，绝对收益率为233%，年度夏普比率为0.189。收益率表现远超业绩基准。

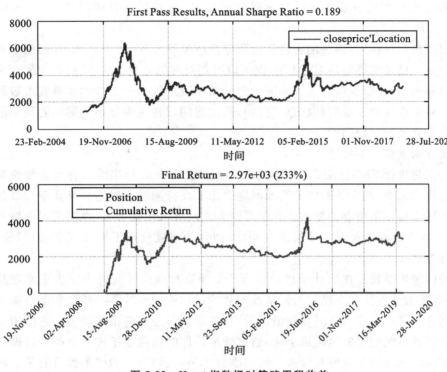

图 5-22 Hurst 指数择时策略累积收益

第五节 支持向量机

支持向量机(support vector machine,SVM),通过构造一个分类函数或分类器的方法,把数据库中的数据项映射到给定类别中的某一个,从而可以用于预测未知数据。支持向量是支持或支撑平面上把两类类别划分开来的超平面的向量点。发展于 20 世纪 90 年代的支持向量机自出现就表现出其在统计学中的极大优势,并取得了很大的成功。支持向量机具有完善的理论体系,能够在多种函数中构造集中函数,可以很好地解决很多实际问题。通过引入核函数,支持向量机获得了很多优点,如通过解二次规划问题,支持向量机可以很巧妙地将数据映射到高维特征空间中,并在特征空间中将分隔超平面正好放在距离两类都相等的位置,也就是说可以使信息的各样本点在特征空间中得到最优拟合。

SVM 是建立在统计学理论的 VC 维理论和结构风险最小原理基础上的,根据有限的样本信息在模型的复杂性之间寻求最佳折中,以期获得最好的推广能力(或泛化能力)。

使用支持向量机,在训练期将特征值和分类情况放入 SVM 中训练,在回测期再把新的特征值放入已经训练好的 SVM 中,就可以得到对应的分类。SVM 目前主要用来解决分类问题和回归问题,股市行为预测通常包括预测股市数据的走势和预测股市数据的未来数值。将股市走势看成两种状态(涨跌),从而将问题转化为分类问题。而预测股市未来的价格是典型的回归问题。

1. 支持向量机基本原理

支持向量机(SVM)算法是一种学习机制,是由 Vapnik 提出的旨在改善传统神经网络学习的理论弱点,最先从最优分类面问题提出了支持向量机网络、SVM 学习算法。根据有限的样本信息在模型的复杂性和学习能力之间寻求最佳折中,以期获得最好的泛化能力。SVM 在形式上类似于多层前向网络,而且已经被应用于模式识别、回归分析、数据挖掘等方面。

支持向量机是建立在统计学理论的 VC 维理论和结构风险最小化水平原理基础上的,根据有限的样本信息在模型的复杂性即对特定训练样本的学习精度和学习能力无错误地识别任意样本的能力之间寻找最佳折中,以期获得最好的推广能力。它使用结构风险最小化代替传统的经验风险最小化,通过满足条件的核函数把输入空间的数据变换到高维的空间。训练的复杂度与输入空间的维数无关,只与训练的样本数目有关。核函数将 m 维高维空间的内积运算转化为 n 维低维输入空间的核函数计算,从而巧妙地解决了在高维特征空间中计算的"维数灾难"等问题,从而为在高维特征空间解决复杂的分类或回归问题奠定了理论基础。

可以说,支持向量机是若干机器学习标准技术的集大成者,它集成了最大间隔超平面、核、凸二次规划、稀疏解和松弛变量等多项技术。因此,支持向量机能够有效地避免经典学习方法中出现的过学习、欠学习、"维数灾难"以及陷入局部极小点等诸多问题,因而在解决小样本、非线性及高维模式识别问题中表现出很多独特优势。

总的来说,支持向量机可以分为线性 SVM 和非线性 SVM 两类。线性 SVM 是以样本间的欧氏距离大小为依据进行划分结构;非线性 SVM 则以卷积核函数代替内积,这时定义了一种新的广义的距离,该广义的距离可作为划分的依据。

2. 线性 SVM

线性 SVM 根据训练集分为线性可分和线性不可分两种类型。

设假定的训练集为 $\{(x_1,y_1),(x_2,y_2),\cdots,(x_i,y_i)\}$,其中 $x \in \mathbf{R}^n, y \in \{-1,1\}$。首先我们介绍一个数学上的概念——超平面。一般的定义,超平面是 n 维欧式空间中剩余维度等于 1 的线性子空间,相当于平面中的直线,空间中的平面可按此类似推广。也就是我们可以这样想象,在一维空间中是个点,在二维空间中是一条直线,在三维空间中则是一个平面,这样就不必考虑具体的维度,统称这些为超平面。然后我们再假设这个训练集是可以被一个超平面线性划分,并且距离超平面最近的异类向量之间的距离最大(即边缘最大化),则定义这个超平面为最优超平面。

其中距离超平面最近的异类向量称为支持向量,一组支持向量可以唯一地确定一个

超平面,两类支持向量之间的距离称为分类间隔。离超平面最近的样本点(即支持向量)满足:

$$\begin{cases} (w \cdot x_i) + b = 1, y = 1 \\ (w \cdot x_i) + b = -1, y = -1 \end{cases} \quad (5.20)$$

支持向量机到超平面的距离为:$|(w \cdot x_i) - b| / \|w\| = 1/\|w\|$,支持向量机之间的距离为:$2/\|w\|$,也就是分类间隔的数值。此时,我们构造最优超平面使分类间隔最大化的问题转化为以下函数的最优化问题:

$$\begin{cases} \text{Minimize } \varphi(w, b) = \frac{1}{2} \|w\|^2 \\ \text{s.t. } y_i(w \cdot x_i + b) - 1 \geqslant 0 \end{cases} \quad (5.21)$$

目标函数是严格意义上的凹的二次型,约束函数是下凹的,这是一个严格的凸规划。按照最优化理论中凸二次规划的解法,通过构造 Lagrange 函数将其转化为 Wolfe 对偶问题来求解。最后通过求解,得出基于最优超平面的分类规则为以下的判别函数:

$$f(x) = \text{Sgn}\Big[\sum_{\text{支持向量}} y_i \alpha_i (x_i \cdot x - b)\Big] \quad (5.22)$$

其中,α_i 是 Lagrange 乘子,b 为偏移值,取值为

$$b = \frac{1}{2}\Big[\sum_{i=1}^{l} \alpha_i y_i x_i x^*(1) + \sum_{i=1}^{l} \alpha_i y_i x_i x^*(-1)\Big] \quad (5.23)$$

式中:$x^*(1)$ 表示属于第一类的任何一个支持向量;$x^*(-1)$ 表示属于第二类的任何一个支持向量。

利用 Wolfe 对偶问题,不但可以更好地处理问题,同时可以使样本中的大量向量仅以点积的形式存在,正是这一重要的处理方法,才使得支持向量方法推广到非线性情况。对于线性不可分情况的处理,通过 Cortes 和 Vapnik 在 1995 年引入的边缘最优超平面概念,引入非负变量,将约束变量进行一定的处理,同时对目标函数加入一定的惩罚项,从而成功地解决了线性不可分的情况。

3. 非线性 SVM

线性 SVM 的算法主要是针对输入空间存在线性判别的情况。在很多样本的条件下,分类函数可能是非线性的,那么在理论上处理这类问题,应该通过输入空间进行某种非线性映射,将其映射到一个高维空间中,在这个高维空间中一定存在线性的分类规则,可以构造线性的最优分类超平面。但是这样处理问题存在两个难题:一个是概念上的问题,怎样在如此高维的空间上找到一个可以在其他样本中推广性比较好的分类超平面;二是技术上的难题,即如何解决高维空间中的计算问题。上节中我们提到,Wolfe 对偶问题有一个很重要的副产品,能找到一个克服"维数灾难"、解决技术上问题的绝好办法。Vapnik 找到了一个数学上的函数 $K(x_i, y_j)$ 代替对偶问题中的点积,使得计算量大大减小,他将其定义为卷积核函数。于是我们在处理此类非线性样本问题时,不必知道具体的非线性映射的形式,也不需要在高维空间进行大量计算,而只需要输入卷积核函数。

实验表明,不同类型核函数的学习机器表现出相似的性能,其找到的支持向量大致

相同。多项式分类器、径向基函数、两层神经网络等都是常用的 SVM 核函数。但是还是区别于线性情况,由于输入空间映射为高维空间的是非线性映射,这种线性组合关系在输入空间则不再表现为线性组合,我们也不可将工作样本映射到高维空间再做判断,所以还是要重新考虑样本的决策问题。训练结束后,下列函数表示为

$$f(x) = \text{Sgn}\Big[\sum_{\text{支持向量}} y_i \alpha_i K(x_i, x) - b\Big] \tag{5.24}$$

其中,b 同样作为偏移值,取值为

$$b = \frac{1}{2}\Big[\sum_{i=1}^{l} \alpha_i y_i \varphi(x_i) x^*(1) + \sum_{i=1}^{l} \alpha_i y_i \varphi(x_i) x^*(-1)\Big] \tag{5.25}$$

概括来说,支持向量机就是首先通过用内积函数定义的非线性变换将输入空间变换到一个高维空间中去,然后求广义的最优超平面。SVM 分类函数形式上类似于一个神经网络,输出的是若干中间层节点的线性组合。

SVM 算法存在一个问题,那就是对孤立样本或噪声样本比较敏感,算法处理两类线性可分的情况没什么问题,但是在线性不可分的情况下,如何设定惩罚系数 C 就比较关键。从我们分析 SVM 算法的训练过程中可以看出,C 越大就意味着对错误的惩罚越大,也就是减少了分类错误,但是分类间隔同时也会减小,导致机器学习算法推广性不好。相反,C 值减小会增加一些错误,但是也会较好地增加算法的推广性。

4. 支持向量机核函数

核函数对支持向量机的性能具有非常大的影响,包括核函数类型及参数的选取,当核函数的类型或者参数的选取不相同时,不同的支持向量机将会具有差别巨大的性能。

目前常用的核函数大概可以分为以下四种类型。

(1)线性核函数:

$$K(\boldsymbol{x}_i, \boldsymbol{x}) = \boldsymbol{x}^\mathrm{T} \boldsymbol{x}_i \tag{5.26}$$

(2)多项式核函数:

$$K(\boldsymbol{x}, \boldsymbol{x}_i) = [\boldsymbol{y} * (\boldsymbol{x} \cdot \boldsymbol{x}_i) + c]^{\text{degree}} \tag{5.27}$$

(3)径向基核函数(RBF 核函数):

$$K(\boldsymbol{x}_i, \boldsymbol{x}) = \exp(-\gamma \| \boldsymbol{x}_i - \boldsymbol{x} \|^2) \tag{5.28}$$

(4)多层感知机核函数(Sigmoid 核函数):

$$K(\boldsymbol{x}_i, \boldsymbol{x}) = \tanh(\gamma \boldsymbol{x}^\mathrm{T} \boldsymbol{x}_i + r) \tag{5.29}$$

这几种核函数无本质优劣,但所适应面不太相同。如多项式核函数,我们从函数可以很明显地看出,此种类型不适合维度很高的情况,因为此时将会导致指数 degree 的值很大,运算将会极其缓慢,极端的情况可能会无法运行。径向基核函数算是目前研究中比较常用的核函数,向量机的性能主要受到半径 γ 的影响。γ 越大越容易判断出局部小领域内样本之间所具有的差异,但是当 γ 的值大到一定程度时很容易过拟合,导致模型的泛化性能很差。多层感知机核函数的使用则需要满足一定条件。

第六节 基于 C-SVM 算法的 HS300 股指期货交易策略

1. 策略原理

目前大部分关于支持向量机对于股价预测方面的研究主要从技术分析角度出发。也就是说,通过选择技术指标确定输入变量,然后选择所要研究的对象作为样本数据,并通过选择的历史数据进行训练,进而得出机器学习所得出的模型,最后便可以通过这个所得模型进行股票的价格预测。

该模型建立的目的是用 SVM 建立的回归模型对 HS300 股指期货涨跌进行回归预测。前一日的收盘价、指数最高价、指数最低价、收盘价、成交量、平均交易价格、持仓量等变量对下一日指数涨跌具有较大的相关性。也就是说,模型中自变量为收盘指数、指数最高价、指数最低价、换手率、平均交易价格和持仓量,指数涨跌为因变量。策略所涉及的 SVM 算法来自于林智仁的 libsvm 工具箱;SVMcgForClass 函数接口来自于李洋的 LIBSVM－farutoUltimateVersion 工具箱。

参数的选择由函数 SVMcgForClass 实现,函数语法为:

[bestacc, bestc, bestg] = SVMcgForClass(train_label, train, cmin, cmax, gmin, gmax, v, cstep, gstep, accstep)

其中,函数中的输入参数:train_label 代表训练集标签,为被解释变量;train 指代训练集,为模型的自变量;cmin、cmax 分别指代惩罚系数 C 的取值范围的最小值及最大值,惩罚系数是为了惩罚那些不满足约束条件的个体,以此来解决约束优化问题,两者的默认值分别为－5 和 5;gmin、gmax 分别指代参数 g 的变化范围的下限和上限,默认值同样也是－5 和 5;v 是函数 CrossValidation 的参数,在程序中表示将数据分为几个部分进行;cstep、gstep 分别代表参数 C 和 g 的步进,默认两者的数值都为 1。最终将输出三个参数:bestacc 代表函数运算过程中最低的均值方差误差值,作为评判预测结果的一个依据;bestc、bestg 则是程序经过函数运行选择出的最优参数,以便后期进行模型的回归预测。参数选择的结果最终采用等高线图和 3D 视图展示出来,给予直观明晰的表达。

得到最优参数后,利用参数 C 和 g 对支持向量机进行训练和预测,最后对原始的数据进行回归预测分析。通过最终运行结果得到均值方差 MSE 和相关系数 R,这样可以定量地分析预测结果的准确度,以便于后期模型的改进和推广。

预测过程主要包括:选取样本,提取数据;数据处理,确定变量;选择核函数,确定参数;输入变量数据,得出训练模型;参数调试,优化模型;输入预测数据,输出预测结果;结果比对,模型进一步优化。大致流程如图 5-23 所示。

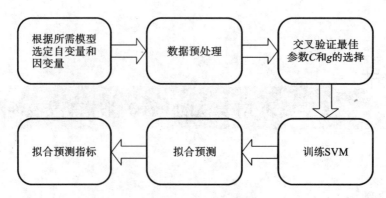

图 5-23　预测过程流程图

策略选取 HS300 指数作为基础，利用支持向量机对指数进行预测，在此基础上构建投资策略，获取超额收益。本书选取 2006 年 10 月 11 日到 2019 年 7 月 10 日共 3105 个交易日样本作为基础数据来构建投资策略。

股票指标的选取一般采取三种形式：①直接选取股票的基础指标；②选取几个比较常用或比较重要的技术指标；③将两者进行结合利用。在目前的研究应用中，这些指标选取方法并无优劣。本书主要选取股票的开盘价、收盘价、最高价、最低价、换手率、平均价这六个基本的指标。

但是选取的数据样本点取自于不同的领域，也就是大部分的数据不是处于同一个数量级，不同的数量级对于模型的影响是完全不同的。同样的，在金融时间序列中尤其是股票交易数据，往往因为突发情况或非市场正常因素出现异常情况而存在奇异点。因此，在数据输入模型前，我们需要对数据进行预处理。这里选取的方式为归一化处理，数据的归一化统一使用 mapminmax 函数来实现，同时需要强调的是不仅需要对自变量进行归一化处理，对因变量同样要进行归一化处理。

```
% 数据的选取及预处理
% 测试数据来源于Choice量化接口：HS300(2016年10月11日—2019年7月10日)
% 开盘价、收盘价、最高价、最低价、平均价、成交量、持仓量等7个计量指标，以
及一个时间轴信息
clc;clear;close all;        % 清屏、清理工作区、关闭图形窗口
warning off;
em=EmQuantMatlab();
errorid=em.start('forcelogin=1');
d =datetime('today');
%   2019-07-13 23:04:23
% 开盘价、收盘价、最高价、最低价、平均价、成交量、持仓量等
[B,codes,indicators,dates,errorid]=em.csd('IFM.CFE','OPEN,HIGH,
LOW,CLOSE,AVERAGE,VOLUME,HQOI','2017-07-13','2019-07-12','Rank=1,period
```

=1,adjustflag=1,curtype=1,order=1,market=CNSESH');
    % 获取样本数据
    open =B(:,1);   % 开盘价
    high =B(:,2);   % 最高价
    low =B(:,3);   % 最低价
    Close =B(:,4);   % 收盘价
    average =B(:,5);   % 换手率
    volume =B(:,6);   % 平均价
    positions=B(:,7);   % 持仓量
    date =datenum(dates); % 交易日期
    % 归一化处理
    % 提取标量数值以及特征维度,训练样本归一化
    % 通过运用 mapminmax 函数将不同量纲的训练样本数据归一到[-1,1]上,便于对模型的训练
    Train =B';
    [Train,Train_ps] =mapminmax(Train); % 归一化
    train =Train';
    Train1 =train(2:end,:);
    % 以交易信号作为标量,1 代表涨,-1 代表跌
    Label =sign(Close(2:end,:)-Close(1:end-1,:));
    Label(Label ==0) =1;
    % C-SVM 算法静态仿真
    % 这里用当日的价格信息来对当日的买卖信号作训练,通过运用 SVMcgForClass 函数来验证在假设已知当日全部价格信息的前提下,模型对买卖信号的判断精准度

    % 参数寻优
    [bestmse1,bestc1,bestg1] = SVMcgForClass(Label,Train1,-8,8,-8,8,5,0.5,0.5,1);
    cmd1 =['-c ',num2str(bestc1), ' -g ', num2str(bestg1) ' -b ', num2str(1)];
    cmd1

利用函数 SVMcgForClass 选取最优的参数,粗略选择结果分别打印为:Bestc=256,Bestg=0.17686,CVAccuracy=81.2156%,并分别以等高线图(见图 5-24)和 3D 视图(见图 5-25)展示。

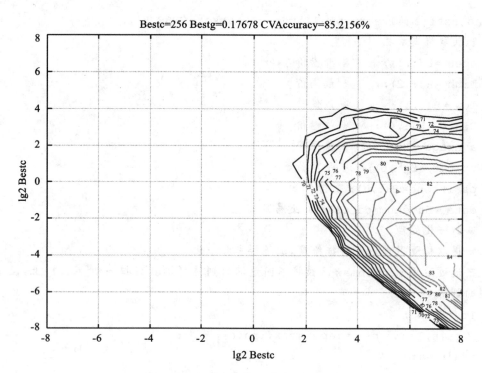

图 5-24 参数选择图 1(等高线视图)

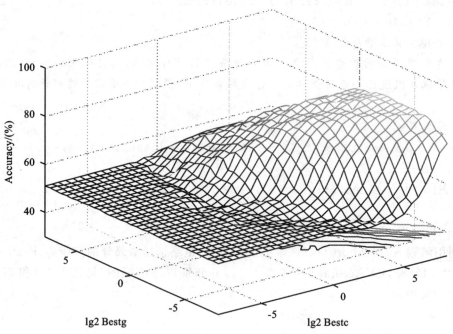

图 5-25 参数选择图 1(3D 视图)

% 模型建立,训练 SVM 网络
model = svmtrain(Label,Train1,cmd1);
% 模型预测
[predict_label1, accuracy1, dec_values1] = svmpredict(Label,Train1, model,'-b 1');
roc_label1(Label> =0) =1;
运行结果如下:

```
optimization finished, #iter = 6046
nu = 0.422788
obj = -46447.487425, rho = -4.565314
nSV = 216, nBSV = 195
Total nSV = 216
Accuracy = 88.7064% (432/487) (classification)
```

在此分类下预测准确性为 88.7064%。
% 移动平均线生成和展示
lead = cell(1,5);
lag = cell(1,5);
scrsz = get(0,'ScreenSize');
figure('Position',[scrsz(3) * 1/4 scrsz(4) * 1/6 scrsz(3) * 4/5 scrsz(4)] * 3/4);
MT_candle(high,low,Close,open,'r',date);
xlim([1 length(date)]);
hold on;
for i =1:5
    [lead{i},lag{i}]=movavg(Close,i* 3-2,i* 9-6,'e');
    plot(lead{i}, 'Color', [i/5, 0, 0]);
    plot(lag{i}, 'Color', [0, 0, i/5]);
    grid on;
end
title('5 组不同时间长度的移动平均线展示','FontWeight','Bold');
运行结果如图 5-26 所示。
% 基于移动平均技术指标预测的 C-SVM 算法静态仿真
% 对由移动平均技术指标形成的模型训练样本进行静态仿真,这里的训练样本集 Train2 为一个 488×5 的 double 型矩阵。Train2 ∈ {- 1,1},其中- 1 代表下穿(死叉),1 代表上穿(金叉)
Train_Signal = cell(1,5);
for i =1:5
    Train_Signal{i}(lead{i}> =lag{i}) =1;   % 买(多头)

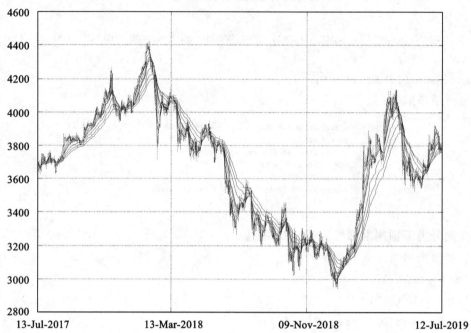

图 5-26 均线系统示意图

```
        Train_Signal{i}(lead{i}< lag{i}) =- 1;              % 卖(空头)
end
Train2 =cell2mat(Train_Signal);
Train2 =reshape(Train2,3105,5);
%   g,C 参数寻优
[bestmse2,bestc2,bestg2] = SVMcgForClass(Label,Train2(2:end,:),-10,
10,-10,10,5,0.5,0.5,0.5);
    cmd2 =['-c ',num2str(bestc2), ' -g ', num2str(bestg2) ' -b ', num2str
(1)];
```

利用函数 SVMcgForClass 选取最优的参数，粗略选择结果分别打印为：Bestc＝0.022097，Bestg＝0.125，CVAccuracy＝82.1355％，并分别以等高线图（见图 5-27）和 3D 视图（见图 5-28）展示。

```
%  模型建立,训练 SVM 网络
model =svmtrain(Label,Train2(2:end,:),cmd2);
%  模型预测
[predict_label2, accuracy2, dec_values2] = svmpredict (Label, Train2
(2:end,:),model,'-b 1');
    roc_label2(Label> =0) =1;
```

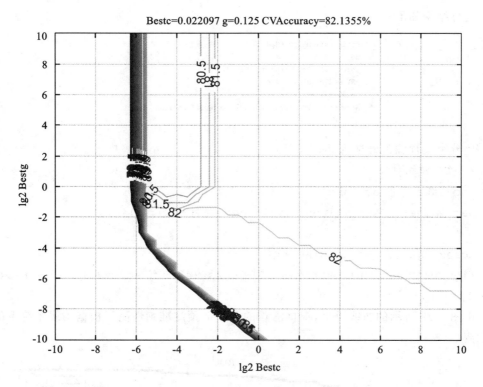

图 5-27　参数选择图 2（等高线视图）

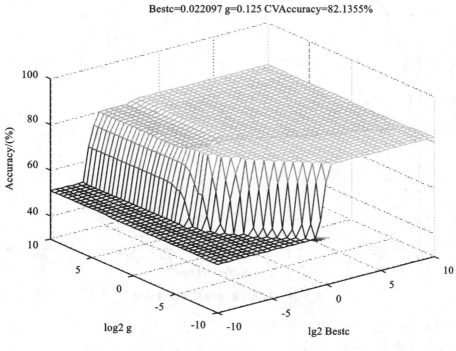

图 5-28　参数选择图 2（3D 视图）

运行结果如下：

```
optimization finished, #iter = 238
nu = 0.976967
obj = -8.200553, rho = 0.021277
nSV = 476, nBSV = 474
Total nSV = 476
Accuracy = 82.1355% (400/487) (classification)
```

此分类型预测准确性为：82.1355％。

```
% ROC 曲线对比
roc_label =[roc_label1;roc_label2];
dec_values =[dec_values1(:,1)';dec_values2(:,1)'];

scrsz =get(0,'ScreenSize');
figure('Position',[scrsz(3)*1/4 scrsz(4)*1/6 scrsz(3)*4/5 scrsz(4)]*3/4);
```

由图 5-29 所示的曲线可见，根据涨跌的分类下预测准确性高于根据均线系统下的分类预测。

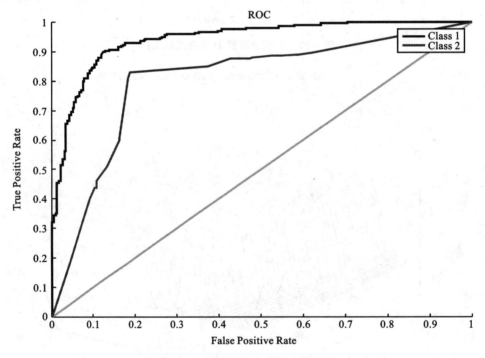

图 5-29　不同分类下预测准确性曲线

```
plotroc(roc_label,dec_values);
% SVM算法动态仿真
% 寻找模型中最优的滑窗 wiondow 的大小
```

```matlab
Train = cell(1,2);
Train{1} = train(1:end-1,:);
Train{2} = Train2(1:end-1,:);

bestc = cell(1,2);
bestc{1} = bestc1;
bestc{2} = bestc2;
bestg = cell(1,2);
bestg{1} = bestg1;
bestg{2} = bestg2;
window = cell(1,2);
bestaccurate = cell(1,2);

strtemp = {'[以价量信息为样本属性集合]','[以技术指标为样本属性集合]'};
% 窗口设定的范围为:x~y 天
for i = 1:2
    [bestaccurate{i},window{i},Accurate,xlab] = ...
                    Bestwindow(Label,Train{i},bestc{i},bestg{i},15, 65);
    scrsz = get(0,'ScreenSize');
    figure('Position',[scrsz(3)*1/4 scrsz(4)*1/6 scrsz(3)*4/5 scrsz(4)]*3/4);
    plot(xlab,Accurate,'- * ');
    xlabel('滑窗的长度');
    ylabel('准确度');

    title(['最优的滑窗长度 = ',num2str(window{i}),',最佳准确率 = ',num2str(bestaccurate{i}), ...
            strtemp{i}], 'FontWeight', 'Bold');
 grid on;
hold on;
scatter(window{i},bestaccurate{i},'MarkerFaceColor',[1 0 0],'Marker','square');
hold off;
end
% C-SVM 动态仿真的回测检验
% 对两种模型进行回测检验,如图 5-30、图 5-31 所示
P_S = cell(1,2);
```

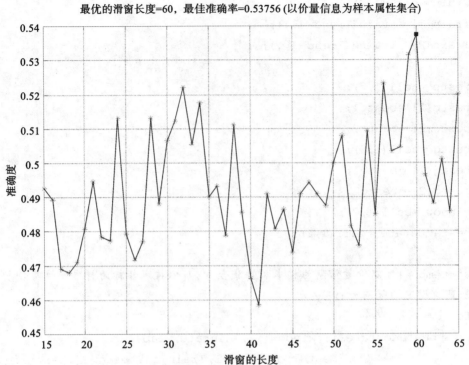

图 5-30　以价量信息为样本的滑窗长度与预测准确度

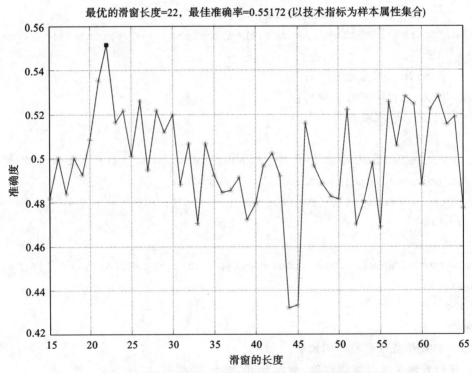

图 5-31　以技术指标为样本的滑窗长度与预测准确度

```matlab
R_S = cell(1,2);
r = cell(1,2);
cumr = cell(1,2);
benchmark = cell(1,2);
x = cell(1,2);
ret = cell(1,2);
Maxdrawdown = cell(1,2);
dd = cell(1,2);
for i = 1:2
            % 交易信号确认
            [P_S{i},decvalues] = SVMforecast(Label,Train{i},bestc{i},
bestg{i},window{i}); %  P_S为算法预测信号
            R_S{i} = Label(1+window{i}:end-1,:); %  R_S为真实交易信号

            % 预测信号与实际信号对比
            Signal = [P_S{i} R_S{i}];
            Signalforcast(P_S{i},R_S{i});
```

运行结果如图5-32所示。

```matlab
            % 每笔盈利及累计收益计算
            r{i}=[0; P_S{i}.*(Close(window{i}+2:end-1,1)-Close(window
{i}+1:end-2,1));];
            % 每笔收益
    end
    % 止损策略
    % 设stop为止损点,达到时进行止损策略
    for i = 1:2
        stop = 30;
        for j = 1:length(r{i})
            if r{i}(j)<-stop
                r{i}(j) = -stop;
            end
        end

        cumr{i} = cumsum(r{i}); % 累计获利点数
        benchmark{i} = Close(window{i}+2:end,1); % 价格的基准走势
        x{i} = 1:length(Close(window{i}+2:end,1));
```

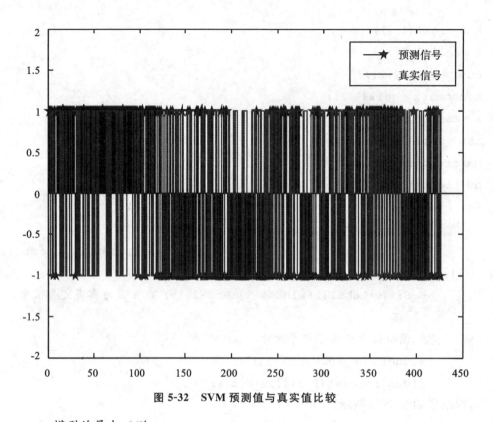

图 5-32　SVM 预测值与真实值比较

```
% 模型的最大回测
    ret{i} =cumr{i}+1000*ones(length(cumr{i}),1);
    [Maxdrawdown{i},dd{i}] =maxdrawdown(ret{i},'return');
end
% 每笔交易盈亏图
for i =1:2
    r1 =r{i};
    r2 =r{i};
    for j =1:length(r{i})
        if r1(j) <0
            r1(j) =0;
        end
    end
    for j =1:length(r{i})
        if r2(j) >0
            r2(j) =0;
        end
    end
```

end
% 模型可视化结果

% HS300指数收益率分布与交易策略收益率分布
for i = 1:2
    % HS300指数走势及累计收益率曲线图
    createfigure(x{i}, cumr{i}, benchmark{i},dd{i})
    hold off;
end
运行结果如图5-33所示。

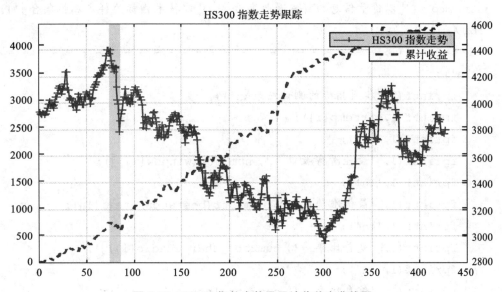

图5-33　HS300指数走势及累计收益率曲线图

% 各项指标的测试结果
% 模型准确率
Accuratcy = cell(1,2);
EED = cell(1,2);
SharpeRadio = cell(1,2);
Inforatio = cell(1,2);
for i = 1:2
    R_S{i} = Label(window{i}+1:end-1,:); % 实际交易信号
    k = ones(length(P_S{i}),1);
    z = sum(k(P_S{i}==R_S{i}));
    Accuratcy{i} = z/length(k);
    % 预期最大回测

```matlab
        rm = price2ret(ret{i});
        Return = tick2ret(ret{i});
        [mean,std] = normfit(Return);
        EED{i} = emaxdrawdown(mean,std,5);
        % 年化夏普比率
        SharpeRadio{i} = sqrt(250)* sharpe(rm,0);
        % 信息比率
        Inforatio{i} = inforatio(rm,price2ret(benchmark{i}));
    end
    % 打印结果
    strtemp = {'[以价量信息为样本属性集合]','[以技术指标为样本属性集合]'};
    for i = 1:2
        fprintf(1,'- - - - - - - - - - - - - - - - - - - - - - - - - - - - - - \n');
        fprintf(1,'各项指标的测试结果\n');
        fprintf(1,strtemp{i});
        fprintf(1,'\n');
        fprintf(1,['最佳滑窗敞口 = ', num2str(window{i})]);
        fprintf(1,'\n');
        fprintf(1,['最优准确度 = ', num2str(bestaccurate{i})]);
        fprintf(1,'\n');
        fprintf(1,['夏普比率 = ', num2str(SharpeRadio{i})]);
        fprintf(1,'\n');
        fprintf(1,['信息比率 = ', num2str(Inforatio{i})]);
        fprintf(1,'\n');
        fprintf(1,['最终获利点数 = ', num2str(cumr{i}(end,1))]);
        fprintf(1,'\n');
        fprintf(1,['最大回撤 = ', num2str(Maxdrawdown{i}),'   回撤时间为第 ',num2str(dd{i}(1,1)),'到',num2str(dd{i}(2,1)),'个交易日']);
        fprintf(1,'\n');
        fprintf(1,['预期未来 10 日内最大回撤 = ', num2str(EED{i})]);
        fprintf(1,'\n');
    end
```

运行结果如下：

各项指标的测试结果
[以价量信息为样本属性集合]
最佳滑窗敞口 =60
最优准确度 =0.53756
夏普比率 =4.1467
信息比率 =0.19032
最终获利点数 =4340.4
最大回撤 =0.10048   回撤时间为第74到86个交易日
预期未来10日内最大回撤 =0.035166

各项指标的测试结果
[以技术指标为样本属性集合]
最佳滑窗敞口 =22
最优准确度 =0.55172
夏普比率 =3.9353
信息比率 =0.17484
最终获利点数 =4674.6
最大回撤 =0.091665   回撤时间为第68到80个交易日
预期未来10日内最大回撤 =0.035599

本章小结

本章介绍了趋势择时、Hurst 指数、SVM 分类、SWARCH 模型等四种择时交易方法及其实例。择时交易是指利用某种方法来判断大势的走势情况,是上涨还是下跌或者是盘整。如果判断是上涨,则买入持有;如果判断是下跌,则卖出清仓;如果判断是振荡,则进行高抛低吸,这样可以获得远远超越简单买入持有策略的收益率,所以择时交易是收益率最高的一种交易方式。

趋势型指标是投资者运用最多,也最容易在市场中获利的方法。常用的趋势择时指标主要有 MA、MACD、DMA 和 TRIX,选择这 4 个指标进行趋势型指标择时模型的构建的原因是:它们都是市场中常用的技术指标,受到投资者数年的实践检验;它们的运用方法都以交叉法则为主,择时相关性较好,便于后面的叠加。

具有马尔科夫区制转移的 SWARCH 模型能够更好地描述资本市场波动特性。金融时间序列会因为一些突发因素和人为干预而发生突然变化,当预测和评估市场风险和波动性时,都应该考虑这种风险状态的改变。海通证券充分挖掘 SWARCH 模型的优势,其构建的双变量 SWARCH 模型在分析货币供应周期和证券市场趋势的关系上取得了超过 88% 的预测精度。随后将这种建模的思想加以改进并且应用在对各个具体行业指数趋势的研究上,即所谓的 L_SWARCH 行业模型,模型同样取得了良好的预测效果。

传统的金融理论认为资产价格遵循布朗运动,价格波动之间彼此独立。但传统金融理论无法解释市场中存在的许多"异象",如收益率的尖峰厚尾、自相关性和群聚效应等。对此 Peters 在 20 世纪 90 年代提出了分形市场假说(FMH),认为资产价格服从分数布朗运动,收益率存在长记忆性,而记忆性强弱可以由 Hurst 指数来刻画。Hurst 指数并不能精确指示市场具体的反转时间,但其大致位置和市场反转时间具有一致性,因此可以把 Hurst 的低位(小于 0.55)作为市场反转的一个重要参照指标,根据这一特性,我们可以构建基于 Hurst 指数的择时投资策略。

支持向量机(support vector machine,SVM),通过构造一个分类函数或分类器的方法,能把数据库中的数据项映射到给定类别中的某一个,从而可以用于预测未知数据。目前大部分关于支持向量机对于股价预测方面的研究主要是从技术分析角度出发。也就是说,我们通过选择技术指标确定输入变量,然后选择所要研究的对象作为样本数据,通过选择的历史数据进行训练,进而得出机器学习所得出的模型,便可以通过这个所得到的模型进行股票的价格预测。

关键概念

择时策略　趋势择时　单指标择时　多指标择时 SWARCH 模型　似然函数　转移概率矩阵 分形市场　Hurst 指数　SVM　核函数　训练集

思考题

(1)除本章使用的 MA、MACD、CHO 和 TRIX 趋势指标外,还有什么趋势指标?能否将其用于趋势择时?

(2)多指标择时与单指标择时有何异同?各有何优缺点?

(3)SWARCH 模型有何扩展?试举出几项,并用其构建择时策略。

(4)SWARCH 模型为何要计算平滑概率?平滑概率和过滤概率有何异同?

(5)Hurst 指数主要用来表述金融时间序列的什么特性?如何从 Hurst 指数的变化中辨识该特性?

(6)线性 SVM 和非线性 SVM 的适用范围是什么?

(7)SVM 惩罚系数 C 的设置需要遵循的原则是什么?

(8)SVM 常用的核函数分别是哪几个?适用范围为何?

(9)试使用趋势择时指标对上证50指数构建择时策略并进行评价。

(10)试使用SWARCH模型构建对某一商品期货择时策略,并进行回测及评价。

(11)试使用Hurst指数对某一股票构建择时策略并进行评价。

(12)试使用SVM指数对沪深500指数构建择时策略并评价。

第六章
统计套利

有别于无风险套利,统计套利是利用证券价格的历史统计规律进行套利的,是一种风险套利,其风险在于这种历史统计规律在未来的一段时间内是否继续存在。统计套利的主要思路是先找出相关性最好的若干投资品种(股票或者期货等),再找出每一对投资品种的长期均衡关系(协整关系),当某一对品种的价差(协整方程的残差)偏离到一定程度时开始建仓——买进相对低估品种,卖空相对高估的品种,等价差回归均衡时获利了结即可。

统计套利的主要内容包括股票配对交易、股指对冲、融券对冲和外汇对冲交易。

股票配对交易在方法上可以分为两种:一种是利用股票的收益序列建模,目标是在组合的 β 值等于 0 的前提下实现 α 收益,称为 β 中性策略;另一种是利用股票的价格序列的协整关系建模,称为协整策略。

统计套利的配对交易策略对市场来说是一种中性策略,即在股票市场选取配对,找出历史股价走势相近的股票,如果配对股票价格差与历史均值有差别,则卖出股价较高的股票同时买进股价较低的股票,当它们上升到长期平稳的均衡关系时,就可以获得两股票价格收敛的利润。

作为一种找到资产价格偏离其平均价格的配对交易策略,是盈利的投资手段,不但可以获得可观报酬,同时也不用承受较大风险,能使市场价格持续在相对稳定的区间,大大减少了市场的不稳定性,还能确保资本市场的高效率。

统计套利策略属于超短期投资策略,投资者用数理统计方法构建量化模型,捕捉可能是瞬间的市场失效带来的套利机会,获取投资回报。统计套利策略起源于成熟市场配对交易(pairs trade),投资者通过研究确定两种资产的价格走势关系,一旦认定这种相互关系出现偏离,立即买入低估的资产,并同时卖出高估的资产,当市场价格的相互关系回归合理时,再进行反向操作,配对交易即可获益。

经过多年的发展,统计套利策略的复杂程度已经远远超越当初配对交易的范畴。就投资标的而言,不仅包括股票,还拓展到股票指数、债券、大宗商品、贵金属等。

在构建策略方面,现代统计套利策略离不开前沿统计模型和算法,包括对投资标的的选择、交易信号的发出、买卖价格和数量的确认等,这些都是大规模计算的结果。可以说,统计套利是投资界"高精尖"的投资策略。

摩根将统计套利定义为基于模型的投资过程,在不依赖于经济含义的条件下运用数量手段构建投资组合,根据证券价格与数量模型预测的理论价格进行对比,构建投资组合的多头和空头,规避市场风险,获取稳定的 α。统计套利是指利用证券价格的历史统计规律进行套利,属于风险套利,其风险在于这种历史统计规律在未来一段时间内是否存在。

Hogan 等(2004)对统计套利进行了数学定义,强调统计套利具有零初始成本、自融资的交易策略。$V(t)$ 表示在 t 时刻的累计收益,以无风险利率贴现至期初 $v(t)$,$v(t)$ 满足以下条件:

(1) $V(0)=0$,表示初始成本为 0;

(2) $\lim\limits_{t\to\infty} E(v(t))<0$,组合收益均值的极限值大于 0;

(3) $\lim\limits_{t\to\infty} p(v(t)<0)=0$,组合亏损的概率收敛于 0;

(4) 若 $\forall t<\infty$,$p(v(t)<0)>0$,则 $\lim\limits_{t\to\infty}\dfrac{\mathrm{var}(v(t))}{t}=0$,表示在有限时间内,若损失概率为正,则收益的方差相对于时间收敛为 0。

统计套利的主要思路是先找出相关性最好的若干投资品种(股票或者期货等),再找出每一对投资品种的长期均衡关系(协整关系),当某一对品种的价差(协整方程的残差)偏离到一定程度时开始建仓——买进相对低估品种,卖空相对高估的品种,等价差回归均衡时获利了结即可。若残差序列平稳,则投资组合可以在价差分布的尾部建仓,在价差收敛时平仓。由于残差序列经常不服从正态分布,因此可以采用混合正态分布或非参数方法拟合收益率分布。ARMA 模型和 ARCH 模型可以用来拟合收益率的自相关或者异方差的特征。还可以使用卡尔曼滤波排除噪声干扰,并利用最新的信息来预测残差,当实际偏差和预测值出现较大偏离时入场套利。

主成分分析法也可以用于统计套利,通过主成分分析找出股票的共同驱动因素,然后根据主成分的系数向量构建主成分组合,并将每只股票的收益率表示为主成分组合的线性函数,当残差出现偏差时,做空该成分股并做多主成分组合(或者相反),以实现在 β 中性的前提下获取一定的 α 收益。

配对交易来源于华尔街交易员 Jesse 的姐妹股票对交易策略。通过寻找业务相似、股价具有一定均衡关系的上市股票,然后做空强势股,做多弱势股,等两者股价回复均衡时,平仓了结。配对交易策略的投资标的的股票价差,是相对价值而非绝对价值。配对交易由于同时进行双向建仓,对冲了绝大部分市场风险,是市场中性策略,策略收益与大市走势相关性较低。

前者是基于日收益率对均衡关系的偏离,后者是基于累计收益率对均衡关系的偏离。基于日收益率建模的 β 中性策略是一种超短线策略,只要日偏离在短期内不修复,策略就会失效。如果日偏离是缓慢修复的,则这种策略很难搜索到合适的平仓时间。β 中性策略经常发出错误的交易信号。协整策略直接利用股票价格进行建模,当累计收益率偏离到一定程度后建仓,在偏离修复到一定程度时反向平仓。

第一节 基于价差的配对交易

在选取配对股票时,考虑因素有:①行业划分,同行业的企业在主营业务等方面存在相似性,受同样的基本面因素影响,因此股价的表现有一定的相似性;②收益率相关性,配对的股票在股价走势上应具备一定的正相关性,相关系数越大越好。计算相应期间行业内所有股票价格的相关性矩阵,选取相关系数最大的两只股票。选择配对股票之后,计算股票间比价,利用比较回归均值的特性,制定配对交易策略。

汽车行业是国民经济的支柱产业之一,交易活跃,套利机会较多。因此,我们将汽车行业作为配对交易资产标的构建配对交易策略。

案例考察的样本为 2014 年 1 月 1 日至 2016 年 12 月 30 日的汽车行业上市公司的收盘价。

```
% 导入数据
load('data.mat');
load('price_ratio.mat');
% 计算同行业股价相关系数矩阵
CORR=corr(data);
```

运算结果可得汽车行业公司股价间的相关系数,由表寻找相关系数最高的两只股票进行配对交易。从表 6-1 可以得出,海马汽车与力帆股份的相关系数最高,故此选取力帆股份与海马汽车作为股票对。从 MATLAB 做出两只股票的股价走势图可知,两只股票股价走势大致保持一致。假设力帆股份股价为 $P1$,海马汽车股价为 $P2$,如果两只股票价格变化趋势相似,则在某段时间 T 内,两只股票应该有相同的收益率 r,这样,T 时间后两只股票比价 $P1(1+r)/P2(1+r)$ 会等于最初比价 $P1/P2$。

表 6-1 汽车行业上市公司股价相关矩阵

	海马	长安	一汽	比亚迪	长安 B	上汽	江淮	广汽	长城	力帆
海马	1.0000	0.8069	0.9062	0.6383	0.5255	0.6219	0.7805	0.2836	0.6405	0.8979
长安	0.8069	1.0000	0.7966	0.3972	0.6802	0.8318	0.7197	0.2316	0.7478	0.6846
一汽	0.9062	0.7966	1.0000	0.4272	0.7126	0.4510	0.6674	0.0098	0.7330	0.7548
比亚迪	0.6383	0.3972	0.4272	1.0000	0.0184	0.4458	0.6452	0.6276	0.1168	0.7631
长安 B	0.5255	0.6802	0.7126	0.0184	1.0000	0.2549	0.4550	−0.4584	0.8264	0.3713
上汽	0.6219	0.8318	0.4510	0.4458	0.2549	1.0000	0.6436	0.5918	0.4591	0.5725

续表

	海马	长安	一汽	比亚迪	长安B	上汽	江淮	广汽	长城	力帆
江淮	0.7805	0.7197	0.6674	0.6452	0.4550	0.6436	1.0000	0.3140	0.5554	0.7850
广汽	0.2836	0.2316	0.0098	0.6276	−0.4584	0.5918	0.3140	1.0000	−0.2378	0.4487
长城	0.6405	0.7478	0.7330	0.1168	0.8264	0.4591	0.5554	−0.2378	1.0000	0.4399
力帆	0.8979	0.6846	0.7548	0.7631	0.3713	0.5725	0.7850	0.4487	0.4399	1.0000

```
% 股票走势图
HMQC=data(:,1);
LFGF=data(:,10);
plot(Date,HMQC,'r',Date,LFGF,'g');
xlabel('Date');
ylabel('Close Price');
title('The Close Price of Stocks');
legend('HMQC','LFGF');
```

运行结果如图 6-1 所示。

图 6-1　海马汽车与力帆股份股价图

由图 6-1 可知,海马汽车和力帆股份两只股票的股价走势相似,可以作为配对交易策略的股票对。

```
grid on;
plot(Date,price_ratio,'b');
```

```
xlabel('Date');
ylabel('Price Ratio');
title('The Price Ratio of Two Stocks');
grid on;
```
运行结果如图6-2所示。

图6-2所示的为两只股票的比价,考虑一个理想操作:在比价波动超过移动平均3个标准差时,同时买卖两只股票。预期结果:对冲行业风险与A股市场风险,总体上应该是表现中性的策略,并且在每次操作周期中都能够获利。

图6-2 股价比价图

```
% 参数设置及数据
MA_length=90;    % 移动平均长度
Entry=3;         % 入场点为3倍标准差
stop_loss_rate=0.3; % stop_loss和profit_taking都是规定出场点,分别为止损点和止盈点
profit_taking_rate=0.1; % 即价格比向均值方向移动规定数值时,止盈;止损亦然
% 计算价格比移动平均
MA=zeros(length(price_ratio),1);% 初始化移动平均向量
for i=MA_length:length(price_ratio)
    MA(i)=sum(price_ratio(i-MA_length+1:i))/MA_length;
    MA(1:MA_length-1)=price_ratio(1:MA_length-1);
end
```

```matlab
% 计算价格比移动标准差
STD=zeros(length(price_ratio),1);% 初始化标准差向量
for i=MA_length:length(price_ratio)
    STD(i)=std(MA(i-MA_length+1:i));
end
% 确定上下突破线(决定买入点)
upper_break=MA+Entry*STD;
lower_break=MA-Entry*STD;
% 画出移动平均及突破区间
figure;
hold on;
plot(Date,price_ratio,'r');
plot(Date,upper_break,'g:',Date,lower_break,'g:','LineWidth',2);
datetick('x',10);
grid on;
xlabel('Date');
ylabel('Price ratio');
title('The Backtesting Result of Pair Trading strategy');
% 策略回测
signalbuy=zeros(length(price_ratio),1);% 初始化买入信号
signalsell=zeros(length(price_ratio),1);% 初始化卖出信号
pos=zeros(length(price_ratio),1);% 初始化仓位
Return =zeros(length(price_ratio),1);
for i=2:length(price_ratio)
    % 定义买入信号,signalbuy(i)=1,此时应卖出力帆股份,买入海马汽车
    if price_ratio(i-1)< upper_break(i-1) && price_ratio(i)> upper_break(i)
        signalbuy(i)=1;
    end
    % 定义买入信号,signalbuy(i)=1,此时应卖出海马汽车,买入力帆股份
    if price_ratio(i-1)> lower_break(i-1) && price_ratio(i)< lower_break(i)
        signalbuy(i)=-1;
    end
    % 定义卖出信号,signalsell(i)=1,此时应卖出海马汽车,买入力帆股份
    if (pos(i-1)==1 && price_ratio(i)< profit_taking) || (pos(i-1)==1 && price_ratio(i)> stop_loss)
        signalsell(i)=1;
    end
    % 定义卖出信号,signalsell(i)=-1,此时应卖出力帆股份,买入海马汽车
```

```
            if (pos(i-1)==-1 && price_ratio(i)> profit_taking) || (pos(i-1)
==-1 && price_ratio(i)< stop_loss)
                signalsell(i)=-1;
        end
        if pos(i-1)==0
                if signalbuy(i)~=0
                    if signalbuy(i)==1
                    pos(i)=1;
                            plot(Date(i),price_ratio(i),'ko',
'MarkerFaceColor','k');% 进场点
                    profit_taking=price_ratio(i)*(1-profit_taking_rate);
                    stop_loss=price_ratio(i)*(1+stop_loss_rate);
                    else
                    pos(i)=-1;
                            plot(Date(i),price_ratio(i),'ko',
'MarkerFaceColor','k');% 进场点
                    profit_taking=price_ratio(i)*(1+profit_taking_rate)
                       stop_loss=price_ratio(i)*(1-stop_loss_rate)
                    end
                else pos(i)=pos(i-1);
                end
        else
                if pos(i-1)==1
                    if signalsell(i)==1
                       pos(i)=0;
                            plot(Date(i),price_ratio(i),'mo',
'MarkerFaceColor','m');% 出场点
                    else pos(i)=pos(i-1);
                    end
                else
                    if signalsell(i)==-1
                       pos(i)=0;
                            plot(Date(i),price_ratio(i),'mo',
'MarkerFaceColor','m');% 出场点
                    else pos(i)=pos(i-1);
                    end
                end
        end
```

end

如图 6-3 所示,圆形点为入场点,方形点为出场点,同时买卖两只股票获取中性收益率。上下限分别设为移动平均加减 3 个标准差,当比价向上突破均值加上 3 个标准差时,买入便宜的海马汽车股份,同时卖出股价较高的力帆股份;当比价向下跌破均值减去 3 个标准差,买入力帆股份,卖出海马汽车股份。通过对冲,获得两个 alpha。表 6-2 展示了在配对交易策略中交易状况。

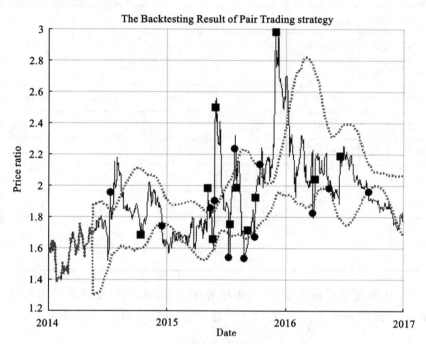

图 6-3 配对交易示意图

表 6-2 海马汽车和力帆股份配对交易记录

	时间	海马汽车	力帆股份	交易信号	海马盈亏	力帆盈亏	总盈亏
买入	2014-07-10	3.86	7.56	1			
卖出	2014-10-13	5.01	8.45	1	1.15	−0.89	0.26
买入	2014-12-17	5.54	9.65	−1			
卖出	2015-05-07	7.14	14.17	−1	−1.60	4.52	2.91
买入	2015-05-15	7.63	14.17	1			
卖出	2015-05-22	8.55	14.17	1	0.92	0.00	0.92
买入	2015-05-27	8.99	17.15	1			
卖出	2015-05-29	8.30	20.74	1	−0.69	−3.60	−4.29
买入	2015-07-10	6.68	10.33	−1			

续表

	时间	海马汽车	力帆股份	交易信号	海马盈亏	力帆盈亏	总盈亏
卖出	2015-07-14	7.13	12.50	−1	−0.45	2.17	1.72
买入	2015-07-28	6.37	14.24	1			
卖出	2015-08-03	6.64	13.21	1	0.27	1.03	1.30
买入	2015-08-26	5.82	8.96	−1			
卖出	2015-09-09	6.09	10.47	−1	−0.27	1.51	1.24
买入	2015-09-28	5.74	9.63	−1			
卖出	2015-09-30	5.70	10.99	−1	−0.04	1.36	1.32
买入	2015-10-14	5.87	12.56	1			
卖出	2015-11-30	6.04	18.02	1	0.17	−5.46	−5.29
买入	2016-03-24	5.86	10.72	−1			
卖出	2016-03-30	5.69	11.62	−1	−0.17	0.90	0.73
买入	2016-05-12	4.79	9.50	−1			
卖出	2016-06-16	5.32	11.64	−1	−0.52	2.14	1.61

从基于价比的配对交易策略看,该策略胜率为63.6%,但在判断价比走势上存在一定缺憾,造成亏损的两次交易损失较大。建议读者配合择时策略对价比的走势进行判断。

第二节 协整理论及 ECM 模型

统计套利研究目的之一就是要找到在一定概率意义上两种或多种资产价格的基本关系。而协整理论为研究这种基本关系的估计提供了理论和方法。

非平稳的时间序列的线性组合可能是平稳的,这种组合后平稳的序列称为协整方程;同时,这些非平稳的时间序列间具有长期稳定的均衡关系。因此,协整可以用来描述两个或两个以上序列间的平稳关系。自回归移动平均模型(ARMA)要求时间序列平稳,但实际上许多经济时间序列是非平稳的,是一个随机游走过程。在 ARMA 模型中,通过差分方法可以化非平稳为平稳序列,再构建模型,但差分使得序列信息损失,不利于经济现象的解释。

通过协整理论解决非平稳时间序列可以很好地克服这一问题。金融市场上,资产价格随时间波动产生的时间序列大多是非平稳序列,运用协整方程描述两个资产价格时间序列的关系时,可以充分利用数据信息,避免价格信息损失,从而更准确预测两者未来变动关系。

所谓的协整是指若两个或多个非平稳的变量序列,其某个线性组合后的序列呈平稳性。此时我们称这些变量序列间有协整关系存在。为了给出协整关系的精确定义,我们需要先给出单整的概念。如果一个时间序列 $\{y_t\}$ 在成为稳定序列之前必须经过 d 次差分,则称该时间序列是 d 阶单整,记为 $y_t \sim I(d)$。下面我们可以给出协整关系的精确定义。

设随机向量 X_t 中所含分量均为 d 阶单整,记为 $X_t \sim I(d)$。如果存在一个非零向量 β,使得随机向量 $Y_t = \beta X_t \sim I(d-b)$,$b>0$,则称随机向量 X_t 具有 d、b 阶协整关系,记为 $X_t \sim CI(d,b)$,向量 β 称为协整向量。

特别地,y_t 和 x_t 为随机变量,并且 $y_t, x_t \sim I(1)$,当 $y_t = k_0 + k_1 x_t \sim I(0)$ 时,则称 y_t 和 x_t 是协整的,(k_0, k_1) 称为协整系数。

关于协整的概念,我们给出以下说明:首先,协整回归的所有变量必须是同阶单整的,协整关系的这个前提并非意味着所有同阶单整的变量都是协整的,比如假定 $y_t, x_t \sim I(1)$,y_t 和 x_t 的线性组合仍为 $I(1)$,则此时 y_t 和 x_t 虽然满足同阶单整,但不是协整的。其次,在两变量的协整方程中,协整向量 (k_0, k_1) 是唯一的,然而,若系统中含有 k 个变量,则可能有 $k-1$ 个协整关系。

协整检验和估计协整线性系统参数的统计理论构成协整理论的重要组成部分。如果没有它们,那么协整在实践中便会失去其应有的重要作用。常用的协整检验有两种,即 Engle-Granger 两步协整检验法和 Johansen 协整检验法。这两种方法的主要差别在于 Engle-Granger 两步协整检验法采用的是一元方程技术,而 Johansen 协整检验法采用的是多元方程技术。因此,Johansen 协整检验法在假设和应用上所受的限制较少。

1. Engle-Granger 两步协整检验法

Engle-Granger 两步协整检验法考虑了如何检验零假设为一组 $I(1)$ 变量的无协整关系问题。它们用普通最小二乘法估计这些变量之间的平稳关系系数,然后用单位根检验来检验残差。拒绝存在单位根的零假设是协整关系存在的证据。我们从最简单的情况开始讨论,设两个变量 y_t 和 x_t 都是 $I(1)$ 序列,考虑下列长期静态回归模型:

$$y_t = \beta_0 + \beta_1 x_t + \varepsilon_t \tag{6.1}$$

对于上述模型的参数,我们用最小二乘法给出其参数估计。利用 MacKinnon 给出的协整 ADF 检验统计量,检验在上述估计下得到的回归方程的残差 ε_t 是否平稳(如果 y_t 和 x_t 不是协整的,则它们的任意组合都是非平稳的,因此残差 ε_t 将是非平稳的)。也就是说,我们检验残差 ε_t 的非平稳的假设,就是检验 y_t 和 x_t 不是协整的假设。

更一般地,我们有以下具体方法:

(1)使用 ADF 检验长期静态模型中所有变量的单整阶数。协整回归要求所有的解释变量都是一阶单整的,因此,高阶单整变量需要进行差分,以获得 $I(1)$ 序列。

(2) 用 OLS 法估计长期静态回归方程，然后用 ADF 统计量检验残差估计值的平稳性。

2. Johansen 协整检验法

当长期静态模型中有两个以上变量时，协整关系就可能不止一种。此时若采用 Engle-Granger 协整检验，就无法找到两个以上的协整向量。Johansen 和 Juselius 提出了一种在 VAR 系统下用极大似然估计来检验多变量之间协整关系的方法，通常称为 Johansen 协整检验法。

设一个 VAR 模型如下：

$$Y_t = B_1 Y_{t-1} + B_2 Y_{t-2} + \cdots + B_p Y_{t-p} + U_t \tag{6.2}$$

式中：Y_t 为 m 维随机向量；$B_i(i=1,2,\cdots,p)$ 是 $m \times m$ 阶参数矩阵，$U_t \sim \text{IID}(0, \Sigma)$。

我们将式(6.2)转换为

$$\Delta Y_t = \sum_{i=1}^{p} \Phi_i \Delta Y_{t-i} + \Phi Y_{t-p} + U_t \tag{6.3}$$

式(6.3)称为向量误差修正模型(VECM)，即一次差分的 VAR 模型加上误差修正项 ΦY_{t-p}，设置误差修正项的主要目的是将系统中因差分而丧失的长期信息引导回来。在这里 $\Phi_i = -(I - B_1 - \cdots - B_i)$，$\Phi = -(I - B_1 - \cdots - B_p)$。参数矩阵 Φ_i 和 Φ 分别是对 Y_t 变化的短期和长期调整。$m \times m$ 阶矩阵 Φ 的秩记为 r，则存在三种情况：

(1) $r = m$，即 Φ 是满秩的，表示 Y_t 向量中各变量皆为平稳序列；

(2) $r = 0$，表示 Φ 为空矩阵，Y_t 向量中各变量无协整关系；

(3) $0 < r \leq m-1$，在这种情况下，矩阵 Φ 可以分解为两个 $m \times r$ 阶（满列秩）矩阵 α 和 β 的积，即 $\Phi = \alpha \beta^T$。其中 α 表示对非均衡调整的速度，β 为长期系数矩阵(或称协整向量矩阵)，即 β 的每一行 β_i 是一个协整向量，秩 r 是系统中协整向量的个数。尽管 α 和 β 本身不是唯一的，但 β 唯一地定义一个协整空间。因此，可以对 α 和 β 进行适当的正规化。

这样，协整向量的个数可以通过考察 Φ 的特征根的显著性求得。若矩阵 Φ 的秩为 r，说明矩阵 Φ 有 r 个非零特征根，按大小排列为 $\lambda_1, \lambda_2, \cdots, \lambda_r$。特征根的个数可通过下面两个统计量来计算：

$$\lambda_{\text{trace}} = -T \sum_{i=r+1}^{m} \lg(1 - \lambda_i) \tag{6.4}$$

$$\lambda_{\max} = -T \lg(1 - \lambda_{r+1}) \tag{6.5}$$

式中：λ_i 是式(6.3)中 Φ 矩阵特征根的估计值；T 为样本容量。

式(6.4)称为迹检验：

$$H_0: r < m \leftrightarrow H_1: r = m$$

式(6.5)称为最大特征根检验：

$$H_0: r = q, q = 1, 2, \cdots, m \leftrightarrow H_1: r \leq q+1$$

原假设隐含着 $\lambda_{r+1} = \lambda_{r+2} = \cdots = \lambda_m = 0$，表示此系统中存在 $m - r$ 个单位根，最初先设原假设为 m 个单位根，即 $r = 0$，若拒绝原假设 H_0，表示 $\lambda_1 > 0$，有一个协整关系；再继续检验有 $(m-1)$ 个单位根，若拒绝原假设 H_0，表示有两个协整关系；依次检验直至无

法拒绝 H_0 为止。Johansen 与 Juselius 在蒙特卡罗模拟方法的基础上,给出了两个统计量的临界值,目前大多数计量软件都直接报告出检验结果。

3.误差修正模型

某些经济变量之间存在长期稳定的均衡关系。但是,在短期这种稳定关系也许会出现某种失衡,为了弥补这些缺陷,并且把短期行为和长期值相联系,并对失衡部分做出纠正。误差修正模型(ECM 模型)就是因此而建立的,下面我们给出最简单的误差修正模型的定义。设两个同阶单整序列 y 和 x,并且它们具有协整关系,其关系可以表示成自回归分布滞后模型:

$$y_t = \alpha + \varphi_1 y_{t-1} + \beta_0 x_t + \beta_1 x_{t-1} + \mu_t \tag{6.6}$$

我们可以将式(6.6)写为

$$\begin{aligned}\Delta y_t &= \alpha - (1-\varphi_1)y_{t-1} + \beta_0 \Delta x_t + (\beta_0 + \beta_1)x_{t-1} + \mu_t \\ &= \beta_0 \Delta x_t - (1-\varphi_1)(y_{t-1} - k_0 - k_1 x_{t-1}) + \mu_t\end{aligned} \tag{6.7}$$

其中,$k_0 = \alpha/(1-\varphi_1)$,$k_1 = (\beta_0+\beta_1)/(1-\varphi_1)$,则式(6.7)称为一阶误差修正模型。在这里参数 β_0 称为影响参数,$(1-\varphi_1)$ 称为反馈效果,k_0、k_1 称为长期反映系数。

在一般情况下,$|1-\varphi_1|<1$,由关系式 $\lambda = 1-\varphi_1$ 得 $0 < \lambda < 1$。可以据此分析 ECM 的修正作用:

(1)若 $t-1$ 时刻,Y 大于其长期均衡解 $k_0 + k_1 x_{t-1}$,ecm>0,则 $-\lambda$ecm<0,使得 Δy_t 减少;

(2)若 $t-1$ 时刻,Y 小于其长期均衡解 $k_0 + k_1 x_{t-1}$,ecm<0,则 $-\lambda$ecm>0,使得 Δy_t 增大。

可见式(6.7)体现了长期非均衡误差对 Δy_t 的控制。

误差修正模型的参数估计可以使用 Engle-Granger 两步法,这是由 Engle 和 Granger (1987)提出的,其基本思想是通过两个步骤检验经济变量间的长期均衡关系,并以 ECM 构建短期动态模型。

第一步:在下列静态长期均衡回归的基础上,检验两 $I(1)$ 变量 y_t 和 x_t 间的协整关系:

$$y_t = k_0 + k_1 x_t + \varepsilon_t \tag{6.8}$$

若残差估计项是平稳过程,则说明 y_t 和 x_t 是协整的。若 y_t 和 x_t 是协整的,则协整系数 (k_0, k_1) 的 OLS 估计是一致的。

第二步:确定协整关系后再估计 ECM:

$$\Delta y_t = \sum_{i=0}^{p}\beta_i \Delta x_{t-i} + \sum_{j=0}^{p}\varphi_j \Delta y_{t-j} - \lambda \hat{\varepsilon}_{t-1} + u_t \tag{6.9}$$

在式(6.9)中的滞后期 p 凭经验而定,$\hat{\varepsilon}_{t-1}$ 为式(6.8)中的残差的 OLS 法估计值。对式(6.9)继续进行 OLS 估计,就可以得到模型的参数估计。可以证明 Engle-Granger 两步法所得到的模型的参数估计具有良好的统计性质。

第三节 基于协整理论的期货跨市场跨品种套利

跨市套利是在两个不同交易所之间进行套利的行为。同一期货产品合约在不同的交易所交易时,由于区域地理差别,会出现这种期货产品合约在不同交易所交易价格不同,即存在一定的价差关系,所以交易者可以通过这样的现象进行套利。我们较为熟悉的是美国纽约商品交易所(NYMEX)的 WTI 原油与伦敦洲际交易所(ICE)布伦特(BRENT)原油之间的套利。当 WTI 与 BRENT 原油期货的价差小于合理水平时,交易者可以买入 WTI 原油合约,同时卖出 BRENT 原油合约,等两个市场价差关系恢复到正常时再将合约对冲平仓并从中获利;反之则相反操作。

BRENT 原油期货上市后,投资者可以多关注 BRENT 原油期货合约和 WTI 原油期货的价差,以及 BRENT 原油期货合约和 BRENT 原油期货的价差,掌握其中的跨市套利机会。当然,期货套利交易也有一定的注意事项。跨市套利应注意:

(1)运输费用。运输费用是决定同一商品品种在不同交易所间价差的主要因素。一般来说,离产地近的交易所期货价格较低,离产地远的则交割价格较高。

(2)交割品级的差异。WTI 与 BRENT 原油期货都是轻质含硫原油,跨市套利虽然交易的是同一个品种,但是不同交易所对于交易产品的品质级别有不同的规定,这也导致价格的差异。

(3)交易单位与汇率波动。WTI 与 BRENT 原油期货都是以美元报价,在跨市套利时,可能会遇到不同交易单位和报价体系问题,这会在一定程度影响套利的效果。如果在不同国家的市场套利,还可能要承担汇率波动风险。

从属性上看,目前超 65% 的原油参考 BRENT 原油定价,约 30% 的原油参考 WTI 原油定价。从合约上看,WTI 原油期货合约标的物为产自美国德克萨斯州的中质原油,BRENT 原油标的物则是产自英国北海布伦特油田的轻质原油,由于两者油品质地接近,定价理应较为接近。有数据统计显示,自 2015 年美国取消石油禁运之后,BRENT 原油与 WTI 原油价差波动有所减小,整体价差均值维持在 3.2 美元/桶左右,但目前已升至 10 美元/桶附近,因此这一现象值得关注。

历史上看,造成两者存在价差的原因主要是地理位置和运输情况。BRENT 原油产自英国北海布伦特油田,其产出的原油首先通过通道运输至 Sollom Voe 地区储存,然后通过海上运输运往世界各地;WTI 原油产自美国内陆德克萨斯州,陆上运输受到美国国内运输管道运输能力限制。因此,BRENT 原油基本上不受基础设施约束,可以方便快捷地运往世界各地,也能够很好地反映除美国以外的国际原油供需水平,而 WTI 原油则更多反映美国国内原油供需。

BRENT原油与WTI原油价差曾经长期稳定在-3～3美元/桶,价差的基础是两地油品的差异和运输成本,大量的交易员参照这个标准做统计套利并长期获利。而统计套利的最大风险是发生了足以影响供需格局的变化,而被交易者所忽视;汇率的持续变化改变了衡量的标准。2011年中东冲突造成部分国家原油出口中断,这个价差出现逆转,最高点达到27美元/桶。在短期供需已经发生逆转的情况下,继续按统计规律进行交易,并长期持有这个头寸部位并期待回归,无疑会面临巨大风险。

(4)保证金和佣金成本。跨市套利需要投资者在两个市场缴纳保证金和佣金,保证金占用成本和佣金费用要计入投资者的成本之中。只有两个市场间套利价差大于上述成本时,投资者才可以进行跨市套利。

根据协整理论对2008-01-02到2011-03-25间的WTI原油与BRENT原油构建配对交易策略。

```
% 加载数据
clc; clear all; close all;
load oilData;
LCO =double(brent);
WTI =double(light);
clearvars -except LCO WTI
% 计算LCO、WTI的相关系数
corr0=corrcoef(LCO, WTI);
```

计算结果如下:

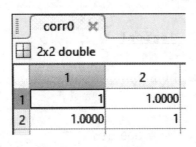

两品种高度相关,相关系数近似为1。

```
% 做出价格走势图
pairsChart(LCO, WTI);
```

运行结果如图6-4所示。

由图6-4可见,LCO和WTI的价格非常接近,且存在交叉现象,这和预期一致,很可能存在配对交易的机会。

```
% 对最后11天的数据进行分析
series =[LCO(end-4619:end, 4) WTI(end-4619:end, 4)];
% 协整检查,如果有协整关系,返回1;否则为0
```

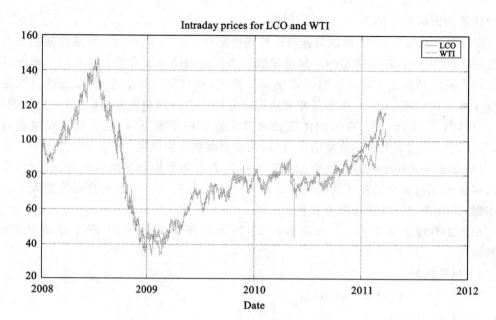

图 6-4　WTI 与 LCD 原油价格走势图

```
egcitest(series);
```
运行结果返回为 0,说明两序列在最后 11 天并不存在协整关系。

```
>> egcitest(series)

ans =

  logical

   0
```

```
% 检查更小的时间范围,大约为 300 min
[h, ~ , ~ , ~ , reg1] = egcitest(series(1700:2000,:));
display(h)
```

```
h =

  logical

   1
```

由此可知在此样本区间内存在协整关系。

```
display(reg1);
```

```
命令行窗口
      size:  301
     names:  {2×1 cell}
     coeff:  [2×1 double]
        se:  [2×1 double]
       Cov:  [2×2 double]
    tStats:  [1×1 struct]
     FStat:  [1×1 struct]
       yMu:  110.7448
    ySigma:  0.3043
      yHat:  [301×1 double]
       res:  [301×1 double]
    DWStat:  0.1891
       SSR:  13.0123
       SSE:  14.7666
       SST:  27.7789
       MSE:  0.0494
      RMSE:  0.2222
       RSq:  0.4684
      aRSq:  0.4666
        LL:  26.6152
       AIC:  -49.2304
       BIC:  -41.8162
       HQC:  -46.2636
```

由此可知其协整关系式为

$$\text{LCO}_t = 110.7448 + 0.3043 \times \text{WTI}_t$$

由上可知,协整关系存在与否和选取的样本区间有关。一般基于协整关系的配对交易是在存在协整关系的样本区间进行。假定实际残差会趋于协整表达式的残差拟合值。一般会有两个或多个阈值,如果残差绝对值高于大阈值,则认为残差绝对值会缩小,两个时间序列的差别会减少。如果残差绝对值低于小阈值,则认为残差绝对值会变大,两个时间序列的差别会增大。所以时间区域的长度、交易的频率、阈值都是需要确定的参数。

这段代码主要使用 egcitest 进行协整测试和参数(如残差)拟合。如果前 M 分钟存在协整关系,则对后面 N 分钟计算形成表达式的残差值 res 并用前 M 分钟的残差 res1 计算所得 RMSE 进行归一化处理,最后和阈值 spread 比较产生交易信号。同时做多和做空的比例按协整表达式的系数来确定。

```
% 在样本区间长度为 420,交易频率为 60 个时间间隔,阈值为 1 个标准差的参数下
测试策略
pairs(series, 420, 60);
% 为了对样本区间长度、交易频率以及阈值等参数进行优化,我们采用原来介绍的
parameterSweep 方法对参数进行优化,在本例中我们仅对样本区间以及交易频率进行
扫描,从而获得参数的最佳组合
```

% 区间扫描从120到420,扫描间隔为60个时间单位,交易频率从10到60,扫描间隔为10个时间单位
```
window=120:60:420;
freq=10:10:60;
range={window, freq};

annualScaling=sqrt(250*7*60);
cost=0.01;

% 设定以夏普比率作为损失函数,对参数进行优化
pfun=@(x)pairsFun(x, series, annualScaling, cost);
tic
[~,param]=parameterSweep(pfun,range);
toc
pairs(series, param(1), param(2), 1, annualScaling, cost);
```

因为是示例,为了节约程序运行时间,扫描网格较粗,范围也不大。实际运用中,扫描网格更细,范围更大。图6-6所示的是对最后11天日内数据进行回测的交易结果。与图6-5对比可知,经过优化的交易策略的最终收益为8.65%,而未经过优化的交易策略的最终受益为7.39%。

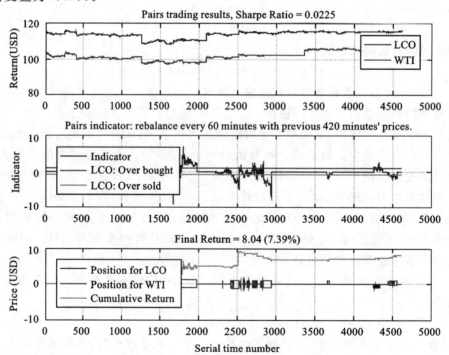

图6-5　初始配对交易策略收益走势图

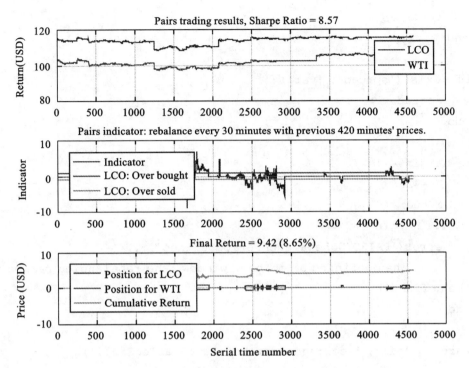

图 6-6 配对交易策略优化结果示意图

实现基于协整关系的配对交易策略的函数 pairs,其接口为

function varargout =pairs(series2, M, N, spread, scaling, cost);

输入变量:series2 为进行配对交易品种的价格时间序列;

M 是样本区间长度;

N 为据此协整关系进行交易的频率;

scaling 为单位时间(年月周)包含的样本数;

cost 为交易成本;

spread 为设定的阈值,是带边拟合残差标准方差的倍数,如 2,代表阈值是标准方差的 2 倍。

详细代码如下:

```
function varargout =pairs(series2, M, N, spread, scaling, cost);
% 该函数返回一个一组交易信号
% 处理输入变量,设定参数默认值
if ~exist('scaling','var')
    scaling =1;
end

if ~exist('cost','var')
```

```matlab
        cost = 0;
    end

    if ~exist('spread', 'var')
        spread = 1;
    end

    if nargin == 1
        M = 420;
        N = 60;
    elseif nargin == 2
        error('PAIRS:NoRebalancePeriodDefined',...
            'When defining a lookback window, the rebalancing period must also be defined');
    end

    warning('off', 'econ:egcitest:LeftTailStatTooSmall');
    warning('off', 'econ:egcitest:LeftTailStatTooBig');

    % 扫描整个时间序列的协整关系
    s = zeros(size(series2));
    indicate = zeros(length(series2),1);

    for i = max(M,N):N:length(s)-N
        try
            [h,~,~,~,reg1] = egcitest(series2(i-M+1:i,:));
        Catch
            % 如果 h=0,程序截止
            h = 0;
        end
        % 如果存在协整关系
        if h~=0
            % 根据协整关系式计算残差
            res = series2(i:i+N-1,1)- (reg1.coeff(1) + reg1.coeff(2).*series2(i:i+N-1, 2));
            % 对残差进行归一化处理
            indicate(i:i+N-1) = res/reg1.RMSE;
            % 根据阈值设定交易信号
```

```
            s(i:i+N-1, 1) =-(res/reg1.RMSE > spread) + (res/reg1.RMSE <
-spread);
            % 如果品种1交易数量为1,品种2的交易方向及其数量为
            s(i:i+N-1, 2) =-reg1.coeff(2) .* s(i:i+N-1, 1);
        end
    end

    % 计算性能统计量
    trades=[0 0; 0 0; diff(s(1:end-1,:))]; % shift trading by 1 period
    cash=cumsum(-trades.*series2-abs(trades)*cost/2);
    pandl =[0 0; s(1:end-1,:)].*series2+cash;
    pandl =pandl(:,1)-pandl(:,2);
    r =[0; diff(pandl)];
    sh =scaling* sharpe(r,0);

    if nargout ==0
        % 绘制结果
        ax(1) =subplot(3,1,1);
        plot(series2); grid on;
        legend('LCO','WTI');
        title(['Pairs trading results, Sharpe Ratio = ',num2str(sh,3)]);
        ylabel('Price (USD)');

        ax(2) =subplot(3,1,2);
        plot([indicate,spread* ones(size(indicate)),-spread* ones(size
(indicate))]);
        grid on;
        legend(['Indicator'],'LCO:Over bought','LCO:Over sold',...
            'Location','NorthWest');
        title(['Pairs indicator:rebalance every ' num2str(N)...
            ' minutes with previous ' num2str(M) ' minutes'' prices.']);
        ylabel('Indicator');

        ax(3) =subplot(3,1,3);
        plot([s,cumsum(r)]); grid on;
        legend('Position for LCO','Position for WTI','Cumulative Return
',...'Location', 'NorthWest');
        title(['Final Return = ',num2str(sum(r),3),' (',num2str(sum(r)/
```

```
                   mean(series2(1,:))*100,3),'% )']);
            ylabel('Return (USD)');
            xlabel('Serial time number');
     %      linkaxes(ax,'x')
        else
            % 返回变量
            for i =1:nargout
                switch i
                    case 1
                        varargout{1} =s; %  信号
                    case 2
                        varargout{2} =r; %  收益 (pnl)
                    case 3
                        varargout{3} =sh; %  夏普率
                    case 4
                        varargout{4} =indicate; %  指标
                    otherwise
                        warning('PAIRS:OutputArg',...
                            'Too many output arguments requested, ignoring last ones');
                end
            end
        end
```

本章小结

以上介绍了统计套利交易策略的构建，我们需要注意的是统计套利的配对交易策略存在交易的前提——卖空机制。作为市场中性策略的一种，没有卖空机制是无法执行配对交易的。

配对交易的关键是构建配对组。广义的配对交易范畴很大，只要有两个风险收益特征非常相似的证券都可以配对，比如两份交割日不同的沪深300股指期货合约可以配对，招商银行的A股和H股可以配对，不同等级的债券也可以配对。构建配对组时既可以按照基本面分析来进行，比如寻找同一行业主营业务同质化较高的公司，也可以完全按照统计原理进行筛选，寻找相关系数较高的股票。配对交易的假设是价差收敛，根据对历史数据的统计，两只股票的价差是长期稳定的，但稳定性会因投资者追涨杀跌的不理性交易而打破，导致价差扩大，这时应同时建立多空头寸，卖空相对高估的股票，买入相对低估的股票，等待价差收敛。价差收敛后,同时进行多空头寸平仓就可以获得收益。价差收敛是配对交易能否获利的关键假设。这种收敛的假设是根据过去配对股票价差的标准差来判断的,是数量分析的结果。如果某公司的基本面发生了变化,价差就可能进一步扩大,此时只能清仓止损。

如果价差是因为上市公司基本面发生了变化,进而导致交易损失,这并不会促使分析人员关注基本面。从收益特征归类,配对交易属于市场中性策略的范畴。但从交易技术分类,它属于统计套利的分范畴,所以不属于基本面的。每个配对交易基金都持有很多组配对股票,分布在不同的市场和行业中,所以总有几只价差因基本面因素而扩大,这在投资经理的预期之中。做空机制、构建配对组和价差收敛是统计策略得以执行的条件。如果能够使得交易成本可以更低,能够实现证券的转融通,那么这种统计套利机制会更有发展空间。

关键概念

配对交易　统计套利　跨品种统计套利　协整　EG 二步法　价差配对　价比配对

思考题

(1) 统计套利的基本思想是什么?统计套利和无风险套利的区别是什么?

(2) 选取配对交易的资产时,需要考虑的主要因素是什么?

(3) 试使用价差配对在 A 股市场寻找适宜标的进行交易策略的设定。

(4) 使用协整和多元回归的前提条件是什么?

(5) 如何利用 ECM 模型构建配对交易策略?

(6) 使用统计套利思想进行商品期货市场的配对交易。

(7) 使用股指期货和对应的期权构建配对交易,并进行评价。

(8) 跨市场统计套利需要注意哪些问题?如何进行资金管理?

第七章
基于事件驱动的量化投资策略分析

事件驱动型投资策略,就是通过分析重大事件发生前后对投资标的影响而进行的套利。投资者一般需要估算事件发生的概率及其对标的资产价格的影响,并提前介入等待事件的发生,然后择机退出。如何确定事件是否能够导致资产价格出现显著的波动,从而使投资者获得显著超额收益,我们一般采用事件研究法。

事件研究法(event study)由 Ball、Brown(1968)以及 Fama 等(1969)开创,其原理是根据研究目的选择某一特定事件,研究事件发生前后样本股票收益率的变化,进而解释特定事件对样本股票价格变化与收益率的影响,主要被用于检验事件发生前后价格变化或价格对披露信息的反应程度。事件研究法是基于有效市场假设的,即股票价格反映所有已知的公共信息,由于投资者是理性的,投资者对新信息的反应也是理性的,因此,在样本股票实际收益中剔除假定某个事件没有发生而估计出来的正常收益(normal return)就可以得到异常收益(abnormal return),异常收益可以衡量股价对事件发生或信息披露异常反应的程度。

事件研究法的研究步骤如下:首先决定研究假说;其次确定事件的种类及事件日,界定事件窗口,主要包括估计窗口、事件窗口和事后窗口,估计窗口主要考虑事件日之前反应或事件消息提前泄露,估计窗口和事件窗口不能重叠,事后窗口可以有也可无;再次计算预期报酬率以及实际报酬率并算出两者差额,观察在事件窗口期下的异常收益率;随后在估计期内进行参数估计,估算出正常收益模型的参数值;最后进行超额收益率的显著性检验,判断原假设是否成立。

事件研究法本质上是一种统计方法,当某一事件发生时,上市公司的股价是否会因为这个事件而产生波动,因而产生异常回报;借由对事件的相关研究分析,我们可以得出股价的波动是否由此事件引起。如果可以从统计上证明该事件能够导致资本市场出现异常收益,那么我们就能针对此类事件构建投资策略,获取超额 α 收益。

第一节 预期正常收益率模型

各种研究超额收益的方法是以 Brenner(1979) 的市场模型为基础的,本书采用市场模型法来估算上市公司未发生业绩预告事件的正常收益率。假设在估计窗口 $[-49, 0]$ 内的样本中第 i 支股票的收益率为 R_{it},而沪深 300 指数在该时间段的收益率为 R_{mt},即

$$R_{it} = \frac{P_{it} - P_{it-1}}{P_{it-1}} \tag{7.1}$$

$$R_{mt} = \frac{P_{mt} - P_{mt-1}}{P_{mt-1}} \tag{7.2}$$

本书假设资本资产定价模型(CAPM)成立,根据资本资产定价模型计算估计期内样本公司的股票正常收益率;以市场指数收益率为解释变量,个股收益为被解释变量,回归方程为

$$R_{it} = \alpha_i + \beta_i R_{mt} + \varepsilon_{it} \tag{7.3}$$

$$E(R_{it}) = \hat{\alpha}_i + \hat{\beta}_i R_{mt} \tag{7.4}$$

式中:R_{it} 和 R_{mt} 如前文所述,分别为单一上市公司和市场指数在 $[-49, 0]$ 内第 t 日的收益率;回归的截距项 α_i 为常数;β_i 为股票的系统性风险系数;ε_{it} 为随机误差项且 $E(\varepsilon_{it}) = 0$,$\text{var}(\varepsilon_{it}) = \sigma_{\varepsilon_i}^2$。然后依据上述公式利用最小二乘法估算系数得到 α_i 及 β_i,若两者在估计窗口期内保持稳定,则可估算出在 $[0, 10]$ 时期内第 i 只股票的预期正常收益率,公式为

$$R'_{it} = \hat{\alpha}_i + \hat{\beta}_i R_{mt} \tag{7.5}$$

由式(7.3)、式(7.4)及式(7.5)可推导出,每只股票在事件窗口期 $[0, 10]$ 内第 t 天的超额收益率 AR 可以表示为

$$AR_{it} = R_{it} - E(R_{it}) \text{ 或 } AR_{it} = R_{it} - R'_{it} \tag{7.6}$$

则股票在事件窗口期内的平均超额收益为

$$AAR_t = \frac{1}{n} \sum_{i=1}^{n} AR_{it} \tag{7.7}$$

式中:n 代表股票样本数量;AR_{it} 为股票 i 在第 t 天的超额收益率;AAR_t 为第 t 天股票的平均超额收益率。

依据事件研究法,为了研究事件发生后产生的市场效应,需要计算出股票的市场价格在事件窗口期的波动情况,波动情况一般由累计超额收益率来表示,计算公式为

$$CAR_t = \sum_{t=0}^{t} AR_t, t \in \{1, 2, \cdots, 10\} \tag{7.8}$$

依据式(7.8),我们不难推出在任意$[t_1,t_2]$时间段内股票的超额累计收益率:

$$\mathrm{CAR}_{t_1 t_2} = \sum_{t_1}^{t_2} \mathrm{AR}_t, t_1, t_2 \in \{1,2,\cdots,10\} \text{ 且 } t_1 \leqslant t_2 \tag{7.9}$$

在估算出超额累计收益的情况下,我们为了验证业绩预期对上市公司股价的影响是否显著,需要对超额累计收益率的显著性进行 t 检验,即检验超额累计收益率是否显著不为零。

原假设为: H_0:CAR=0;备选假设为: H_1:CAR≠0,则 t 检验的检验统计量为

$$t_{\mathrm{CAR}} = \frac{\mathrm{CAR}_t}{S(\mathrm{CAR}_t)/\sqrt{n}}$$

其中,
$$S^2(\mathrm{CAR}_t) = \frac{1}{n-1} \sum_{i=1}^{n} (\mathrm{CAR}_{it} - \mathrm{CAR}_t)^2 \tag{7.10}$$

根据设定的显著性水平,得出检验结果后可知业绩预期大增对上市公司股价是否有显著性影响。

第二节 基于业绩预增的事件驱动量化投资策略

业绩预告是上市公司管理人员在定期财务报告正式对外公布之前,向公众披露本公司报告期的估计盈余或者同期盈余变化程度的报告。我国的业绩预告制度是由业绩预警制度发展而来的。它始于 1998 年,当时仅限于连续三年亏损或当年重大亏损的上市公司,从 2000 年开始,证监会逐步完善业绩预告制度的相关规定,从预警演变至为投资者提供有益于决策的前瞻性信息。自 2001 年起证监会要求上市公司在中报披露前同样要发布业绩预告,且需要业绩预告的情形增加为预亏、业绩大幅下降(净利润总额下降 50%或以上)和业绩大幅上升(净利润总额增加 50%或以上)。2002 年后变动不大。总体来看业绩预告的范围逐步扩大,从业绩预警到披露预警和盈利出现大幅下降,再扩展到盈利出现大幅波动。业绩预告的会计期间逐步缩短,从年报到半年报再到季报,达到了前一季度预告后一季度业绩的特有模式。中国业绩预告制度的建立使软信息的披露内容日渐丰富,是提高市场透明度的有益尝试。作为上市公司提前发布的会计盈余信息,它能够有效降低投资者和公司管理层之间的信息不对称程度,便于投资者及时准确地判断股票的投资价值,提前释放业绩风险,减少报表公布日公司股价的大幅波动。过去的实证分析表明,年报的业绩预告具有显著的市场预期效应,同时,在业绩预告日之后的短期还具有市场披露效应。可见,业绩预告的信息是具有有效的信息含量的,充分研究这一信息效用(造成的价格变化),对于投资者的投资决策来说,具有重要意义。

大量研究表明,业绩预告可以造成股价的显著变动。Ball 和 Brown(1968)通过研究上市公司年报中的盈利数字与股价表现的关系,发现公布超额盈利的公司的股价往往能够体现出超额的回报,从而有效揭露出盈利数字对股价变化有显著作用。研究认为事件一方面体现在股票价格中已经隐含了人们所预期的公司盈余信息,另一方面表明投资者会依据公司实际公布的盈余数字与预期盈余的差值,对公司股价做出迅速反应。Pownall、Wasley 和 Waymire(1993)通过研究 1979—1987 年间美国上市公司的股价和管理层公布的业绩预告之间的关系,证实业绩预告具有信息含量。同时他们还发现业绩预告的信息含量小于正式公告,不同精确程度的业绩预测之间不存在显著差异,中期预告比年度预告更加富有信息含量。因此,我们选择业绩预告作为驱动事件构建投资策略。很多研究表明,业绩预告对我国资本市场的股票价格也有显著影响。如吴祥佑(2013)基于事件研究法,用超额收益率分析我国三家上市保险公司年度业绩预告的信息含量,测度了信息披露的公正性,揭示了业绩预告信息质量的进步性。超额收益率和累积超额收益率的变化轨迹显示,三家保险公司的业绩预告都有信息含量。

按照 CSMAR 中记录的上市公司业绩预告的分类,主要有不确定、略增、略减、扭亏、首亏、续亏、续盈、预减和预增这 9 种类型,业绩大幅增长的预增公告对股票收益率的影响显然应该比较显著,因此我们将分析该事件以及该收益率受上市公司各个因素的作用或关联并建立相应交易策略检验。

一、研究设计

1. 研究假设

本书对激励事件的研究建立在如下假设上:

(1)我国股票市场长期趋于有效,但短期缺乏效率。短期内无效的股票市场给投资者提供了套利机会,只要投资者对事件反应迅速,利用股票的定价误差确定科学的投资策略,便可获得超额收益。

(2)业绩大幅增长的预增公告事件会对上市公司股价产生影响。由于假设我国股票市场短期无效,因此投资者可以利用业绩大增公告事件进行套利。

(3)资本资产定价模型假设成立。

2. 事件日及事件窗口

将上市公司业绩大增预告公告日确定为公告日或事件日($t=0$)。对样本公司选用前 50 个交易日(包括事件发生日)日收益率作为估计窗口,事件窗口期长度为 10 个交易日,即时间发布日前后 10 个交易日[1,10],估计期的长度为 $L=50$,即[-49,0]。

3. 样本选取及数据来源

选取公布年报时进行的一季报业绩预告作为主要事件,选取 2016 年 4 月 1 日到 2016 年 4 月 30 日期间公告的业绩大增公告,获取样本共 333 个,然后据此研究结果以 2017 年 4 月 1 日到 2017 年 4 月 30 日期间业绩大增公告的 233 家公司作为投资标的分析投资结果。业绩预告事件来源于 CSMAR 数据库。

二、基于业绩预增公告下的量化投资策略

```
clear;
warning off;
em=EmQuantMatlab();
errorid=em.start('forcelogin=1');
% 读取从 CSMAR 数据库获得的业绩预增公告事件
[code,~ ]=xlsread('FIN1.xls','sheet1');
% 获取业绩公告日期
loaddatesw.mat;
date0=datenum(datime);
% 将证券代码转化为 Choice 格式的证券代码格式
for i=1:length(code)
    if code(i)< 10
codecht(i)=string(['00000',num2str(code(i)) '.SZ']);
    elseif   code(i)> 9 && code(i)< 100
        codecht(i)=string(['0000',num2str(code(i)),'.SZ ']);
    elseif   code(i)> 99 && code(i)< 1000
        codecht(i)=string(['000',num2str(code(i)),'.SZ ']);
    elseif   code(i)> 999&& code(i)< 10000
        codecht(i)=string(['00',num2str(code(i)),'.SZ ']);
        elseif   code(i)> 100000  && code(i)< 600000
        codecht(i)=string([num2str(code(i)),'.SZ ']);
    else
        codecht(i)=string([num2str(code(i)),'.SH ']);
    end
end
% 日期格式的转化
dates0=char(string(datestr(dates,29)));
codecht=codecht';
% 从 Choice 量化终端读取估计窗口及事件窗口的收益率
ar=zeros(11,333);
dataindex1=zeros(11,333);
dataincor1=zeros(11,333);
for i=1:1
[dates01,~ ,~ ,~ ,~ ]=em.getdate(dates0(i,:),- 50,'Market=CNSESH');
[dates02,~ ,~ ,~ ,~ ]=em.getdate(dates0(i,:),10,'Market=CNSESH');
dates001=char(string(datestr(dates01,29)));
```

```matlab
        dates002=char(string(datestr(dates02,29)));
    [dataindex,~,~,~,~]=em.csd('000300.SH','PCTCHANGE',dates001,
dates002,'period=1,adjustflag=2,curtype=1,order=1,market=CNSESH');
    [dataincor,~,~,~,~]=em.csd(char(codecht(i,:)),'PCTCHANGE',
dates001,dates002,'period=1,adjustflag=2,curtype=1,order=1,market=
CNSESH');
    dataindex1(:,i)=dataindex;
    dataincor1(:,i)=dataincor;
end
% 数据清洗,去除 nan 的数据占比超过 10% 的公司
for i=1:333
        index=find(dataincor1(:,i)==0);
        zindex0=find(~isnan(dataincor1(:,i)));
        k=length(index)/length(dataincor1(:,i));
% 对剩下的公司根据市场模型进行超额收益率显著性分析
        if k<0.1
% 设定自变量
x=[ones(50,1) dataindex1(1:50,i)];
% 回归得到回归参数
B=regress(dataincor1(1:50,i),x);
Bvar(i,:)=var(dataincor1(1:50,i),0,1);
% 计算超额收益
ar(:,i)=dataincor1(51:61,i)-B(1)-B(2)*dataindex1(51:61,i);
        else
        ar(:,i)=0;
end
end
Car=sum(ar);
% 数据清洗,清除无法计算超额收益的公司
zindex0=find(isnan(Car));
Car(zindex0)=0;
index1=find(~Car==0);
% 计算剩下公司的每天的平均收益
Aar=ar(:,index1);
Aart=sum(Aar')/length(Aar);
% 计算每日的累计超额收益
    Cart=zeros(11,1);
    Cart(1)=(Aart(1)/100+1);
```

```
    for i=2:length(Aart')
        Cart(i)=(Aart(i)/100+1)*Cart(i-1);
    end
% 计算事件窗口每天的 t 统计量
    for i=1:length(Cart')
        TCart(i)=(Cart(i)-1)*100*sqrt(i)/sqrt(var(Aar(i,:))/length(Aar'));
    end
```

运行程序可得 t 统计量如下：

	1
1	4.0785
2	9.8759
3	14.6160
4	14.1302
5	20.0708
6	18.6734
7	17.4884
8	9.0919
9	2.9689
10	-1.4224
11	2.9131

从 t 统计量看，具有业绩预告大增的股票，在[0,10]天的时间窗口，均可以获得超额收益。

```
A=randperm(11);
Q=sort(A);
figure;
plot(Q,Cart);grid on;
legend('累计超额收益','Best');
dataindex2=zeros(6,(566-334+1));
dataincor2=zeros(6,(566-334+1));
```

由图 7-1 可见，超额收益在第 5 天达到最大值。由此我们可以构建基于公司业绩预增的事件驱动的量化投资策略。在上市公司公告业绩大增的当天，购买公司股票，在公告后的第 4 天卖出股票，获取收益。

```
% 根据以上分析结果,对2017年一季报预增的公司进行量化投资策略的设计
% 从Choice终端读取1~4天的收益率数据
for i=334:566
```

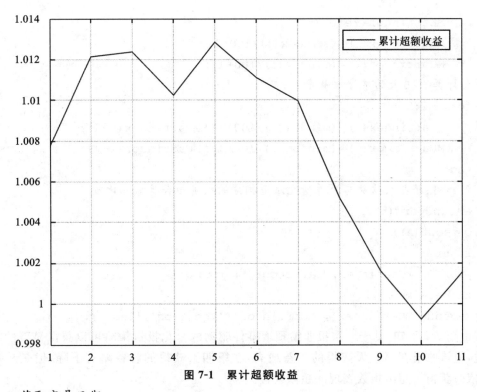

图 7-1　累计超额收益

```
% 获取交易日期
[dates01,~,~,~,~]=em.getdate(dates0(i,:),-1,'Market=CNSESH');
[dates02,~,~,~,~]=em.getdate(dates0(i,:),4,'Market=CNSESH');
dates001=char(string(datestr(dates01,29)));
dates002=char(string(datestr(dates02,29)));
% 读取对应交易日的沪深300指数收益率
[dataindex,~,~,~,~]=em.csd('000300.SH','PCTCHANGE',dates001,
dates002,'period=1,adjustflag=2,curtype=1,order=1,market=CNSESH');
% 获取各公司对应交易日1~4天的收益率
[dataincor,~,~,~,~]=em.csd(char(codecht(i,:)),'PCTCHANGE',
dates001,dates002,'period=1,adjustflag=2,curtype=1,order=1,market=
CNSESH');
dataindex2(:,i-333)=dataindex;
dataincor2(:,i-333)=dataincor;
end

mindex=sum(dataindex2')/length(dataindex2);
mincor=sum(dataincor2')/length(dataincor2);

MCartindex=zeros(5,1);
```

```
    MCartincor=zeros(5,1);
    MCartindex(1)=(mindex(1)/100+1);
    MCartincor(1)=(mincor(1)/100+1);
% 计算2~5天的累计收益率
for i=2:5
    MCartindex(i)=(mindex(i)/100+1)*MCartindex(i-1);
    MCartincor(i)=(mincor(i)/100+1)*MCartincor(i-1);
end
% 作图:将指数收益与事件研究法下构建的投资组合收益相比较
A=randperm(5);
Q=sort(A);
figure;
plot(Q,[MCartindex,MCartincor]); grid on;
xlabel('时间');
legend('MCartindex','MCartincor','Location','Best');
```

由图7-2可知,基于一季报业绩预增事件驱动的量化投资策略可以获得显著的超额收益,但该收益在第二天获得的收益最高,在第四天获得的收益略有下降,但是从总体看,依旧获得了超出指数表现的超额收益。

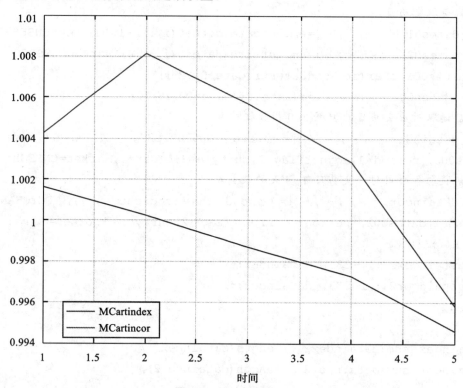

图7-2 累计超额收益

本章小结

事件驱动的量化投资策略是量化投资策略中最为重要的投资策略之一,股权激励、业绩造假、并购重组等一系列资本市场发生的重大事件为该量化投资策略提供了丰富的投资标的。当然有些事件驱动的量化投资策略会要求融券交易,这在我国的资本市场中存在一定的限制,但此种交易策略依然可以给投资者带来稳定的超额投资收益。

本章在进行事件研究法研究时采用了最基本的市场模型,读者在学习过程中,可以尝试使用 GARCH 等方法拟合资本市场异方差的现象,也可以进一步使用 DCC-GARCH 等方法分析关联品种在同一事件影响的收益变化,从而获得更稳定的投资收益。

关键概念

事件研究法　超额收益　事件窗口　估计窗口

思考题

(1)如何设置事件窗口和估计窗口?是否估计窗口越长越好?

(2)量化投资的事件研究法和理论研究的事件研究法在事件窗口设置上存在哪些区别?

(3)寻找 A 股某一事件,尝试使用事件驱动法进行量化投资。

第八章 期货量化套利策略

期货套利是指利用相关市场或者相关合约之间的价差变化,在相关市场或者相关合约上进行交易方向相反的交易,以期在价差发生有利变化而获利的交易行为。根据标的资产的不同,我们可将其分为股指期货套利和商品期货套利。本章将在案例中分别介绍股指期货和商品期货的期现套利、跨期套利和跨市场套利。跨品种套利已经在前面详述了,此处不再赘述。

第一节 股指期货期现套利

股指期货套利是指利用股指期货市场存在的不合理价格,同时参与股指期货与股票现货市场交易,或者同时进行不同期限、不同类别(相近)的股票指数合约交易以赚取差价的行为。股指期货套利分为期现套利、跨期套利、跨市场套利和跨品种套利。

股指期货由于成分股分红不规律,融资成本不一及现货指数设计的原因,其理论价格相对于商品期货更难准确定价。

股指期货理论定价公式:

$$\mathrm{FP} = I_0(1+rt) - \sum_{i=1}^{N} \mathrm{DIV}_i(1+rt_{i,d}) \tag{8.1}$$

式中:FP 是股指期货理论价格;I_0 是期初股指对应的合约价值;r 为借款利率;t 为期限;N 为股票指数中包含的股票数量;DIV_i 为第 i 只股票支付的股息;$t_{i,d}$ 为自第 i 只股票支付股息直至交割日的时间。

一、股指期货期现套利理论

期现套利属于无风险套利,只要定价偏差的收益能涵盖交易成本就可以进行期现套利操作而不用关心市场未来走势。常用的股指期现套利的决策方法是利用股指期货的理论价格模型,通过对股指期货实际价格和理论价格的比较,判断是否存在套利机会以及使用何种方式进行套利。

由于股指期货合约在到期时是按照现货指数的价格来进行现金交割的,因此期货合约价格在到期时会强制收敛于现货指数,这就使得在正常交易期间内,期指与现指会维持一定的动态联系。在各种因素影响下,由于期指相对于现指对信息的反应速度要快,因此其波动性会大于现指,经常与现指产生偏离。当这种偏离超出一定范围时,就会产生套利机会。

图 8-1 直观地表明了如何进行股指期现套利。一旦价差突破了无套利区间,则存在套利机会,只要同时双向建立头寸,持有至合约到期,就可以获得无风险收益。因此,如何准确地界定无套利区间就成为套利能否成功的关键。

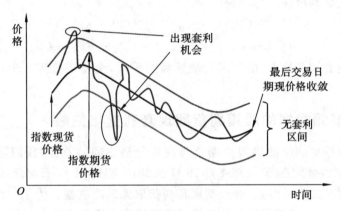

图 8-1 股指期货期现套利示意图

1. 股指期货期现套利步骤

(1)计算股指期货的理论价格,计算股指期货无套利区间。

(2)确定是否存在套利机会(当期货价格大于现货价值时,称之为正向市场,反之则为反向市场)。

(3)确定交易规模,进行股指合约与一揽子股票交易。

(4)价差收敛时平仓获利了结,或持有到期,现货卖出,期货交割获利。若持有到期进行交割,则需要防止交易成本和交割日最后两小时沪深 300 指数波动风险。交割价格按照最后两小时沪深 300 指数的算术平均值,股票价格是收盘价。

2. 无套利区间的确定

我们首先确定在股指期货套利过程中发生的资金流。在期货部分发生的资金项目有:期初期货合约价格 IF_t、到期合约价格 IF_T、平仓交易成本 Cif_T、期初建立头寸交易成本 Cif_t。现货部分发生的资金项目有:到期现货组合价格 P_T、期初现货组合价格 P_t、借款利率 r、资金借贷成本 r_{borrow}、红利收入 D、到期卖出或买入现货组合交易成本 CP_T、期初卖出或买入现货组合交易成本 CP_t。保证金发生资金项目有保证金资金成本 C_{Margin}。

如果存在股指期货价格高估,投资者准备进行正向套利时,必须满足式(8.2),才能够获利。

$$\frac{\text{IF}_t - \text{IF}_T - \text{Cif}_T}{(1+r)^{T-t}} - \text{Cif}_t + \frac{P_T - P_t(1+r_{\text{borrow}})^{T-t}}{(1+r)^{T-t}} - \text{CP}_t - C_{\text{Margin}} > 0 \quad (8.2)$$

式中:$\text{IF}_T = P_T$;$\text{IF}_t > \text{Cif}_T + \text{CP}_T + (\text{Cif}_t + \text{CP}_t)(1+r)^{T-t} + P_t(1+r_{\text{borrow}})^{T-t} + C_{\text{Margin}} - D$。

如果存在股指期货价格低估,投资者准备进行反向套利时,必须满足式(8.3),才能够获利。

$$\frac{\text{IF}_T - \text{IF}_t - \text{Cif}_T}{(1+r)^{T-t}} - \text{Cif}_t + P_t - \frac{P_T + D + \text{CP}_T}{(1+r)^{T-t}} - \text{CP}_t - C_{\text{Margin}} > 0 \quad (8.3)$$

式中:$\text{IF}_T = P_T$;$\text{IF}_t < P_t(1+r)^{T-t} - (\text{Cif}_t + \text{CP}_t)(1+r)^{T-t} - \text{Cif}_T - \text{CP}_T - C_{\text{Margin}} - D$。

根据以上两式,如果股指期货价格处于以下范围时,投资者无法进行套利操作,我们将此区间称为无套利区间。

$$\begin{bmatrix} \text{Cif}_T + \text{CP}_T + (\text{Cif}_t + \text{CP}_t)(1+r)^{T-t} + P_t(1+r_{\text{borrow}})^{T-t} + C_{\text{Margin}} - D, \\ P_t(1+r)^{T-t} - (\text{Cif}_t + \text{CP}_t)(1+r)^{T-t} - \text{Cif}_T - \text{CP}_T - C_{\text{Margin}} - D \end{bmatrix} \quad (8.4)$$

在我国期现套利交易中,由于现货缺乏做空手段,主要进行买入现货卖出期货的正向套利。

二、基于高频数据的股指期货期现套利量化策略

由于高频数据更能反映出股指期货与现货价格之间的差异,我们选择了IF1005~IF1012等8个主力合约在2010年4月16日到2010年12月17日之间的分钟交易数据,从中找出期现套利的交易时点,通过期现套利获取无风险收益。为了把握无套利区间的交易时点,我们结合股指期货价格的均线系统进行套利策略的买卖交易的时机选择。

1.计算股指期货合约的理论价格

采用连续复利公式,当前股指期货理论价格为

$$\text{FP}_t = I_t \times e^{\frac{(R-d)(T-t)}{365}} \quad (8.5)$$

2.确定套利成本

股票买卖的双边手续费为成交金额的0.02%,即$I_t \times 0.02\%$;

股票买卖的双边印花税为成交金额的0.1%,即$I_t \times 0.1\%$;

股票买入和卖出的冲击成本为成交额的0.5%,即$I_t \times 0.5\%$;

股票组合模拟指数跟踪误差为指数点位的0.2%,即$I_t \times 0.2\%$;

借贷利差为指数点位的0.3%,即$I_t \times 0.3\%$;

期货买卖的双边手续费为0.2个指数点,即0.2点;

期货买卖的冲击成本为0.2个指数点,即0.2点;

套利成本总计:$I_t \times 1.12\% + 0.4$点。

3.股指期货期现套利策略实例

```
clear;
% 读取数据
load('if_hs300');
```

```matlab
ifdata=if_data;% 2010年4月16日到2010年12月17日，IF1005~IF1012共
8个股指期货合约的分钟交易数据
hs300data=hs300_data;
hs300_data;% 沪深300分钟数据
expday=exp_day;% 距到期日天数
lap=ifdata-hs300data;% 价差数据
obs=length(hs300data);% 数据数量
period=1;% 数据频率
position=zeros(obs,1);% 初始化持仓
exp_anret=zeros(obs,1);% 到期收益率
trade_days=obs/(240/period);% 交易天数

% 计算无套利区间
% 计算期货理论价格
Ft=hs300data.*exp((0.048-0.0275)*expday./365);
% 计算无套利区间
Fceiling=hs300data.*0.0112+0.4+hs300data;
Ffloor=hs300data-hs300data.*0.0112+0.4;
% 作图
A=randperm(length(Ffloor));
Q=sort(A);
figure;
plot(Q,[hs300data,ifdata,Fceiling,Ffloor]);grid on;
legend('hs300data','ifdata','Fceiling','Ffloor');
```

图8-2展示了沪深300股指期货与现货间的无套利区间，一旦股指期货突破无套利区间，则存在期现套利的可能。

```matlab
% 用移动均线方法
[lead,lag]=movavg(ifdata,5,12,'e');
figure;
plot(Q,[ifdata,lead,lag]);grid on;
legend('ifdata','Lead','Lag');
```

运行结果如图8-3所示。

```matlab
% 设计期现正向套利交易策略
SFP=zeros(size(Ffloor));
STP=zeros(size(Ffloor));
longflag=0;
for i=1:length(Ffloor)-1
    % 期货价格大于无套利区间,且均线系统出现死叉
```

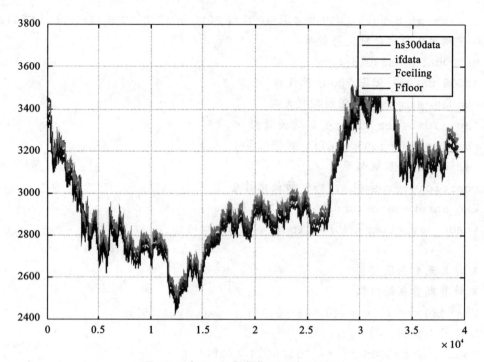

图 8-2　沪深 300 股指期现无套利区间

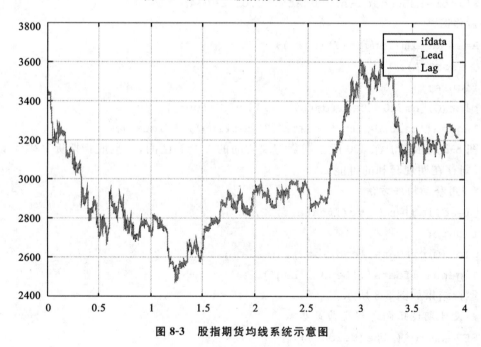

图 8-3　股指期货均线系统示意图

```
if ifdata(i)> Fceiling(i) & lead(i+1)< lag(i+1)& lead(i+1)< lead
(i) & (lag(i)< lead(i) | lag(i)==lead(i))
    SFP(i+1)=-1;           % 卖出期货
    STP(i+1)=1;            % 买入现货
```

```
            longflag=1;
          elseif  longflag==1&(ifdata(i)< Ft(i)|expday==0)
              SFP(i+1) =1;         % 买入期货
STP(i+1)=-1;                       % 卖出现货
      longflag=0;
          elseif  longflag==1       % 继续持仓
                  SFP(i+1)=-1;             % 卖出期货
                  STP(i+1)=1;              % 买入现货
          end
      end

SP=SFP-STP;
SpindexS=find(SP==2);
SpindexL=find(SP==-2);
SpindexL0=diff(SpindexL);
SpindexL1=find(SpindexL0>1)+1;

SpindexLL=[SpindexL(1);  SpindexL(SpindexL1)];
% 在现货 T+1 的约束下,排除交易发生在一天之内的情况
k=floor(SpindexS/240)-floor(SpindexLL/240);
Signal01=[SpindexLL SpindexS k];
Signal02=Signal01(find(k>0),:);
Return=zeros(length(Signal02),1);
for i=1:length(Signal02)
% 绝对收益点数
Return(i)= ifdata(Signal02(i,1))- ifdata(Signal02(i,2))+ hs300data
(Signal02(i,2))-hs300data(Signal02(i,1))-(hs300data(Signal02(i,2))*
0.0112+0.4);
% 收益率
    Returnrate(i)=Return(i)/(ifdata(Signal02(i,1))*0.12+hs300data
(Signal02(i,1)))*100;
% 年化收益率
     Returnratey(i)=Returnrate(i)/Signal02(i,3)*365;
end
```

运行结果如表 8-1 所示。

表 8.1 股指期货期现套利交易记录

开仓时点	平仓时点	收益率	年化收益率/(%)
2010/4/16/9:40	2010/4/17/14:20	0.570706	208.3076
2010/4/18/9:43	2010/5/13/13:20	0.962706	21.96173
2010/5/24/11:05	2010/6/7/9:34	0.244093	8.909404
2010/6/21/14:21	2010/6/23/14:26	−0.26055	−47.5508
2010/10/19/9:38	2010/11/12/9:50	0.281538	5.70897
2010/11/22/10:34	2010/11/23/9:51	−0.04413	−16.1069
2010/11/24/10:14	2010/11/26/13:41	−0.07958	−14.5233

第二节 股指期货跨期套利

跨期套利是指利用两个不同交割月份的股指期货合约之间的价差进行的套利交易。由于同时交易的不同交割月合约均是基于同一标的指数，所以在市场预期相对稳定的情况下，不同交割日期合约间的价差应该是稳定的，一旦价差发生了变化，则会产生跨期套利机会。

跨期套利属于价差套利，投资者需要对不同到期月的期货合约的价差做出预测，具有投机性。但因为交易行为是建立在价差的基础上，其风险远远小于投机交易。跨期套利的操作重点在于判断不同到期月合约的价差将来是扩大还是缩小，而不是整个市场的未来走势。

根据买卖合约的交割月份及买卖方向的差异，股指期货跨期套利的方式主要可以分为牛市套利、熊市套利和蝶式套利三种。

首先，如果套利者判断近月合约价格的上涨幅度将会大于远月合约价格的上涨幅度，或者近月合约价格的下跌幅度将会小于远月合约价格的下跌幅度，就可以采取买入近月合约的同时卖出远月合约进行套利交易。这样的套利方式就称为牛市套利，即判断远近合约价差将会进一步缩小的时候，进行买入近期合约而卖出远期合约的策略。相反，如果套利者判断近月合约价格的下跌幅度将会大于远月合约价格的下跌幅度，或者判断近月合约价格的上涨幅度将会小于远月合约价格的上涨幅度的时候，就可以采取买入远月合约的同时卖出近月合约进行套利交易。这样的套利方式称为熊市套利，即判断远近合约价差将会进一步扩大的时候，进行买入远期合约而卖出近期合约的策略。

蝶式套利则是利用三个不同交割月份的期货合约价差进行套利交易,具体方法为由两个方向相反、共享居中交割月份合约的跨期套利组成,即是由一手牛市套利和一手熊市套利组合而成的。

一、股指期货跨期套利模式分析

同一标的指数的不同交割月股指期货合约之间存在一种平价关系,即远月合约的价值应该是近月合约价值按照远期利率进行复利后加上一个均衡价差。

$$F(t,T_2) = F(t,T_1)e^{f(T_2-T_1)} + \Delta D \tag{8.6}$$

式中:T_1 为近期合约到期日;T_2 为远期合约到期日;f 为无风险利率,ΔD 为均衡价差。

跨期套利的成功率和收益率与均衡价差的确定密切相关。均衡价差受到利率、股票现货交易的活跃程度、宏观经济政策的变化、市场冲击成本以及投资者预期和情绪等众多因素影响。

无套利价差区间是指综合考虑了融资成本、交易成本等方面的因素后,相关期货合约之间价差的合理区间。卖近买远套利的无套利价差区间为

$$\begin{aligned} F(t,T_1)e^{f(T_2-T_1)} + \Delta D &> F(t,T_2) + 4C_1 + C_2 \\ F(t,T_1)e^{f(T_2-T_1)} - F(t,T_2) &> 4C_1 + C_2 - \Delta D \end{aligned} \tag{8.7}$$

跨期套利需买卖两份合约并到期平仓,交易成本为每份期货合约交易费用的 4 倍。在交易成本中还应考虑股指期货合约的冲击成本,两合约买卖双边冲击成本之和为 C_2,在执行卖近买远策略时,近月和远月合约的价格应满足下式:

$$F(t,T_2) - F(t,T_1)e^{f(T_2-T_1)} < -(4C_1 + C_2) + \Delta D \tag{8.8}$$

买近卖远套利的无套利价差区间为

$$\begin{aligned} F(t,T_2) &> F(t,T_1)e^{f(T_2-T_1)} + \Delta D + 4C_1 + C_2 \\ F(t,T_2) - F(t,T_1)e^{f(T_2-T_1)} &< -(4C_1 + C_2) + \Delta D \end{aligned} \tag{8.9}$$

在执行买近卖远策略时,近月和远月合约的价格应满足下式:

$$F(t,T_2) - F(t,T_1)e^{f(T_2-T_1)} > -(4C_1 + C_2) + \Delta D \tag{8.10}$$

在考虑跨期套利的无套利价差区间之后,可实时计算并监控各近远月合约组合的无套利价差:

$$TM(合约价差) = F(t,T_2) - F(t,T_1)e^{f(T_2-T_1)} \tag{8.11}$$

一旦近远月合约价差偏离无套利价差区间及达到跨期套利交易触发条件即可开仓。

$$TM(合约价差) < -(4C_1 + C_2) + \Delta D \tag{8.12}$$

当合约价差满足式(8.12)时,买入远月合约,卖出近月合约。

$$TM(合约价差) > -(4C_1 + C_2) + \Delta D \tag{8.13}$$

当合约价差满足式(8.13)时,买入近月合约,卖出远月合约。

当两合约价差落入式(8.14)所示区间时,触发终止条件,合约进行双向平仓,跨期套利终止。

$$(4C_1 + C_2) + \Delta D \geqslant TM(合约价差) \geqslant -(4C_1 + C_2) + \Delta D \tag{8.14}$$

在进行股指期货合约的跨期套利时,应该注意以下几点:

(1)交易手续费、期货交易税属于固定成本。而交易手续费则具有一定的灵活性。因此,跨期套利的成本有进一步降低的空间。

(2)保证金的机会成本是相对利率的机会成本。在进行价差套利时,交易所所要求的保证金比同时买进或者卖出两个合约所需保证金少。这降低了保证金支出所造成的利息成本,也使得在合约期限较短的跨期套利中可以忽略这一部分成本的影响。

(3)执行成本属于变动成本。跨期套利交易要求投资者迅速且同时完成买进与卖出操作。这样通常会对股指期货市场造成较大的冲击。

在实践中,我们经常采用简单价差:

$$Spread = F(t,T_2) - F(t,T_1) \tag{8.15}$$

考虑复利后的价差,相当于将简单价差向下水平移动一个量值,对均衡价格与无套利价差区间共同决定的跨期套利机会应该没有影响,在实际操作中运用简单价差替代理论价差是可行的。

根据两合约价差的变化情况,跨期套利可以在近期合约到期前平仓,如果合约价差一直不收敛,则可以在近期合约到期时平仓。当远期合约价格高估时,我们也可以将近期合约到期后转为现货。此时,跨期套利转化为期现套利。

二、股指期货跨期套利实例

我们选取了2017年6月和7月的沪深300指数期货合约,从Choice数据终端提取IF1706.CFE和IF1709.CFE的5分钟交易数据,时间跨度为2017年5月2日到2017年6月1日。无套利区间设定为价差波动的2倍标准差。

```
clc;
close all;
%% 数据读取
[data,~,xlsdata]=xlsread('5min_data.xlsx');
Len=length(xlsdata(:,1))/2;
TimeList=xlsdata(1:Len,1);
curr=cell2mat(xlsdata(1:Len,3));
next=cell2mat(xlsdata(Len+1:end,3));

% 套利研究
per=0.23/10000;% 手续费
loss=5;% 冲击成本
b=2.0;% 标准差倍数

spread=curr-next;% 价差
N=30;% 均值和标准差计算周期

TradeInfo=[];
```

```matlab
% 初始仓位
Position = 0;
% 套利次数
TradeCount = 0;
% 收益
ArbiProfit = 0;

for i = N+1:Len
    % 均值和标准差计算
    mu = mean(spread(i-N:i-1));
    sd = std(spread(i-N:i-1));
    % 依据当前仓位动态计算收益情况
    if Position == 0
        ArbiProfit(i,1) = 0;
    elseif Position == 1
        LastPrice = [curr(i-1) next(i-1)];
        CurrPrice = [curr(i) next(i)];
        ArbiProfit(i, 1) = (CurrPrice - LastPrice) * TradeInfo(TradeCount).Num';
    else
        LastPrice = [curr(i-1) next(i-1)];
        CurrPrice = [curr(i) next(i)];
        ArbiProfit(i, 1) = (CurrPrice - LastPrice) * TradeInfo(TradeCount).Num';
    end
    % 当前仓位不为-1,及考虑价差跌破2倍标准差情况,牛市跨期套利
    if Position~=-1 && spread(i)< mu-b*sd
        % Tax 代表平仓和开仓费
        Tax = 0;
        % 记录平仓收益
        if TradeCount >= 1
            TradeInfo(TradeCount,1).ShortPrice = [curr(i) next(i)];
            TradeInfo(TradeCount,1).Profit = (TradeInfo(TradeCount).ShortPrice- TradeInfo(TradeCount).LongPrice) * TradeInfo(TradeCount).Num';
            Tax = Tax + (curr(i)+next(i))*per+loss*2/300;
        end
```

```matlab
            TradeCount = TradeCount+1;
            Position = -1;
            % 记录开仓时间、价格以及数量
            TradeInfo(TradeCount,1).BuyTime = TimeList{i};
            TradeInfo(TradeCount,1).Num = [1 -1];
            TradeInfo(TradeCount,1).LongPrice = [curr(i) next(i)];

            Tax = Tax + (curr(i)+next(i))*per + loss*2/300;
            % 利润减去开平仓费用以及冲击成本
            ArbiProfit(i,1) = ArbiProfit(i,1)-Tax;

    % 当前仓位不为1,以及考虑价差涨过2倍标准差情况,熊市跨期套利
    elseif Position~=1 && spread(i) > mu+2*sd
        % Tax代表平仓和开仓费
        Tax = 0;
        % 记录平仓收益
        if TradeCount >= 1
            TradeInfo(TradeCount,1).ShortPrice = [curr(i) next(i)];
            TradeInfo(TradeCount,1).Profit = (TradeInfo(TradeCount).ShortPrice- TradeInfo(TradeCount).LongPrice) * TradeInfo(TradeCount).Num';
            Tax = Tax + (curr(i)+next(i))* per + loss*2/300;
        end
        TradeCount = TradeCount+1;
        Position = 1;
        % 记录开仓时间、价格以及数量
        TradeInfo(TradeCount,1).BuyTime = TimeList{i};
        TradeInfo(TradeCount,1).Num = [-1 1];
        TradeInfo(TradeCount,1).LongPrice = [curr(i) next(i)];

        Tax = Tax + (curr(i)+next(i))*per + loss*2/300;
        % 利润减去开平仓费用以及冲击成本
        ArbiProfit(i,1)=ArbiProfit(i,1)-Tax;
    end
end

% 净值计算
Money = 2000000;
```

```
Return = 1+cumsum(ArbiProfit)*300/Money;
% 净值显示
figure;
plot(1:length(Return),Return);
xlabel('Time');
ylabel('Return');
```
累计收益率如图 8-4 所示。

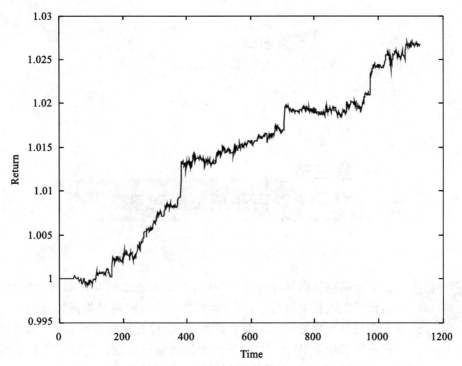

图 8-4 基于跨期套利的累计收益率

```
% 策略评估
% 年化收益率
Return_Year = (Return(end)-1)*12;
% 最大回撤率
MaxDrawDown = 0;
for i = 2:length(Return)
    drawdown = (Return(i)-max(Return(1:i)))/max(Return(1:i));
    MaxDrawDown = min(drawdown,MaxDrawDown);
end
% 夏普比率
Cash = 0.02/12;
SharpeRatio = sharpe(Return-1,Cash);
```

```
disp('最大回撤比率为:');
disp(abs(MaxDrawDown));
disp('夏普比率为:');
disp(SharpeRatio);
```

运行结果如下：

最大回撤比率为：
　　0.0019007

夏普比率为：
　　1.4083

第三节　商品期货套利策略

授课视频

　　商品期货同样存在套利策略，在买入或卖出某种期货合约的同时，卖出或买入相关的另一种合约，并在某个时间同时将两种合约平仓。投资者进行期货的交易主要有两种方式，即在现货市场买入（卖出）实货，在期货市场卖出（买入）期货合约进行套期保值。在期货市场上买卖合约，并不涉及现货交易的套利交易以及纯粹的投机交易。

1. 商品期货套利的基本原理

　　量化投资主要研究商品期货的套利交易行为。套利交易主要有以下几种方式。

　　(1) 期现套利：是利用同一种商品在期货市场与现货市场之间的不合理价差进行的套利行为。

　　(2) 跨期套利：通过观察期货各合约价差的波动，以赚取差价为目的，在同一种期货品种的不同合约月份建立数量相等、方向相反的交易部位，并以对冲或交割方式结束交易的一种操作方式。

　　(3) 跨市场套利：是指在不同市场之间进行的套利行为。当同一期货商品合约在两个或更多市场进行交易时，由于区域间的地理差别等因素，各商品合约间存在一定的固有价差关系。但由于市场供求影响因素、市场环境及交易规则等方面不完全一致，价格传导存在滞后甚至失真的情况，固有价差水平会出现偏离。

(4)跨品种套利:是指利用两种不同的但相互关联的商品之间合约价格差异进行套利交易,即买入某一交割月份某种商品合约,同时卖出另一相同交割月份相互关联的商品合约,以期在有利时机同时将这两个合约对冲平仓获利。跨品种套利的核心策略是寻找两种或多种不同但具有一定相关性的商品间的相对稳定关系(差值或比值),在其偏离正常轨道时进行反向操作套利。

要进行商品期货的套利交易需满足一定的套利条件:

(1)商品期货合约之间或者期货和现货之间的历史价差变化,必须具备一定的规律。

(2)商品期货合约之间的价格波动必须具备一定的相关性和联动性。相关系数能够达到 0.70~0.95 时最好。

(3)拟套利的期货合约应有足够的流动性和足够的容量。合约的持仓量在拟套利头寸数量的 10 倍以上比较理想,否则进出不便会严重影响操作效果。

进行商品期货套利存在一定的风险,一般而言,套利可能出现以下几种结果:①盈利额大于亏损额;②盈利额小于亏损额;③盈利额等于亏损额;④盈利+盈利;⑤亏损+亏损。由此可见,套利也是存在风险的。

例如,由于交易制度和市场的不同,上海铜(沪铜)和伦敦铜(伦铜)之间的跨市场套利就存在较大的风险。沪铜每天的涨跌停板为 3%,而伦铜的涨跌停板幅度没有规定,所以当伦铜出现一百美元以上的涨幅时,沪铜无法与之联动,这就是市场交易规则导致的跨市场套利风险。不同的市场存在交易时差,无法使套利建仓和套利对冲做到完全同步,在市场剧烈波动时,另一个头寸无法建仓或对冲会带来巨大的风险。还存在追加保证金风险,套利在不同市场间进行,必然会出现一边头寸盈利一边头寸亏损的情景,亏损的套头,如果不能及时追加保证金就会强行平仓,导致单向投机。由于两个市场交易的货币不同,跨市场套利交易还存在外汇管制风险和汇率波动风险。

在进行商品期货套利交易前,需要进行套利准备:

(1)套利经验模型的建立。

对于拟套利的合约之间的价格波动,需要处理较长的历史数据来反映彼此的关系。通过对价差或者价比进行作图,观察价差或价比波动的区间;或使用协整、ECM 等方法建立数学模型,可以得到合约之间的价格关系。

(2)套利空间的确立。

考察价格关系的长期波动情况,可以找出套利的上限和下限。在套利操作中主要考虑价差的扩大或缩小,因此要特别注意价差的波动情形。

当套利区间确定及套利机会出现时就可以进行套利操作,在进行套利操作时应遵循套利交易的基本原则。

①买卖方向对应的原则:即在建立买仓的同时建立卖仓。

②买卖数量相符原则:在建立一定数量的买仓同时,要建立相符数量的卖仓。

③同时建仓的原则:多空头寸的建立要在同一时间进行,期货价格波动,交易机会稍纵即逝,如果不能同时建立头寸,则有可能失去套利机会。

④同时对冲原则：套利头寸经过一段时间的波动后，达到了期望的利润目标，需要通过对冲来结算利润，对冲操作要同时进行，否则会丧失利润。

⑤合约相关原则：套利一般要在两个相关性较强的合约间进行。

2. 常见商品期货套利策略

1）大连交易所大豆-豆粕跨品种套利组合

大连大豆和大连豆粕保持高度的正相关，相关系数为0.91，有时可达0.97。大豆与豆粕的比价波动范围为1.28～1.36。

优点：报价单位统一，交易时间同步，数据处理简单，容易捕捉套利机会，结算在同一家交易所内进行套头，盈亏互补，易于实现资金平衡。因资金在途而引起的风险为零，收益率较高，大豆-豆粕的交易量和持仓量稳居全球领先地位，适宜大资金操作。

缺点：套利区间在不同的时间有较大的差异，因此意外风险较高。

2）大连交易所L塑料-PVC（聚氯乙烯）跨品种套利组合

大连L塑料和大连PVC保持高度正相关，一般情况下相关系数为0.85。其比价为1.38～1.50，中轴为1.41。

优点：报价单位统一，交易时间同步，数据处理简单，容易捕捉套利机会，结算在同一家交易所内进行套头，盈亏互补，易于实现资金平衡。因资金在途而引起的风险几乎为零，并且L塑料和PVC交易量和持仓量都特别巨大，适合大资金操作。

缺点：毕竟是不同品种，有各自不同的用途范围和市场，如果基本面发生重大变化，可能会出现意外风险。

3）大连交易所大豆-CBOT大豆组合跨市场套利组合

大连大豆和CBOT大豆保持高度的正相关，相关系数在0.91以上，比价波动区间为3.2～3.8，特别在合约月刚上市和临近交割时，相关性有普遍减弱的趋势，边界明显，阶段性趋势突出。价格规律性强，价格回归性良好，年化收益率在25%以上的套利机会多达5～8次。

优点：在极端比价处套利容易成功，比价变动的方向信号一旦形成趋势，不会轻易反复套利，利润容易巩固，流动性好，易于进出，收益率比较稳定，意外风险较小。

缺点：交易有时差，交易时点难以把握，报价单位不统一，计算盈亏较麻烦，资金划拨相对比较困难，资金在途时间长，容易出现一边套头爆仓，汇率风险较大。

4）郑州白糖跨期套利组合

郑州交易所白糖合约最近几年成交量出现爆发式增长，多次占据成交量榜首的位置，并且一般具有多个活跃合约，成为跨期套利的好品种。

白糖两个合约价差会保持比较稳定的差价关系，一般为300～500，中轴为400。

优点：套利机会多，在同一个交易所交易，客户容易进行资金管理和头寸管理，合约之间的盈亏容易自动平衡，客户易于划拨资金。

缺点：套利空间小，收益率不高，并且在换月结束后，另外一个合约的交易量会大幅度减小，从而不适合大资金操作。

第四节 商品期货的期现套利

商品期货的期现套利是利用同一种商品在期货市场与现货市场之间的不合理价差进行的套利行为。商品期货和现货价格之间存在基差,基差是指某一个特定地点某种商品的现货价格与同种商品的某一特定期货合约价格之间的价差,即基差＝现货价格－期货价格。

导致基差存在的原因主要是现货的持有成本和持有合约导致的风险溢价。现货的持有成本是指商品的储藏成本加上为资产融资所支付的利息,再扣除持有资产带来的收入。随着交割日期的临近,持有成本逐步降低。风险溢价就是投资者为远期期货合约的不确定性支付的一定费用。在正向期现套利中持有成本,可以用来支付企业的现货仓单成本,而风险溢价的高低则直接决定了期现套利的收益率。考虑各种成本后,留下的价格区间就是无套利区间。

一、商品期货期现套利操作流程

(1)识别套利机会。

应选择与企业经营有关的商品,以便依靠现货优势,结合期货市场的价格偏差获取超额利润,企业自营商品可以保证购销渠道的顺畅,同时付出最低的成本,以便达到最好的套利效果。根据期货与现货价格的不同,期现套利分为正向套利和反向套利。如果期货价格大于现货价格,此时的市场称为正向市场,买入现货卖出期货,这种套利模式称为正向套利。当期货价格小于现货价格时,此时的市场称为反向市场。卖出空头,买入多头期货,这种套利模式称为反向套利。由于现货市场不存在做空机制,反向套利操作会受到极大的限制。

(2)选择跟踪的合约,画出追踪曲线,一般选择三个月后到期的大连豆粕主力合约进行追踪。其中主力合约每月 15 日切换到下月合约。

(3)根据现货和期货价格以及持有成本,计算无套利区间,如果出现套利机会,则可以采取套利操作。

二、豆粕期货合约的期现套利量化策略

下面我们以大连商品交易所的豆粕 M1907 合约为例,介绍大连豆粕期货合约和日照豆粕现货之间的期现套利量化策略。为了确定期现套利的无套利区间,首先要确定期货合约的持有成本。期货合约的持有成本以持有现货到期交割为基础,一般会发生交易交

割手续费、运输费、交割费、仓储费、增值税以及资金到期利息等费用。

1. 豆粕期现套利的持有成本的各项费用

(1) 交易、交割手续费:交易手续费1元/吨,交割手续费1元/吨。

(2) 运输费用:一般汽车的运输费用为30元/吨。

(3) 检验费:检验费由卖方承担,买方无需支付。入库企业及检验费为3元/吨。

(4) 入/出库费:实行最高限价10元/吨,卖方需支付入库费,买方承担出库费。

(5) 仓储费:交易所规定豆粕的仓储费为0.5元/(吨·天)。

(6) 增值税:商品期货进行实物交割,卖方还需要缴纳增值税。

$$增值税=(交割价格-购买豆粕含税价格)\times 17\%$$

(7) 资金利息:计算资金利息的关键在于资金量的确定,对于正向套利,是购买现货所需资金外,还需要储备保证金以缴纳交易保证金和应付期货头寸可能出现的亏损。保证金:豆粕合约在交割月份之前的保证金一般是合约价值的10%,普通投资者一般在交割月不允许持仓,为简单起见,我们将保证金定为合约价值的10%。在实际操作中,保证金需要根据交易所的要求随时进行调整。

$$资金利息=[现货价格+期货价格\times(10\%+10\%)]\times 存款年利率\times 持仓天数/365$$

(8) 仓单升贴水:交易所还对不同的交割仓库及不同普通品质的豆粕,规定了详细的升贴水。

正向套利持有成本=交易手续费(1)+交割手续费(1)+运输费(30)+入库费(10)+检验费(3)+仓单升贴水(0)+资金占用费用((现货价格+期货价格×20%)×4.31%/365)

反向套利持有成本=交易手续费(1)+交割手续费(1)+出库费(10)+仓单升贴水(0)+资金占用费用((期货价格×20%)×4.31%/365)

2. 豆粕期现套利策略实例

```
clc;clear;close all;        % 清屏、清理工作区、关闭图形窗口
warning off;
em=EmQuantMatlab();
errorid=em.start('forcelogin=1');
% 以日照的豆粕现货价格为基准
[datas,~,xlsdata]=xlsread('dpspot.xlsx','sheet2');
spot=datas(:,1);
% 从Choice终端下载豆粕M1907的交易数据
[future,codes,indicators,dates,errorid]=em.csd('M1907.DCE','Clear','2018-07-16','2019-07-12','period=1,adjustflag=1,curtype=1,order=1,market=CNFEDC');
% 处理数据
date2=repmat('2019/07/16',length(dates),1);       % M1907的交割日
days=datenum(date2)-datenum(dates);       % 以2019年7月16日为基准算日期间隔
```

```matlab
% 商品期货固定费用
fixcostp=repmat(45,length(dates),1);
fixcostn=repmat(12,length(dates),1);

% 计算无套利区间
format shortG;
costp=fixcostp+0.5*days+(future-spot)*0.17+(future*0.2+spot)*0.0431.*days/365;
costn=fixcostn+(future*0.2)*0.0431.*days/365;              % 计算持有成本

format shortG;
upperbound=spot+costp;                   % 计算无套利区间
format shortG;
lowerbound=spot+costn;

Q=datenum(dates);
figure;
plot(Q,[future,spot,upperbound,lowerbound]); grid on;
xlabel('时间');
dateaxis('x',1);
legend('future','spot','upperbound','lowerbound','Location','Best');
```

运行结果如图 8-5 所示。

```matlab
% 用移动均线方法
[lead,lag]=movavg(future,5,12,'e');
figure;
plot(Q,[future,lead,lag]); grid on;
xlabel('时间');
dateaxis('x',1);
legend('future','Lead','Lag');
```

运行结果如图 8-6 所示。

```matlab
% 设计期现正向套利交易策略
SFP=zeros(size(upperbound));
STP=zeros(size(upperbound));
longflag=0;
for i=1:length(upperbound)-1
    % 期货价格大于无套利区间,且均线系统出现死叉
```

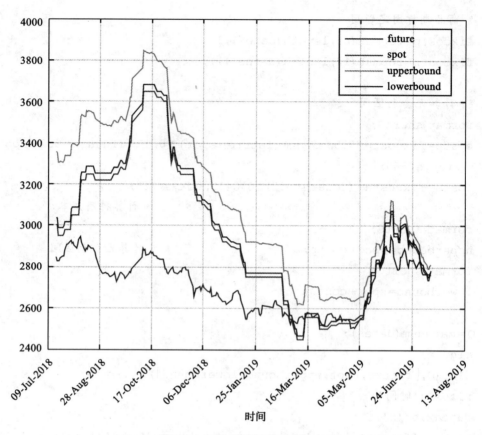

图 8-5 豆粕期现无套利区间

```
    if future(i)> upperbound(i) & lead(i+1)< lag(i+1) & lead(i+1)<
lead(i) & (lag(i)< lead(i) | lag(i)==lead(i))
       SFP(i+1) =-1;              % 卖出期货
       STP(i+1)=1;                % 买入现货
       longflag=1;
         elseif  longflag==1&(future(i)<spot(i))
           SFP(i+1) =1;            % 买入期货
           STP(i+1)=-1;            % 卖出现货
            longflag=0;
         elseif  longflag==1       % 继续持仓
              SFP(i+1) =-1;% 卖出期货
              STP(i+1)=1;  % 买入现货
         end
       end

SP=SFP-STP;
```

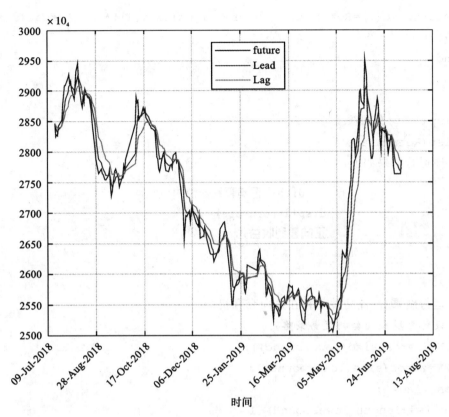

图 8-6 期货价格均线系统

```
SpindexS=find(SP==2);
SpindexL=find(SP==-2);
% 如果没有买卖信号,则无法套利,收益为 0
if isempty(SpindexS)==1 & isempty(SpindexL)==1
    Returnrate=0;
else
SpindexL0=diff(SpindexL);
if isnan(SpindexL0)==1
    return;
else
SpindexL1=find(SpindexL0>1)+1;
end
Spindex02=[SpindexL(1); SpindexL(SpindexL1)];
Return=zeros(length(Signal02),1);
for i=1:length(Signal02)
Return (i) = future (Signal02 (i, 1)) - future (Signal02 (i, 2)) + spot (Signal02(i,2))-spot(Signal02(i,1))-2;
```

```
    Returnrate(i)=Return(i)/(future(Signal02(i,1))* 0.12+spot(Signal02(i,1)));
    end
end

disp('正向套利收益为');
disp(Returnrate);
```
程序运行结果如下:

```
>> disp('正向套利收益为');
disp(Returnrate);
正向套利收益为
        0
```

从运行结果看,此品种不存在正向套利机会。
```
% 设计期现反向套利交易策略
SFN=zeros(size(lowerbound));
STN=zeros(size(lowerbound));
longflag=0;
for i=1:length(lowerbound)-1
    % 期货价格小于无套利区间,且均线系统出现金叉
    if  future(i)< lowerbound(i) & lead(i+1)> lag(i+1) & lead(i+1)> lead(i) & (lag(i)> lead(i) | lag(i)==lead(i));
    SFN(i+1) =1;            % 买入期货
    STN(i+1)=-1;            % 卖出现货
longflag=1;
        elseif  longflag==1&(future(i+1)> spot(i))
            SFN(i+1) =-1;   % 卖出期货
STN(i+1)=1;                 % 买入现货
    longflag=0;
        elseif  longflag==1 % 继续持仓
    SFN(i+1) =1;            % 买入期货
    STN(i+1)=-1;            % 卖出现货
        end
    end


SN=SFN-STN;
SpindexSN=find(SN==-2);
```

```
SpindexLN=find(SN==2);
if isempty(SpindexSN)==1 & isempty(SpindexLN)==1
    ReturnN=0;
else
SpindexL0N=diff(SpindexLN);
if isnan(SpindexL0N)==1
    return;
else
SpindexL1=find(SpindexL0>1)+1;
end
SpindexL1N=find(SpindexL0N>1)+1;
SpindexLLN=[SpindexLN(1);  SpindexLN(SpindexL1N)];
SignalN=[SpindexLLN SpindexSN];
% 计算反向期现套利的收益
ReturnN=zeros(size(SignalN,1),1);
for i=1:size(SignalN,1)

    ReturnN(i) = future(SignalN(i,2)) - future(SignalN(i,1)) + spot(SignalN(i,1))-spot(SignalN(i,2));
    end
end

disp('反向套利收益为');
disp(ReturnN);
```

运行结果如下：

```
>> disp('反向套利收益为');
disp(ReturnN);
反向套利收益为
    158
     -4
      3
    162
```

```
disp('建仓日- 平仓日');
disp([dates(SignalN(:,1)) dates(SignalN(:,2))]);
```

运行结果如下：

```
>> disp('建仓日-平仓日');
disp([dates(SignalN(:,1)) dates(SignalN(:,2))]);
建仓日-平仓日
    '2018/7/24'     '2019/3/5'
    '2019/3/15'     '2019/3/18'
    '2019/5/8'      '2019/5/9'
    '2019/6/14'     '2019/7/9'
```

第五节 商品期货的跨市场套利

商品期货的跨市场套利是在不同市场之间进行的套利交易行为。当同一期货商品合约在两个或者更多市场进行交易时,由于区域间的地理差别等因素,各商品合约间存在一定的固有价差关系。由于市场间的供求影响因素、市场环境及交易规则等方面不完全一致,价格的传导存在滞后甚至失真的情况,因此固有价差水平会出现偏离。跨市场套利正是利用市场失衡时机,在某个市场买入(卖出)某一交割月份某种商品合约的同时,在另一个市场卖出或买入同一交割月份的同种商品合约,以对冲或交割方式结束交易的一种操作方式。

目前国内比较盛行的跨市场套利主要有:LME金属期货与上期所金属期货跨市场套利,上海黄金交易所黄金(T+D)与上期所黄金期货跨市场套利,CBOT大豆期货与大商所大豆期货跨市场套利等。

由于涉及两个或多个市场,跨市场套利一般对于资金的要求比较高。跨市场套利的交易方主要为生产商、消费商、贸易商及一些实力雄厚的民间投资者。在价差合适的时候,这些企业或机构可以利用自身在采购分销渠道及资金上的优势,通过跨市场套利来降低生产成本或获取价差变动收益。

我们以沪铜和伦铜的跨市场套利交易为例,介绍商品期货的跨市场套利策略。从历史走势看,沪铜和伦铜保持高度正相关,相关系数在0.95以上,最高时达到0.99,这一组合是迄今为止投资这行最多的一种组合。其比价波动区间为7.0~9.0,中轴区为8.0。该套利组合价差规律性明显,交易活跃,适合大资金运作;套利机会多,容易把握,流动性好,易于进出,运行规范,收益比较稳定,意外风险比较小。但是由于跨市场交易,存在较长交易时差,进场点位不易把握,特别是存在单边行时。资金划拨相对比较困难,在对亏损头寸补充保证金时存在一定困难,汇率风险比较大。

```
clc;clear;close all;         % 清屏、清理工作区、关闭图形窗口
warning off;
em=EmQuantMatlab();
errorid=em.start('forcelogin=1');
[datascu,codes,indicators,dates,errorid]=em.csd('LCPS.LME,CU1907.
SHF','CLEAR','2018-07-18','2019-07-12','period=1,adjustflag=1,
curtype=1,order=1,market=LDMETL');
% 数据清洗,去除两市场不匹配的交易日
indexcu=find(~isnan(datascu(:,2)));
datascu01=datascu(indexcu,:);
Date01=dates(indexcu,:);
indexcu01=find(~isnan(datascu01(:,1)));
datascu02=datascu01(indexcu01,:);
Date=Date01(indexcu01,:);
%  两市场铜价走势图
LME=datascu02(:,1);
SHF=datascu02(:,2);
price_ratio=SHF./LME;
Q=datenum(Date);
figure;
plot(Q,LME*8.51,'r',Q,SHF,'g');
xlabel('时间');
dateaxis('x',1);
ylabel('Clear Price');
title('The Clear Price of Futures');
legend('LME','SHF');
grid on;
```

运行结果如图8-7所示。

由图8-7可知,沪铜和伦铜价格走势具有高度相关性,具备跨市场套利的条件。

```
figure;
plot(Q,price_ratio,'b');
xlabel('时间');
dateaxis('x',1);
ylabel('Price Ratio');
title('The Price Ratio of Two futures');
grid on;
```

运行结果如图8-8所示。

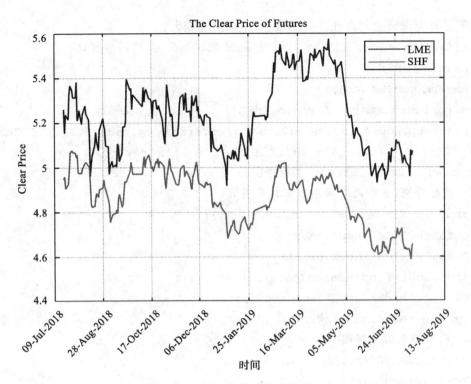

图 8-7 沪铜、伦铜价格走势图

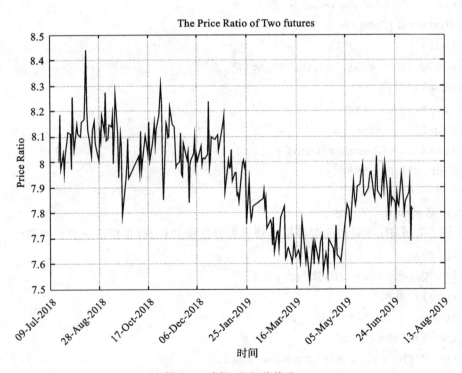

图 8-8 沪铜、伦铜价格比

从图 8-8 可知,两市场铜价价比以 8 为中轴进行波动,存在跨市场套利的空间。

```matlab
% 设计价比高位套利交易策略
SHP = zeros(size(price_ratio));
SLP = zeros(size(price_ratio));
longflag=0;
for i=1:length(price_ratio)-1
    % 价比大于 8.2,且均线系统出现死叉,此时沪铜高估,伦铜低估
    if price_ratio(i)> 8.2 & lead(i+1)< lag(i+1)& lead(i+1)< lead(i) & (lag(i)< lead(i) | lag(i)==lead(i))
        SHP(i+1)=-21;          % 卖出沪铜
        SLP(i+1)=1;            % 买入伦铜
        longflag=1;
    elseif  longflag==1&(price_ratio(i)<8)
        SHP(i+1)=1;            % 买入沪铜
        SLP(i+1)=-1;           % 卖出伦铜
        longflag=0;
    elseif  longflag==1    % 继续持仓
        SHP(i+1)=-1;           % 卖出沪铜
        SLP(i+1)=1;            % 买入伦铜
    end
end
SP=SHP-SLP;
SpindexS=find(SP==2);
SpindexL=find(SP==-2);
% 如果此时没有套利机会,收益为 0
if isempty(SpindexS)==1 & isempty(SpindexL)==1
    Returnrate=0;
else
SpindexL0=diff(SpindexL);
if isnan(SpindexL0)==1
    return;
else
SpindexL1=find(SpindexL0>1)+1;
end

SpindexLL=[SpindexL(1); SpindexL(SpindexL1)];
% 每次建仓时的序号
Signal02=[SpindexLL SpindexS];
```

```matlab
% 计算套利收益
Return=zeros(length(Signal02),1);
for i=1:length(Signal02)
Return(i)=SHF(Signal02(i,1))-SHF(Signal02(i,2))+(LME(Signal02(i,
2))-LME(Signal02(i,1)))*8.5;
    Returnrate(i)=Return(i)/(SHF(Signal02(i,1))* 0.12+LME(Signal02
(i,1))*8.5*0.12);
end

disp('建仓日-平仓日');
disp([dates(Signal02(:,1)) dates(Signal02(:,2))]);
end

disp('价比高位套利收益为');
disp(Returnrate);

SHN=zeros(size(price_ratio));
SLN=zeros(size(price_ratio));
longflag=0;
for i=1:length(price_ratio)-1
    % 价比小于7.8,且均线系统出现金叉
if  price_ratio(i)< 7.8 & lead(i+1)> lag(i+1)& lead(i+1)> lead(i) &
(lag(i)> lead(i) | lag(i)==lead(i))
SHN(i+1)=1;           % 买入沪铜
SLN(i+1)=-1;          % 卖出伦铜
longflag=1;
    elseif  longflag==1&(price_ratio(i+1)> 8)
        SHN(i+1)=-1;   % 卖出沪铜
SLN(i+1)=1;           % 买入伦铜
   longflag=0;
    elseif  longflag==1  % 继续持仓
SHN(i+1)=1;           % 买入沪铜
SLN(i+1)=-1;          % 卖出伦铜
        end
    end
SN=SHN-SLN;
SpindexSN=find(SN==-2);
SpindexLN=find(SN==2);
```

```
% 如果此时不存在套利机会,收益为 0
if isempty(SpindexSN)==1 & isempty(SpindexLN)==1
   ReturnNrate=0;
else
SpindexL0N=diff(SpindexLN);
if isnan(SpindexL0N)==1
   return;
else
SpindexL1=find(SpindexL0>1)+1;
end
SpindexL1N=find(SpindexL0N>1)+1;
SpindexLLN=[SpindexLN(1);  SpindexLN(SpindexL1N)];
% 确定套利交易买卖序号
SignalN=[SpindexLLN SpindexSN];
% 计算价比低位套利的收益
ReturnN=zeros(size(SignalN,1),1);
for i=1:size(SignalN,1)
ReturnN(i)=SHF(SignalN(i,2))-SHF(SignalN(i,1))+(LME(SignalN(i,1))
-LME(SignalN(i,2)))*8.5;
   ReturnNrate(i)=ReturnN(i)/(SHF(SignalN(i,1))*0.12+LME(SignalN
(i,1))*0.12*8.5);
end
   disp('建仓日-平仓日');
   disp([dates(SignalN(:,1)) dates(SignalN(:,2))]);
end
   disp('价比低位套利收益为');
   disp(ReturnNrate);
```

运行结果如下：

价比高企套利收益为

    0

建仓日-平仓日
    '2019/2/14'   '2019/5/10'

价比低位套利收益为
    0.1229

从以上运行结果看,由于参数设定,此时价比高位时为寻找到套利机会,价比低位套利机会存在一次,持仓 3 月,套利收益为 12.29%,年化收益约为 50%。

第六节 商品期货的跨期套利

由于我们已经在上文详细介绍了股指期货的跨期套利,商品期货跨期套利与股指期货的跨期套利方法基本相同,因此此处只介绍相关概念,具体的编程由读者自行完成。

跨期套利是通过观察期货各合约价差的波动,以赚取价差为目的,在同一期货品种的不同合约月份建立数量相等、方向相反的交易部位,并以对冲或交割的方式结束交易的一种操作方式。根据近远期合约价格分布的差异,商品期货市场可以分为正向市场和反向市场。当价差为负时,为远月升水的期货市场称为正向市场;当价差为正时,近月升水的期货市场称为反向市场。

价差由持有成本构成,指为拥有或保留某种仓单或头寸而支付的仓储费、保险费和利息等费用。期货远月合约价格=期货近月合约价格+持仓费。持仓费是仓储费用、商品过户费、交易手续费、交割手续费、利息、增值税之和。

跨期套利策略可以以对冲(对冲套利)和交割(实盘套利)两种方式平仓,两种操作方式成本各异,入场时机和操作思路也各不相同。实盘套利是对冲套利的基础,对冲套利通过大量实盘套利的操作而获得理想的平仓价位。

1. 牛市套利

(1)实盘套利。正向市场中实盘套利的机会仅出现在价差的绝对值大于持仓成本的情况下,可在近月合约做多,在远月合约建立同等头寸的空头合约。近月接仓单,远月交割平仓。

(2)对冲套利,可在近月合约做多而在远月建立相同头寸的空头合约的套利操作。

套利收益=仓位×[(远期月份卖出价-近期月份买进价)-(远期月份买进价-近期月份卖出价)]=仓位×(B_1-B_2)

当 $B_1>B_2$ 时,价差<0,如果价差绝对值缩小,则套利交易获利。其实,近期合约对远期合约升水,其升水额取决于近期市场对商品的需求程度及供给的短缺程度,不受其他限制,所以获利潜力巨大。

当 $B_1<B_2$ 时,价差<0,如果价差绝对值扩大,则套利交易亏损。反映远期合约对近期合约升水,投资者要么及时止损,要么坚持价差判断的情况下迁仓。

2. 熊市套利

如果市场供给过剩,需求相对不足,则会导致近月合约价格的上升幅度小于远月合约,或者近月合约价格的下降幅度大于远月合约,此时可采取近月合约做空,而在远月上建立同样头寸的多头合约的套利操作。

套利收益＝－仓位×[(远期月份买进价－近期月份卖出价)－(远期月份卖出价－近期月份买进价)]＝－仓位×$(B1-B2)$

当 $B2-B1<0$ 时,价差<0,如果价差绝对值扩大,则套利交易获利,此时反映近期合约对远期合约贴水。

当 $B2-B1>0$ 时,价差<0,如果价差绝对值缩小,则套利交易亏损,此时反映远期合约对近期合约贴水,投资者或及时止损,或在坚持价格走势判断的情况下迁仓。

3. 蝶式套利

蝶式套利是跨期套利另一常用的形式,也是利用不同交割月份的价差进行套期获利,由两个方向相反、共享居中交割月份合约的跨期套利组成。蝶式跨期套利的原理是套利者比较三个相邻的期货合约价格时,认为中间交割月份的期货合约价格与两边交割月份合约价格之间的相关关系出现了差异。

本章小结

商品期货和股指期货均存在套利策略,在买入(或卖出)某种期货合约的同时卖出(或买入)相关的另一种合约,并在某个时间同时将两种合约平仓。期货的套利策略存在多种形式,即期现套利、跨期套利、跨品种套利、跨市场套利等。在执行期货套利时,最为重要的步骤是无套利区间的确定,一旦期货价格超出无套利区间,即可进行期货套利。一般而言,期货套利更容易发生在高频交易数据中。

在以上套利交易过程中,如果进入套利交易后,合约价格并未按照预期的方向发展,那么我们必须对非常状态进行处理。

(1)必须对套利头寸实行动态跟踪,要检查套利头寸建立后市场走势是否按有利于套利操作而波动,以便及早发现苗头,减少损失。

(2)必须要有止损的概念,套利与单向头寸一样,也会出现小概率事件,一旦超出了范围,应及时检讨套利时机,套利操作是否合理,并及时纠正。如果在套利不利的情况下不能及时止损,则极有可能造成重大损失。

(3)要遵循套利的原则,但不能拘泥于套利原则,套利一般要遵循数量对应、方向相反、同进同退等原则,但是在实际操作中应根据市场变化而改变。

(4)善于将套利转化为单向投机,按照价格波动性,当价格超买或超卖到一定程度时,市场会发生逆转。此时应根据市场的变化,将套利转化为单向投机。

关键概念

股指期货定价　无套利区间　蝶式套利　期现套利　跨市场套利　跨品种套利

思考题

(1) 股指期货期现套利的主要约束在何处？股指期货合约对于成分股分红股指的调整方式是什么？

(2) 商品期货跨市场套利有时会面临何风险？在量化投资策略中能否规避？

(3) 建立白糖期货合约的跨期套利策略并进行回测。

(4) 建立豆油和棕榈油的跨品种套利策略并进行回测。

(5) 对芝加哥大豆合约和郑交所大豆合约进行跨市场套利并进行回测。

(6) 对中证 500 期货合约建立期现套利策略并进行回测。

(7) 对 HS300 期货合约建立蝶式套利策略并进行回测。

第九章 人工神经网络与量化投资策略

人工神经网络(artificial neural networks, ANN)系统是 20 世纪 40 年代后出现的。它是由众多的神经元可调的连接权值连接而成,具有大规模并行处理、分布式信息存储、良好的自组织自学习能力等特点。BP(back propagation)算法又称为误差反向传播算法,是人工神经网络中的一种监督式的学习算法。BP 神经网络算法在理论上可以逼近任意函数,基本的结构由非线性变化单元组成,具有很强的非线性映射能力。而且网络的中间层数、各层的处理单元数及网络的学习系数等参数可根据具体情况设定,灵活性很大,在优化、信号处理与模式识别、智能控制、故障诊断等许多领域都有着广泛的应用前景。

第一节 神经网络

人工神经网络从信息处理角度对人脑神经元网络进行抽象,建立某种简单模型,按不同的连接方式组成不同的网络。人工神经网络在工程与学术界也常直接简称为神经网络或类神经网络。神经网络是一种运算模型,由大量的节点(或称神经元)之间相互连接构成。每个节点代表一种特定的输出函数,称为激励函数(activation function)。每两个节点间的连接都代表一个对于通过该连接信号的加权值,称之为权重,这相当于人工神经网络的记忆。网络的输出则依网络的连接方式、权重值和激励函数的不同而不同。而网络自身通常都是对自然界某种算法或者函数的逼近,也可能是对一种逻辑策略的表达。

最近十多年来,人工神经网络的研究工作不断深入,已经取得了很大的进展,其在模式识别、智能机器人、自动控制、预测估计、生物、医学、经济等领域已成功地解决了许多现代计算机难以解决的实际问题,表现出良好的智能特性。

ANN学习方法非常适合于这样的问题：训练集合为含有噪声的复杂传感器数据，如来自摄像机和麦克风的数据。它也适用于需要更多符号表示的问题。这种情况下，ANN和决策树学习经常产生精度大体相当的结果，这可参见Shavlik等(1991)及Weiss和Kapouleas(1989)关于决策树和ANN学习的实验比较。反向传播算法是最常用的ANN学习技术，适用于具有以下特征的问题。

(1)实例是用很多"属性-值"对表示的。要学习的目标函数是定义在可以用向量描述的实例之上的，向量由预先定义的特征组成，如ALVINN例子中的像素值。这些输入属性之间可以高度相关，也可以相互独立。输入值可以是任意实数。

(2)目标函数的输出可能是离散值、实数值或者由若干实数属性或离散属性组成的向量。例如，在ALVINN系统中输出的是30个属性的向量，每一个分量对应一个建议的驾驶方向。每个输出值是0和1之间的某个实数，对应于在预测相应驾驶方向时的置信度(confidence)。我们也可以训练一个单一网络，同时输出行驶方向和建议的加速度，这只要简单地把编码这两种输出预测的向量连接在一起就可以了。

(3)训练数据可能包含错误。ANN学习算法对于训练数据中的错误有非常好的鲁棒性。

(4)可容忍长时间的训练。网络训练算法通常比像决策树学习这样的算法需要更长的训练时间。训练时间可能从几秒钟到几小时，这要看网络中权值的数量、要考虑的训练实例的数量以及不同学习算法参数的设置等因素。

(5)可能需要快速求出目标函数值。尽管ANN的学习时间相对较长，但对学习的网络求值，以便把网络应用到后续的实例，通常是非常快速的。例如，ALVINN在车辆向前行驶时，每秒应用它的神经网络若干次，以不断地更新驾驶方向。

(6)人类能否理解学到的目标函数是不重要的。神经网络方法学习到的权值经常是人类难以解释的，因此学到的神经网络比学到的规则更难以传达给人类。

一、神经网络的分类

人工神经网络模型主要考虑网络连接的拓扑结构、神经元的特征、学习规则等。目前，已有近40种神经网络模型，包括反传网络、感知器、自组织映射、Hopfield网络、波耳兹曼机、适应谐振理论等。根据连接的拓扑结构，神经网络模型可以分为以下几种。

1. 前向网络

网络中各个神经元接收前一级的输入，并输出到下一级，网络中没有反馈，可以用一个有向无环路图表示。这种网络实现信号从输入空间到输出空间的变换，它的信息处理能力来自于简单非线性函数的多次复合。网络结构简单，易于实现。反传网络是一种典型的前向网络。

2. 反馈网络

网络内神经元间有反馈，可以用一个无向的完备图表示。这种神经网络的信息处理是状态的变换，可以用动力学系统理论处理。系统的稳定性与联想记忆功能有密切关系。Hopfield网络、波耳兹曼机均属于这种类型。

二、BP 神经网络算法

BP(back propagation)神经网络是一种神经网络学习算法,由输入层、中间层和输出层组成的阶层型神经网络,中间层可拓展为多层。相邻层之间各神经元进行全连接,而同层各神经元之间无连接,网络按照负反馈方式进行自学习,按期望输出与实际输出误差减小的方向移动,然后从输出层经各中间层逐层修正各连接权,回到输入层。此过程反复交替进行,直至网络的全局误差趋向给定的极小值,即完成学习过程。

BP 神经网络算法示意图如图 9-1 所示。

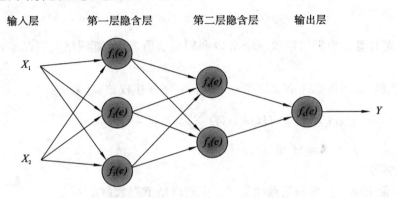

图 9-1　BP 神经网络算法示意图

BP 神经网络是一种多层前馈神经网络,该网络的主要特点是信号向前传递,误差反向传播。在前向传递中,输入信号从输出层经隐含层逐层处理,直至输出层。每一层的神经元状态只影响下一层神经元的状态。如果输出层得不到期望输出,则转入反向传播,根据预测误差调整网络权值和阈值,从而使 BP 神经网络预测输出不断逼近期望输出。BP 神经网络可以看成一个非线性函数,网络输入值和预测值分别为该函数的自变量和因变量,当输入节点数为 N、输出节点数为 M 时,BP 神经网络就表达了从 N 个自变量到 M 个因变量的函数映射关系。

基于 BP 神经网络的算法建模包括 BP 神经网络构建、BP 神经网络训练和 BP 神经网络预测三步。BP 神经网络构建根据系统输入/输出序列 (X,Y) 确定网络输入层节点数 N、隐含层节点数 L、输出层节点数 M。BP 神经网络在使用前要训练网络,通过训练可以使网络具有联想记忆和预测能力。BP 神经网络的训练过程包括以下几个步骤。

(1)网络初始化。根据 BP 神经网络构建的结果,初始化输入层、隐含层和输出层神经元之间的连接权重 ω_{ij} 及 ω_{jk},初始化隐含层阈值 a、输出层阈值 b,给定学习速率和神经元激励函数。

(2)隐含层输入计算。根据输入向量 X、输入层和隐含层间的连接权值 ω_{ij} 及隐含层阈值 a,计算隐含层输出 H。

$$H_j = f(\sum_{i=1}^{n} \omega_{ij} x_i - a_j), j = 1, 2, \cdots, L \quad (9.1)$$

式中:L 为隐含层节点数;f 为激励函数,该函数有多种表达形式,诸如 logsig、tansig、

purelin 等形式。

$$\text{lnsig}(x) = \frac{1}{1+e^{-x}} \tag{9.2}$$

$$\text{tansig}(x) = \frac{2}{1+e^{-2x}} - 1 \tag{9.3}$$

$$\text{purelin}(x) = x \tag{9.4}$$

（3）输入层输出计算。根据隐含层输出 H、连接权值 ω_{jk} 和阈值 b，计算 BP 神经网络预测输出 O。

$$O_k = f(\sum_{i=1}^{L} H_i \omega_{jk} - b_k), k = 1,2,\cdots,m \tag{9.5}$$

（4）误差计算。根据网络预测输出 O 和期望输出 Y，计算网络预测误差 e。

$$e_k = Y_k - O_k, k = 1,2,\cdots,m \tag{9.6}$$

（5）权值更新。根据网络预测误差 e 更新网络连接权值 ω_{ij} 和 ω_{jk}。

$$\omega_{ij} = \omega_{ij} + \eta H(j)[1-H(j)]x(i)\sum_{k=1}^{m}\omega_{jk}e_k, i=1,2,\cdots,n; j=1,2,\cdots,L \tag{9.7}$$

$$\omega_{jk} = \omega_{jk} + \eta H(j)e(k), j=1,2,\cdots,L; k=1,2,\cdots,m \tag{9.8}$$

式中：η 为学习效率。

（6）阈值更新。根据网络预测误差 e 更新网络节点阈值 a、b。

$$a(j) = a(j) + \eta H(j)[1-H(j)]\sum_{k=1}^{m}\omega_{jk}e_k, j=1,2,\cdots,L \tag{9.9}$$

$$b(k) = b(k) + \text{error}(k), k=1,2,\cdots,m \tag{9.10}$$

（7）判断算法迭代是否结束，若没有结束，则返回（2）。

第二节　基于 BP 神经网络的量化择时策略

1. 数据与指标选取

样本数据采用 2017 年 6 月 1 日至 2018 年 3 月 31 日的格力电器（000651）收盘价数据，共 206 个数据与样本指标，其中 2017 年 6 月 5 日至 2018 年 3 月 16 日的样本作为训练样本，2018 年 3 月 19 日至 2018 年 3 月 30 日的数据作为预测检验样本。

决定价格因素的指标集较多，可以细分为历史价格、技术指标、心理因素、宏观经济、政策舆论、市场动态等因素，并且各指标集影响价格的方式不一样，且指标集之间又存在相互影响和作用的特点，因而在分析价格运行时难以建立完备的指标集。因此，可以构建几个重要的因素来构建指标集，而这里主要以技术指标建立实证的指标集，具体为：以

$T+1$ 时刻的格力电器收盘价作为因变量,以 T 时刻与 $T-1$ 时刻的格力电器收盘价、T 时刻与 $T-1$ 时刻的交易量、5 日和 20 日平均收盘价、5 日和 20 日平均交易量、趋势指标 MACD(长周期为 26、短周期为 12、均线周期为 9)、超买超卖指标 RSI(相对强弱指标且选择周期 14 日)、人气指标 PSY(心理线以 12 日为周期)作为自变量。

BP 神经网络首先需要将样本数据进行归一化处理,将其转换为 $[-1,1]$ 区间内的数字,取消各维数据间的数量级差别,避免因为输入/输出数据数量级差别较大而造成网络预测误差较大。其次要随机化初始权重,经过训练权重和阈值就可以拟合样本数据和检验预测数据。BP 神经网络的具体实现可见 BPNetWorkFun.m,其中 Samplex 是自变量训练数据,Sampley 是自变量输入预测数据,MM 是隐含层和输出层的激励函数选择,其中 1、2、3 分别代表 logsig、tansig、purelin 的选择,Options 包括最大训练数 Maxlter、均方误跟踪图选择 isPlot、训练步长 Eta 的选择。

基于上述分析,首先构建训练和预测的样本集。

```
if length(code)==length(code1)
load datas0.mat;

stockdata=xlsread('stockdata.xlsx');
Data=stockdata(2:end,2:end);
Close=Data(:,1);
% 测试的样本(样本外)
Y_Test=Close(end-9:end)';
% 训练的样本(样本内)
Y_Train=Close(3:end-10)';
% 自变量包括:收盘价(t-1)、收盘价(t-2)、成交量(t-1)、成交量(t-2)、收盘价 5 日平均值(t-1)
% 收盘价 20 日平均值(t-1)、成交量 5 日平均值(t-1)、成交量 20 日平均值(t-1)
% MACD(t-1),其中长期为 26 日、短期为 12 日、均线周期为 9 日
% RSI(相对强弱指标),取 14 日为周期
% PSY(心理线),取 12 日为周期
Close_T1=Data(:,2);
Close_T2=Data(:,3);
Vol_T1=Data(:,4);
Vol_T2=Data(:,5);
Close_MA5=Data(:,6);
Close_MA20=Data(:,7);
Vol_MA5=Data(:,8);
Vol_MA20=Data(:,9);
MACD=Data(:,10);
RSI=Data(:,11);
```

```
    PSY=Data(:,12);
    % 测试集(自变量)
    X_Test=[Close_T1(end-10:end-1),Close_T2(end-11:end-2),Vol_T1(end-
10:end-1),Vol_T2(end-11:end-2),...
        Close_MA5(end-10:end-1),Close_MA20(end-10:end-1),Vol_MA5(end-
10:end-1),Vol_MA20(end-10:end-1),...
    MACD(end-10:end-1),RSI(end-10:end-1),PSY(end-10:end-1)]';
    % 训练集(自变量)
    X_Train=[Close_T1(2:end-11),Close_T2(1:end-12),Vol_T1(2:end-11),
Vol_T2(1:end-12),...
        Close_MA5(2:end-11),Close_MA20(2:end-11),Vol_MA5(2:end-11),Vol_
MA20(2:end-11),...
    MACD(2:end-11),RSI(2:end-11),PSY(2:end-11)]';
    % 基于BP神经网络选择参数
    Options.MaxIter=5000;
    Options.isPlot=0;
    Options.Eta=0.01;
```
训练和预测得到拟合的预测的收盘价(选择隐含层和输出层的激励函数分别为3和2),并获取评价指标:平方相关系数R2和均方误MSE。
```
    [Sampleinfit,Sampleoutforecast]=BPNetWorkFun(X_Train,Y_Train,X_
Test,[3,2],Options);
    n=length(Y_Train);
    % 指标
    R2=(n*Y_Train*Sampleinfit'-sum(Y_Train)*sum(Sampleinfit))^2/...
        ((n*sum(Y_Train.^2)-sum(Y_Train)^2)*(n*sum(Sampleinfit.^2)-
sum(Sampleinfit)^2));
    MSE=sum((Y_Train-Sampleinfit).^2)/n;
    % 样本外
    n2=length(Y_Test);
    MSE2=sum((Y_Test-Sampleoutforecast).^2)/n2;

    function [Sampleinfit,Sampleoutforecast]=BPNetWorkFun(Samplex,
Sampley,Sampleout,MM,Options);
    % 基于BP神经网络的单隐含层函数
    % MM的第一个数是隐含层的函数选择,MM的第二个数是输出层的函数选择,其中
1,2,3分别代表logsig、tansig和purelin函数
    % Samplex代表样本内的自变量X
    % Sampley代表样本内因变量Y
```

```matlab
% Sampleout 代表样本外的自变量 X
% Sampleinfit 代表样本内的拟合值
% Sampleoutforecast 代表样本外的预测值
%   Main
[M,number1]=size(Samplex);
[N,number2]=size(Sampley);
if (number1~=number2)
    error(' ');
end
if nargin==4
    % Maxinteration 为最大迭代数
    Maxinteration=10000;
    % isPlot 是否作图
    isPlot=1;
    % 训练步长
    c=0.01;
else
    Maxinteration=Options.MaxIter;
    isPlot=Options.isPlot;
    c=Options.Eta;
end
% 数据长度
number=number1;
% 阈值
torrence=1e-4;
% 隐含层个数
H=round(sqrt(M+N))+5;
% 归一化处理,将变量转换为 0~1
[examplein, pmin, pmax, exampleout, tmin, tmax] = premnmx (Samplex, Sampley);
% 给样本加入随机因素
exampleout=0.001*rand(N,number)+exampleout;
% 记录历史参数
Errorhistory=[];
% 初始的随机权重
W1=0.01*unifrnd(-1,1,H,M);
W2=0.01*unifrnd(-1,1,N,H);
B1=0.01*unifrnd(-1,1,H,1);
```

```matlab
B2=0.01*unifrnd(-1,1,N,1);
% 神经网络训练过程
for i=1:Maxinteration
    Hiddenin=W1*examplein+repmat(B1,1,number);
    switch MM(1)
        case 1
            Hiddenout=logsig(Hiddenin);
        case 2
            Hiddenout=tansig(Hiddenin);
        case 3
            Hiddenout=purelin(Hiddenin);
    end
    Netin=W2* Hiddenout+repmat(B2,1,number);
    switch MM(2)
        case 1
            Netout=logsig(Netin);
        case 2
            Netout=tansig(Netin);
        case 3
            Netout=purelin(Netin);
    end
    % 残差
    errors=exampleout-Netout;
    % 计算均方误
    mseerrors=sumsqr(errors)/(numel(errors));
    % 追踪历史误差
    Errorhistory=[Errorhistory mseerrors];
    if mseerrors<torrence
        break;
end
Errorhistory=[Errorhistory mseerrors];
    if mseerrors<torrence
        break;
    end
    switch MM(2)
        case 1
            Delta2=Netout.*(1-Netout).*errors;
        case 2
```

```
                Delta2=(1+Netout).*(1-Netout).*errors;
            case 3
                Delta2=errors;
        end
        switch MM(1)
            case 1
                Delta1=(W2'*Delta2).*Hiddenout.*(1-Hiddenout);
            case 2
                Delta1=(W2'*Delta2).*(1+Hiddenout).*(1-Hiddenout);
            case 3
                Delta1=(W2'*Delta2);
        end
        dW2=Delta2*Hiddenout';
        dW1=Delta1*examplein';
        dB2=Delta2*ones(number,1);
        dB1=Delta1*ones(number,1);
        W1=W1+c*dW1;
        B1=B1+c*dB1;
        W2=W2+c*dW2;
        B2=B2+c*dB2;
end
% 神经网络训练过程结束
Hiddenin=W1*examplein+repmat(B1,1,number);
switch MM(1)
    case 1
        Hiddenout=logsig(Hiddenin);
    case 2
        Hiddenout=tansig(Hiddenin);
    case 3
        Hiddenout=purelin(Hiddenin);
end
Netin=W2*Hiddenout+repmat(B2,1,number);
switch MM(2)
    case 1
        Netout=logsig(Netin);
    case 2
        Netout=tansig(Netin);
    case 3
```

```matlab
            Netout=purelin(Netin);
    end
    % 最终得到样本内的拟合因变量
    Sampleinfit=postmnmx(Netout,tmin,tmax);
    % 查看作图
    if isPlot
        figure(1);
        set(figure(1),'color','w');
        plot(Errorhistory,'r- ','linewidth',3);
        hold on;
        title('单隐含层BP神经网络训练均方误追踪','fontsize',12,'fontname','华文楷体');
        xlabel(['最大训练数：',num2str(Maxinteration)],'fontsize',12,'fontname','华文楷体');
        ylabel('均方误','fontsize',12,'fontname','华文楷体');
        set(gca,'fontsize',12,'fontname','华文楷体');
        hold off;
    end
    % 样本外的预测
    pnewtram=tramnmx(Sampleout,pmin,pmax);
    num=size(pnewtram,2);
    Hiddenin1=W1* pnewtram+repmat(B1,1,num);
    switch MM(1)
        case 1
            Hiddenout1=logsig(Hiddenin1);
        case 2
            Hiddenout1=tansig(Hiddenin1);
        case 3
            Hiddenout1=purelin(Hiddenin1);
    end
    Netin1=W2*Hiddenout1+repmat(B2,1,num);
    switch MM(2)
        case 1
            anewtram=logsig(Netin1);
        case 2
            anewtram=tansig(Netin1);
        case 3
            anewtram=purelin(Netin1);
```

```
end
% 样本外的预测值
Sampleoutforecast=postmnmx(anewtram,tmin,tmax);
% 最终对网络的拟合与预测结果作图分析
figure('color','w');
subplot(1,2,1);
plot(Y_Train,'b*-');
hold on;
plot(Sampleinfit,'ro-');
legend('实际值','拟合值');
title({'BP神经网络的格力电器收盘价训练';['R2=',num2str(R2),' MSE=',num2str(MSE)]});
subplot(1,2,2);
plot(Y_Test,'b*-');
hold on;
plot(Sampleoutforecast,'ro-');
legend('实际值','预测值');
title({'BP神经网络的格力电器收盘价预测';['MSE=',num2str(MSE2)]});
```

根据 BP 神经网络的收盘价训练结果及预测结果，如图 9-2、图 9-3 所示。

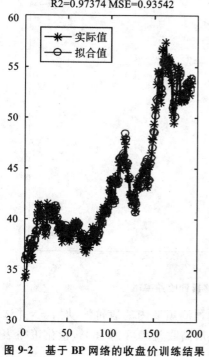

图 9-2 基于 BP 网络的收盘价训练结果

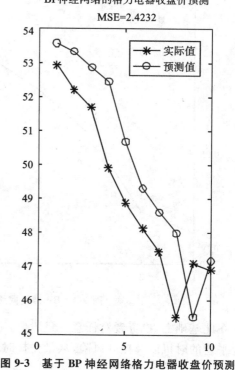

图 9-3 基于 BP 神经网络格力电器收盘价预测

```
% 交易策略
diforecast=diff(Sampleoutforecast);
s=zeros(length(diforecast),1);
% 预测下跌做空,预测上涨买入
s(diforecast<0)=-1;
s(diforecast>0)=1;
returate=diff(Y_Test)./Y_Test(1:end-1);
return01=s'.*returate;
sh = sqrt(52)*sharpe(return01,0);
% 绘制初步策略的评估结果
figure;
plot(cumsum(return01)); grid on;
legend('Cumulative Return','Location','Best');
```

由图 9-4 可以看到,训练样本的拟合度达到 0.97374,均方误仅为 0.93542,模型对股票收盘价的拟合效果非常好。虽然检验样本的均方误比较大,但模型对股票价格变化趋势的预测几乎与实际值保持一致,预测效果良好。

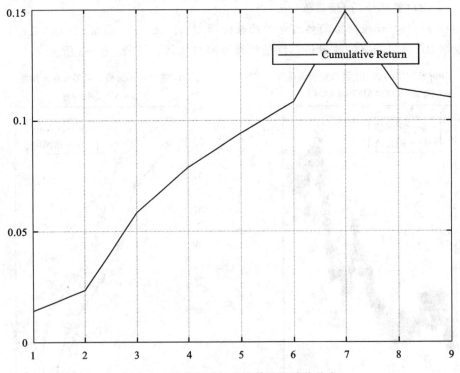

图 9-4 BP 神经网络投资策略累计收益率

在此基础上,投资者对任意一只股票,可合理地预测短期内的股价波动情况,并选择开仓平仓的时机以及控制风险,从量化择时策略看,最高收益率可达 15%,量化策略表现良好。

第三节 基于 PAC-BP 神经网络的量化选股策略

一、主成分分析法

主成分分析法在力求数据信息丢失最少的原则下,对高维的变量空间降维,即研究指标体系的少数几个线性组合,并且这几个线性组合所构成的综合指标将尽可能多地保留原来指标变异方面的信息。这些综合指标就称为主成分。

当样本数据维数较多和结构复杂时,采用主成分分析的方法可以简化输入样本,减少训练时间,提高训练效率,达到提高神经网络泛化能力的目的。

设有一样本集,含有 p 个变量、n 个样本和 t 个连续目标变量。样本集用自变量矩阵 $X(n \times p)$ 和目标矩阵 $Y(n \times t)$ 表示,则主成分分析的一般步骤如下。

(1) 指标数据的标准化。为消除由于数据量纲的不同可能带来的影响,必须对数据进行标准化处理,得到标准化数据矩阵 Z_X 常采用的变量标准化方法如下:

$$X'_{ij} = \frac{X_{ij} - M_j}{S_j} \tag{9.11}$$

式中:$M_j = \frac{1}{n}\sum_{i=1}^{n} X_{ij}$;$S_j = \sqrt{\frac{1}{n-1}\sum_{i=1}^{n}(X_{ij} - M_j)}$;$X'_{ij}$ 为原始矩阵 X 中的变量 X_{ij} 经过标准化的第 i 个样本的第 j 个变量的数据;M_j、S_j 分别是第 j 个变量的算术平均值和标准差。

(2) 主成分适用性的判定。通过 KMO 检验和 Bartlett 球度检验对指标之间相关性进行判定,若 KMO 值大于 0.7 且 Bartlett 球度检验的显著性概率小于 0.05,则认为样本数据的相关性比较大,可以进行主成分分析。

(3) 计算主成分个数。利用标准化的数据矩阵 Z_X 的协方差矩阵即为原始数据的相关系数矩阵 p,求出矩阵 p 的特征值 λ_i 和特征向量 α_i,并将特征值从大到小排列,在此基础上计算各指标的贡献率 $\frac{\lambda_i}{p}$。选择特征值大于 1 且累计贡献率高于 85% 的前 k 个指标作为主成分。

(4) 确定主成分的表达式。根据上一步骤计算的特征向量和标准化的数据矩阵,第 i 个主成分表达式为

$$F_i = \alpha_{1i} Z_{X_{1i}} + \alpha_{2i} Z_{X_{2i}} + \cdots + \alpha_{pi} Z_{X_{pi}}, i = 1, 2, \cdots, k \tag{9.12}$$

二、PCA-BP 神经网络模型的构建

股价等资本市场变量的影响因素比较复杂,且各因素之间存在一定的相关性,因素

对资本市场变量间存在非线性的影响。一般的线性预测方法无法正确地反映资本市场变量和各因素的变化规律。BP 神经网络具有优异的非线性建模能力,但为了避免过多的影响因素作为网络的输入带来收敛慢、容易陷入局部最优等问题,BP 神经网络可以和主成分分析法相结合,建立一种基于 PCA-BP 神经网络的资本市场变量预测模型。模型的结构如图 9-5 所示。

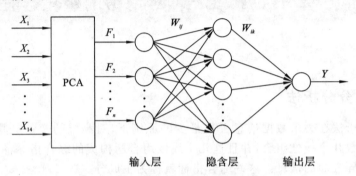

图 9-5　PCA-BP 神经网络模型算法示意图

先将影响股价的相关因素进行主成分分析,以提取的主成分作为神经网络的输入,然后建立、训练 BP 神经网络,以训练后的神经网络预测下一期的股价,并据此进行量化投资策略的构建。

三、基于 PCA-BP 神经网络模型的量化选股策略实例

为了减少量化选股策略的运算时间,我们将初始股票池限定为广东省 A 股上市公司,我们将影响上市公司股价的相关因素经 PCA 方法提取主因子,然后将主因子输入神经网络进行训练,并根据训练结果对下期股价进行预测,根据预测结果,确定相应的投资策略。

股票池选取广东省 A 股上市公司,剔除 ST 股票,每只股票视作一个样本。测试时期进行如下划分:训练集:2014;验证集:2015;仿真集:2015;验证集:2016。

财务指标:净利润、营业收入、资产负债率、每股资本公积金、每股未分配利润、每股净资产、营业总收入增长率、每股经营活动产生的现金流量净额、每股收益、净资产收益率、营业毛利率、综合收益增长率。

股票行情:年度开盘价和收盘价。

数据清洗:首先找出在这一年中停过牌的股票,将其去除掉;然后在已有的数据矩阵中找出 nan 类型数据,并将该位置所属的股票删除;同时应注意输入/输出数据所属股票应一一对应。

归一化处理:将收集的财务指标数据进行归一化处理,本章运用 Zscore 函数统一量纲。

PCA 提取因子:利用 MATLAB 内置函数 PCA 对新的数据集进行处理,得到因子得分矩阵,以及特征值序列。通过特征值序列计算出特征值总和,将特征值除以总和得到因子贡献率序列,并由此得到累加贡献率,然后以 85% 为标准,取前面累加贡献率超过

85%的因子为主成分;从因子得分矩阵中取出主成分的得分矩阵,乘以它们的贡献率序列,得到各样本的总分。

将2014年财务指标总分和开盘价、收盘价放一起作为训练组输入,2015年同期收盘价单独放置作为训练输出。

将2015年财务指标总分和开盘价、收盘价放一起作为仿真组输入,2016年同期收盘价单独放置作为与仿真输出反归一化后对比的真实值。

根据预测结果,买入分类为上涨的股票,融券卖出下跌的股票。

```
clear;
warning off;
% 初始化对象
em=EmQuantMatlab();
% 登录Choice接口
errorid=em.start('forcelogin=1');
% 获取BP神经网络模型的输入/输出数据
% 以2014年得到的得分以及开盘价、收盘价为训练组的输入
% 以2015年的开盘价为训练组的输出,同时以2015年的得分以及开盘价、收盘价
作为模拟组的输入
BP2014_train=xlsread('initial_BP2014.xlsx','sheet2');
BP2015_train=xlsread('initial_BP2014.xlsx','sheet3');
% 以2016年的开盘价为模拟组的输出,同时以2016年的得分以及开盘价、收盘价
作为预测组的输入
BP2015_simu=xlsread('simulation_BP2015.xlsx','sheet2');
BP2016_simu=xlsread('simulation_BP2015.xlsx','sheet3');
% BP神经网络
% 神经网络中数据以每一列为一个样本
BP2014train=BP2014_train';
BP2015train=BP2015_train';
BP2015simu=BP2015_simu';
BP2016simu=BP2016_simu';
% 对样本数据归一化
[PnY,ys]=mapminmax(BP2015train);
[PnX,xs]=mapminmax(BP2014train);
[PnX_simu,xs]=mapminmax(BP2015simu);
% 建立初始神经网络
net=feedforwardnet(10,'trainlm'); % 隐含层为10,训练函数为"trainlm",
对应为Levenberg-Marquardt算法
% 参数设置
net.trainparam.show=50; % 训练显示间隔
```

```
net.trainparam.lr=0.1; % 学习步长
net.trainparam.mc=0.9; % 动量项系数：traingdm,traingdx
% 最大递归次数
net.trainparam.epochs=1000;
% 训练目标最小误差,这里设置为 0.0001
net.trainparam.goal=0.0001;
% 用训练组数据代入网络模型中训练出的模型
[net,tr]=train(net,PnX,PnY);
```

在建立初始网络并设置相关参数之后,就可以将训练组输入/输出放入网络之中进行训练,训练过程中弹出的界面如图 9-6 所示。

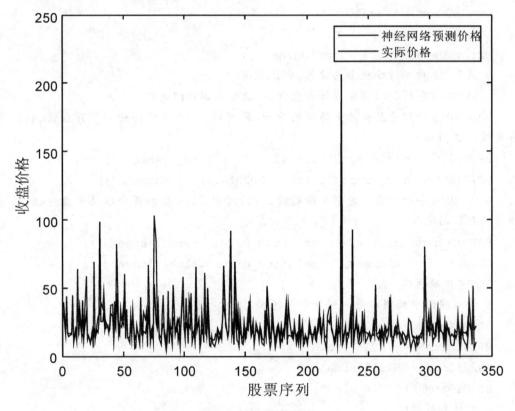

图 9-6 神经网络界面

```
% 可以由此弹窗观测训练过程中的参数变化,图 9-6 所示的是训练成功后的显示结果
% 仿真预测
SimOut=sim(net,PnX_simu);
% 反归一化处理
testoutput=mapminmax('reverse',SimOut,ys);
PriceData=BP2016simu;
```

```
% 画出指数每日开盘预测图
Figure;
t=1:length(testoutput);
plot(t,testoutput,'b',t,PriceData,'r');
xlabel('股票序列');
ylabel('收盘价格');
legend('神经网络预测价格','实际价格');
```
运行结果如图 9-7 所示。

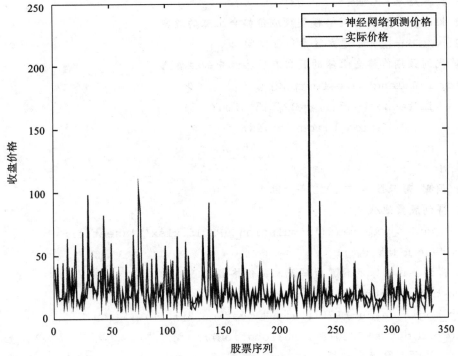

图 9-7　神经网络预测价格

```
% 计算均方误差 MSE
SE=sum((testoutput- PriceData).^2);
MSE=SE/length(testoutput);
% 运行结果:MSE=169.533060408037
% 计算预测准确度
correct_rate=0;
ud_real=zeros(length(testoutput),1);
ud_simu=zeros(length(testoutput),1);
for i=1:length(testoutput)
    if testoutput(i)> =BP2015_simu(i,3)
        ud_simu(i)=1;
    end
```

```matlab
        if PriceData(i)>=BP2015_simu(i,3)
            ud_real(i)=1;
        end
        if ud_simu(i)==ud_real(i)
            correct_rate=correct_rate+1;
        end
    end
correct_rate=correct_rate/length(testoutput);
% 计算结果:准确度为 70.03%
% 挑选出依据神经网络模型预测价格会上涨的股票
location=[]; % 建立股票位置空间
% 找到预期价格会上涨的股票在股票池中的位置
for i=1:length(testoutput)
    if testoutput(i)>=BP2015_simu(i,3)
        location=[location,i];
    end
end
% 预测 68 只股票在 2015 年上涨
% 得到股票池代码
[~,codes]=xlsread('simulation_BP2015.xlsx','sheet1');
codes=codes(:,1);
% 得到挑选出来的股票代码及相关价格数据
up_codes=codes(location,:);
up_begin_datas=BP2015_simu(location,3);
up_end_datas=BP2016_simu(location);
% 其他预测准确度指标
% 找到实际上涨的股票
locat=[];
for i=1:length(BP2016_simu)
    if BP2016_simu(i)<=BP2015_simu(i,3)
        locat=[locat,i];
    end
end
    % 实际上涨股票为 53 只
real_up_codes=codes(locat,:);
real_up_datas=[BP2015_simu(locat,3),BP2016_simu(locat)];
% 看预测上涨的股票与实际上涨的股票的重叠部分
codes_same=[];
```

```
for i=1:size(up_codes,1)
    for j=1:53
        if strcmp(up_codes{i,1},real_up_codes{j,1})==1
            codes_same=[codes_same;up_codes(i,:)];
            break;
        end
    end
end
% 运算结果显示确实上涨的股票有 10 只
% 挑选出依据神经网络模型预测价格会下降的股票
location_down=[]; %   建立股票位置空间
% 找到预期价格会下降的股票在股票池中的位置
for i=1:length(testoutput)
    if testoutput(i)<BP2015_simu(i,3)
        location_down=[location_down,i];
    end
end
% 共有 269 只股票预期下跌
% 得到挑选出来的股票代码及相关价格数据
down_codes=codes(location_down,:);
down_begin_datas=BP2015_simu(location_down,3);
down_end_datas=BP2016_simu(location_down);
% 股票数等权重投资组合算收益率——预测上涨股票序列组合
initial_asset=1000000; %   初始资金一百万
% 每种股票购买相同股数,计算股数
stock_num=floor(initial_asset/sum(up_begin_datas));
% 不考虑手续费的情况下计算整体收益率
total_returnr=stock_num*sum(up_end_datas- up_begin_datas);
return_rater=total_returnr/initial_asset;
% 只买入预期上涨股票组合的收益率为-25.06%
% 计算大盘同期收益率
begin_price=em.csd('000001.SH','close','2015-06-30','2015-06-30');
end_price=em.csd('000001.SH','close','2016-06-30','2016-06-30');
average_rate= (end_price-begin_price)/begin_price;
% 大盘同期收益率为-31.51%
% 股票数等权重投资组合算收益率——预测下降股票序列组合
initial_asset=1000000;  %   初始资金一百万
% 融券过程,保证金比例取 50%
```

```
real_initial_asset=initial_asset/0.5;    %  实际可操作初始资金
% 每种股票购买相同股数,计算股数
stock_num=floor(real_initial_asset/sum(down_begin_datas));
% 不考虑手续费的情况下计算整体收益率
total_returnd=stock_num*sum(down_begin_datas-down_end_datas);
return_rated=total_returnd/initial_asset;
% 对预期下跌的股票融券做空的组合收益为 58.44%
% 股票数等权重投资组合计算收益率——预测上涨的买入,下降的做融券操作
initial_asset=1000000;
% 融券过程,保证金比例取 50%,相当于预测下降的股票价格相对于上涨股票对折价
stock_num1=floor(initial_asset/(sum(up_begin_datas)+sum(down_begin_datas)/2));
% 不考虑手续费的情况下计算整体收益率
total_return1=stock_num*(sum(up_end_datas-up_begin_datas)+sum(down_begin_datas-down_end_datas));
return_rate1=total_return/initial_asset;
    % 该组合的总体收益为 43.07%
```

由以上结果可见,采用 BP 神经网络方法得到的量化选股策略从总体上超过了指数收益,量化策略表现良好。但从预测效果看,由预测上涨的股票组合表现较差,而预测下跌的股票构建的投资组合表现较为优秀。造成此种结果的主要原因是大盘指数在此期间整体下跌,神经网络对于下跌学习较为充分,预测准确性较高。因此,可以在大盘总体上升时,超配预测上涨的股票组合,而在相反的情形下,超配预测下跌的股票组合。

第四节　LSTM 网络模型与量化投资策略

传统 RNN 模型容易产生梯度消失的问题,难以处理长序列的数据。而造成梯度消失的原因,本质上是因为隐藏层状态 h_t 的计算方式导致梯度被表示为连乘积的形式,因此 Hochreater 和 Schmidhuber 在 1997 年提出了长短期记忆(long short-term memory,LSTM)网络,通过精心设计的隐藏层神经元缓解了传统 RNN 的梯度消失问题。Hochreater 等提出的长短期记忆网络在预测和分类问题上具有独特的优势。与传统神经网络相比,LSTM 网络的预测模型在网络中引入了循环结构并允许隐藏单元之间内部

链接，其内部拥有的记忆单元使得 LSTM 网络理论上可以对数据进行分类，探索数据之间的相关性。

LSTM 网络中每个序列索引位置 t 时刻被向前传播的，除了和 RNN 一样的隐藏状态 h_{t-1}，还多了另一个隐藏状态，如图 9-8 中的标黑横线。这个隐藏状态被我们称为细胞状态 c_{t-1}（Cell State），c_{t-1} 在 LSTM 中实质上起到了 RNN 中隐含层状态 h_{t-1} 的作用。除了细胞状态（见图 9-9），图中还有其他许多结构，这些结构一般称为门控结构。LSTM 模型在每个序列索引位置 t 的门控结构一般包括遗忘门、输入门和输出门三种。

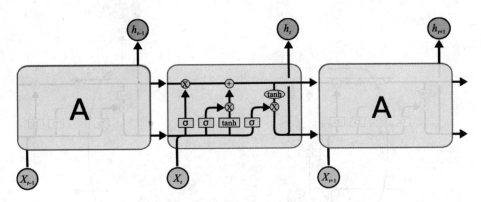

图 9-8 LSTM 模型的门控结构示意图

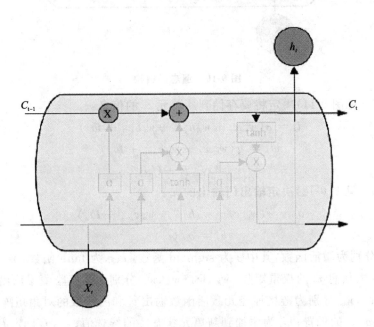

图 9-9 细胞状态结构

相对于传统的神经网络，LSTM 网络把隐含层设计成更复杂的结构，主要通过遗忘门、输入门、输出门来增加和删除记忆单元的信息。

设 T 为时间序列输入个数，t 为采样时刻，给定输入时间序列 $x = \{x_1, x_2 \cdots, x_T\}$，

LSTM 网络的输出为 $y = \{y_1, y_2 \cdots, y_T\}$，每个时刻 LSTM 单元通过 3 个门接收当前输入 x_t，来自上一隐藏状态输出 h_{t-1} 和内部单元状态 c_{t-1}。

LSTM 网络的数学计算过程如下：

遗忘门 f_t（见图 9-10）帮助 LSTM 网络决定哪些信息将从记忆单元状态 c_{t-1} 中删除，即

$$f_t = \sigma(w_{fx}x_t + w_{fh}h_{t-1} + w_{fc}c_{t-1} + \mathbf{I}b_f) \tag{9.13}$$

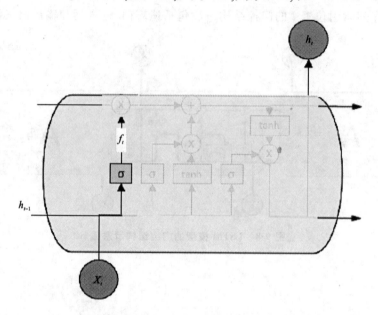

图 9-10 遗忘门结构

输入门 i_t（见图 9-11）决定将要存储到新单元 c_t 的信息：

$$i_t = \sigma(w_{ix}x_t + w_{ih}h_{t-1} + w_{ic}c_{t-1} + \mathbf{I}b_i) \tag{9.14}$$

$$U_t = g(w_{cx}x_t + w_{ch}h_{t-1} + \mathbf{I}b_c) \tag{9.15}$$

$$c_t = c_{t-1}f_t + U_t i_t \tag{9.16}$$

输出门 o_t（见图 9-12）决定输出门输出的 h_t：

$$o_t = \sigma(w_{ox}x_t + w_{oh}h_{t-1} + w_{oc}c_{t-1} + \mathbf{I}b_o) \tag{9.17}$$

$$h_t = o_t l(c_t) \tag{9.18}$$

式中：σ、l、g 分别为激活函数，其中 σ 为 sigmoid 函数，l、g 为 tanh 函数；w_{fx}、w_{ix}、w_{ox}、w_{cx} 分别为链接输入信息 x_t 的权重矩阵；w_{ih}、w_{fh}、w_{ch}、w_{oh} 分别为链接隐藏层输出信息 h_t 的权重矩阵；w_{ic}、w_{fc}、w_{oc} 分别为链接神经元激活函数输出 o_t 和门函数的对角矩阵；b_i、b_f、b_o、b_c 分别为 i_t、f_t、o_t、c_t 的偏置；U_t 为添加到新单元状态 c_t 的候选值；$c_{t-1}f_t$ 确定有多少信息添加到新单元状态 c_t。

细胞状态更新如图 9-13 所示。

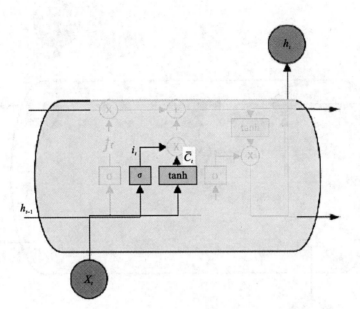

图 9-11 输入门结构

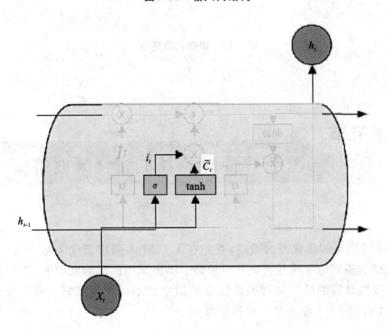

图 9-12 输出门结构

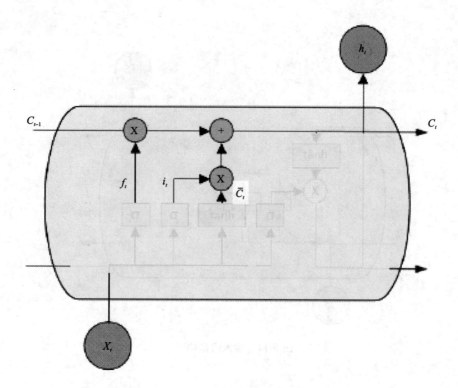

图 9-13 细胞状态更新

第五节 基于 LSTM 网络的量化择时策略

基于 LSTM 网络的量化择时策略,首先在 LSTM 的网络结构下对下期资产收益进行预测,然后根据预测结果构建量化择时策略。本例采用的标的资产为 HS300 股指期货主力合约,根据涨跌预测结果分别采取做多及做空的不同投资策略。样本分析区间为:2012 年 1 月 4 日到 2019 年 8 月 1 日的日数据。

```
clear;
warning off;
em=EmQuantMatlab();
errorid=em.start('forcelogin=1');
[datas,codes,indicators,dates,errorid]=em.csd('IFM.CFE','CLOSE,
PCTCHANGE','2012-01-04','2019-08-01','period=1,adjustflag=1,curtype=1,
```

```
order=1,market=CNSESH');
    Freturn=datas(:,1)';
    Q=datenum(dates);
    figure;
    plot(Q,Freturn);grid on;
    xlabel('时间');
    dateaxis('x',1);
    legend('Freturn');
    title("Freturn of futureindex");
% 沪深 300 股指期货主力合约指数价格走势图如图 9-14 所示
```

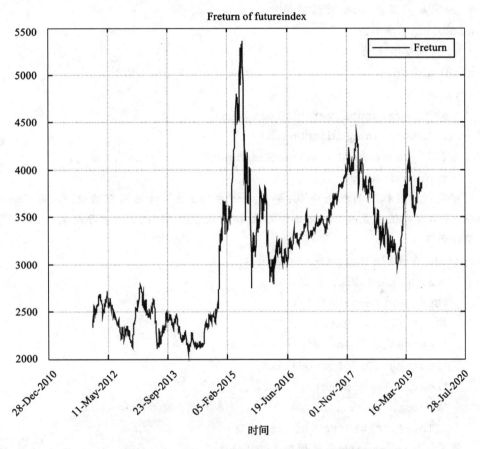

图 9-14　HS300 股指期货主力合约收益图

```
% 划分样本：前 90% 为训练集，后 10% 为验证集
numTimeStepsTrain = floor(0.9*numel(Freturn));
dataTrain = Freturn(1:numTimeStepsTrain+1);
dataTest = Freturn(numTimeStepsTrain+1:end);
% 对训练集进行标准化
```

```matlab
mu = mean(dataTrain);
sig = std(dataTrain);
dataTrainStandardized = (dataTrain - mu) / sig;
% 构建 YTrain 预测变量
XTrain = dataTrainStandardized(1:end-1);
YTrain = dataTrainStandardized(2:end);

% 定义 LSTM 网络结构
% LSTM 特征因子数
numFeatures = 1;
% LSTM 反应因子,此处为预测变量
numResponses = 1;
% LSTM 网络节点为 200
numHiddenUnits = 200;
layers = [ ...
    sequenceInputLayer(numFeatures)
    lstmLayer(numHiddenUnits)
    fullyConnectedLayer(numResponses)
    regressionLayer];
```

% 指定训练过程中的相关参数:解析方法为"adam",训练周期为 250。为了避免梯度爆炸,将梯度阈值设置为 1。初始学习比率为 0.005,每 125 个学习周期后,初始学习比率乘以因子 0.2

```matlab
options = trainingOptions('adam', ...
    'MaxEpochs',250, ...
    'GradientThreshold',1, ...
    'InitialLearnRate',0.005, ...
    'LearnRateSchedule','piecewise', ...
    'LearnRateDropPeriod',125, ...
    'LearnRateDropFactor',0.2, ...
    'Verbose',0, ...
    'Plots','training- progress');
% 使用 trainNetwork 函数训练 LSTM 网络
net = trainNetwork(XTrain,YTrain,layers,options);
```

从图 9-15 可以看到 LSTM 网络训练的过程及结果。

% 预测时间序列

% 使用 predictAndUpdateState 函数对时间序列进行多步向前预测,在每次预测时,使用前期预测值对 LSTM 网络进行更新。预测值在进入网络之前也需要采用同样的参数进行标准化

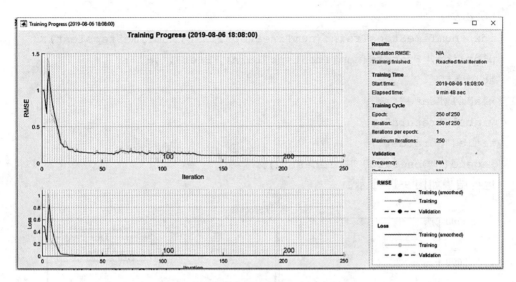

图 9-15　LSTM 网络训练示意图

```
dataTestStandardized = (dataTest-mu) / sig;
XTest = dataTestStandardized(1:end-1);
```

% 在网络训练过程中，预测变量为 YTrain。在预测过程中将前期预测值输入 predictAndUpdateState 函数进行预测。对于较大的数据集或者较长的时间序列，或者大网络，使用 GPU 计算速度要高于 CPU，否则 CPU 的计算速度反而高于 GPU。对于一步向前预测，往往使用 CPU 进行计算，此时将 predictAndUpdateState 的相关选项设置为"cpu"

```
net = predictAndUpdateState(net,XTrain);
[net,YPred] = predictAndUpdateState(net,YTrain(end));
numTimeStepsTest = numel(XTest);
for i = 2:numTimeStepsTest
    [net,YPred(:,i)] = predictAndUpdateState(net,YPred(:,i-1),'ExecutionEnvironment','cpu');
End
```

% 将获得的预测值使用同样的参数进行逆标准化

```
YPred = sig*YPred + mu;
```

% 从 LSTM 网络获得的均方误差（RMSE）是标准化数值，实际应用的应为非标准化下的 RSME

```
YTest = dataTest(2:end);
rmse = sqrt(mean((YPred-YTest).^2));
```

% 对由 LSTM 网络获得的预测值作图

```
figure;
plot(dataTrain(1:end-1));
```

```
hold on;
idx = numTimeStepsTrain:(numTimeStepsTrain+numTimeStepsTest);
plot(idx,[Freturn(numTimeStepsTrain) YPred],'.-');
hold off;
xlabel("date");
ylabel("return");
title("Forecast");
legend(["Observed" "Forecast"]);
```

运行结果如图 9-16 所示。

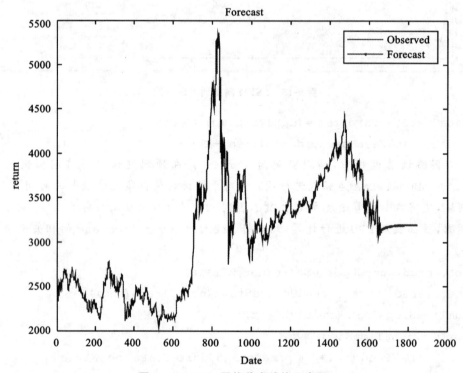

图 9-16　LSTM 网络收盘价格示意图

```
figure;
subplot(2,1,1);
plot(YTest);
hold on;
plot(YPred,'.-');
hold off;
legend(["Observed" "Forecast"]);
ylabel("return");
title("Forecast");
```

```
% 将预测值与验证数据相比较结果如图 9-17 所示
subplot(2,1,2);
stem(YPred - YTest);
xlabel("dates");
ylabel("Error");
title("RMSE =" + rmse);
```

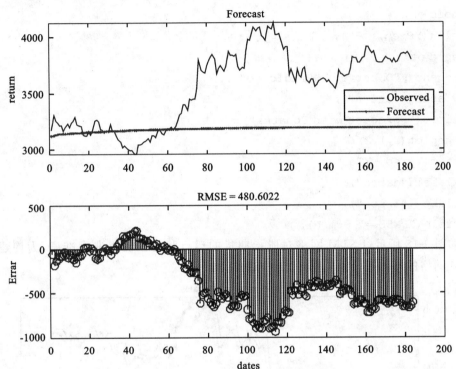

图 9-17 基 LSTM 网络训练价格预测评价图

% 使用真实观测值对 LSTM 网络进行更新。复位原网络参数，对 LSTM 网络重新进行训练

```
net = resetState(net);
net = predictAndUpdateState(net,XTrain);
```

% 使用真实观测值对多步预测进行更新，将"ExecutionEnvironment"的 predictAndUpdateState 设置为"cpu"

```
YPred =[];
numTimeStepsTest = numel(XTest);
for i =1:numTimeStepsTest
    [net, YPred (:, i)] = predictAndUpdateState (net, XTest (:, i),'ExecutionEnvironment','cpu');
End
% 对预测值进行逆标准化
YPred = sig*YPred +mu;
```

```matlab
% Calculate the root-mean-square error (RMSE)
rmse = sqrt(mean((YPred-YTest).^2));
% 将预测值与验证值进行比较
figure;
subplot(2,1,1);
plot(YTest);
hold on;
plot(YPred,'.-');
hold off;
legend(["Observed" "Predicted"]);
ylabel("return");
title("Forecast with Updates");
subplot(2,1,2);
stem(YPred - YTest);
xlabel("dates");
ylabel("Error");
title("RMSE = " + rmse);
```

如图9-18所示，LSTM网络对股指期货的运行状态预测得非常准确，为构建基于LSTM网络的量化投资策略奠定了良好的基础。

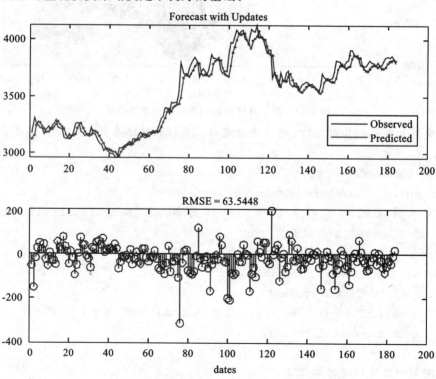

图9-18　LSTM网络预测价格最终结果评价

```
% 构建投资策略
YPreddif=diff(YPred');
YTestdif=diff(YTest');
% 预测期指上涨则买入,预测下跌则卖出
s=ones(length(YPred')-1,1);
s(YPreddif<0)=-1;
return01=s.*YTestdif;
sh = sqrt(52)*sharpe(return01,0);
% 绘制初步策略的评估结果
figure;
plot(cumsum(return01)); grid on;
legend('Cumulative Return');
```

运行结果如图 9-19 所示。

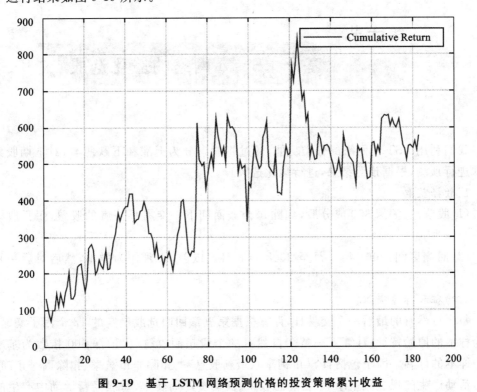

图 9-19 基于 LSTM 网络预测价格的投资策略累计收益

```
[maxDDRM  maxDDDRM]=maxdrawdown(cumsum(return01));% 最大回撤
disp('期末累计收益');
disp(cumsum(return01(end)));
disp('期末最大回撤');
disp(maxDDRM);
```

运行结果如下:

```
命令行窗口

期末累计收益
    39.6000

期末最大回撤
    0.5033
```

从最后的运行结果看,该策略的收益性良好,但回撤比率较大,可以通过训练窗口以及其他网络参数进行调整优化。

第六节　基于 LSTM 网络的量化选股

我们利用 LSTM 网络的分类功能,通过将股票分为上涨和下跌两类,对下期股票的涨跌进行预测,根据预测结果,进行量化选股。

1. 数据获取

(1) 股票池:沪深 300 成分股,剔除每个截面期下一交易日停牌的股票,每只股票视作一个样本。

(2) 回测区间:2007 年 2 月至 2008 年 8 月。以前 11 月作为样本,然后对后一月做预测。

2. 特征和标签提取

每个自然月的最后一个交易日,计算根据第五章回归选股确定的 12 个因子暴露度,作为样本的原始特征;计算下一整个自然月的个股超额收益(以沪深 300 指数为基准),作为样本的标签。因子包括:PS(市销率)、最新股息率、扣除非市盈率、扣除商誉市净率、经营活动产生的现金流量净额/营业总收入、流动资产周转率、每股经营活动中产生的现金流量净额同比增长率、BBI 多空指数、VROC 量变动速率、OBV 能量潮、WAD 威廉聚散指标、ZDZB 筑底指标和市值。

3. 特征预处理

(1) 中位数去极值:设第 T 期某因子在所有个股上的暴露度序列为 D_i,D_M 为该序列中位数,D_{M1} 为序列 $|D_i - D_M|$ 的中位数,则将序列 D_i 中所有大于 $D_M + 5D_{M1}$ 的数重设为 $D_M + 5D_{M1}$,将序列 D_i 中所有小于 $D_M - 5D_{M1}$ 的数重设为 $D_M - 5D_{M1}$。

(2)标准化：将中性化处理后的因子暴露度序列减去其现在的均值并除以其标准差，得到一个新的近似服从 $N(0,1)$ 分布的序列。

训练集和交叉验证集的合成：在每个月末截面期，选取下月收益排名前 30% 的股票作为正例（$y=1$），后 30% 的股票作为负例（$y=-1$）。将训练样本合并，随机选取 90% 的样本作为训练集，余下 10% 的样本作为交叉验证集。

```
clear;
% 读取沪深 300 月度收益(2008 年 4 月至 2008 年 8 月)
load  re300.mat;
% 读取用于分类的 13 个因子
load dataset.mat;
datapre01=dataset;
PART =unique(datapre01(:,16));
T =length(PART);
for ij=1:7;
XTrain=[];
XTest=[];
% 以 6 月数据作为样本,对 LSTM 网络进行训练
for i=ij:11+ij
    datapret=datapre01(datapre01(:,16)==PART(i),:);
    mdatapret=mean( datapret(:,1:14));
    mediadata=median(datapret(:,1:14));
    DMi=abs(mdatapret-mediadata);
    % 中位数去极值化
    for j=2:14
    dataj=datapret(:,j);
dataj(dataj< mediadata(1,j)-5* DMi(1,j))=mediadata(1,j)-5* DMi(1,j);
dataj(dataj> mediadata(1,j)+5* DMi(1,j))=mediadata(1,j)+5* DMi(1,j);
        datapret(:,j)=dataj;
    end
    mu =mean( datapret(:,2:14));
    sig =std( datapret(:,2:14));
    % 标准化
    datapret01(:,1:13)=(datapret(:,2:14)-mu)./ sig;
    datapret02=[datapret(:,1) datapret01 datapret(:,15:22)];
    [sequenceLengths,idx] =sort(datapret02(:,1));
% 划分类别
```

```matlab
        datach01=[datapret02(idx(1:floor(length(idx)/3)),:)-1*ones(floor(length(idx)/3),1)];
        datach02=[datapret02(idx(floor(length(idx)*2/3):end),:) ones(length(idx(floor(length(idx)*2/3):end)),1)];
        datach=[datach01;datach02];
        % 随机抽取
        p=randperm(length(datach));
        XTrain=[XTrain;datach(p(1:floor(0.9*length(p))),:)];
        XTest=[XTest;datach(p(floor(0.9*length(p))+1:end),:)];
        datapret01=[];
        datapret02=[];
    end
    % 将特征值转换为cell格式
    XTrain01=XTrain(:,2:14)';
    Xtrain02=cell(length(XTrain01),1);
    for ic=1:length(Xtrain02)
        Xtrain02(ic,1)=mat2cell(XTrain01(:,ic),13,1);
    end
    % 将训练数据转换为分类格式数据
    YTrain01=XTrain(:,23);
    YTrain02=categorical(YTrain01);

    % 构建交叉验证集
    XTest01=XTest(:,2:14)';
    Xtest02=cell(length(XTest01),1);
    for it=1:length(Xtest02)
        Xtest02(it,1)=mat2cell(XTest01(:,it),13,1);
    end
    YTest01=XTest(:,23);
    YTest02=categorical(YTest01);
    % 利用下期数据构建样本外测试集
    dataprets=datapre01(datapre01(:,16)==PART(ij+12),:);
    % 中位数去极值
        mdataprets=mean(dataprets(:,1:14));
        mediadatas=median(dataprets(:,1:14));
        DMi=abs(mdataprets-mediadatas);
        for j=2:14
            dataj=dataprets(:,j);
```

```
        dataj(dataj< mediadatas(1,j)-5* DMi(1,j))=mediadatas(1,j)-5*
DMi(1,j);
        dataj(dataj> mediadatas(1,j)+5* DMi(1,j))=mediadatas(1,j)+5*
DMi(1,j);
        dataprets(:,j)=dataj;
    end
% 标准化
    mu =mean( datapret(:,2:14));
    sig =std( datapret(:,2:14));
    datapret01s(:,1:13)=(dataprets(:,2:14)-mu)./ sig;
    datapret02s=[dataprets(:,1) datapret01s dataprets(:,15:22)];
    YTest01s=ones(length(datapret02s),1);
    % 将 Ytest 转化为分类格式
    YTest01s(find(datapret02s(:,1)<0))=-1;
    YTest02s=categorical(YTest01s);
    XTest01s=datapret02s(:,2:14)';
    Xtest02s=cell(length(XTest01s),1);
    % 将因子由数值转化为 cell 格式
for i01=1:length(Xtest02s)
Xtest02s(i01,1)=mat2cell(XTest01s(:,i01),13,1);
end

% 构建 LSTM 网络
inputSize =13;% 特征的维度
numHiddenUnits =100;% LSTM 网络包含的隐藏单元数目
numClasses =2;% 标签的总数

layers =[ ...
    sequenceInputLayer(inputSize)
    lstmLayer(numHiddenUnits,'OutputMode','last')
    fullyConnectedLayer(numClasses)
    softmaxLayer
    classificationLayer];

maxEpochs =100;% 最大训练周期数
miniBatchSize =2;% 分块尺寸

options =trainingOptions('adam', ...
```

```
'ExecutionEnvironment','cpu', ...
'MaxEpochs',maxEpochs, ...
'MiniBatchSize',miniBatchSize, ...
'GradientThreshold',1, ...
'Verbose',false, ...
'Plots','training- progress');
```

% 训练
```
net=trainNetwork( Xtrain02,YTrain02,layers, options);
```
图 9-20 所示的为 LSTM 网络训练弹窗,可以从此弹窗观测 LSTM 网络训练过程及参数。

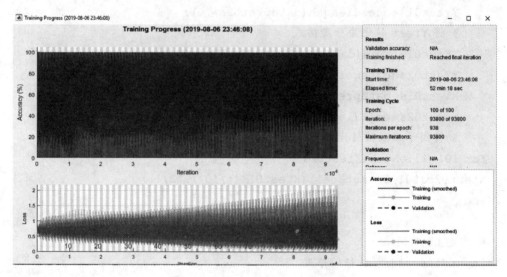

图 9-20 LSTM 网络训练弹窗

% 预测
```
YPred =classify(net,Xtest02, ...
    'MiniBatchSize',miniBatchSize, ...
    'SequenceLength','longest');
```
% 精确度检验
```
acc(i) = sum(YPred ==YTest02)./numel(YTest02);
```
% 样本外预测

```
YPreds =classify(net, Xtest02s, ...
    'MiniBatchSize',miniBatchSize, ...
    'SequenceLength','longest');
```
% 精确度检验

```
accs(i)=sum(YPreds==YTest02s)/numel(YTest02s);
% 等权重买入分类为1的股票
indexs=find(YPreds==categorical(1));
returns(i)=sum(dataprets(indexs,1))/length(indexs);
% 卖出分类为-1的股票
indexss=find(YPreds==categorical(-1));
returnss(i)=-sum(dataprets(indexss,1))/length(indexss);
totalretur(i)=returns(i)+returnss(i);
datapret01s=[];
datapret02s=[];
  YTest01s=[];
  YTest02s=[];
  XTest01s=[];
  Xtest02s=[];
end
```
运行结果如图 9-21 所示。

```
命令行窗口
  样本内预测准确率：
      0.5634    0.5258    0.4977    0.5258    0.4695

  样本外预测准确率：
      0.8196    0.5556    0.6212    0.7719    0.5466

  预测上涨股票组合收益：
     -19.6227   0.6787   -4.9523  -24.4137   5.1416

  预测下跌股票组合收益：
      21.3994   1.6075    7.4116   24.2537  -4.8944

  总收益：
      1.7767    2.2863    2.4593   -0.1600   0.2473

  HS300收益：
      4.4476   -8.7845  -22.6928    0.4797  -14.7429
```

图 9-21　LSTM 量化选股策略评价

从运行结果可以看出，基于 LSTM 量化选股策略运行稳定，在 HS300 指数大跌的情况下,取得了较为稳定的收益。从分类收益看,在市场大跌时,预测下跌股票组合收益显著高于预测上涨的股票组合,因此如果将 LSTM 量化择时和量化选股结合起来,在不同的实况执行不同的股票组合策略可以获得更好的投资收益。

本章小结

本章探讨了使用 BP 神经网络算法和 LSTM 网络构建量化择时及量化选股投资策略的过程。BP 神经网络是一种神经网络学习算法,其由输入层、中间层和输出层组成的阶层型神经网络,中间层可拓展为多层。相邻层之间各神经元进行全连接,而同层各神经元之间无连接,网络按照负反馈方式进行自学习,按期望输出与实际输出误差减小的方向移动,然后从输出层经各中间层逐层修正各连接权,回到输入层。此过程反复交替进行,直至网络的全局误差趋向给定的极小值,即完成学习过程,从而确定数据属性,根据数据属性构建量化投资策略。

LSTM 网络通过精心设计的隐藏层神经元缓解了传统 RNN 的梯度消失问题,在预测和分类问题上具有独特的优势。与传统神经网络相比,LSTM 网络的预测模型在网络中引入了循环结构并允许隐藏单元之间内部链接,其内部拥有的记忆单元使得 LSTM 理论上可以对数据进行分类,探索数据之间的相关性,进而可以确定数据属性,借此构建量化投资策略。

关键概念

人工神经网络　BP 神经网络　前向网络　反馈网络　LSTM 网络　输入层　中间层　输出层　隐藏层　训练集　验证集

思考题

(1)前向网络和反馈网络有何不同?为何我们更多地使用 BP 网络构建量化投资策略?

(2)BP 网络是由哪几部分构成的?每部分功用如何?

(3)LSTM 网络是由哪几部分构成的?每部分功用如何?

(4)LSTM 网络与传统人工神经网络相比优势在何处?

(5)分别使用 PAC 和 BP 网络对不同市况下的深圳 A 股进行量化选股。分析不同市况下神经网络的表现。

(6)使用 BP 神经网络对个股和指数构建量化择时策略,比较两者的表现,并进行分析。

(7)使用 LSTM 网络分别对不同行业指数构建量化择时策略,进行回测及比较。

(8)使用 LSTM 网络对不同市况下深圳 A 股构建量化选股策略,并和 BP 网络构建的量化选股策略进行比较。

第十章 算法交易

当投资者有大量证券资产需要交易时,一般都会把交易拆细,分批执行。那么如何安排这些交易对投资者是最有利的?投资者希望交易不要对市场产生太大的冲击,同时也不希望交易拖太久导致市场价格向不利方向变动。但是,这是一个两难问题:市场冲击是交易速度的增函数;等待风险则是交易速度的减函数。当交易执行速度较快时,等待风险很小,冲击成本很大;交易执行慢时,冲击成本很小,等待风险很大。算法交易的核心问题是在冲击成本与等待风险之间进行平衡。

算法交易、自动交易和程序化交易这三个概念很容易发生混淆。自动交易是指在交易过程中由计算机辅助而没有人工干预的各种交易的总称。程序(式)交易(program trading)是计算机辅助的完全依据特定规则(如技术分析规则等)进行自动化投资决策(发出买进或卖出指令)并自动执行的自动交易,如套利交易、统计算法交易(统计套利)等。算法交易(algorithm trading):计算机辅助的对特定交易决策的自动执行,本质上是一种下单策略。

第一节 算法交易的基本概念

算法交易,是指把一个指定交易量的买入或者卖出指令放入模型,该模型包含交易员确定的某些目标。根据这些特殊的算法目标,该模型会产生执行指令的时机和交易额。而这些目标往往基于某个基准、价格或时间。这种交易有时候称为黑盒交易(black-box trading)、无人值守交易(robot trading)。算法交易广泛应用于对冲基金、企业年金、共同基金以及其他一些大型的机构投资者,他们使用算法交易对大额订单进行分拆,寻找最佳的路由和最有利的执行价格,以降低市场的冲击成本、提高执行效率和订单执行的隐蔽性。任何投资策略都可以使用算法交易进行订单的执行,包括做市、场内价差交易、套利或者纯粹的投机(包括趋势跟随交易(trend following))。算法交易通过程序系统交易,将一个大额的交易拆分成数十个小额交易,以此来尽量减少对市场价格造成冲击,降低交易成本,且还能帮助机构投资者快速增加交易量。在国际衍生品市场上,这种交易方式主要运用在各类金融衍生品之间的对冲。

算法交易是指遵循数量规则、用户指定的基准和约束条件的自动电子交易,包括组合交易(对一篮子股票进行一系列交易)和智能路由(smart routing)(即使用算法来智能地将订单发送至流动性最好的交易通道)。算法交易的内在逻辑在于利用市场交易量的特点来风险可控、成本可控地执行订单。虽然对算法交易有许多不同的定义,但始终离不开诸如自动电子执行、达到特定基准等字眼。

算法交易系统的核心是通过一套计算机程序,可以在一秒钟内产生数千个交易指令,其中许多指令瞬间就可以被取消或被新的指令取代,从而把大额委托化整为零,减小对市场的冲击,并且可以寻求最佳的成交执行路径,减少交易成本。

交易算法需要由一系列的变量所控制,这些变量即算法的约束参数,一个算法的主要参数包括开始时间和结束时间、是否施加一个限价指令等。算法一般会设置开始/结束时间,而不是"一天当中的合适时间"这样的条件。算法交易必须确定必须实现的指令,除了那些更加注重机会导向的算法外,该参数的目的在于完全执行指令,而市场条件也许意味着这个目标不能总是实现。算法交易往往会限制交易价格,一个硬性价格限制会提供价格保护,作用如同限价指令。算法交易的成交量限制(最大/最小值),该变量可以把算法交易的成交量设置在一个市场总交易量的一个百分比之内(如总成交量的50%)。算法交易的成交量限制(子命令),一些算法能支持对拆分后子命令的大小进行限制,或对任何一个时点存在的指令数量进行限制。算法交易必须决定是否参与竞价,这个变量可以用来确定指令是否会参与开盘、收盘和任何盘中竞价。

算法交易的流程包括交易前分析、算法交易前和交易后分析。算法交易前后的分析是必不可少的,虽然算法交易的主要过程是通过计算机下单来处理,但是其前后的许多分析工作是需要人工进行设定的。

交易前分析包括:多因素风险分析,如股票、行业、买/卖方、货币等;清楚了解潜在的交易成本;划分和鉴别局外人和困难的交易;智能发送器(机器人)-交易指令自动发送到算法交易系统,该系统能进行最佳的策略及策略参数选择。用户可实时使用交易前分析,了解算法交易采用的具体参数情况。

判断一个交易算法是否合适,首先必须选择一个合适的业绩标杆作为比较的基准。算法交易常用的业绩标杆包括开盘价格、收盘价格、成交量加权平均价格(VWAP)、时间加权平均价格(TWAP)、实现差价(即纸面交易与实际成交均价之间的差)、到达价格等。标杆的选择一般由投资者的投资目标及投资风格决定。

在确定比较基准以后,就可以测试不同参数的效果,选择合适的参数。算法交易一般通过回测法进行测试。主要测试不同参数效果的稳定性以及交易效果对参数的敏感性,并观察这些稳定性与敏感性随时间变化的情况。在合乎使用标准的情况下再计算最优参数并实测。第一步,先在整个历史时期各个阶段以不同的参数测试策略,判断不同参数效果的稳定性以及结果对参数的敏感度。重点关注稳定性和敏感度随时间变化的情况。如果变动过于频繁，则不适合投入实际应用。第二步，这时就可以选择某一个特定的市场状况较为稳定的历史时期，使用同样的方法用各种不同的参数进行测试，检验不同参数的稳定性以及策略效果对参数的敏感性。选择最优参数，判断的标准可以是夏普比率等。估计参数所使用的市场时间段主要根据经验判断，可以是最近的市场数据，也可以是以前出现过未来很可能出现的市场数据。

最后，根据特定市场的状况选择最优参数，进行样本外测试，确定算法交易的效果是否满意。在合乎标准的情况下，即可确定策略及最优参数。

交易后分析主要是对算法交易的结果进行研究。从收到详细的日度、月度、季度、年度交易后审查报告开始，将其表现与多种基准进行对比，深究单个交易结果，选择性衡量后台效率，从而对算法的优劣进行总结反馈，这个对提高算法的效率至关重要。

根据各个算法交易中算法的主动程度不同，算法交易可分为被动型算法交易、主动型算法交易、综合型算法交易三大类。

被动型算法交易也叫结构型算法交易或者时间表型算法交易。这类算法交易除利用历史数据估计交易模型的关键参数外，不会根据市场的状况主动选择交易的时机与交易的数量，而是按照一个既定的交易方针进行交易。该策略的核心是减少滑价（目标价与实际成交均价的差）。被动型算法交易最成熟，使用也最为广泛，如在国际市场上使用最多的成交量加权平均价格（VWAP）、时间加权平均价格（TWAP）等都属于被动型算法交易。

主动型算法交易也叫机会型算法交易。这类算法交易根据市场的状况做出实时的决策，判断是否交易、交易的数量、交易的价格等。由于很多交易指令是根据市场的即时状况下达，因此有可能无法完成交易员希望的全部交易。主动型交易算法除了努力减少滑价以外，把关注的重点逐渐转向了价格趋势预测上。如判断市场价格在向有利于交易员的方向运动时，就推迟交易的进行，反之加快交易的进行。当市场价格存在较强的均值回归现象时，必须迅速抓住每一次有利于自己的偏移。

此外，当算法交易被广泛应用时，证券的市场价格行为就会表现出一定的规律。这样，就出现了一类特殊的算法交易，如瑞士信贷的 Sniper 算法，它们的目标是发现市场上与自己交易方向相反的大型交易对手，通过合适的交易安排，与该对手完成交易，避免市场受到冲击。

综合型算法交易是前两者的结合，既包含有既定的交易目标，具体实施交易的过程中也会对是否交易进行一定的判断。这类算法常见的方式是先把交易指令拆开，分布到若干个时间段内，每个时间段内具体如何交易由主动型算法交易进行判断。两者结合可以达到单独一种算法所无法达到的效果。

按算法的核心机制，算法交易可以分为冲击驱动型、成本驱动型、机会导向型。

冲击驱动(impact-driven)算法旨在最小化市场冲击，即减小交易对资产价格的影响。大单指令通常被拆分成小单指令，并将这些订单通过一个更长时间进行交易。典型代表：VWAP 算法。

成本驱动(cost-driven)算法以减小总体交易成本为宗旨。需要考虑市场冲击、时机风险，甚至价格趋势等因素。典型代表：执行缺口算法。

机会导向(opportunistic)算法利用任何市场条件有利的时机进行交易,包括价格或流动性驱动算法。

常用算法的分类和特征如表 10-1 所示。

表 10-1 常用算法的分类和特征

类型	核心关注	算法	基准		敏感性	
			动态化	提前决定	价格	成交量
冲击驱动	时间	时间加权平均价格(TWAP)	√			
	成交量	成交量加权平均价格(VWAP)	√			
		参与率(POV)		√		√
	冲击	最小冲击(MI)	√		√	×
成本驱动	价格/风险	执行缺口(IS)		√	×	
		适应性缺口(AS)		√		
		收盘价(MOC)	√		×	
机会导向	价格	盯住价格(PI)		√	√	×
	流动性	流动性驱动		√	×	×
	比率/价差	配对/价差交易		√	√	

各种类型的算法交易有各自应用的范围。如果一个投资者希望在尽量短的时间内进行交易,则需要使用偏主动型的算法交易;如果希望交易必须全部完成,则需要使用偏被动型的算法交易。如果交易对象的流动性较差、波动性较大,则需要使用主动型算法交易,反之则适合使用被动型算法交易。

不同的投资者有不同的交易风格,如有些投资者希望买入的数量相当于某只股票数天的成交量等;也有各自不同的交易成本标杆,如指数基金可能希望购买的价格尽量接近收盘价;不同投资者的风险偏好也不同。此外,当在交易的过程中,如果股票的价格或者成交量发生了变化,投资者的投资意愿也可能会随之改变。这些都是影响算法交易选择的因素。

当投资者的交易对象是股票组合时,使用的交易方法需要作些调整。除了根据各个股票具体的情况适当安排合适的交易策略以外,还必须考虑股票之间的相关性。组合内部股票的相关性主要有两种影响:当相关性高的证券交易方向相同时(同时买入或卖出),相关性会导致时间风险增加;当相关性高的证券交易方向相反时,如果两者能够同步交易的话,可以抵消相当部分的时间风险。

第二节 算法交易策略成本分析及优化

算法交易的第一步核心工作是建立一个冲击成本模型。该模型是几乎所有算法交易的基础。比较知名的冲击成本模型包括 JP 摩根全球交易服务部的 I-Star 模型等。

授课视频

当使用算法交易做交易决策时,最大的风险就是时间风险,即交易不立即执行可能带来的价格风险。这是在建立算法交易模型时需要考虑的第二个非常重要的因素。通常在算法交易中,时间风险和冲击成本是鱼和熊掌不能兼得的两个目标。

一、冲击成本

交易形成的冲击成本可以分为两部分:永久性冲击成本和暂时性冲击成本。永久性冲击成本是由于交易者在交易过程中信息泄露导致交易造成的永久性不利偏移,是交易者在交易过程中信息泄露导致的结果。暂时性冲击成本是由于市场流动性不足造成的市场价格暂时性偏离,在流动性恢复后,价格会回到原来的位置。

1. 冲击成本与价格变动

假设在交易过程中股票价格变动满足:

$$P_j = P_0 + \sum_{i=1}^{j} \Delta p_j + \sum_{i=1}^{j} k(x_i, i) d(j-i) + \sum_{i=1}^{j} g(x_i, i) \quad (10.1)$$

式中:P_0 是交易期初价格;P_j 为 j 时刻价格;Δp_j 是 j 时刻价格的客观变动;$k(x_i, i)$ 是临时冲击成本函数,x_i 为交易数量,i 为交易时间;$d(i,j)$ 是 i 时刻交易的临时冲击成本在 j 时刻残留比例;$g(x_i, i)$ 是 i 时刻交易产生的永久冲击成本,这一冲击成本不会消失。因此,只需测度 $k(x_i, i)$、$d(i,j)$、$g(x_i, i)$ 三个函数即可测度冲击成本。

2. I-Star 模型的冲击成本

市场存在一些经典的冲击成本模型,I-Star 模型是其中比较重要的模型之一。I-Star 模型假设市场发生交易的瞬时冲击成本为

$$I^* = a_1 \cdot \left(\frac{X}{\text{ADV}}\right)^{a_2} \cdot \sigma^{a_3} \cdot X \cdot P_0 \quad (10.2)$$

式中:I^* 表示瞬间冲击成本;X 表示要交易的股票总数;ADV 是日平均成交量;σ 是年化波动率;P_0 是当前价格;模型参数 a_1、a_2、a_3 取决于股票

本身的特性及主要参与者的属性等。

假设有交易策略 $\{x_i\}$，则该策略对市场产生的总冲击成本为

$$\mathrm{MI} = \sum_{j=1}^{n}\left(\frac{x_j}{X} \cdot \frac{b_1 I^* x_j}{x_j + 0.5 v_j}\right) + (1-b_1)I^* \tag{10.3}$$

式中：x_j 为第 j 期交易的股票数；v_j 为第 j 期除投资者外其他交易者的交易总量；b_1 为临时冲击成本占总冲击成本的比率。在模型中，临时冲击成本与投资者提交的成交量成正比，与市场的总成交量成反比。

二、等待风险

等待交易的时间风险是被动型算法交易的另一个交易成本，决定时间风险的因素包括：价格的波动率（价格的不确定性）、波动性风险即成交量的不确定性、市场冲击成本估计的误差等，还与尚未完成交易的股票数正相关。

价格的不确定性即价格的波动率，经常采用 GARCH 类模型进行估计。如果投资者判断未来流动性能完成已经提交的指令，则投资者可以决定推迟部分交易，因此，未来成交率的波动率对于确定等待风险也具有重要的意义。成交量的波动率也可以采用 GARCH 类模型进行拟合。

因此，时间风险可以表示为

$$\mathrm{Risk} = \sqrt{\sum r_i \mathrm{Var}_i} \tag{10.4}$$

式中：r_i 为第 i 期剩余的股数；Var_i 是第 i 期股票价格的不确定性（方差）。Var_i 包括股票价格变动的不确定性、冲击成本受成交量误差等不确定性影响导致的不确定性等。

算法交易的目标是在冲击成本与时间风险之间进行平衡，通过把两者作为目标进行优化，得到的结果就是最优策略。

三、算法交易的优化

算法交易的带约束最优化可以是在特定风险下的最小化冲击成本：

$$\mathrm{Min\ Cost, s.t.\ Risk} \leqslant R \tag{10.5}$$

也可以是特定冲击成本下的最小化风险：

$$\mathrm{Min\ Risk, s.t.\ Cost} \leqslant C \tag{10.6}$$

依据业绩基准不同可以分为：

(1) 以交易开始时价格为策略的业绩基准，则此时的交易成本为

$$\mathrm{Cost} = \sum_{j=1}^{n} x_j \sum_{i=1}^{j} \Delta P_i + \frac{1}{X}\sum_{j=1}^{n}\left[\frac{b_1 I_j x_j^2}{x_j + 0.5 v_j} + (1-b_1)x_j I_j\right] \tag{10.7}$$

(2) 以交易完成后的价格为业绩基准，此时不用考虑长期冲击成本而只考虑暂时性冲击成本，此时的交易成本为

$$\mathrm{Cost} = \sum_{j=1}^{n} x_j \sum_{i=1}^{j} \Delta P_i + \frac{1}{X}\sum_{j=1}^{n}\left(\frac{b_1 I_j x_j^2}{x_j + 0.5 v_j}\right) \tag{10.8}$$

第三节 常用算法交易及其实现

一、冲击驱动型算法

授课视频

冲击驱动型算法是由简单的指令分割策略演化而来的。通过将大订单分拆成小订单进行发送,试图降低交易对资产价格的影响,达到最小化市场冲击成本的目的。静态冲击驱动型算法:基于平均价格的算法(TWAP 和 VWAP);动态冲击驱动型算法:参与率算法(POV)。

1. 时间加权平均价格(TWAP)

这是一种基于时间变化的加权平均价格,称为 TWAP 算法。其含义是仅以时间分割为基础,考虑指令的设置或指令的执行,而不受诸如市场价格或成交量等其他方面因素的影响。

最简单的 TWAP 算法建立在时间分割的基础上,其计算公式为

$$t \text{ 时刻指令数量} = \frac{V}{N} \tag{10.9}$$

式中:$N = \frac{T}{t}$,代表每日总交易时间/交易时间间隔;V 是指令总成交量。

【例 10.1】假设买入 600000.SH 股票 4000 股,指令 1 则在自 14:00 至 15:00 的 1 小时内每 15 分钟交易 1000 股。

则指令 1 的交易过程为

```
    clear;
    warning off;
    em=EmQuantMatlab();
    errorid=em.start('forcelogin=1');
    % 构建组合
    errorid = em.pcreate('port1', '组合 1', 10000000, 'combintype=1,criteria=3,createcompany=', '');
    % 构建指令集
ordercell={'600000.SH',1000,11.16,'2019-08-08','14:00:00',1,0,0,0;
    '600000.SH',1000,11.16,'2019-08-08','14:15:00',1,0,0,0;
```

```
'600000.SH',1000,11.16,'2019-08-08','14:30:00',1,0,0,0;
'600000.SH',1000,11.16,'2019-08-08','14:45:00',1,0,0,0;};
% 执行交易指令
errorid=em.porder('port1',ordercell,'autoAddCash=0','备注买入测试');
% 成交查询
[datas,codes,indicators,dates,errorid]=em.preport('port1','record','startdate=2019/08/07,enddate=2019/08/09');
```

运行结果如下：

	1	2	3	4	5	6	7	8	9	10	11
1	'2019-08-08'	'600000.SH'	'浦发银行'	'买入'	1000	11	9.0200	-1.1009e+04	'备注买入测…'	'2019080911…'	5
2	'2019-08-08'	'600000.SH'	'浦发银行'	'买入'	1000	11	9.0200	-1.1009e+04	'备注买入测…'	'2019080911…'	5
3	'2019-08-08'	'600000.SH'	'浦发银行'	'买入'	1000	11	9.0200	-1.1009e+04	'备注买入测…'	'2019080911…'	5
4	'2019-08-08'	'600000.SH'	'浦发银行'	'买入'	1000	11	9.0200	-1.1009e+04	'备注买入测…'	'2019080911…'	5

采用以上方式进行交易会导致相当大的信号发送风险，其他市场参与者唯一不知道的只有总指令大小。为了避免信息泄露风险，可以采用随机化的成交方法，我们称之为随机 TWAP。

$$t \text{ 时刻指令数量} = \frac{V}{N}(1+\varepsilon_i) \tag{10.10}$$

式中：ε_i 为服从 $(-1,1)$ 的均匀分布。

【例 10.2】假设使用随机 TWAP 算法买入 600000.SH 股票 4000 手，指令 1 则在自 14:00 至 15:00 的 1 小时内每 15 分钟交易 1000 手。

```
clear;
warning off;
em=EmQuantMatlab();
errorid=em.start('forcelogin=1');
errorid=em.pcreate('port1','组合1',10000000,'combintype=1,criteria=3,createcompany=','');
% 产生(-1,1)均匀分布向量
unir=unifrnd(-1,1,4,1);
% 确定各次交易数量
for i=1:4
    ordernum(i)=1000*(1+unir(i,1));
    if i==4
ordernum(i)=1000*(1-sum(unir(1:3,1)));
    end
end
```

```
ordercell={'600000.SH',ordernum(1),11.16,'2019-08-08','14:00:00',
1,0,0,0;
    '600000.SH',ordernum(2),11.16,'2019-08-08','14:15:00',1,0,0,0;
    '600000.SH',ordernum(3),11.16,'2019-08-08','14:30:00',1,0,0,0;
    '600000.SH',ordernum(4),11.16,'2019-08-08','14:45:00',1,0,0,0; };
    errorid=em.porder('port1', ordercell, 'autoAddCash=0', '备注买入测
试');
    [datas,codes,indicators,dates,errorid]=em.preport('port1','record
','startdate=2019/08/08,enddate=2019/08/08');
```

查询结果如下：

	1	2	3	4	5	6	7	8	9	10	11	12
1	'2019-08-08'	'600000.SH'	'浦发银行'	'买入'	938	11	8.4608	-1.0326e+04	'备注买入测...'	'20190809 16:...'	5	1
2	'2019-08-08'	'600000.SH'	'浦发银行'	'买入'	1929	11	17.3996	-2.1236e+04	'备注买入测...'	'20190809 16:...'	5	1
3	'2019-08-08'	'600000.SH'	'浦发银行'	'买入'	1915	11	17.2733	-2.1082e+04	'备注买入测...'	'20190809 16:...'	5	1
4	'2019-08-08'	'600000.SH'	'浦发银行'	'买入'	1093	11	9.8589	-1.2033e+04	'备注买入测...'	'20190809 16:...'	5	1

除此之外，我们还可以采用更加动态化的方法：在交易时间进度表里添加一个附加因素，使交易的时间进度发生倾斜，从而使交易策略变得更加主动或被动（见图10-1）。

主动的TWAP算法在交易开始初期会发出更多的委托指令来降低时间选择风险（也称激进TWAP算法）。

$$t \text{ 时刻指令数量} = V[1 - \frac{t^2}{T^2}(t_i - \frac{T}{t})^2] \qquad (10.11)$$

被动的TWAP算法在交易初期会发出较少的指令，从而产生更低的市场冲击成本（又称保守TWAP算法）。

$$t \text{ 时刻数量} = V(\frac{t}{T}t_i)^2 \qquad (10.12)$$

式中：V为指令总成交量；T为每日总交易时间；t为交易时间间隔；t_i为日内交易累积次数。

【例10.3】假设分别使用激进和保守TWAP算法买入600000.SH股票4000手，交易开始时间为14:00至15:00的1小时内每15分钟交易1次。

```
    clear;
    warning off;
    em=EmQuantMatlab();
    errorid=em.start('forcelogin=1');
    errorid=em.pcreate('port2', '组合2', 10000000, 'combintype=1,criteria=
3,createcompany=', '');
    % 确定每次交易的股票数量
    for i=1:4
```

```
    % 激进 TWAP 算法
        ordernum1(i)=floor(1000*(1-(1/4)^2*(i-4)^2));
    % 保守 TWAP 算法
        ordernum2(i)=floor(1000*(1/4*i));
end
```

运行结果如图 10-1 所示。

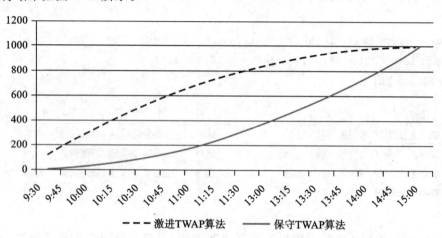

图 10-1　激进 TWAP 和保守 TWAP 算法累计交易数量

```
% 激进 TWAP 算法交易指令
    ordercell={'600000.SH',ordernum1(1),11.16,'2019-08-08','14:00:00',1,0,0,0;
    '600000.SH',ordernum1(2),11.16,'2019-08-08','14:15:00',1,0,0,0;
    '600000.SH',ordernum1(3),11.16,'2019-08-08','14:30:00',1,0,0,0;
    '600000.SH',ordernum1(4),11.16,'2019-08-08','14:45:00',1,0,0,0; };
% 激进 TWAP 算法交易
errorid=em.porder('port2', ordercell, 'autoAddCash=0', '备注买入测试');
% 查询指令
[datas,codes,indicators,dates,errorid]=em.preport('port2','record','startdate=2019/08/08,enddate=2019/08/08');
```

查询交易记录结果如下：

	1	2	3	4	5	6	7	8	9	10	11	12
1	'2019-08-08'	'600000.SH'	浦发银行	'买入'	1000	11	9.0200	-1.1009e+04	'备注买入测...'	'20190809 17...'	5	1
2	'2019-08-08'	'600000.SH'	浦发银行	'买入'	937	11	8.4517	-1.0315e+04	'备注买入测...'	'20190809 17...'	5	1
3	'2019-08-08'	'600000.SH'	浦发银行	'买入'	750	11	6.7650	-8.2568e+03	'备注买入测...'	'20190809 17...'	5	1
4	'2019-08-08'	'600000.SH'	浦发银行	'买入'	437	11	5.0961	-4.8121e+03	'备注买入测...'	'20190809 17...'	5	1

```
% 保守 TAWP 算法交易指令
ordercel2={'600000.SH',ordernum2(1),11.16,'2019-08-08','14:00:00',1,
```

```
0,0,0;
    '600000.SH',ordernum2(2),11.16,'2019-08-08','14:15:00',1,0,0,0;
    '600000.SH',ordernum2(3),11.16,'2019-08-08','14:30:00',1,0,0,0;
    '600000.SH',ordernum2(4),11.16,'2019-08-08','14:45:00',1,0,0,0; };
% 保守 TWAP 算法交易
errorid =em.porder('port2', ordercel2, 'autoAddCash=0', '备注买入测
试');
% 查询指令
[datas,codes,indicators,dates,errorid]=em.preport('port2','record
','startdate=2019/08/08,enddate=2019/08/08');
```

查询结果如下：

	1	2	3	4	5	6	7	8	9	10	11	12
1	'2019-08-08'	'600000.SH'	'浦发银行'	'买入'	1000	11	9.0200	-1.1009e+04	'备注买入测...'	'2019080917...'	5	1
2	'2019-08-08'	'600000.SH'	'浦发银行'	'买入'	750	11	6.7650	-8.2568e+03	'备注买入测...'	'2019080917...'	5	1
3	'2019-08-08'	'600000.SH'	'浦发银行'	'买入'	500	11	5.1100	-5.5051e+03	'备注买入测...'	'2019080917...'	5	1
4	'2019-08-08'	'600000.SH'	'浦发银行'	'买入'	250	11	5.0550	-2.7551e+03	'备注买入测...'	'2019080917...'	5	1

2. 成交量加权平均价格（VWAP）

VWAP 交易策略是使用最广泛的算法交易策略，是指交易者利用市场成交量来试图实现使平均执行价格等于 VWAP 基准价格的执行策略。VWAP 是以成交量为权重的平均交易价格，它等于总的交易额除以总的成交量。

给定一天中有 n 笔交易，每笔交易有特定的成交价 p_n 和大小。

$$\text{VWAP} = \frac{\sum_n v_n p_n}{\sum_n v_n} \tag{10.13}$$

VWAP 算法交易的目的是最小化冲击成本，并不寻求最小化所有成本，理论上在没有额外信息，也没有针对股票价格趋势预测的情况下，VWAP 是最优的算法交易策略。

VWAP 微观上最好的下单策略是市价单与限价单的结合。通常 VWAP 交易把一个交易日分为若干时间片，按预测每个时间片交易量占整个计划交易期总预测交易量的比例，分配交易指令给每个时间片。然后在每个时间片的期初下达一个指定数量的现价单，如果在一段时间交易没有被执行而且成交价远离我们的限价指令的计划价格，则调整价格重新下限价单。时间片到期仍未完成的交易，使用市价交易指令完成全部交易。

标准的 VWAP 策略虽然简单易行，但是该策略完全依赖于日内成交量分布预测，如果预测不准确，VWAP 策略的执行效果将非常不稳定。其次该策略是一种完全静态的策略，是事前决定的投资策略，无法根据市场的最新信息如价格变化、交易量变化等对决策进行调整，从而无法获得更好的交易价格。

成交量的变化具有很强的自相关性，可以利用加权平均历史成交量来简单预测未来成交量。在美国市场通常用 30 日移动平均成交量作为下一交易日成交量的估计。

$$E\left(\frac{v_i}{V}\right) = \frac{1}{n} \sum_{j=1}^{n} \frac{v_{ij}}{V_j} \tag{10.14}$$

式中：$E\left(\dfrac{v_i}{V}\right)$ 是下一天成交量比率；v_{ij} 是之前第 j 天同一时刻的成交量；V_j 是之前第 j 天的日成交量。

设需要买入股票数量为 V，区间划分与预测交易量分布相同，并通过预测技术获得当天交易量分布预测值 $\{u_k\}_{k=1}^N$。以 15 分钟为单位，按照 1 分钟预测的成交比例分配每个区间的成交量，同时在区间内平均分配。

设 $\{P_j\}_{j=1}^N$ 为各分钟成交价格，市场最终成交量分布为 $\{\hat{u}_k\}_{k=1}^N$，则每个 15 分钟执行差额为

$$IS = \dfrac{\sum_{j=1}^{15} P_j \{\hat{u}_k - u_k\}}{15} \tag{10.15}$$

【例 10.4】假设使用 VWAP 算法买入 600000.SH 股票 4000 手，交易开始时间 2019 年 8 月 9 日，每 15 分钟交易 1 次。

```
clear;
% 获取2019年8月5日到2019年8月9日共5天的1分钟数据及15分钟数据
load datas1min.mat;
load datas15min.mat;
% 对15分钟数据按照时间分类
PART=unique(datas15min(:,1));
% 对15分钟数据按照日期进行分类
PARD=unique(datas15min(:,6));
UTV15min=[];
for i=1:length(PARD)
    indexday=find(datas15min(:,6)==PARD(i));
    Vday=datas15min(indexday,2);
    % 计算每天15分钟交易量在全天交易量的比重
    UTV15min=[UTV15min; Vday/sum(Vday)];
end
% 使用前4天的15分钟数据进行算术平均预测
datas15min=[datas15min UTV15min];
for j=1:length(PART)
    indexT=find(datas15min(1:64,1)==PART(j));
    UVT=datas15min(indexT,7);
    % 预测各时点在全天交易量所占比重
    UVTM(j)=sum(UVT)/4;
end
% UVTM15第1列为每时间间隔的交易指令交易量，最后一列为各时点预测交易比率
```

```
UVTM15=[floor(UVTM'*5000)  datas15min(65:80,:)  UVTM'];
```
由运行结果可知各时点交易指令量为

1	2
693	94500
471	100000
435	101500
318	103000
259	104500
259	110000
152	111500
171	113000
288	131500
232	133000
296	134500
235	140000
201	141500
277	143000
271	144500
435	150000

```
% 计算实际交易 VWAP 和预测交易 VWAP
PART1=unique(datas1min(:,1));
PARD1=unique(datas1min(:,6));
UTV1min=[];
% 计算每分钟交易量所占全天交易量比率
for i=1:length(PARD1)
    indexday=find(datas1min(:,6)==PARD1(i));
    Vday=datas1min(indexday,2);
    UTV1min=[UTV1min; Vday/sum(Vday)];
end
datas1min=[datas1min UTV1min];
% 预测每分钟交易量所占比率
for j=1:length(PART1)
    indexT1=find(datas1min(1:960,1)==PART1(j));
    UVT1=datas1min(indexT1,7);
    UVTM1(j)=sum(UVT1)/4;
end
UVTM01=[floor(UVTM1'*5000)  datas1min(961:end,:)  UVTM1'];
```

```
for i=1:length(PART)
% 实际交易所得VWAP
Vwapr=(UVTM01((i-1)+1:i*15,8).*(UVTM01((i-1)+1:i*15,4)+UVTM01((i-1)+1:i*15,5))/2)/sum(UVTM01((i-1)+1:i*15,8));
% 按照预测比率交易所得VWAP
Vwapf=UVTM01((i-1)+1:i*15,9).*UVTM01((i-1)+1:i*15,6)/sum(UVTM01((i-1)+1:i*15,9));
Vwap(i,:)=[sum(Vwapr) sum(Vwapf)];
end
% 矩阵各列分别为时间、指令交易量、各时点交易量实际占比、预测交易量占比、收盘价
% 实际交易所得VWAP、预测比率交易所得VWAP
Vwaplast=[UVTM15(:,2) UVTM15(:,1) UVTM15(:,8:9) UVTM15(:,6) Vwap];
```

由图 10-2 可见,真实交易量占比与预测交易量占比存在较大差异,由于价格出现了对交易指令下的有利变化,采用预测交易量占比进行的交易指令分配取得了较低的 VWAP。

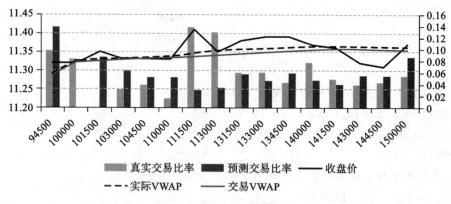

图 10-2　VWAP 算法交易量示意图

有反馈机制的 VWAP 算法:按照历史高频交易数据计算各个时间间隔的成交量分布函数,并对当天(剩余)成交量分布进行估计,按照当日已经发生的成交量预测全天的成交量,并分配各个剩余时间间隔的订单数量。

$$指令数量 = u_i V f_p \qquad (10.16)$$

式中:f_p 为价格反馈因子,$f_p = 1 + \dfrac{c(P_d - P_c)}{P_d}$,$c$ 是反馈比例系数,P_d 为设定价格,P_c 为当前成交价。此时的价格可以设定为前收盘价、开盘价或者前一期最高价和最低价的均值。

设置反馈因子的目的在于考虑设定价格和当前成交价的偏离。假如当前成交价高于设定价格,这是不利情况,价格反馈因子小于 1,即减少指令数量,反之则是有利的情况,应加大成交数量。

此时只需计算交易指令数量并对设定价格和当前价格进行比较,获取价格反馈因子即可,建议读者自行完成相关程序编写。

3. 参与率算法(POV)

参与率算法是一种市场成交量同步的算法,按照与市场成交量成比率的指令规模参与市场交易,有时它们也称为目标成交量算法或跟随算法。其基本计算公式为

$$指令数量 = V_a(\frac{1}{1-p} - 1) \tag{10.17}$$

式中:V_a 表示市场累积成交量;p 表示市场参与率。

POV 算法对已执行的成交量做出反应,所以当计算实际发出的指令大小时,需要稍微调整一下参与率,保证已经计算了我们所做出的交易。可以用调整因子 $1/(1-p)$ 近似地求出所需要成交量的大小,其中 p 是我们的参与率。在实际交易过程中,尽管 POV 算法是基于实时数据,它有时也会产生反作用。与 VWAP 算法一样,POV 算法的表现取决于它们所采用的追踪目标成交量的技术。一些 POV 算法会包含成交量预测功能,预测建立在对历史成交量分布、当前观测成交量以及数量分析综合考虑基础上。POV 算法不会对价格产生依赖性,因此,必须对其设定严格的价格限制。

【例 10.5】假设使用 POV 算法买入 600000.SH 股票 4000 手,交易开始时间 2019 年 8 月 9 日,每 15 分钟交易 1 次,设定参与比率为 0.03%。

```
clear;
load datas15min.mat;
datas15min09=datas15min(65:end,:);
% 设定参与比率
p=0.0003;
ordernum=zeros(length(datas15min09),1);
for i=2:length(datas15min09);
    if  sum(ordernum)>4000
        break;
    end
    ordernum(i)=floor((1/(1-p)-1)*datas15min09(i,2));
    if  sum(ordernum)>4000
        ordernum(i)=4000-sum(ordernum(1:i-1));
    end
    if ordernum(i)<0
        ordernum(i)=0;
    end
end
odercell=[datas15min09(:,1)  ordernum];
```

运行结果如下:

	1	2
1	94500	0
2	100000	1025
3	101500	414
4	103000	382
5	104500	483
6	110000	196
7	111500	1500

二、成本驱动型算法

成本驱动型算法的主要目的是降低总体交易成本。交易成本除佣金和价差之外，还可以包括冲击成本、时机风险等隐性成本。Kissell 和 Glantz(2003)指出，在进行交易时往往容易处于两难处境：太主动的交易会导致相当大的市场影响，而过于被动的交易会引起时机风险。所以，应最小化总交易成本，即冲击成本和时机风险的平衡。成本驱动型算法就是要在冲击成本和时机风险间寻找平衡点。

1. 执行缺口(implementation shortfall)

执行缺口是指投资者决定交易的价格与实际实现的平均执行价格之间的差额。算法的参考基准是由投资者决定的价格，通常无法观测到具体值，一般用指令到达交易商时的中间价格作为替代。

执行缺口算法的目的是实现一个能够最小化缺口的平均执行价格。要达到这个目的的过程非常复杂，投资者往往采用 VWAP 或 POV 算法的增强版来进行。这些算法使用成本模型去寻找最优交易周期，交易周期包含由模型决定的结束时间或者最优参与率。基于最优交易周期的算法可以归类于静态的交易进度，或者是基于市场成交量的动态算法。

最优交易周期往往受到波动率、买卖差价、投资者风险厌恶程度、指令规模等因素的影响，数理化的模型会基于以上因素，推导出最优的交易周期。

静态执行缺口(SIS)算法：

$$\text{指令数量} = u_i \cdot til_i \cdot \text{指令总交易量} \quad (10.18)$$

式中：$u_i = \dfrac{1}{n}\sum_{i=1}^{n}\dfrac{V_i}{V_{T_i}}$，$n$ 为历史估计窗口长度，V_i 为 i 时段成交量，T_i 是总交易时间；til_i 为倾斜因子，如可以设定倾斜因子为 1.3($t=1$)、1.25($t=2$)、1.20($t=3$)、1.15($t=4$)、1.1($t=5$)等，其中 t 是交易累积间隔数，因子的数值从 1.3 开始下降，每间隔下降 0.05。

动态执行缺口(DIS)的计算公式为

$$\text{指令数量} = (\text{基准参与度} + \alpha\%) \cdot \dfrac{\text{指令总交易量}}{\text{时段数}} \quad (10.19)$$

式中：基准参与度＝指令总成交量/日均成交量；$\alpha = 100(t=1)$、$99(t=2)$、$98(t=3)$、$97(t=4)$、$96(t=5)$，每个时间间隔下降1。

无论是静态算法还是动态算法，都偏好在指令开始执行时即价格最接近于基准的时间进行交易。因此，算法可能会使用一个倾斜因子来把交易转移到期初，以便在不会造成过多市场冲击的前提下降低时机风险。

【例10.6】假设使用动态及静态执行缺口算法买入600000.SH股票4000手，交易开始时间2019年8月9日，每15分钟交易1次。

```
clear;
load datas15min.mat;
PART=unique(datas15min(:,1));
PARD=unique(datas15min(:,6));
UTV15min=[];
% 各时点交易量占比
for i=1:length(PARD)
    indexday=find(datas15min(:,6)==PARD(i));
    Vday=datas15min(indexday,2);
    UTV15min=[UTV15min; Vday/sum(Vday)];
    PVday(i)=4000/sum(Vday);
end
datas15min=[datas15min UTV15min];
% 计算基准参与度
POVbase=sum(PVday)/4;
% 使用简单算术平均法预测各时点交易量占比
for j=1:length(PART)
    indexT=find(datas15min(1:64,1)==PART(j));
    UVT=datas15min(indexT,7);
    UVTM(j)=sum(UVT)/4;
    % 计算SIS算法下各时点交易量占比
    UVTMsis(j)=(1.3-0.05*j)*UVTM(j);
    % 计算DIS算法下各时点交易量占比
    UVTMdis(j)=(POVbase+(100-j*1)*0.01)/16;
end
datas15min09=datas15min(65:80,:);
% 计算SIS算法下各时点交易指令交易量
ordernumsis=zeros(length(datas15min09),1);
for iIS=1:length(datas15min09)
```

```
        if sum(ordernumsis)>4000
            break;
        end
        ordernumsis(iIS)=floor( UVTMsis(iIS)*4000);
        if sum(ordernumsis)>4000
            ordernumsis(iIS)=4000-sum(ordernumsis(1:iIS-1));
        end
        if ordernumsis(iIS)<0
            ordernumsis(iIS)=0;
        end
        if iIS==length(datas15min09) & sum(ordernumsis(1:end-1))<4000
            ordernumsis(iIS)=4000-sum(ordernumsis(1:end-1));
        end
    end
    % 计算DIS算法下各时点交易指令交易量
    ordernumdis=zeros(length(datas15min09),1);
    for idS=1:length(datas15min09)
        if sum(ordernumdis)>4000
            break;
        end
        ordernumdis(idS)=floor( UVTMdis(idS)*4000);
        if sum(ordernumdis)>4000
            ordernumdis(idS)=4000-sum(ordernumdis(1:idS-1));
        end
        if ordernumdis(idS)<0
            ordernumdis(idS)=0;
        end
        if idS==length(datas15min09) & sum(ordernumdis(1:end-1))<4000
            ordernumdis(idS)=4000-sum(ordernumdis(1:end-1));
        end
    end
    % 各时点各种算法下的交易指令交易量
    odercell = [datas15min09(:,1) ordernumsis  ordernumdis floor(datas15min09(:,7)*4000)];
```

运行结果如下:

	1	2	3	4
1	94500	693	247	393
2	100000	452	245	336
3	101500	400	242	135
4	103000	279	240	125
5	104500	218	237	158
6	110000	207	235	64
7	111500	115	232	554
8	113000	123	230	518
9	131500	196	227	239
10	133000	148	225	241
11	134500	177	222	174
12	140000	131	220	311
13	141500	104	217	197
14	143000	133	215	157
15	144500	119	212	171
16	150000	505	554	219

图 10-3 为 ISI 算法及 DIS 算法交易量示意图。

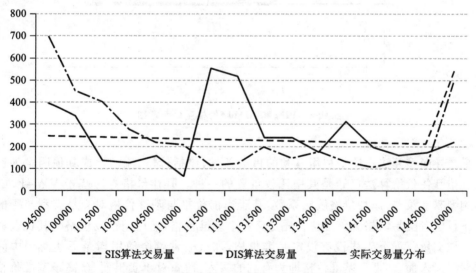

图 10-3　ISI 算法及 DIS 算法交易量示意图

2. 适应性缺口算法（AS）

适应性缺口算法是从执行缺口算法中演化而来的新算法。算法一开始会根据预测的最优交易周期来决定市场参与率，在交易过程中，算法会动态地根据市场条件进行调整，具有一个随时基于当前市场条件进行实时调整倾斜的功能。

适应性的实现有两种途径：主动实值策略（AIM）和被动实值策略（PIM）。

主动实值策略是指当价格有利时交易更加主动，而当价格变得不利时交易变得被动。对于买入指令而言，有利的价格等价于市场价格低于基准价格；而卖出指令恰好相反。

被动实值策略（PIM）是指当价格有利时它变得更加被动，而当价格不利时它变得更加主动。

如图 10-4 所示，只有当市场价格显著地下降到基准价格 P_b 以下，即 $P_b < P_b - \Phi_{ref}$，主动实值策略（AIM）的交易率才会上升。被动实值策略（PIM）的交易率只有当市场价格显著地高于基准价格，即 $P_b > P_b + \Phi_{ref}$ 时，才会上升。

建议读者自行编写基于 POV 或者 VWAP 算法下的适应性缺口算法，我们将在下文实现基于参与率（POV）的激进实值策略（AIM）或保守实值策略（PIM）。

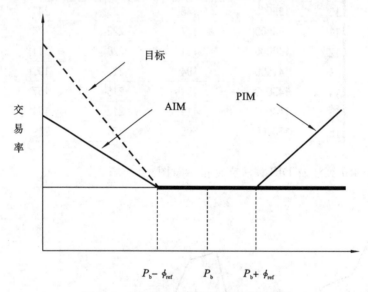

图 10-4　PIM 和 AIM 随价格变化示意图

3. 机会导向型算法

机会导向型算法本质是利用有利的市场条件，包括价格、流动性或其他因素加速交易。其中盯住价格算法（PI）是其中比较重要的一种。盯住价格算法基于 VWAP、POV 等影响型驱动策略，添加价格敏感系数，基于当前价格与基准价格对交易有利与否的判断修正投资者交易风格。该方法首先定义一个基准价格，然后用市场价格与其比较的结果调整成交量。如果事先没有设定基准价格，那么通常就会使用指令下达时的中间价格。对于买入而言，低于基准价格即为有利的买入价格；对于卖出而言，高于基准价格即为有利的卖出价格。

盯住价格算法包括基本的交易机制，同时附加价格调整因素。例如，投资者可以使用主动实值策略或者被动实值策略与 VWAP、POV 等基本策略相结合构建算法交易。投资者可以构建基于参与率（POV）盯住价格算法，根据自己的投资风格附加激进实值策略（AIM）或保守实值策略（PIM）。

$$i\text{ 时刻的指令数量} = V_a(1 - \frac{1}{1-p})(1 + cP_f\%)$$

式中：$V_a(1 - \frac{1}{1-p})$ 为基本 POV 算法；c 为反馈比例系数。

激进实值策略（AIM）：

$$P_f = （目标价－当前成交价）/目标价 \quad （买）$$
$$P_f = （当前成交价－目标价）/目标价 \quad （卖）$$

保守实值策略（PIM）：

$$P_f = （当前成交价－目标价）/目标价 \quad （买）$$
$$P_f = （目标价－当前成交价）/目标价 \quad （卖）$$

【例 10.7】基于参与率（POV）的盯住价格算法在 2018 年 6 月 12 日买入三花智控（002050.SZ），分别采用 AIM 和 PIM 策略，参与率设为 15%，反馈比例系数设为 0.5，目标成交量是 15000 手，目标价格为 18.4 元。假设每 10 分钟交易一次，则一个交易日中最多可以成交 24 次。

```
% 基于参与率(POV)的盯住价格(PI)算法
% Va:市场累积成交量
% 激进实值策略(AIM),Pf_a=(目标价-当前成交价)/目标价(买)
% 保守实值策略(PIM),Pf_p=(当前成交价-目标价)/目标价(买)
% i 时刻指令数量=Va*(1-1/(1- p))(1+c*Pf/100)
[a,b]=xlsread('tradingdata');
Tdata=[b(2:end,1),num2cell([a(:,1),a(:,3)])];
% 改日期
for i=1:length(Tdata)
    Tdata(i,1) ={['12- Jun- 2018 ',Tdata{i,1}]};
end
% Tdata 第一列为交易时间,第二列为成交价,第三列为成交量(手)
% 设定 p:市场参与率
p=0.15;
% 设定 c:反馈比例系数
c=0.5;
Tfreq=24;% 一共交易 24 次
TargetV=15000;% 目标成交量 15000 手
TargetP=18.4;
Qty_a=zeros(Tfreq,1);
Qty_p=zeros(Tfreq,1);

Time=zeros(1,Tfreq);% 下单时间
```

```matlab
Qty=zeros(1,Tfreq);% 下单数量序列

Starttime1='12-Jun-2018 09:30:00';
Endtime1='12-Jun-2018 11:30:00';
Starttime2='12-Jun-2018 13:00:00';
Endtime2='12-Jun-2018 15:00:00';

S1=datenum(Starttime1);
E1=datenum(Endtime1);
S2=datenum(Starttime2);
E2=datenum(Endtime2);

L=ones(1,25);
Va=zeros(1,24);
Price=zeros(1,24);
for i=1:Tfreq
    % 时间间隔的长度
    dlt_T=(E1-S1)/(Tfreq/2);
    
    % 算出每次下单时间
    if i<=Tfreq/2
        Time(i)=S1+dlt_T*(i-1);
    else
        Time(i)=S2+dlt_T*(i-1-Tfreq/2);
    end
    
    L(i+1)=length(find(datenum(Tdata(:,1))< Time(i)));
    Va(i)=sum(cell2mat(Tdata(L(i):L(i+1),3)));
    Price(i)=Tdata{L(i+1),2};
    % TargetP=mean(cell2mat(Tdata(1:L(i+1),2)));
    % 设定激进实值策略(AIM)的Pf数值
    Pf_a=(TargetP-Tdata{L(i+1),2})/TargetP;
    % 设定保守实值策略(PIM)的Pf数值
    Pf_p=(Tdata{L(i+1),2}-TargetP)/TargetP;
    % 设定激进实值策略(AIM)的各时点的交易指令数量
    Qty_a(i)=floor(Va(i)*(1/(1-p)-1)*(1+c*Pf_a*100));
```

```
            if sum(Qty_a(1:i))>=TargetV
                Qty_a(i)=TargetV-sum(Qty_a(1:i-1));
            end
% 设定保守实值策略(PIM)的各时点的交易指令数量
    Qty_p(i)=floor(Va(i)*(1/(1-p)-1)*(1+c*Pf_p*100));
            if sum(Qty_p(1:i))>=TargetV
                Qty_p(i)=TargetV-sum(Qty_p(1:i-1));
            end
end
ordercell=[Qty_a,Qty_p,Va'];
% 画图展示结果
figure;
hold on;
yyaxis left;
B=bar(ordercell);
legend(B,'AIM','PIM','Total Volum');
ylabel('成交量');
yyaxis right;
plot(1:24,Price,'DisplayName','Price','linewidth',2);
ylabel('价格');
```

结果如图 10-5 所示。

参与率（POV）的盯住价格算法结果

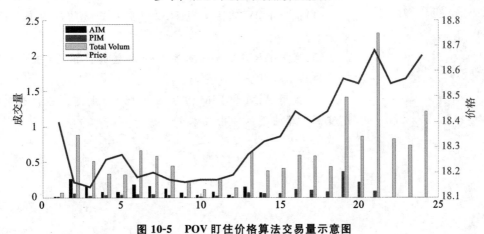

图 10-5　POV 盯住价格算法交易量示意图

采用基于参与率（POV）的盯住价格算法，可以得到如下结果：一方面，AIM 倾向于在价格下跌的时候增大成交量，而 PIM 倾向于在价格上涨的时候增大成交量；另一方面，无论是 AIM 还是 PIM 成交量都与当前时段内的累计成交有一个大致的比例关系。

本章小结

从以上算法可见，算法交易可以减少冲击成本、自动监控交易机会、隐蔽交易意图等，可以帮助投资者寻求最佳的成交执行路径，得到市场最优报价。有效避免市场因素所导致人的非理性行为，快速分析多种技术指标，使其能更加精确地下单。

如果能够加入对证券短期价格趋势的判断，我们可以进一步改善算法交易的效率。趋势判断需要我们在冲击成本模型的基础上建立一个短期价格预测模型。短期价格预测的方法很多，如传统的技术分析方法、黑盒预测（遗传算法、神经网络等）、模式识别（隐马尔科夫模型等）等。

关键概念

算法交易　被动型算法交易、主动型算法交易、综合型算法交易　时间加权平均价格（TWAP）　成交量加权平均价格（VWAP）　参与率（POV）　执行缺口（IS）　适应性缺口（AS）　冲击成本

思考题

(1) 被动型算法交易、主动型算法交易、综合型算法交易分别包含哪些具体的交易算法？

(2) 试用 TWAP 算法在市场按照市值加权在一天内买入 1 亿元的上证 50 成分股。

(3) 试用 VWAP 算法在市场按照等权重在一天内买入 1 亿元的沪深 300 成分股。

(4) 试用 POV 算法实现 HS300 股指期货的期现套利的下单指令。

(5) 试用 ARMA 方法对次日交易量进行预测，并试用 AS 算法购买 100 万股恒瑞医药。

(6) 试用 AIM 和 PIM 方法买入 100 万股浦发银行股票，并比较两种算法下的冲击成本。

参考文献 References

[1] Ball R, Brown P. An empirical evaluation of accounting income numbers[J]. Journal of Accounting Research,1968,6(2),159-178.

[2] Berkowitz S, Logue D, Noser E. The total cost of transactions on the NYSE[J]. Journal of Finance,1988,43(1):97-112.

[3] Best M J, Grauer R R. Capital Asset Pricing Compatible with Market Value Weights[J]. Journal of Finance,1985,4(2):85-103.

[4] Best M J, Grauer R R. On the Sensitivity of Mean-Variance-Efficient Portfolios to Changes in Asset Means: Some Analytical and Computational Results[J]. The Review of Financial Studies,1991,4(2):315-342.

[5] Bevan A, Winkelmann K. Using the Black-Litterman Global Asset Allocation Model: Three Years of Practical Experience[J]. Fixed Income Research, Goldman, Sachs & Company (December),1998.

[6] Black F. Universal Hedging: Optimizing Currency Risk and Reward in International Equity Portfolios[J]. Financial Analysts Journal,1989,45(4):16-22.

[7] Black F, Litterman R. Asset Allocation: Combining Investors Views with Market Equilibrium [J]. Fixed Income Research, Goldman, Sachs & Company (September),1990.

[8] Black F, Litterman R. Global Portfolio Optimization [J]. Financial Analysts Journal,1992,48(5):28-43.

[9] Black F, Michael C J, Scholes M. The Capital Asset Pricing Model: Some Empirical Tests, in Studies in the Theory of Capital Markets[M]. New York: Praeger,1972, 79-121.

[10] Brenner M. The Sensitivity of the Efficient Market Hypothesis to Alternative Specifications of the Market Model[J]. Journal of Finance,1979,34(4):915-929.

[11] Canarella G, Pollard S K. A switching ARCH (SWARCH) model of stock market volatility: some evidence from LatinAmerica[J]. International Review of

Economics,2007,54(4):445-462.

[12] Chun-Ting Gao, Xiao-Hua Zhou. Forecasting VaR and ES using dynamic conditional score models and skew Student distribution[J]. Economic Modelling, 2016,216-223.

[13] Di Persio L, Honchar O. Artificial Neural Networks Architectures for Stock Price Prediction:Comparisons and Applications[J]. International Journal of Circuits, Systems and Signal Processing,2016(10):403-413.

[14] Di P L, Honchar O. Recurrent Neural Networks Approach to the Financial Forecast of Google Assets[J]. International Journal of Mathematics and Computers in Simulation,2017(11):7-13.

[15] DoB, Faff R. Does simple pairs trading still work?[J]. Financial Analysts Journal,2010,66(4):83-95.

[16] Domowitz I, Yegerman H. Algorithmic trading usage patterns and their costs[J]. The Journal of Trading,2011,6(3):9-12.

[17] ELLIOTTROBERT J, VAN D H, MALCOLM W P. Pairs trading[J]. Quantitative Finance,2005,5(3):271-276.

[18] EMQuantAPI Matlab 接口手册.

[19] Eugene F. Fama, Efficient Capital Markets: A Review of Theory and Empirical [J]. Journal of Finance,1970,25(2):383-417.

[20] Fama E F, Fisher L, Jensen M C, et al. The Adjustment of Stock Prices to New Information[J]. International Economic Review,1969,10(1):1-21.

[21] Fama E F, Kenneth R F. Size and Book-to-Market Factors in Earnings and Returns[J]. Journal of Finance,1995,50(1):131-55.

[22] Fischer B, Myron S. The Pricing of Options and Corporate Liabilities[J]. The Journal of Political Economy,1973,81(3):637-654.

[23] GATEV E, GOETZMANN W N, ROUWENHORST K G. Pairs Trading: Performance of a Relative-Value Arbitrage Rule[J]. Review of Financial Studies, 2006,19(3).

[24] Ghosh, Sirmans. The equity grants to manage optimal equity incentive levels[J]. Journal of Accounting and Economics,2003,(28):151-184.

[25] Gow I D, Ormazabal G, Taylor D J. Correcting for Cross-Sectional and Time-Series Dependence in Accounting Research[J]. Accounting Review,2010,85(2): 483-512.

[26] Grinold R, Kahn R. Active Portfolio Management[M]. 2nd ed. New York: McGraw-Hill,1999.

[27] Markowitz H. Portfolio Selection[J]. Journal of Finance,2012,7(1):77-91.

[28] He G, Litterman R. The Intuition Behind Black-Litterman Model Portfolios[J]. SSRN Electronic Journal,2002.

[29] Hendershott T, Jones C M, Menkveld A J. Does algorithmic trading improve liquidity?[J]. Journal of Finance, 2011, 66(1):1-33.

[30] Hochreiter S, Schmidhuber J. Long Short-term Memory[J]. Neural Computation, 1997, (8):1735-1780.

[31] Huck N. The high sensitivity of pairs trading returns[J]. Applied Economics Letters, 2013, 20(14):1301-1304.

[32] Jaruszewicz M. Neuro-genetic system for stock index prediction[M]. IOS Press, 2011.

[33] Goldkamp J, Dehghanimohammadabadi M. Evolutionary multi-objective optimization for multivariate pairs trading[J]. Expert Systems with Applications, 2019, 135(30):113-128.

[34] Yoon J, Min D, Jei S. Empirical test of purchasing power parity using a time-varying cointegration model for China and the UK[J]. Physica A: Statistical Mechanics and its Applications, 2019, 521(1):41-47

[35] Kazemi H, Martin G. Issues in Asset Allocation: Optimization[D]. University of Massachusetts CISDM (June).

[36] LeCun Y, Bengio Y, Hinton G. Deep learning[J]. Nature, 2015, 436-444.

[37] Lee W. Advanced Theory and Methodology of Tactical Asset Allocation[M]. New York: John Wiley & Sons, 2000.

[38] Ling D, Chaoqun M, Wenyu Y. Portfolio Optimization via Pair Copula-GARCH-EVT-CVaR Model[J]. Systems Engineering Procedia 2, 2011:171-181.

[39] Lintner J. The Valuation of Risk Assets and the Selection of Risky Investments in Stock Portfolios and Capital Budgets[J]. Review of Economics and Statistics, 1965, 47(1):13-37.

[40] Litterman R, Winkelmann K. Estimating Covariance Matrices[J]. Risk Management Series, Goldman Sachs & Company (January), 1998.

[41] Michaud R O. The Markowitz Optimization Enigma: Is Optimized Optimal?[J]. Financial Analysts Journal, 1989, 45(1):31-42.

[42] MONTANAG, TRIANTAFYLLOPOULOS K, TSAGARIS T. FIexible Least Squares For Temporal DataMining and Statistical Arbitrage[J]. Expert Systems with Applications, 2009, 36:2819-2830.

[43] Nelson C R. State-Space Models with Regime Switching: Classical and Gibbs-Sampling Approaches withApplications[M]// State-space models with regime switching. 1999.

[44] Bodyanskiy, Y S. Popov Neural network approach to forecasting of quasiperiodic financial time series[J]. European Journal of Operational Research, 2006, 175(3):1357-1366.

[45] Petersen M A. Estimating standard errors in finance panel data sets:

Comparingapproaches[J]. Review of Financial Studies,2009,22 (1):435-480.

[46] Qian E,Gorman S. Conditional Distribution in Portfolio Theory[J]. Financial Analysts Journal,2001,57(2):44-51.

[47] Satchell S,Scowcroft A. A Demystification of the Black-Litterman Model: Managing Quantitative and Traditional Construction[J]. Journal of Asset Management,2000,1(2):138-150.

[48] Sharpe,William F. Capital Asset Prices:A Theory of Market Equilibrium under Conditions of Risk[J]. Journal of Finance,1964,19(3):425-42.

[49] Shavlik J W,Mooney R J,Towell G G. Symbolic and neural learning algorithms: an experimental comparison[J]. Machine Learning,1991,6(2):111-143.

[50] Stephen A R. The arbitrage theory of capital asset pricing[J]. Journal of Economic Theory,1976,13(3):341-360.

[51] Tanuwidjaja E. Multi-factor SUR in event study analysis:evidence from M&A in Singapore's financial industry[J]. Applied Financial Economics Letters,2007,3(1):55-62.

[52] Theil H. Principles of Econometrics[J]. Journal of the American Statistical Association,1971.

[53] Ticknor J L. A Bayesian Regularized Artificial Neural Network for Stock Market Forecasting[J]. Expert Systems with Applications,2013,(14):5501-5506.

[54] Tushare 网站:https://tushare.pro/document/2.

[55] Uryasev S. Conditional Value-at-Risk:Optimization Algorithms and Applications[J]. Financial Engineering News,2002.

[56] Uygur U,Ta S O. The impacts of investor sentiment on returns and conditional volatility of international stock markets[J]. Quality & Quantity,2014,48(3):1165-1179.

[57] Weiss S M,Kapouleas I. An empirical comparison of pattern recognition,neural nets,and machine learning classification methods[C]// Proc of International Joint Conference of Artificial Intelligence. 1989.

[58] William F S. Capital Asset Prices:A Theory of Market Equilibrium under Conditions of Risk The Journal of Finance[J]. 1964,19(3):425-442.

[59] 安德鲁·波尔.统计套利[M].陈雄兵,张海珊,译.北京:机械工业出版社,2011.

[60] 蔡红,陈荣耀.基于 PCA-BP 神经网络的股票价格预测研究[J].计算机仿真,2011,28(3):365-368.

[61] 陈林.基于融资融券的统计套利研究[D].武汉:华中科技大学,2011.

[62] 陈勇.我国上市公司股权激励效应的实证分析[J].管理世界,2005(02).

[63] 陈钟.沪深 300 股指期货套利研究[D].上海:复旦大学,2008.

[64] 丁鹏.量化投资——策略与技术[M].北京:电子工业出版社,2012.

[65] 范龙振,王海涛.上海股票市场股票收益率因素研究[J].管理科学学报,2003,6

(1):60-67.

[66] 冯旭南.中国投资者具有信息获取能力吗?——来自"业绩预告"效应的证据[J].经济学:季刊,2014(3):1065-1090.

[67] 范英,魏一鸣.基于R/S分析的中国股票市场分形特征研究[J].系统工程,2004,11:46-51.

[68] 方兆本,镇磊.基于非对称效应ACD模型和分时VWAP算法对A股市场算法交易的量化分析研究[J].中国科学技术大学学报,2011,41(9):753-759.

[69] 景楠,王彤.商品期货市场跨期套利研究[J].统计与决策,2012(11):171-174.

[70] 加入Tushare网站的服务QQ群(群号由网站直接获得).

[71] 刘逖,卢涛.算法交易及在中国资本市场的应用前景[J].上海金融,2012(1):24-27.

[72] 罗玫,宋云玲.中国股市的业绩预告可信吗?[J].金融研究,2012(9):168-180.

[73] 骆桦,秦艳艳.中国股市动量与反转效应模型的研究[J].浙江理工大学报,2011,28(04):643-646.

[74] 里什·纳兰.打开量化投资的黑箱[M].郭剑光,译.北京:机械工业出版社,2012.

[75] 廖士光,杨朝军.卖空交易机制对股价的影响——来自台湾股市的经验证据[J].金融研究,2005(10):131-140.

[76] 刘洋,夏思雨,胡思瑞,等.GARP数量化选股及马尔科夫链择时策略研究[J].金融与经济,2016(5):66-71.

[77] 马斌.基于ETF的股指期货套利研究[J].统计与决策,2010(7):141-143.

[78] 欧阳红兵,彭浩彪.量化投资——技术与策略[M].北京:北京大学出版社,2016.

[79] 陶阿明.基于滤波的沪深300股指期货高频跨期套利实证研究[D].上海:复旦大学,2014.

[80] 田静.基于支持向量回归机模型的股市预测研究[D].北京:北京交通大学,2010:36-48.

[81] 王良,秦隆皓,刘潇.高频数据条件下基于ETF基金的股指期货套利研究[J].中国管理科学,163(05),12-23.

[82] 王伟峰,刘阳.股指期货的跨期套利研究——模拟股指市场实证[J].金融研究,2007(12):236-241.

[83] 吴祥佑.上市保险公司年度业绩预告的信息效应研究[J].保险研究,2013(12):39-49.

[84] 吴振翔,陈敏.中国股票市场弱有效性的统计套利检验[J].系统工程理论与实践,2007,(2):92-98.

[85] 徐国祥,杨振建.PCA-GA-SVM模型的构建及应用研究——沪深300指数预测精度实证分析[J].数量经济技术经济研究,2011(2):135-147.

[86] 杨青,王晨蔚.基于深度学习LSTM神经网络的全球股票指数预测研究[J].统计研究,2019,36(3):65-77.

[87] 姚海博,茹少峰,张文明.基于动态交易量预测的VWAP算法交易卖出策略[J].

运筹与管理,2015,24(2):215-220.
[88] 燕汝贞,李平,曾勇,等.一种面向高频交易的算法交易策略[J].管理科学学报,2014(3).
[89] 燕汝贞,李平,曾勇.基于市场冲击成本与机会成本的算法交易策略[J].管理学报,2012,9(7):952.
[90] 卓金武,周英.量化投资数据挖掘技术与实践[M].北京:中国工信出版集团,电子工业出版社,2016.
[91] 张陶伟.长期资本管理公司兴衰及启示[J].国际金融研究,1999,(01):39-44.
[92] 周炜星.上证指数高频数据的多重分形错觉[J].管理科学学报,2010,3:81-86.
[93] 郑志勇.金融数量分析——基于MATLAB编程[M].北京:北京航空航天大学出版社,2018.

与本书配套的二维码资源使用说明

　　本书部分课程及与纸质教材配套数字资源以二维码链接的形式呈现。利用手机微信扫码成功后提示微信登录，授权后进入注册页面，填写注册信息。按照提示输入手机号码，点击获取手机验证码，稍等片刻收到4位数的验证码短信，在提示位置输入验证码成功，再设置密码，选择相应专业，点击"立即注册"，注册成功。（若手机已经注册，则在"注册"页面底部选择"已有账号？立即注册"，进入"账号绑定"页面，直接输入手机号和密码登录。）接着提示输入学习码，需刮开教材封面防伪涂层，输入13位学习码（正版图书拥有的一次性使用学习码），输入正确后提示绑定成功，即可查看二维码数字资源。手机第一次登录查看资源成功以后，再次使用二维码资源时，只需在微信端扫码即可登录进入查看。

成长与发展活动手册

学生工作处
大学生心理健康教育中心

中国·武汉

目录
Contents

主题一　自我与人格	1
一、我的自画像	1
二、气质类型	2
三、特质大拼盘	2

主题二　学习心理与时间管理	4
一、测测你的学习风格	4
二、给不同风格学习者的建议	6
三、笔记评价	7
四、时间管理	7

主题三　人际交往	10
一、寝室小家庭	10
二、人际对对碰	10

主题四　原生家庭	12
一、家庭多棱镜	12
二、记忆中与期待中的家	13
三、我的父亲母亲	14

主题五	恋爱心理	15
	一、性别互赏	15
	二、爱之初体验	16

主题六	情绪管理	18
	一、我的情绪描述	18
	二、情绪ABC	18

主题七	压力应对	19
	一、我的抗逆力资源圈	19
	二、成就动机测量	20
	三、意志力量表	21

主题八	生命教育	24
	一、生命线上的思考	24
	二、我的墓志铭	25

| 主题九 | 个人成长报告 | 26 |

主题一　自我与人格

一、我的自画像

1. 现实中的【生理我】是（请用短句进行描述）：
性别：　　　　　　　　　　　长相：
身高：　　　　　　　　　　　体型：
2. 理想中的【生理我】是（请用短句进行描述）：
性别：　　　　　　　　　　　长相：
身高：　　　　　　　　　　　体型：
3. 对【生理我】我的情绪体验是：
□非常满意　□比较满意　□一般　□不太满意　□非常不满意
4. 我的调节方式是：

---

1. 现实中的【社会我】是（请用短句进行描述）：
亲子关系：　　　　　　　　　　　　　　　　　　　　　　　　；
人际关系：　　　　　　　　　　　　　　　　　　　　　　　　；
在集体中的位置与作用：　　　　　　　　　　　　　　　　　　；
2. 理想中的【社会我】是：
亲子关系：　　　　　　　　　　　　　　　　　　　　　　　　；
人际关系：　　　　　　　　　　　　　　　　　　　　　　　　；
在集体中的位置与作用：　　　　　　　　　　　　　　　　　　；
3. 对【社会我】我的情绪体验是：
□非常满意　□比较满意　□一般　□不太满意　□非常不满意
4. 我的调节方式是：

1. 现实中的【心理我】是(请用短句进行描述)：
性格：　　　　　　　　　　　　气质类型：
兴趣：　　　　　　　　　　　　专长：
能力：　　　　　　　　　　　　情绪控制：
2. 理想中的【心理我】是：
性格：　　　　　　　　　　　　气质类型：
兴趣：　　　　　　　　　　　　专长：
能力：　　　　　　　　　　　　情绪控制：
3. 对【心理我】我的情绪体验是：
□非常满意　□比较满意　□一般　□不太满意　□非常不满意
4. 我的调节方式是：

二、气质类型

气质是个人生来就具有的心理活动的典型而稳定的动力特征，是人格的先天基础。按照气质的不同特征的不同组合，可以把人的气质分成胆汁质、多血质、黏液质和抑郁质四种气质类型。

多血质的特点：神经活动强而均衡的活泼型。容易形成有朝气、热情、活泼、爱交际、有同情心、思想灵活等品质；也容易出现变化无常、粗枝大叶、浮躁、缺乏一贯性等特点。外向，活泼好动，善于交际；思维敏捷；容易接受新鲜事物；情绪情感容易产生也容易变化和消失，容易外露；体验不深刻等。

黏液质的特点：神经活动强而均衡的安静型。这种气质的人平静，善于克制忍让，生活有规律，不为无关事情分心，埋头苦干，有耐久力，态度持重，不卑不亢，不爱空谈，严肃认真；但不够灵活，注意力不易转移，因循守旧，对事业缺乏热情。

胆汁质的特点：神经活动强但不均衡的不可抑制型。情感发生迅速、强烈、持久，动作的发生也是迅速、强烈、有力。属于这一类型的人都热情，直爽，精力旺盛，脾气急躁，心境变化剧烈，易动感情，具有外倾性。反应迅速，情绪有时激烈、冲动，很外向。

抑郁质的特点：神经活动弱的抑制型。他们体验情绪的方式较少，稳定的情感产生也很慢，但对情感的体验深刻、有力、持久，而且具有高度的情绪易感性。抑郁质的人为人小心谨慎，思考透彻，在困难面前容易优柔寡断。一般表现为行为孤僻、不太合群、观察细致、非常敏感、表情腼腆、多愁善感、行动迟缓、优柔寡断，具有明显的内倾性。

三、特质大拼盘

※ 请在最能形容自己的特质前打钩，10～20个。

主题一　自我与人格

□有恒心的(R、C)	□坦白直率(R、A)	□缺乏想象力的(C)	□感觉敏锐的(A)
□自我反省的(I、A)	□重实际的(R、C)	□不切实际的(A)	□富有想象力的(A)
□善解人意的(S)	□追根究底的(I)	□有责任感的(S)	□有同情心的(S)
□坚强不屈的(R)	□冷静沉着的(R)	□安分守己的(R、C)	□一板一眼的(R、C)
□支配心强的(E)	□为别人设想(S)	□喜复杂的事物(I)	□重物质的(E、R)
□不爱出风头的(R)	□缺乏条理的(A)	□善分析的(I)	□冲动的(E、A)
□有主见的(A)	□有计划的(I)	□有效率的(C)	□有野心的(E)
□顺从的(C、R)	□善交际的(S、E)	□机智的(S、E)	□细心的(I、C)
□有说服力的(S)	□善言辞的(E)	□独立的(I、A)	□具体的(R、I)
□爱冒险的(E)	□情绪化的(A)	□好表现的(E)	□有自信的(E)
□真诚的(S、R)	□爱动脑筋的(I)	□理想化的(A、S)	□谨慎的(I、C)
□亲切的(S、E)	□难理解的(A)	□富创意的(A)	□拘谨的(C)
□文静的(C)	□害羞的(R)	□好奇的(I)	□依赖的(C)
□理智的(I)	□活跃的(E)	□乐观的(E)	□助人的(S)
□精确的(I)	□友善的(S)	□固执的(C)	□含蓄的(I)
□保守的(C)	□合作的(S)	□节俭的(R)	□慷慨的(S)
□简朴的(R)	□外向的(E)	□积极的(E)	□开放的(A)
□耐心的(S)	□感性的(A)		

※　如果你觉得还有些自己的特质上面没有给出,请补充。
※　现在请用不同记号分别勾选父母眼中的你、朋友眼中的你。
※　请利用小纸片给其他团体成员勾选出他们的代表性特质,听从口令后再送给他们。
※　请你将所收到的纸片勾选到上面的表格中(若有重复请以正字符号表示)。
※　请将上表格中所勾选画记号的形容词,按照括号内字母予以归类画记至下面表格中,合计每个字母的总数,并按其总数大小排出顺序。

项目	画记	总数	顺序	特质倾向
R				顺从坦率、稳健,重视具体的事物或明确的特性
I				好学、自信,喜爱研究,重视科学
A				创意、理想化、情绪化,喜爱艺术,重视审美
S				合作、友善、助人,重视社会与伦理活动
E				冒险、冲动、乐观,重视领导、语言表达
C				谨慎、规律、关心商业经济问题,重视文书、数字

※　我有勾选,别人也认为能代表我的重复最多的特质依序是 ＿＿＿＿＿＿、＿＿＿＿＿＿、＿＿＿＿＿＿、＿＿＿＿＿＿、＿＿＿＿＿＿。

主题二 学习心理与时间管理

一、测测你的学习风格

以下有36个句子的描述,请根据自己的实际情况选择相对应的选项,并将各选项所对应的数值填入量表后面的计分表内,然后将每列分值进行累加。总分最高的那一列即为你的学习风格类型。

选项	一直	通常	有时	几乎不	从来不
1. 我能够更好地记住写下来的内容。	5	4	3	2	1
2. 阅读时喜欢大声朗读或默读。	5	4	3	2	1
3. 对于讨论过的内容理解更透彻。	5	4	3	2	1
4. 我不喜欢阅读或聆听建议,宁愿自己着手做。	5	4	3	2	1
5. 我能够在脑海中重现某些画面。	5	4	3	2	1
6. 播放音乐时,我学习效率高。	5	4	3	2	1
7. 学习时,我需要经常休息。	5	4	3	2	1
8. 思考时,我喜欢走来走去,而不喜欢坐在书桌旁。	5	4	3	2	1
9. 读书和听讲时,我习惯做大量笔记。	5	4	3	2	1
10. 注视着对方讲话能够使我专心致志。	5	4	3	2	1
11. 背景噪声会使我很难理解对方的讲话。	5	4	3	2	1
12. 我喜欢别人告诉我怎么做,而不是自己去研究。	5	4	3	2	1
13. 我喜欢听讲座或录音,而不是自己读课文。	5	4	3	2	1
14. 当我想不出确切的词时,我会指手画脚来向对方表达。	5	4	3	2	1
15. 即使我低着头或眼朝窗外,我还是能够很容易的理解发言者的演讲。	5	4	3	2	1
16. 在安静的地方,我更容易投入工作。	5	4	3	2	1
17. 我能轻松理解地图、图表类表达的信息。	5	4	3	2	1
18. 读文章或小说时,我喜欢先看结尾部分。	5	4	3	2	1
19. 我更能记住他人的言辞,而非他人的外貌。	5	4	3	2	1
20. 我能很好地记住与他人共同大声朗读的内容。	5	4	3	2	1
21. 虽然做笔记,但不回头去复习这些内容。	5	4	3	2	1

续表

选项	一直	通常	有时	几乎不	从来不
22. 我专心写作或读书时,不听广播。	5	4	3	2	1
23. 我脑海中很难重现画面。	5	4	3	2	1
24. 做作业能够帮助我很好地理解所学的内容。	5	4	3	2	1
25. 我的书桌上总是乱糟糟的,但我知道东西在哪儿。	5	4	3	2	1
26. 考试时,我能够清晰地回忆起正确答案在教科书上的哪一页。	5	4	3	2	1
27. 听过的笑话,无法完整地表达出来。	5	4	3	2	1
28. 学习新知识,喜欢先听,后读,再自己研究。	5	4	3	2	1
29. 完成一个任务后再着手开始另一项。	5	4	3	2	1
30. 数数时,用手指;阅读时,习惯动嘴唇。	5	4	3	2	1
31. 我不喜欢修改自己的作业。	5	4	3	2	1
32. 记忆时,喜欢借助脑海中的图片。	5	4	3	2	1
33. 对于选修课,我喜欢复述录音上的内容,不喜欢自己写论文。	5	4	3	2	1
34. 在课堂上,我要走神。	5	4	3	2	1
35. 对于选修课,我宁愿动手创作,而不愿意写报告。	5	4	3	2	1
36. 得到灵感时,我得马上写下来,否则会忘记。	5	4	3	2	1

计分表

视觉型		听觉型		触觉型	
题号	得分	题号	得分	题号	得分
1		2		4	
5		3		6	
9		12		7	
10		13		8	
11		15		14	
16		19		18	
17		20		21	
22		23		25	
26		24		30	
27		28		31	
32		29		34	

续表

视觉型		听觉型		触觉型	
题号	得分	题号	得分	题号	得分
36		33		35	
总分		总分		总分	

二、给不同风格学习者的建议

1. 给视觉型学习者的建议

用笔写下你所要记住的内容,如数据、日期等。当别人讲话时,注视对方,这样你能更专心。

要选择安静的地方学习。但是,许多视觉型学习者在背景音乐中也能做数学题。

不理解老师讲解的要点时,要请老师再解释一遍,可以直接对老师说:"请老师再重复一遍,好吗?"

大多数视觉型学习者能够很好地自学。

做大量的听课笔记。笔记未做全的地方要向同学或老师借笔记,补全笔记中的遗漏部分。整理听课笔记,有助于巩固知识。

用不同颜色标示出笔记、课本、教辅材料中的要点。

每次看书之前,要设定时间,并把时间安排写下来放在眼前。例如,7:00—7:30读完第一章。

在预习新的内容时,先浏览所有的插图及小标题。

如条件允许,选择远离靠门窗的前排座位。

在小卡片的正面用彩色笔写上词汇,卡片反面写上简短的解释。要经常背诵,并进行自测默写。

2. 给听觉型学习者的建议

找一位学习伙伴,可以大声说话及聆听信息。

大声朗读与背诵所要记忆的内容。

询问教师你是否能将笔头作业录制成音频文件上交给他或给一个口头的报告。

将讲座内容录成音频文件,或者将笔记内容录制成音频文件。做内容小结是个很好的方法。考试之前,把这些音频文件听三遍即可。

阅读章节之前,先看看所有的插图及小标题,然后大声说出你对这一章的主要内容的理解。

在小卡片的正面用彩色笔写上词汇,卡片反面写上简短的解释。要经常大声朗读,并进行背诵自测。

每次看书之前,要设定目标,自己告诉自己要干些什么。如:"首先,我看历史书。"可能的话,要多朗读。即使在安静的图书馆里,也可以采用默读的方式,因为你需要眼见耳闻。

做复杂的数学题时,使用图表简化题目。使用不同的颜色及几何图形表示出笔记、课本、及教辅材料中的要点。

3. 给触觉型学习者的建议

看着索引卡片或小纸条,一边来回走动,一边记忆需要背诵的内容。

读课文之前,先看看插图,然后再阅读小结及课后问题,接着再读小标题及黑体字。通过读课后问题,可以对文章有大致的了解,然后再仔细阅读文章。这是采用由整体到局部的读书方法。

上课时,如果烦躁不安,可以跷起二郎腿或踢腿,或手里捏捏网球、转转笔,但是不要发出噪声,不要影响他人。

坐在书桌前的学习并不适合你。在家的话,可以躺着或趴着学习,还可以边听音乐边学习。

可以不断尝试,用你最喜欢的颜色的纸做桌面纸。这种背景颜色有助于你集中注意力。学习时要劳逸结合。间隔20～30分钟要休息5分钟(这期间不要看电视、打电话),这样学习效率更高。

背诵时,可以闭上眼睛,一边在脑海中呈现,一边用手在空中或桌上比画,也可以自言自语。回忆这些内容时,可以用心去想象,用耳朵去倾听。

三、笔记评价

找到你的最近的一些课堂笔记,用以下标准进行评价。

观点	不清楚	模糊	比较清楚	很清楚
1. 我能读懂我的笔记				
2. 别人能读懂我的笔记				
3. 我的笔记是完整的,没有遗漏重要信息				
4. 我的笔记包括了课堂上的要点				
5. 我的笔记反映了导师讲授的重点				
6. 导师讲授的重点清晰易懂				
7. 笔记只有重点,没有多余信息				
8. 我不仅理解笔记,还理解其反映的课堂内容				
9. 仅凭笔记,我能重组三个月前内容				

分析答案,然后回答:你的笔记技巧的有效性如何?你下次记笔记会有什么改进?通过小组讨论、评价和与他人比较,你认为你的笔记技巧怎样?

四、时间管理

回顾你上周所有生活和学习安排,将你所做的每一类事情根据所花时间多少分别填入下面的圆圈内,该事项所花时间越多它所占面积的比例就越大。

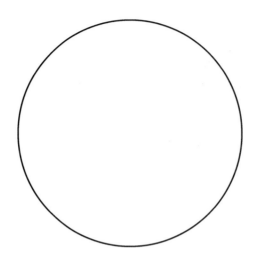

思考:
(1) 大圆圈中有多少个项目?
(2) 哪些是必须?哪些可以删除?
(3) 哪些该增加?哪些可减少?
(4) 重新画一个圈,重新安排生活,该怎么安排?

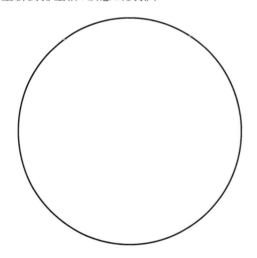

番茄工作法

番茄工作法流程见下图。

(1) 每天开始的时候规划今天要完成的几项任务,将任务逐项写在列表里(或记在软件的清单里)。

(2) 设定你的番茄钟(定时器、软件、闹钟等),时间是 25 分钟。

(3) 开始完成第一项任务,直到番茄钟响铃或提醒(25 分钟到)。

(4) 停止工作,并在列表里该项任务后画个×。

(5) 休息 3~5 分钟,活动、喝水等。

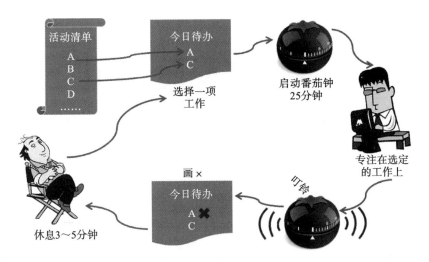

番茄工作法流程

（6）开始下一个番茄钟，继续该任务。一直循环下去，直到完成该任务，并在列表里将该任务划掉。

（7）每四个番茄钟后，休息 25 分钟。

（8）在某个番茄钟的过程里，如果突然想起某件非得马上做不可的事情，停止这个番茄钟并宣告它作废（哪怕还剩 5 分钟就结束了），去完成这件事情，之后再重新开始同一个番茄钟；不是必须马上去做的话，在列表里该项任务后面标记一个逗号（表示打扰），并将这件事记在另一个列表里（比如叫"计划外事件"），然后接着完成这个番茄钟。

番茄工作法原则

（1）一个番茄钟时间不可分割，不存在半个或一个半番茄钟时间。

（2）一个番茄钟时间内如果做与任务无关的事情，则该番茄钟时间作废。

（3）永远不要在非工作时间内使用番茄工作法。

（4）不要拿自己的番茄数据与他人的番茄数据比较。

（5）番茄的数量不可能决定任务最终的成败。

（6）必须有一份适合自己的作息时间表。

主题三 人际交往

一、寝室小家庭

1. 我期待的寝室生活

_____
_____
_____
_____

2. 我认为寝室应该制订的五项规定

(1) _____
(2) _____
(3) _____
(4) _____
(5) _____

3. 经过寝室(寝室号：____栋____室)成员的共同讨论,决定以下五项寝室公约

(1) _____
(2) _____
(3) _____
(4) _____
(5) _____

寝室成员签字：

_____

二、人际对对碰

写下自己目前比较困惑的三个人际问题,邀请不同的同学为你提供解决方案。

人际问题	解决方案

续表

人际问题	解决方案

主题四　原 生 家 庭

一、家庭多棱镜

请在下面写出你的心里答案。

1. 母亲的言谈举止与自己一致的地方。
(1)
(2)
(3)

2. 父亲的言谈举止与自己一致的地方。
(1)
(2)
(3)

3. 你的父母有哪些态度或言谈举止是你不喜欢的？
(1)
(2)
(3)

4. 在你的身上有类似的表现吗？是怎样表现的？
(1)
(2)
(3)

5. 你的性格与你的家庭有关系吗？
(1)
(2)
(3)

6. 在家里父母是如何表达爱你的？

7. 在家里你是如何表达爱父母的？

二、记忆中与期待中的家

请在下面画出你与你的家庭成员之间的关系(可用简笔画)。

A. 你记忆中的家	B. 你期待中的家

1. 画中的家里有哪些人?

2. 他们彼此之间的亲密关系怎样?

3. 你在家中的位置如何?

4. 你处于怎样的状态(独自、和谁在一起)?

5. 怎样将记忆中的家变为期待中的家?

6. 需要哪些改变?

7. 在家庭中谁要做改变？

三、我的父亲母亲

1. 写下你最欣赏父亲母亲的三个优点。

父亲的优点：

(1)

(2)

(3)

母亲的优点：

(1)

(2)

(3)

2. 写下你最不喜欢父亲母亲的某些方面。

不喜欢父亲的方面：

不喜欢母亲的方面：

3. 和同学一起谈谈自己身上的优缺点与父母的关系。

4. 和同学谈谈做完这个活动后你有什么感触。

主题五　恋爱心理

一、性别互赏

无论男女,其性别都有独特之处,两者应该是彼此欣赏、彼此尊重的。请每5~6个男女同学混合编成小组,完成填写句子的活动,男女各填写10句。

要求：
(1) 小组内部每人先完成句子填写,再朗读所写句子并互相交流感受。
(2) 每个小组推选一名代表发言(包括本组最佳句子及感受小结)。
(3) 教师小结。

男生完成：

做男生很好,因为：
(1)
(2)
(3)
(4)
(5)

做女生很不错,因为：
(1)
(2)
(3)
(4)
(5)

女生完成：

做女生很好,因为：
(1)
(2)
(3)
(4)
(5)

做男生很不错,因为:

(1) _____

(2) _____

(3) _____

(4) _____

(5) _____

二、爱之初体验

1. 异性眼中的我

(1) 我在女生眼中,是一个 _____。

(2) 我在男生眼中,是一个 _____。

(3) 我对待男女生最大的差别是 _____。

(4) 若我和异性交往会成功顺利是因为我 _____。

2. 请在下面的框框中,画出爱情中的"我和你"(可以是让你难忘或者憧憬的一个画面或场景),写下你对爱情的理解和期许。

我对爱情的理解是：

我期待的爱情是：

3. 和同学讨论男女性格之间存在的差异

男生	女生

4. 请在下列表格中分别勾选符合自己以及理想对象的描述词语，并思考你们之间的差异。

我	理想对象		我	理想对象	
		1. 温暖的			16. 文雅的
		2. 整洁的			17. 有雄心的
		3. 靠自己的			18. 富同情心的
		4. 敏感的			19. 冒失的
		5. 纯洁的			20. 被动的
		6. 冒险的			21. 主动的
		7. 独立的			22. 有领导才能的
		8. 心细的			23. 纯情的
		9. 胆小的			24. 好支配的
		10. 有主见的			25. 好斗的
		11. 胆大的			26. 果决的
		12. 豪放的			27. 理性的
		13. 亲切的			28. 感性的
		14. 温柔的			29. 积极的
		15. 端庄的			30. 保守的

主题六　情绪管理

一、我的情绪描述

1. 当_____时,我会很生气。
2. 当我生气时,我常常会有_____感受。
3. 当我生气时,我常常会做_____来平息内心的怒火。
4. 我发现自己是一个情绪上_____的人。

二、情绪ABC

写出自己在生活中遇到的利用情绪ABC理论进行调节的三个事件。

A(刺激事件)	B(信念与态度)	C(情绪行为)
范例:和朋友吵架	他将不会喜欢我,我再也找不到喜欢自己的人	恐惧、焦虑、抑郁,不敢再和他交往
	没事,过段时间就过去了	开始有点难过,慢慢会变得平静

主题七 压力应对

一、我的抗逆力资源圈

请根据要求完成自己的"抗逆力资源圈",见下图。

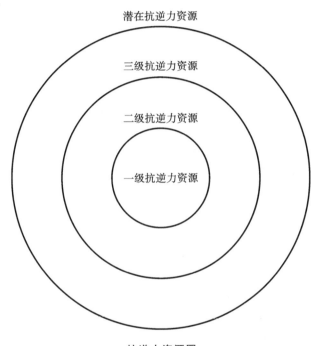

抗逆力资源圈

(1)当你遇到压力和挫折的时候,你会利用哪些资源(这些资源可以是你本身拥有的,可以是你擅长的领域,也可以是你能求助的人)帮助自己迅速摆脱困境?

(2)三个不同半径的同心圆代表三种资源圈。同心圆内任意一点到圆心的距离表示你利用资源的优先程度。

(3)一级抗逆力资源:在你遇到困难挫折时,你首先想到的是向其求助,这些资源能够给你最大程度的心灵支持。这些资源不多,但是却是你最大的心灵慰藉,也是你生命中最重要的成长力量。

(4)二级抗逆力资源:在你遇到困境的时,这些资源虽然不是你的首选,但对你来说仍然重要,这些资源的支持和帮助让你时常感到人生的温馨。

(5)三级抗逆力资源:这些资源你平时不怎么想得起来,可一旦你需要帮助,这些资源能为你提供帮助。

（6）圆圈外的"潜在抗逆力资源"：尽量搜索你的记忆系统，把那些虽然比较疏远但你仍可利用的抗逆力资源写下来。

二、成就动机测量

指导语：请你仔细阅读每一个题目，根据自己的实际情况做出判断。每一个问题都请作答。

如果某个句子所描述的情况和你的情况非常符合，请在答题纸表格中相应题号的右侧写"4"；

如果句子描述的情况和你的情况比较符合，请在答题纸表格中相应题号的右侧写"3"；

如果比较不符合，请写"2"；

如果非常不符合，请写"1"。

请注意：例如，"我喜欢独自工作。"如果很喜欢独自工作，但又害怕一个人做事，换句话说你对独自工作有矛盾心理，这不奇怪。但你要记住，这里仅仅要你回答是否喜欢独自工作，而不是问你是否害怕，因此，选择"非常符合"。

1. 我喜欢在我没有把握解决的问题上坚持不懈地努力。
2. 我喜欢新奇的、有困难的任务，甚至不惜冒风险。
3. 给我的任务即使有充裕的时间，我也喜欢立即开始工作。
4. 面临我没有把握克服的难题时，我会非常兴奋、快乐。
5. 我会被那些能了解自己有多大才智的工作所吸引。
6. 我会被有困难的任务所吸引。
7. 面对能测量我能力的机会，我感到一种鞭策和挑战。
8. 我在完成有困难的任务时，感到快乐。
9. 对于困难的活动，即使没有什么意义，我也很容易卷进去。
10. 能够测量我能力的机会，对我是有吸引力的。
11. 我希望把有困难的工作分配给我。
12. 我喜欢尽了最大努力才能完成的工作。
13. 如果有些事不能立刻理解，我会很快对它产生兴趣。
14. 对于那些我不能确定是否能成功的工作，我会被吸引。
15. 对我来说，重要的是有困难的事情，即使无人知道也无关紧要。
16. 我讨厌在完全不能确定会不会失败的情境中工作。
17. 在结果不明的情况下，我担心失败。
18. 在完成我认为是困难的任务时，我担心失败，即使别人不知道也一样。
19. 一想到要去做那些新奇的、有困难的工作，我就感到不安。
20. 我不喜欢那种测量我能力的场面。
21. 我对那些没有把握胜任的工作感到忧虑。
22. 我不喜欢做我不知道能否完成的事，即使别人不知道也一样。
23. 在那些测量我能力的情境中，我感到不安。
24. 当接到需要有特定的机会才能解决的问题时，我会害怕失败。

25. 那些看起来相当困难的事,我做的时候很担心。
26. 我不喜欢在不熟悉的环境中工作,即使无人知道也一样。
27. 如果有困难的工作要做,我希望不要分配给我。
28. 我不喜欢做那些要发挥我能力的工作。
29. 我不喜欢做那些我不知道能否胜任的工作。
30. 当我碰到我不能立即弄懂的问题时,我会焦虑不安。

成就动机量表答题纸表格

题号	选项	题号	选项	题号	选项	题号	选项	题号	选项	题号	选项
1		6		11		16		21		26	
2		7		12		17		22		27	
3		8		13		18		23		28	
4		9		14		19		24		29	
5		10		15		20		25		30	

按照成就动机有正向与负向的两种预期结果的理论,此量表包括两个有区别的分量表:一个是测定与获取成功有关的动机(Ms),涉及正向评价情境、结果的期望;另一个是测定与防止失败相联系的动机(Mf),涉及负向评价情境、结果的期望。从内容看,Ms 高的人向往成功,积极地追求成功,有自信心,希望发挥自己的潜能与才智,乐于并敢于冒险,勇于向困难挑战,不在乎外在表现及别人的赞扬,不怕失败;而 Mf 高的人则消极地对待成功,注意并回避可能的失败,对不确定的情境、事物,不稳定的状态很敏感,易于忧虑、不安,因而不重视发挥自己的潜能,不敢追求困难的任务。两个分量表各 15 个问题,共 30 个题目,采用 4 点量表计分。成就动机测量表由被试者自己选填,根据题目内容回答自己的认识与态度,对问题的阐述按赞同的程度进行四个档次的选择(从"完全正确"到"完全不对")。越同意量表题目内容,得分越高,动机水平 Ms 和 Mf 也分别越高。Ms 大于 Mf 则总的追求成功的动机水平比较高,Ms 小于 Mf 则追求成功的动机水平比较低,个体倾向于避免失败。

成就动机的类型和强弱对于个体的学业成就具有重要影响,它在学习中起着很大的推动作用,影响着学生的学习毅力、学习成绩和学习效率。研究表明,成就动机不仅可以预测学生短期内的学业成绩,而且可以预测个体长期的成就水平。

至于如何保持高水平的成就动机,可以参照成就动机量表,努力达到前 15 题的状态,同时避免出现后 15 题的情况。

三、意志力量表

采用北京师范大学修订量表。

指导语:下面 20 道题,在每个题目的五种选择中选择一种(只能选择一种)。

(一)题目

1. 我很喜欢长跑、远途旅行、爬山等体育运动,但并不是因为我的身体条件适合这些项目,而是因为它们能使我更有毅力。
   A. 是   B. 有时是   C. 是否之间   D. 很少是   E. 不是

2. 我对自己订的计划常常因为主观原因不能如期完成。
   A. 是   B. 有时是   C. 是否之间   D. 很少是   E. 不是

3. 如果没有特殊原因,我能每天按时起床,不睡懒觉。
   A. 是   B. 有时是   C. 是否之间   D. 很少是   E. 不是

4. 制订的计划应有一定的灵活性,如果完成计划有困难,随时可以改变或撤销它。
   A. 是   B. 有时是   C. 是否之间   D. 很少是   E. 不是

5. 在学习和娱乐发生冲突的时候,哪怕这种娱乐很有吸引力,我也会马上决定学习。
   A. 是   B. 有时是   C. 是否之间   D. 很少是   E. 不是

6. 学习和工作中遇到困难的时候,最好的办法是立即向师长、同学求援。
   A. 是   B. 有时是   C. 是否之间   D. 很少是   E. 不是

7. 在长跑中遇到生理反应,觉得跑不动时,我常常咬紧牙关坚持到底。
   A. 是   B. 有时是   C. 是否之间   D. 很少是   E. 不是

8. 我常因读一本引人入胜的小说而不能按时睡觉。
   A. 是   B. 有时是   C. 是否之间   D. 很少是   E. 不是

9. 我在做一件应该做的事之前,常常能想到做与不做的好坏结果,有目的地去做。
   A. 是   B. 有时是   C. 是否之间   D. 很少是   E. 不是

10. 如果对一件事不感兴趣,那么不管它是什么事,我的积极性都不高。
    A. 是   B. 有时是   C. 是否之间   D. 很少是   E. 不是

11. 当我同时面临一件该做的事和一件不该做却吸引着我的事时,我常常经过激烈斗争,使前者占上风。
    A. 是   B. 有时是   C. 是否之间   D. 很少是   E. 不是

12. 有时我躺在床上,下决心第二天要干一件重要事情(例如,突击一下外语),但到第二天,这种劲头又消失了。
    A. 是   B. 有时是   C. 是否之间   D. 很少是   E. 不是

13. 我能长时间做一件重要但枯燥无味的事情。
    A. 是   B. 有时是   C. 是否之间   D. 很少是   E. 不是

14. 生活中遇到复杂情况时,我常常优柔寡断,举棋不定。
    A. 是   B. 有时是   C. 是否之间   D. 很少是   E. 不是

15. 做一件事之前,我首先想的是它的重要性,其次才想它是否使我感兴趣。
    A. 是   B. 有时是   C. 是否之间   D. 很少是   E. 不是

16. 我遇到困难情况时,常常希望别人帮我拿主意。
    A. 是   B. 有时是   C. 是否之间   D. 很少是   E. 不是

17. 我决定做一件事时,说干就干,决不拖延或让它落空。
    A. 是   B. 有时是   C. 是否之间   D. 很少是   E. 不是

18. 在和别人争吵时,虽然明知不对,我却忍不住说一些过头话,甚至骂他几句。
    A. 是   B. 有时是   C. 是否之间   D. 很少是   E. 不是

19. 我希望做一个坚强的有毅力的人,因为我深信"有志者事竟成"。

A. 是   B. 有时是   C. 是否之间   D. 很少是   E. 不是
20. 我相信机遇,好多事实说明,机遇的作用有时大大超过人的努力。
A. 是   B. 有时是   C. 是否之间   D. 很少是   E. 不是

(二)计分办法

(1) 单号题每题后面的五种答案 A、B、C、D、E 依次是 5、4、3、2、1 分。
(2) 双号题每题后面的五种回答 A、B、C、D、E 依次是 1、2、3、4、5 分。
求 20 道题的得分之和。

(三)意志力层次

81~100 分,意志很坚强。
61~80 分,意志较坚强。
41~60 分,意志力一般。
21~40 分,意志较薄弱。
0~20 分,意志很薄弱。

如果属于后三类,那就要锻炼良好的意志品质,如坚持、执着、负责任、有恒心、有毅力、专注于目标、忍耐、积极、顽强、不服输、不怕失败等。

主题八　生命教育

一、生命线上的思考

每个人的一生,从生命的起点走到生命的终点,都是一段独特的生命轨迹。你的生命轨迹是怎样的呢?现在让我们来画一下我们每个人的"生命线"。

请你在纸上画一个坐标,横坐标轴代表年龄,纵坐标代表你对自己的生活的满意度的评价。想一想,你自己大概能活多少岁,并在横坐标上的相应位置标出你现在的年龄。

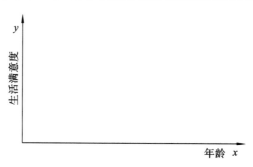

如果以 0~100 分的区间范围对生活满意度进行评分的话,你认为你现在的生活满意度是多少分?在坐标区间找到一个点,以你现在的年龄为横坐标,以现在的生活满意度为纵坐标。用同样的方法标出代表你生命终点时生活满意度的点。

现在请你回首自己的过去,在你的生命中曾经有过哪些重要事件(或重要转折点),在横轴上标出这些事件发生的大致年龄 x,当时你对自己的生活的满意度评多少分?在纵轴上找到你对当时生活满意度的评分 y,现在请你在坐标区间内标出点 (x,y),并用线将这些点依次连接起来。

展望你的未来,在你以后的岁月里,可能存在哪些重要的事件(或重要转折点)?用以上的方法标出这些事件的大致年龄 x 和此时生活满意度的评分 y。在坐标区间标出点 (x,y),并用虚线将这些点依次连接起来。

这样我们就得到了一条代表你的生命轨迹的"生命线",它的起点代表你的出生,而终点则代表你生命的终结。

看着你的生命线好好想想。你有什么生命感言?你未来最想达成哪些目标?小组成员讨论,分享。

二、我的墓志铭

假如你病情严重,即将离世,现在要替自己写墓志铭,反映自己的一生。

墓志铭将会刻在墓碑上,供凭吊。

墓志铭上除了生年、卒年外,最少还应该包括以下几点:①一生最大的目标。②在不同年纪时的成就。③对社会、家庭或其他人的贡献。④我是一个怎样的人。

讨论:看完这么多墓志铭,你觉得哪些人的人生目标吸引你并值得尊重?为什么?哪些人的成就是"真正"的成就?为什么?你认为对社会或他人最有贡献者是谁?假若你要替自己重写墓志铭,你会怎么写?

主题九　个人成长报告

回忆自己的个人成长经历,结合本课程所学内容对自己的个人成长经历进行剖析,思考自身行为习惯、性格特点、人际关系、学习风格、情绪管理等方面存在的优势与不足,针对"优势"如何进一步发挥,针对"不足"提出改进策略。

要求:字迹工整,字数不少于 2000 字。